财务绩效推动区域经济高质量发展

崔洁 著

图书在版编目(CIP)数据

财务绩效推动区域经济高质量发展 / 崔洁著
——西安：西安交通大学出版社，2024.3
ISBN 978-7-5693-3689-4

Ⅰ.①财… Ⅱ.①崔… Ⅲ.①上市公司-财务管理-企业绩效-研究-中国 Ⅳ.①F279.246

中国国家版本馆CIP数据核字(2024)第055008号

书　　名	财务绩效推动区域经济高质量发展 CAIWU JIXIAO TUIDONG QUYU JINGJI GAOZHILIANG FAZHAN
著　　者	崔　洁
责任编辑	王建洪
责任校对	柳　晨
装帧设计	伍　胜
出版发行	西安交通大学出版社 (西安市兴庆南路1号　邮政编码 710048)
网　　址	http://www.xjtupress.com
电　　话	(029)82668357　82667874(市场营销中心) (029)82668315(总编办)
传　　真	(029)82668280
印　　刷	陕西奇彩印务有限责任公司
开　　本	787 mm×1092 mm　1/16　印张 18.75　字数 469千字
版次印次	2024年3月第1版　2024年3月第1次印刷
书　　号	ISBN 978-7-5693-3689-4
定　　价	128.00元

如发现印装质量问题，请与本社市场营销中心联系。
订购热线：(029)82665248　(029)82667874
投稿热线：(029)82665379　QQ：793619240
读者信箱：793619240@qq.com

版权所有　侵权必究

前　言

国家实施西部大开发战略后,对西部经济发展的促进作用还是比较明显的。2013年国家推出"一带一路"倡议,这又为西部地区快速发展提供了前所未有的机遇。目前来看,我国西部地区根据自身在地域资源、产业集中、民族聚集等方面的优势,逐渐形成了具有特色的经济发展子区域,为促进我国区域经济的协调发展奠定了良好的基础。通过十几年的发展,西部地区上市公司总体上不断发展壮大,不仅从证券市场上筹集到了大量资金,使得自身资产总额增加,经营业绩不断变好,同时也带动了西部地区经济的发展,对国民经济增长以及经济的结构化发展发挥着关键的作用。但是,西部地区上市公司在整体向上发展的同时,也存在一些发展障碍。

西部地区上市公司作为西部企业中的佼佼者,其经营业绩的优劣、市场竞争能力的强弱直接关系到西部地区的经济发展。西部地区上市公司存在着市场规模小、制度不健全、公司治理结构不完善等问题,导致西部地区上市公司经营业绩不佳。因此,在东、西部地区上市公司财务绩效表现差异突出的背景下,本书针对性地提出一些提升西部地区上市公司发展水平的建议,以期进一步促进西部地区上市公司的发展,进而推动区域经济高质量发展。

对西部地区上市公司财务绩效的影响因素分行业、分区、分省展开探究,形成适用于西部地区上市公司的财务绩效影响体系,有利于体现出不同影响因素的可操作性,有利于公司管理控制层和股东精确、全面地掌握公司的财务情况。并且,有利于对公司开展深层次的财务解析与发展探究,能够较好地掌握干扰公司现在运营与成长的各方面的要素,推动公司运营方更为重视对投入产出的比较解析,最大限度运用公司当下的资源使公司利益最佳化。本书关于西部地区上市公司财务绩效影响因素的研究,是提高公司生产效能和利益、取得公司市场角逐长处、管理层取得管理控制职权与职工获得个人价值的关键途径,是评价上市公司管理控制成果的重点,有利于充实与健全公司的管理控制构架理论,为改进西部地区上市公司的资本构架予以实际有用的引导。

此外,关于西部地区上市公司财务绩效影响因素的研究,有利于指导众多中小股民开展潜力性投资,进而促进股票市场合理持续成长,从而促进上市公司正规运营,提升公司的全球角逐力。关于西部地区上市公司财务绩效影响因素的研究,不但可以加强对上市公司所有权的监督,还有助于公司在第一时间改变运营理念,做出协调发展策略,促进公司坚持集约式的成长方针。

限于作者水平,书中难免存在疏漏之处,敬请各位读者批评指正。

崔洁

2024年3月

目 录

第一章 引 言 ………………………………………………………………… (1)
    第一节 研究背景 ………………………………………………………… (1)
    第二节 研究意义 ………………………………………………………… (2)
    第三节 研究目的 ………………………………………………………… (2)

第二章 西部地区制造业上市公司财务绩效影响因素研究 ………………… (4)
    第一节 财务绩效影响因素研究——以西部地区制造业上市公司为例 … (4)
    第二节 西南五省制造业上市公司财务绩效影响因素研究 …………… (18)
    第三节 西北五省制造业上市公司财务绩效影响因素研究 …………… (26)

第三章 西部地区装备制造业上市公司财务绩效影响因素研究 …………… (42)
    第一节 财务绩效影响因素研究——以西部地区装备制造业上市公司为例 … (42)
    第二节 西南五省装备制造业上市公司财务绩效影响因素研究 ……… (56)
    第三节 西北五省装备制造业上市公司财务绩效影响因素研究 ……… (65)

第四章 西部地区最终消费品制造业上市公司财务绩效影响因素研究 …… (86)
    第一节 财务绩效影响因素研究——以西部地区最终消费品制造业上市公司为例 … (86)
    第二节 西南五省最终消费品制造业上市公司财务绩效影响因素研究 … (97)
    第三节 西北五省最终消费品制造业上市公司财务绩效影响因素研究 … (108)

第五章 西南五省上市公司财务绩效影响因素研究 ………………………… (127)
    第一节 财务绩效影响因素研究——以西南五省上市公司为例 ……… (127)
    第二节 重庆市上市公司财务绩效影响因素研究 ……………………… (135)
    第三节 四川省上市公司财务绩效影响因素研究 ……………………… (148)
    第四节 贵州省上市公司财务绩效影响因素研究 ……………………… (157)
    第五节 云南省上市公司财务绩效影响因素研究 ……………………… (167)
    第六节 西藏自治区上市公司财务绩效影响因素研究 ………………… (177)

第六章 西北五省上市公司财务绩效影响因素研究 ………………………… (196)
    第一节 财务绩效影响因素研究——以西北五省上市公司为例 ……… (196)
    第二节 陕西省上市公司财务绩效影响因素研究 ……………………… (207)
    第三节 甘肃省上市公司财务绩效影响因素研究 ……………………… (215)

第四节　青海省上市公司财务绩效影响因素研究……………………………(225)
　　第五节　宁夏回族自治区上市公司财务绩效影响因素研究…………………(234)
　　第六节　新疆维吾尔自治区上市公司财务绩效影响因素研究………………(242)

第七章　内蒙古自治区、广西壮族自治区上市公司财务绩效影响因素研究……………(266)
　　第一节　内蒙古自治区上市公司财务绩效影响因素研究……………………(266)
　　第二节　广西壮族自治区上市公司财务绩效影响因素研究…………………(278)

第一章 引 言

第一节 研究背景

我国是一个多民族聚集国家,自然条件极其复杂,各地区的发展也不均衡,各区域经济的协调发展已成为中国经济及社会发展中的重大战略问题,需要在政治、经济、社会等各方面统筹发展。改革开放初期,我国实行梯度发展战略,即优先发展东部沿海地区,后发展西部内陆地区,再以东部地区发展带动西部地区发展,实现经济共同繁荣。东部沿海地区借此优势展现出了良好的经济发展势头并迅速腾飞,形成了"东强西弱,东快西稳"的区域经济格局。然而,改革的逐步深入也使区域经济发展之间的差距日益扩大,并严重影响到中国经济的整体发展方向。

中国区域经济发展的不平衡,在很大程度上制约了我国经济的长期健康发展和社会的和谐稳定繁荣。西部大开发战略自2000年实施以来成效显著,西部地区经济快速发展,基础设施获得空前改善。然而总体上看,当前东西部经济发展相对差异在缩小,绝对差异还在持续扩大。2017年,全国GDP总量排行,广东省以9.16万亿元的总量位居第一,江苏省达8.59万亿元;相比较,甘肃省、海南省、宁夏回族自治区、青海省和西藏自治区等5个省区市尚未突破1万亿元。从经济增速来看,贵州省、西藏自治区均实现两位数增长,增速分别为10.2%、10%,云南省、重庆市的增速也在9%以上。以上数据说明,我国经济社会的发展存在着亟待解决的区域不平衡问题,同时西部地区有着极大的发展潜力。这说明区域协调发展的目标需要做出调整,不能再以GDP来衡量,应以东西部人民生活水平大体相当为目标。2017年,党的十九大报告强调,中国特色社会主义进入新时代,我国社会主要矛盾已经转化为人民日益增长的美好生活需要和不平衡不充分的发展之间的矛盾。我们要全面建成小康社会,实现第一个百年奋斗目标。之后,我们要开启全面建设社会主义现代化国家新征程,区域协调发展的任务艰巨,而东西部协调发展是区域协调发展战略的重要内容之一。因此,通过东西部经济合作促进我国区域经济协调、平衡发展,不断满足不同地区人民的美好生活需要,成为我国经济发展的重大课题。研究如何扭转东西部经济发展差异扩大,对于缩小东西部经济发展差异、完成区域协调发展目标、实现中华民族伟大复兴的中国梦具有重大意义。

目前我国经济正处于由快速发展向高质量发展过渡的时期,国家的经济正朝着更高层次、更复杂的分工和更合理的结构演变,因此,我们需要对国家的发展阶段有一个清晰的了解,并以新发展阶段的主要任务来推进国家的高质量发展。从1978年开始实行改革开放到党的二十大,中国经济实现了快速增长,建设成果显著。2011年以前,国家的GDP增速维持在10%左右,正处在一个较高的水平;2012—2015年,经济增速为7%~8%,它是中国经济发展步入新常态的一个重要过程,其主要特征是"中高速增长";2016—2019年,受中美贸易摩擦和国内经济供给侧结构性改革的影响,经济增速处于6%至7%之间;2020年受全球疫情影响,经济增速为2.2%;2021年全年经济增速达到8.4%,2023年经济增速为3%。经济发展速度提升的背后出现了各种不平衡问题,社会的主要矛盾发生了转变,人民对美好生活的需要越发强烈,国家的经济发展也需要有所突破,高质量发展逐渐成了我国经济发展的必然选择。

第二节 研究意义

党的十九大报告明确指出,中国特色社会主义已经步入新的时期,中国经济发展也已经步入新的时期。这一时期的主要特点是,中国经济增长已由快速增长向高质量发展转变。在新时期推进高质量的发展是我们国家发展的必然趋势,而西部地区战略位置至关重要,对我国西部地区的高质量发展问题进行研究就显得十分必要。根据各地统计数据,经济总量不足万亿元的梯队里,几乎全部都是西部地区的省份。西部地区要实现地区经济的腾飞发展,必须依靠自身优势去解决发展中的瓶颈问题。我国西部地区人口众多,地域广阔,能源资源丰富,基础设施逐步完善,发展环境不断改善,要素成本优势明显,有巨大的工业化、消费市场和城镇化发展潜力。同时,西部地区是多民族聚集区,其战略地位日益显现,作为我国西部大开发的重要前沿,对该地区上市公司进行数量化和系统性的研究也就显得尤为重要。西部大开发战略实施以来,西部地区资本市场成绩斐然,且目前加快发展的优势明显,接下来如何抓住机遇,在更高层次上服务和支持西部大开发是值得深思的问题。

随着时间的推移,社会经济体制越来越健全,区域经济发展的状况也越来越受到关注,从居民群众到政府管理部门,都对地区经济的发展态势表现出了极大的兴趣。因此,很多学者利用专业知识来分析地区经济的状态,力图能为管理者提供有价值的参考信息。而经济的组成要素,除了传统的指标之外,另一个重要部分就是当地的公司及其绩效指标。深层次地就公司绩效评估问题进行探究,以期最短时间内形成合理正规的公司绩效评估体系,尤其是适用于地区上市公司的财务绩效评估体系,这不仅有助于促进公司加强管理、完善自身,而且对地区公司的成长与进步、地区经济的完善与提升具有相当重要的实际价值。

基于此背景,研究西部地区上市公司财务绩效的影响因素就具有十分重要的意义。如何对西部地区上市公司的财务绩效进行科学、准确的评价,并且从差异的研究与分析中深化对存在问题的探讨,这无论是对上市公司的营运发展和国家经济政策的制定,还是对西部地区经济的发展,都具有重要的理论依据和参考价值。

第三节 研究目的

随着社会经济的发展,企业逐步成为现代区域经济发展的原动力和加速器,而作为优秀企业代表的上市公司的发展,对于区域经济发展以及经济结构优化必然发挥着重要作用。上市公司的发展好坏,在某种程度上决定着区域经济增长潜能的大小和核心竞争力的强弱。我国西部地区经济发展之所以滞后,关键因素之一在于西部地区企业的整体发展水平和层次较低。

第一章 引　言

本书试图通过对西部地区上市公司经营数据的分析,研究西部地区上市公司财务绩效影响因素。本书基于SPSS软件,采用因子分析法及主成分分析法,以近五年西部地区各行业、各省份上市公司为研究样本,收集行业企业经营数据进行实证分析,以更全面地反映西部上市公司经营现状,并分指标对其财务绩效进行评价。通过对不同地区不同行业上市公司财务绩效影响因素的实证分析,本书提出如何进一步提升西部地区上市公司的财务绩效的方法,为西部地区上市公司的发展提出相应的对策与建议,旨在进一步推动上市公司高质量发展,进而推动区域经济高质量发展。

第二章 西部地区制造业上市公司财务绩效影响因素研究

第一节 财务绩效影响因素研究——以西部地区制造业上市公司为例

一、绪论

(一)研究背景及意义

1. 研究背景

随着当前世界政治经济格局的快速变化,"再工业化"已成为发达经济体的重要发展战略。与此同时,各发展中国家也开始对本国的传统产业进行转型和升级,其制造业的发展已逐渐呈现出与发达国家持平乃至赶超的态势。在这种"双向挤压"的情况下,中国制造业的发展正面临着严峻的挑战。从整体上看,相比于东部地区,西部地区制造业的发展稍显逊色。因此,在国家大力推进西部大开发的社会背景下,西部地区制造业上市公司的财务绩效备受人们关注。

2. 研究意义

1)理论意义

西部大开发以来,西部地区经济发展表现良好,且各方面的优势逐渐显现。随着经济全球化的发展,未来如何抓住机遇,在资本市场上取得更优异成绩,是当下需要思考的问题。正是基于这样的背景,本节对我国西部地区制造业上市公司的财务业绩进行科学评估,并对其中的一些问题进行分析,从而得出一些有意义的结论。这对上市公司的经营发展,以及整个西部地区经济的发展,都能提供重要的理论依据和参考价值。

2)现实意义

制造业不仅仅是国民经济的组成部分,同时也是国民经济发展强有力的后盾。因此,研究上市公司财务绩效问题对西部地区制造业的发展显得分外重要。此外,该研究对管理层做出战略决策、上市公司利益相关者做出判断以及政府部门进行监督等,均有着重大的现实意义。

(二)研究内容及方法

1. 研究内容

本研究的具体内容主要包括以下部分。

1)构建西部地区制造业上市公司财务绩效评价指标体系

通过对企业财务绩效进行主成分分析,筛选出能够反映财务业绩的指标,建立财务业绩的评价指标体系。

2)综合评价制造业上市公司财务绩效

基于所构建的评价指标体系,运用因子分析法,对每一家上市公司的财务业绩因子综合得分进行计算,并以其因子综合得分为依据,对每一家上市公司进行评价和排名。

3)制造业上市公司财务绩效影响因素分析

以上市公司财务业绩评价为依据,建立上市公司财务业绩影响因素指标体系,运用多元线性回归方法,对制造业上市公司财务业绩影响因素展开分析。

2. 研究方法

1)定性分析法

该方法主要用于本研究的前半部分,主要是整理了国内外专家、学者在上市公司财务业绩影响因素研究领域中的成果,并以此来建立上市公司的财务业绩影响因素指标体系。

2)定量分析法

本研究还采用了因子分析和多元线性回归等定量研究方法,运用以上方法探讨我国上市公司的财务业绩评估和影响因素。

(三)国内外关于公司绩效影响因素的研究

从20世纪20年代开始,国内外学者就开始关注企业业绩的影响因素。企业经营业绩的影响因素有很多种,它既受经济形势和国家政策的制约,也受企业资本结构的制约。所以,尽管国内外许多专家、学者都对公司业绩的影响因素展开了深入的研究,但是他们的研究得到的结论却各不相同。

1. 股权结构与公司绩效

在国外,Demsetz等(1985)对美国511家公司的股票进行了实证分析,发现前五大股东的持股比例与其财务利润并没有表现出明显的相关性。但是,Pederson等(1999)选择了欧洲12个国家的435家企业为研究对象,得出了企业内部员工持股比例与企业业绩之间存在着明显的正向关系的结论。

在国内,王洪盾等(2019)以2010—2016年中国A股市场1974个上市公司为样本,采用非均衡面板数据对股权结构与公司绩效进行实证检验,并未发现两者存在显著的相关性。但王语嫣(2022)以沪深地区制造业企业为研究对象,对其财务数据进行了实证分析,发现其股权结构与企业绩效之间存在着一定的关联性,具体表现为股权集中度对公司业绩有正面的影响。

如上所述,国内外有关股权结构与公司绩效关系的研究结论反差较大。

2. 资本结构与公司绩效

在国外,Masulis(1980)研究发现,企业财务杠杆越高,其普通股股价也越高,所以他认为企业绩效与负债水平正相关。但是,在Rajan等(1995)的研究中,他们发现企业的盈利能力和债务水平之间存在着一种负相关关系。

在国内,周滔等(2020)利用2015—2017年中国地产公司的财务资料,对其经营业绩进行了实证分析,结果表明两者呈显著的负向关联。陈德平等(2012)对资本结构与公司业绩的关系进行实证分析,发现两者表现出了显著的负向联系。

综上,由于研究样本、方法不同,关于资本结构与公司绩效之间关系的最终结论尚未统一。

3. 独立董事与公司绩效

在国外,Fuzi等(2012)以托宾Q值和资产收益率对企业绩效进行实证研究,认为增加独立董事的人数会抑制企业的绩效,即这二者之间是负相关关系。

在国内,郝云宏等(2010)以我国1999—2008年沪、深两市509家上市公司为研究对象进行分析,发现董事会独立性对当期的公司绩效无明显的促进作用。

因此,由于学者们在实证研究中所选取数据的来源各不相同,故关于独立董事比例对公司绩效影响的研究结论差异甚大。

4. 高管薪酬与公司绩效

在国外,Faulkender等(2010)以美国上市公司为样本,研究发现高管报酬与企业财务绩效之间存在明显的正向关系。

在国内,刘春旭等(2018)基于2008—2017年中国上市公司的数据,发现高管报酬与企业业绩呈现出先上升后下降的非线性关系,也就是两者呈倒"U"形关系。

因此,对于高管薪酬与绩效之间的关系,国内外学者的研究结论也都不尽一致。

5. 企业规模与公司绩效

在国外,Wernerfelt等(1988)利用243个上市公司的横断面数据,对其进行分析,结果显示公司的多元化水平与公司业绩之间存在着明显的负相关关系。

在国内,刘力钢等(2009)对26个具有代表性的中国汽车制造业公司进行了实证分析,结果表明公司规模与公司业绩的耦合性不强,没有体现出一定的相关性。

可见,由于中国和世界其他国家所处宏观经济环境的差异,导致公司业绩与公司规模的关系在不同国家得到了不同的结论。

二、核心概念与相关理论

(一)核心概念

1. 财务绩效

财务绩效是企业战略及其执行和施行能否做出最终的效率和经营业绩方面的回报。财务绩效可以全面地阐释企业获取收益的实力和利用资产的效率,并且能较为全面地呈现公司的实际经营情况。因此,本节对制造业上市公司进行财务绩效方面的分析。

2 财务绩效评价

财务绩效评价是指在财务分析的基础上,运用一定的评价方法对公司财务活动过程及其效率进行判断的过程。企业财务绩效评价是对企业在一定时间内带来的利益进行评估的一种方法。通过对财务绩效进行评价,可以了解企业一段时期内的经营发展状况,还可以发现企业存在的风险。同时,财务绩效评价可以帮助公司管理层调整和完善管理策略,从而更好地促进企业的未来发展。

(二)相关理论

1. 委托代理理论

在现代经济发展中,由于所有权与经营权相分离,故委托代理理论已被广泛应用于财务中。但是,在委托代理的过程中,考虑到他们有不同需求,委托代理关系势必存在较多的冲突与矛盾,这在一定程度上阻碍了社会的经济发展。在这种理论观念下,以财务绩效来衡量企业代理人对企业做出的贡献,在一定程度上能解决这种委托代理理论的冲突。

2. 利益相关者理论

利益相关者指的是能够对公司的决策和发展目标造成影响的,或者会受到公司的发展情况影响的个体或者机构。根据这一理论,一个公司不可能独立成长,而是会受到所有的利益相关方的共同作用。也就是,公司与公司的利益相关者是互相补充、互相依存的关系,这就为如何在公司和各利益相关者之间实现均衡,实现共赢,提出了一个新的思路。基于此,对制造业上市公司的财务绩效进行研究,能较为全面地衡量各利益相关者对财务绩效做出的贡献。

3. 信息不对称理论

在市场经济的交易中,信息的不对称意味着,在进行交易的时候,双方所拥有的真实交易信息并不全部都是一样的,而且总是会有一方拥有比别人更多的交易信息,并且处在更好的位置,而别人却处在信息不利的位置。在这种情形下,处于优势地位的人,即掌握较多交易主动权信息的持有人,会把持整个市场的真实交易,使得信息无法得到交换,从而阻碍经济的健康运行。基于此,信息不对称使财务绩效成为可能,财务绩效在衡量企业的购买力以及企业的生产力等方面发挥着重要作用。

三、西部地区制造业上市公司财务绩效评价

(一)样本选取

截至2021年末,西部地区制造业上市公司共594家。在剔除2016年之后上市的公司,以及上市状态为*ST和ST的公司后,得到有效样本为243家上市公司。图2-1是样本公司所处的具体行业。

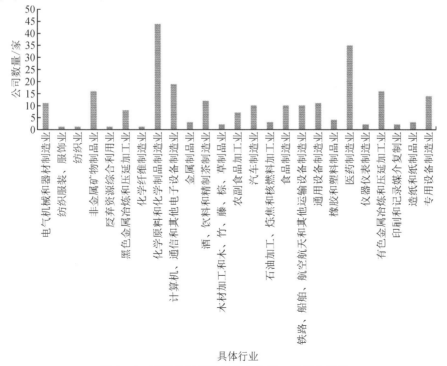

图2-1 西部地区制造业上市公司二级行业明细

(二)研究设计

本节在查阅国内外相关资料的基础上,参考以往的相关研究结果,并针对我国制造企业的特征,选择了 23 项企业的财务指标作为初步的评价指标,如表 2-1 所示。然后,在对上市公司业绩进行评估时,采用主成分分析方法,对不同的评估目标进行了选取,并构建了相应的指标体系。

表 2-1 制造业上市公司绩效评价指标体系

指标体系	计算公式
净资产收益率	净利润/平均净资产
总资产报酬率	息税前利润/平均资产总额
投入资本经营收益率	息税前利润/(资产总额－流动负债)
主营业务利润率	主营业务利润/主营业务收入
流动比率	流动资产/流动负债
速动比率	速动资产/流动负债
资产负债率	负债总额/资产总额
营业收入增长率	本期营业收入增加额/上期营业收入
总资产增长率	年末总资产增加额/年初资产总额
净利润增长率	(本年净利润－上年净利润)/上年净利润
利润总额增长率	本年利润增长额/年初利润总额
营业利润增长率	本年营业利润增长额/年初总营业利润额
净资产增长率	(期末净资产－期初净资产)/期初净资产
总资产周转率	营业收入净额/平均资产总额
流动资产周转率	主营业务收入净额/平均流动资产总额
存货周转率	本年主营业务收入/存货平均余额
应收账款周转率	赊销收入净额/应收账款平均余额
股东权益周转率	本年销售收入/年末股东权益平均额
每股净资产	股东权益总额/总股本
每股经营现金流量	经营活动产生现金流量净额/期末普通股总股本
每股未分配利润	当期未分配利润/期末总股本
每股资本公积	资本公积/期末总股本
每股收益	净利润/年末普通股股数

之后,利用主成分分析(PCA)方法对上述指标做进一步的甄别,使许多原本互相关联的指标变得无交叉重合,并且保存了大多数指标的信息。经过过滤的指标如表 2-2 所示。

第二章　西部地区制造业上市公司财务绩效影响因素研究

表2-2　制造业上市公司绩效评价指标体系

类别	指标名称	计算公式
盈利能力	总资产报酬率	息税前利润/平均资产总额
	主营业务利润率	主营业务利润/主营业务收入
偿债能力	速动比率	速动资产/流动负债
	流动比率	流动资产/流动负债
	资产负债率	负债总额/资产总额
成长能力	总资产增长率	年末总资产增加额/年初资产总额
	营业收入增长率	本期营业收入增加额/上期营业收入
营运能力	总资产周转率	营业收入净额/平均资产总额
	流动资产周转率	主营业务收入净额/平均流动资产总额
股本扩张能力	每股净资产	股东权益总额/总股本
	每股收益	净利润/年末普通股股数

(三) 因子分析模型

1. 指标趋同化处理

在选取的几个指标中,除了流动比率与速动比率之外,其余的指标都为正向指标,因此需要对这两个指标进行趋同化处理。

适度指标趋同化公式为

$$Y_{ij} = 1/(1+|X_{ij} - K|)$$

式中,Y_{ij}是指数的聚类结果,K是指数的中位数。对于上市公司来说,一般认为2左右的流动比率、1左右的速动比率是比较恰当的。

2. 指标无量纲化处理

所选取的评价指标都是客观数值,为避免数据不可比性,在此采用正态分布标准化方法,令

$$Y_{ij} = (X_{ij} - \mu_i)/\sigma_i$$

式中,μ_i表示各指标的均值,σ_i表示各指标的方差。本节的指标处理是通过EXCEL完成的。

3. 因子分析适合度检验

本节利用SPSS分析工具对样本资料进行KMO测量和Bartlett(巴特利特)球形检验,并对各指数间的相关关系进行了实证分析,如表2-3所示。

表2-3　因子分析KMO测度和Bartlett球形检验

KMO取样适切性量数		0.563
Bartlett球形检验	近似卡方	9525.441
	自由度	55
	显著性	0.000

从表2-3的结果可以看出,KMO的值为0.563,这表示样本数据是比较适合进行因子分析的。并且,Bartlett球形检验的近似卡方为9525.441,自由度是55,对应的概率值为0.000<0.05,

即数据呈球形分布,适合做因子分析。

4. 提取公因子

检验后,得到各因子的贡献率,具体见表 2-4。

表 2-4 因子分析总方差解释

成分	初始特征值			提取载荷平方和		
	总计	方差百分比/%	累积/%	总计	方差百分比/%	累积/%
1	2.789	25.357	25.357	2.789	25.357	25.357
2	2.450	22.274	47.631	2.450	22.274	47.631
3	1.578	14.342	61.974	1.578	14.342	61.974
4	1.338	12.162	74.135	1.338	12.162	74.135
5	1.138	10.342	84.477	1.138	10.342	84.477
6	0.631	5.733	90.210			
7	0.556	5.052	95.262			
8	0.269	2.448	97.710			
9	0.174	1.583	99.293			
10	0.049	0.446	99.739			
11	0.029	0.261	100.000			

从表 2-4 中可以看出,本节共提取出了五个公共因子,其贡献率分别为 25.357%、22.274%、14.342%、12.162%、10.342%。

表 2-5 反映了初始指标在每个共同因素上的负荷矩阵。

表 2-5 因子分析因子载荷矩阵

指标	成分				
	1	2	3	4	5
每股收益/元	0.671	0.376	-0.531	0.218	0.225
每股净资产/元	0.588	0.330	-0.613	0.237	0.290
总资产报酬率/%	0.719	0.416	0.244	-0.125	-0.356
主营业务利润率/%	0.695	0.292	0.260	-0.163	-0.437
流动比率/%	0.491	-0.708	0.293	0.201	0.302
速动比率/%	0.507	-0.705	0.295	0.192	0.283
营业收入增长率/%	0.055	0.145	0.119	-0.657	0.509
总资产增长率/%	0.257	0.280	0.180	-0.610	0.327
流动资产周转率/次	-0.151	0.624	0.502	0.385	0.201
总资产周转率/次	-0.032	0.586	0.539	0.402	0.258
资产负债率/%	-0.634	0.332	-0.170	0.021	0.201

第二章 西部地区制造业上市公司财务绩效影响因素研究

5. 公因子命名

为更好地了解公因子的真实含义,本节将表 2-5 中的系数进行了轮换,使得各系数上的负荷尽量向+1、-1、0 的方向接近,以简化系数的说明。与表 2-5 比较,在旋转后的系数负载矩阵中,数据已出现明显差异,具体如表 2-6 所示。

表 2-6 因子分析旋转后因子载荷矩阵

指标	成分				
	1	2	3	4	5
每股收益/元	0.017	0.219	0.961	0.019	0.029
每股净资产/元	0.006	0.084	0.982	-0.019	0.018
总资产报酬率/%	0.004	0.903	0.206	0.147	0.113
主营业务利润率/%	0.045	0.913	0.104	0.044	0.072
流动比率/%	0.977	0.006	0.003	-0.075	-0.013
速动比率/%	0.975	0.032	0.002	-0.084	-0.014
营业收入增长率/%	-0.008	-0.068	-0.010	-0.011	0.851
总资产增长率/%	-0.031	0.221	0.053	0.049	0.775
流动资产周转率/次	-0.166	0.030	-0.026	0.908	0.003
总资产周转率/次	-0.045	0.072	0.026	0.924	0.035
资产负债率/%	-0.524	-0.507	-0.048	0.212	0.052

由表 2-6 可知,第 1 个共同因素在速动比率、流动比率和资产负债率上负荷大,3 个共同因素都能从各个角度反映企业的债务状况,因此,将它们统一称为偿债因素。

第 2 个共同因素对主营业务利润率、总资产报酬率等指标的负荷很大,因此,将其统称为盈利因素。

第 3 个共同因素在每股收益、每股净资产方面负荷较大,两者均能体现出企业的资本扩充能力,因此,将其称为股本扩张因素。

第 4 个共同因素在企业的总资产与流动资产周转率上负荷大,它们都是企业经营能力的重要指标,因此,将它们统称为营运因素。

第 5 个共同因素在总资产与营运收入增长率上的负荷大,这 2 个共同因素反映了上市公司的成长性,因此,将其称为成长因素。

6. 因子得分模型

令偿债因子为 F_1,盈利因子 F_2,股本扩张因子为 F_3,营运因子为 F_4,成长因子为 F_5,每股收益、每股净资产等表 2-6 中 11 个财务指标,分别表示为 X_1、X_2、X_3、X_4、X_5、X_6、X_7、X_8、X_9、X_{10}、X_{11},则根据因子得分系数矩阵(详见表 2-7),可以得到因子得分函数。

表2-7 因子分析得分系数表

指标	成分				
	1	2	3	4	5
每股收益/元	0.002	−0.045	0.508	0.009	−0.011
每股净资产/元	0.006	−0.123	0.543	−0.006	−0.005
总资产报酬率/%	−0.064	0.469	−0.039	0.022	−0.011
主营业务利润率/%	−0.062	0.500	−0.099	−0.036	−0.038
流动比率/%	0.474	−0.091	0.013	0.088	0.030
速动比率/%	0.470	−0.075	0.008	0.080	0.027
资产负债率/%	−0.177	−0.255	0.056	0.095	0.066
营业收入增长率/%	0.035	−0.123	−0.004	−0.022	0.659
总资产增长率/%	0.000	0.041	−0.017	−0.007	0.569
流动资产周转率/次	0.038	−0.029	−0.011	0.529	−0.027
总资产周转率/次	0.098	−0.030	0.013	0.553	−0.002

$F_1 = 0.002X_1 + 0.006X_2 - 0.064X_3 - 0.062X_4 + 0.474X_5 + 0.470X_6 - 0.177X_7 + 0.035X_8 + 0.000X_9 + 0.038X_{10} + 0.098X_{11}$

$F_2 = -0.045X_1 - 0.123X_2 + 0.469X_3 + 0.500X_4 - 0.091X_5 - 0.075X_6 - 0.225X_7 - 0.123X_8 + 0.041X_9 - 0.029X_{10} - 0.030X_{11}$

$F_3 = 0.508X_1 + 0.543X_2 - 0.039X_3 - 0.099X_4 + 0.013X_5 + 0.008X_6 + 0.056X_7 - 0.004X_8 - 0.017X_9 - 0.011X_{10} + 0.013X_{11}$

$F_4 = 0.009X_1 - 0.006X_2 + 0.022X_3 - 0.036X_4 + 0.088X_5 + 0.080X_6 + 0.095X_7 - 0.022X_8 - 0.007X_9 + 0.529X_{10} + 0.553X_{11}$

$F_5 = -0.011X_1 - 0.005X_2 - 0.011X_3 - 0.038X_4 + 0.030X_5 + 0.027X_6 + 0.066X_7 + 0.659X_8 + 0.569X_9 - 0.027X_{10} - 0.002X_{11}$

根据上述公式,得出每一家公司的单项因素分数,再根据这些因素分数求出每一家公司的总分。

7. 上市公司财务绩效评价综合得分

财务绩效评价综合得分的计算公式为

$$F = \sum_{i}^{5} d_i \times F_i$$

式中,d_i是权重,表示第i个公共因子的方差贡献率占5个公因子的累积方差贡献率的比例($i=1,2,3,4,5$)。因此,可以计算出5个公因子得分的权重,分别是:F_1为0.3002,F_2为0.2637,F_3为0.1698,F_4为0.1440,F_5为0.1223。可见,F_1所占权重最大,F_5所占权重最小。

根据以上公式,得出了西部地区制造业企业财务业绩的总分,综合评分最高的20家公司详见表2-8。

表 2-8 制造业上市公司财务绩效综合得分排名

证券简介	F_1	F_2	F_3	F_4	F_5	F
贵州茅台	71.06154	15.18201	−0.51744	28.13108	63.05479	37.01709
智飞生物	17.80864	9.970958	−0.8449	108.2047	53.81185	30.00007
东方网络	0.027548	19.79809	−3.61993	4.063967	147.6972	23.27771
天齐锂业	6.093013	23.58185	−4.14919	76.20472	33.86156	22.46126
博闻科技	4.988347	1.677664	17.6127	41.03844	87.71149	21.57596
恩捷股份	10.74642	17.0187	−1.81184	62.34362	30.1062	20.06874
中银绒业	8.244259	−1.67918	5.582133	113.9777	2.39624	19.68606
舍得酒业	10.81545	13.33545	−1.05024	59.74979	31.80809	19.0823
水井坊	5.644067	21.1709	−2.11676	48.77442	39.10113	18.72718
盛新锂能	8.810017	9.305987	0.330015	62.05707	31.36898	17.93057
成飞集成	16.83718	4.623254	1.79263	73.29536	5.076861	17.754
富临精工	6.864899	19.76269	−0.72058	60.59786	15.32693	17.75202
涪陵榨菜	13.68863	−2.40146	12.99605	58.8026	27.98768	17.57606
硅宝科技	10.0943	8.045191	1.253814	72.16417	12.90136	17.33549
云图控股	3.929232	26.43564	−2.27923	52.83538	12.81489	16.94046
泸州老窖	10.726	14.18245	−0.32052	26.97669	45.91274	16.40979
东材科技	6.806146	13.70086	−0.389	64.23546	9.744529	16.03271
藏格矿业	7.699312	0.95229	0.313297	60.2604	37.30103	15.85879
金瑞矿业	7.039197	−0.99095	6.310628	72.18172	19.3489	15.68587
龙津药业	6.293942	2.173801	2.14715	93.11532	−5.80658	15.52514

(四)评价结果分析

通过财务绩效得分排名(见表 2-8)可以直观看出,2021 年贵州茅台、智飞生物和东方网络的综合绩效得分较高,在 2021 年 243 家制造业上市公司中排名前三,紧随其后的是天齐锂业、博闻科技和恩捷股份。

从实证分析可以看出,尽管部分上市公司的整体实力排名较高,但是其五大能力的因素分数并不一定都是最高的。排名靠前的大部分公司,都是在某个单一的能力因素中获得了很高的分数,例如贵州茅台,它在资本扩张和赚取利润两个因素中的分数都比较低;但是,它在偿还债务、资本增值和成长能力方面的分数很高,且根据上文公式,偿债因子所占权重是五个因子中最高的,这就造成了贵州茅台在最后的总成绩上是第一名。通过得分排名表可见,综合排名靠前的上市公司,其偿还债务、资本增值和成长能力也比较靠前,这说明名列前茅的这些企业偿还债务的能力和再融资的能力非常强势,现金流比较充足,且在未来具有可持续发展的潜力和能力。

四、财务绩效影响因素实证分析

(一)样本选取

本小节所选取样本数据与上一小节进行财务绩效评价时所选取样本相同,共计243家上市公司。数据来源于锐思数据库、巨潮资讯网、东方财富网。

(二)变量设计

本小节以前文测算的公司业绩综合因子分数为被解释变量,从股权结构、资本结构、董事会特征、企业治理和企业规模这5个角度,选择了7个指标作为解释变量。具体见表2-9。

表2-9 财务绩效影响因素变量表

变量类型	变量名称	具体指标	变量符号
被解释变量	财务绩效综合得分		Y
解释变量	股权结构	股权集中度1(第一大股东持股比例)	X_1
	股权结构	股权集中度5(前五大股东持股比例之和)	X_2
	股权结构	股权制衡度	X_3
	企业治理	前三名高管薪酬	X_4
	董事会特征	独立董事比例	X_5
	资本结构	长期负债比率	X_6
	企业规模	资产取对数	X_7

(三)财务绩效影响因素分析

在此基础上,本小节选择基于多元线性回归的统计模型,对各变量指标与公司业绩之间的关系进行探讨。为达到这个目的,本小节选择前文计算出的经营业绩的总体分数,并将其作为被解释变量,选取第一大股东持股比例、前五大股东持股比例之和、股权制衡度、前三名高管薪酬、独立董事比例、长期负债比率以及资产取对数作为解释变量,展开分析。

本小节建立的多元线性回归模型如下:

$$Y = \beta_0 + \beta_1 X_1 + \beta_2 X_2 + \beta_3 X_3 + \beta_4 X_4 + \beta_5 X_5 + \beta_6 X_6 + \beta_7 X_7$$

1. 相关性分析

在展开多元线性回归分析前,需要对变量之间的关联性进行测试。本小节利用SPSS软件,获得了相关性分析表,具体如表2-10所示。

表2-10 各影响因素变量的相关系数

变量	X_1	X_2	X_3	X_4	X_5	X_6	X_7	Y
X_1	1							
X_2	0.729**	1						
X_3	−0.682**	−0.111	1					
X_4	−0.005	0.111	0.106	1				
X_5	0.004	−0.010	−0.030	−0.015	1			

续表

变量	X_1	X_2	X_3	X_4	X_5	X_6	X_7	Y
X_6	0.052	0.027	−0.072	0.091	0.001	1		
X_7	0.179**	0.163**	−0.088	0.350**	0.011	0.376**	1	
Y	0.097	0.076	−0.009	0.146*	0.065	0.088	0.317**	1

注：* 表示在0.05上(双尾)相关性显著；** 表示在0.01上(双尾)相关性显著。

由表2-10可知，7个影响绩效的因子均与企业的整体业绩有一定的相关关系。其中，X_3 与 Y 之间，即股权制衡度与财务绩效综合得分之间呈现负相关关系；其余6个解释变量与财务绩效综合得分之间，分别有着不同程度上的正向相关性。同时，X_4 和 X_7 与 Y 的相关性最强，即前三名高管薪酬和资产取对数与财务绩效综合得分之间的线性相关程度最高。

2. 多元线性回归分析

(1)在多元线性回归分析之前，先对搜集的数据进行拟合度检验和德宾-沃森检验，如表2-11所示。

表2-11 解释变量回归模型拟合程度及德宾-沃森检验

模型	R	R^2	调整后 R^2	标准估算的错误	德宾-沃森
	0.683ª	0.487	0.393	13.85545	1.714

注：a. 预测变量：常量，即资产取对数、股权制衡度、股权集中度5、独立董事比例、长期负债比率、前三名高管薪酬、股权集中度1。

如表2-11所示，调整后的 R^2 为0.393，说明财务绩效综合得分有39.3%是由股权集中度1、股权集中度5、股权制衡度、前三名高管薪酬、独立董事比例、长期负债比率以及资产取对数所影响的。德宾-沃森值为1.714，说明变量之间基本不存在序列相关，满足多元线性回归分析的前提。

(2)考虑到样本数量较多，数据较为复杂，首先需明确各变量之间是否存在线性关系，故在此对样本数据进行回归分析，得到表2-12。

表2-12 回归方差分析表

模型	平方和	自由度	均方	F	显著性
回归	0.219	4	0.051	6.7469	0.000ᵃᵇ
残差	0.461	63	0.0076		
总计	0.514	67			

注：a. 因变量：综合得分；
b. 预测变量：常量，即资产取对数、股权制衡度、股权集中度5、独立董事比例、长期负债比率、前三名高管薪酬、股权集中度1。

由表2-12可以看出，F 值对应的显著性小于0.01，这意味着各变量间存在着明显的线性相关，并且所形成的线性回归公式的可用度和显著性都比较高，可以证明所选择的每个变量都是可靠的，可以更好地解释影响因素。

(3)本小节通过以上各项的测试，运用SPSS对收集到的资料进行了分析和统计，得出回归方程,得到的结论如表 2-13 所示。

表 2-13 多元回归分析回归结果

变量	B	标准错误	显著性	容差	VIF
常量	-20.416	6.211	0.000		
股权集中度 1	13.776	7.529	0.019	0.102	9.846
股权集中度 5	-7.852	5.339	0.143	0.188	5.310
股权制衡度	1.999	1.152	0.048	0.215	4.654
前三名高管薪酬	5.275	0.000	0.012	0.849	1.178
独立董事比例	0.042	0.039	0.280	0.998	1.002
长期负债比率	-0.080	0.023	0.005	0.854	1.171
资产取对数	1.155	0.277	0.000	0.733	1.364

在表 2-13 中,B 为各自变量的回归因子;VIF 为方差扩张因子,且在该表中,它们的数值均低于 10。研究结果表明,各自变量间无共线现象,符合进行多元线性回归的条件。

(四)回归结果及分析

本小节从股权结构、资本结构、董事会特征、企业治理及企业规模五方面研究西部地区制造业上市公司财务绩效的影响因素。

通过上述回归分析可以发现,对于制造业上市公司而言,影响其财务绩效的因素包括 X_1(第一大股东持股比例)、X_3(股权制衡度)、X_4(前三名高管薪酬)、X_6(长期负债比率)和 X_7(资产取对数)。

由表 2-13 可知,第一大股东持股比例的回归系数为 13.776,且与企业财务绩效综合得分正相关,这说明增加股权集中度会对财务绩效产生正向的影响。

股权制衡度的回归系数为 1.999,并与企业财务绩效综合得分正相关,这说明适当地提高股权制衡度可以提高企业的财务绩效。

前三名高管薪酬的回归系数为 5.275,且与企业财务绩效综合得分正相关。因此,适当的薪资激励会使公司高管人员的工作更加积极、更加有效率,进而有利于提高公司的财务绩效。

长期负债比率的回归系数为 -0.080,并与企业财务绩效综合得分负相关,也就是说,公司的资本结构和公司的财务业绩之间存在着显著的负相关关系。这表明,企业的长期债务愈多,其所面对的金融风险愈大,使得企业的融资成本愈高,因此,企业所支付的费用也愈高,其结果是企业的经营业绩下降。

企业规模与企业财务绩效综合得分之间存在着显著的正相关关系,在表 2-13 中具体表现为资产取对数的回归系数为 1.155。这表明,对一家制造公司来说,通过企业的扩张,能够创造出规模经济,进而提升公司的财务绩效。

前五大股东持股比例之和和独立董事比例两个影响因素对企业财务绩效综合得分的显著性不高,具体表现为在表 2-13 中,其显著性分别为 0.143 和 0.280。这说明前五大股东持股比例之和和董事会特征对公司财务绩效的影响在本小节选取的数据分析中显著性不高。

五、结论与建议

(一)研究结论

本节研究西部地区制造业上市公司财务绩效的影响因素,分别从偿债、盈利、营运、成长以及股本扩张五个方面,选取11个指标建立绩效评价指标体系,运用因子分析法进行综合评价,最终得到2021年西部地区制造业上市公司的财务绩效综合得分排名。同时,本节从股权结构、资本结构、董事会特征、企业治理以及企业规模五个方面对西部地区制造业上市公司的财务绩效影响因素进行研究分析,得出如下结论:

(1)第一大股东持股比例对企业财务绩效会产生正向作用。高股权集中度会使大股东更有动力去经营好公司,保持公司盈利持续增长,吸引资本市场的资金,进而提高财务绩效。

(2)根据上述研究,股权制衡度对企业财务绩效也表现出促进作用。这看似与结论(1)相悖,实则不然,股权集中度高固然有利,但为避免第一大股东对企业过度控制乃至大权独揽等现象的发生,就需要其他股东对其制约。因此,在保证第一大股东拥有高持股比例的同时,在一定程度上提高股权的制衡比例,会对财务绩效产生积极作用。

(3)当企业的长期负债比率低于一个适当的数值时,企业的经营业绩就会提高。因为长期负债比率是一项适度的指标,所以本节在进行回归分析前,进行了趋同化处理,处理后的长期负债比率,与企业的财务业绩呈现出了一种负相关的趋势。

(4)前三名高管薪酬与公司业绩呈显著的正向关系。增加公司的高管薪酬,对激励管理者的工作积极性有好处,进而提升他们的工作效率,进一步提升公司的业绩。所以,为了确保公司业绩的稳定增长,制造业上市公司必须关注对高管人员进行报酬的激励。

(5)公司规模适度扩大,有利于提高公司业绩。这说明在一定范围内,企业的规模越大,就越有可能实现规模效益,同时也越有可能降低经营成本,进而改善经营业绩。

(6)通过对本节所搜集的数据进行研究发现,前五大股东持股比例之和与独立董事比例对公司业绩的影响并不显著。由此可以看出,短期之内,在制造企业中,独立董事对企业财务绩效的作用是不显著的。

(二)对策建议

根据前述研究,本节提出以下对策建议:

(1)平衡股权结构,形成相对控股。基于上述研究结论可以发现,适度的股权集中度和股权制衡度有利于提高财务绩效。上市公司需合理把握"适度",在一定范围内,保证第一大股东拥有高持股比例的同时,又有其他股东对其产生制衡。这样既能使大股东有动力经营公司,又能避免其一家独大、独断专行的现象发生。总之,大股东之间相互制约、相互监督,对企业的财务绩效和经营发展都具有积极影响。

(2)优化资本结构,合理利用财务杠杆。资本结构可以概括为企业拥有的资产中,自有资产和负债之间的比例关系。研究结果表明,长期负债率与企业财务绩效表现为负相关。过高的负债占比会给企业带来较高的财务风险,会增加企业的还债压力。因此,制造业上市公司的长期负债应保持适度值,要合理利用财务杠杆。

(3)完善公司治理,重视高管层激励。根据研究结论,适当增加高管薪酬有利于提高公司的财务绩效。因此,这里的完善公司治理具体表现为适当增加管理层薪酬。通过研究发现,近几年高管薪酬的平均水平逐渐上升,但仍存在部分企业前三名管理人员的薪酬相差甚大的现象,体现出部分上市公司存在激励不足的问题。因此,为提高财务绩效,上市公司需重视高管激励,完善薪酬制度,建立多元化薪酬结构。

(4)适度扩大企业规模,形成规模经济。研究分析显示,在一定程度上,适当扩大企业横向规模,有利于实现规模经济效益。上市公司应把宽裕的资金投入产品质量和技术研发上,使公司的主营产品达到规模效益,从而降低成本,提高公司财务绩效。

综上,西部地区的制造业上市公司应该把重点放在协调股权结构和改善其自身的经营业绩上,同时,注重对经理人员的激励,并在此基础上形成一定的规模效应。但是,随着企业不断发展,在未来,独立董事制度或许也会成为上市公司经营业绩提升的关键。

第二节　西南五省[①]制造业上市公司财务绩效影响因素研究

一、绪论

(一)研究背景及意义

1. 研究背景

党的二十大报告指出,要建设现代化产业体系。制造业是我国经济发展的中流砥柱。近年来,我国的制造业在不断发展,并取得了长足的进步。制造业企业是提升经济品质的微观主体,唯有在其自身的高质量发展中,不断提升其业绩,方能推动我国从制造大国向制造强国转型。在中国,西南地区(重庆、四川、云南、贵州和西藏)是一个发展相对滞后的区域。西南五省(自治区、直辖市)是国家经济发展的重要地区,且其制造业的发展尤其快速,因此,西南五省制造业上市公司对于国家实施西部大开发战略意义重大。

2. 研究意义

首先,在对西南五省制造业上市公司的财务业绩的影响因素进行了研究之后,可以对每一个因素对财务业绩的影响程度状况进行详细分析,根据这些结果,可以有针对性地对制造业上市公司的财务业绩进行改善,从而有效地解决在其发展过程中存在的一些问题,这对制造业乃至全国上市公司的持续健康发展起到了一定的指导作用。其次,基于对上市公司业绩的客观、公平、公正的分析,对公司高层管理者的业绩做出客观、公平、公正的判断,从而为公司高层管理者的选择与任命提供科学的决策依据,改进高层管理者的考核与奖励制度,筛选出最好的高层管理者,形成一批杰出的核心创业人才,从而提升公司的总体运营能力。因此,研究西南五省制造业上市公司财务绩效影响因素,对于提高西南五省制造业上市公司财务绩效,促进制造业上市公司良好且长远发展具有重要意义。

(二)国内外研究现状

1. 国外研究现状

Suttipun等(2021)通过12个重要的财务指标对公司财务绩效进行了比较全面的评估。

---

① 西南五省包括重庆市、四川省、贵州省、云南省和西藏自治区,后同。

Emmanuel等(2021)探究了新兴市场对于企业财务绩效的影响。Suttipun等(2020)认为,企业财务业绩评价应当遵守两个原则:一是要维持使用量化数据;二是要使财务业绩评价更接近客户。Surya等(2019)认为,评价财务业绩的核心指标不能从财务数据中进行选择,质量、市场份额、客户满意度、创新等非财务指标,往往比财务指标更能体现出企业的财务绩效和公司的发展潜力。这一观点得到了越来越多的经理人的认可。一些财务公司、财务分析师开始对现金流量进行关注,以避免因为利润操控而造成财务数据失真。Kaya(2023)认为,与其他指标相比,现金流量更能准确反映企业真实的财务状况。

2. 国内研究现状

目前,在对上市公司的财务业绩进行分析的时候,大部分学者都是从一个整体性的视角来进行的,首先要对公司的财务业绩进行一个总体的分析,然后才能找到其中的重要因素。例如,陈思元(2020)就是利用因素分析方法对一家上市公司的财务业绩进行了分析。制造业上市公司的财务业绩侧重于生产和营销,有些学者关注与生产和营销有关的要素,考察它们对财务业绩的影响,如唐文秀等(2018)对企业的产品竞争能力进行了分析,以判断上述要素对企业财务业绩的影响。在我国,已有一些学者将金融政策纳入了企业的财务业绩分析之中,如韩兴国等(2020)探讨了税收和税收政策对企业业绩的影响。同时,财务业绩能够体现出一个公司的盈利能力、偿债能力等。秦俭(2015)将2012年51个物流上市公司的数据作为指标来进行分析,结果表明,流动比率、营业收入增长率与物流上市公司的财务业绩有着明显的正相关关系。刘士萱(2022)的研究表明,经营费用率与财务业绩之间具有明显的负相关关系。李维安等(2006)认为,随着资产周转率的提高,企业的财务业绩也随之提高。黄珍等(2019)在海量的研究中发现,企业的负债水平会对企业的经营业绩产生影响。王利军等(2021)的相关研究也表明,公司的负债水平对公司的经营业绩产生了一定的影响。沈洪涛(2005)认为,企业社会责任会影响财务业绩。刘阿慧(2022)研究发现,每股收益对其财务绩效有着一定的影响。王琴(2022)认为,对于部分制造业企业,生产设备的老化会增加企业的生产成本。翁滢超(2022)通过研究后认为,合理避税可以降低企业的营业成本。应文添(2022)认为,资产配置的提升可以影响企业的财务绩效。孙科媛等(2022)研究疫情后的医疗产业的公司发现,资产周转率可以有效提升企业的财务业绩。王颖娟(2022)认为,有效降低营业成本可以有助于提升财务绩效。董术涛等(2023)以153家汽车制造业企业为样本,研究发现自主创新能力对企业财务绩效的影响显著。邓烨(2022)通过研究广东省医疗制造业也发现,应收账款周转率对财务绩效的影响显著。张其明等(2022)以65家矿山机械制造业为研究对象,研究发现速动比率会影响企业财务绩效。王彦林等(2021)发现,内部控制对于本企业的财务绩效有一定的影响。郭浩洁等(2018)研究发现,每股收益增长率会影响企业的财务绩效。

3. 文献评述

总的来说,关于公司业绩评估的有关问题,国内外许多专家、学者都进行了相关研究。在国际上,对企业财务业绩进行评估的方法,大多是从专家和科研单位那里得到的,具有较强的适用性。在已有研究中,学者们关于西南五省制造业上市公司财务业绩影响因素的研究较少,更多的是对某一个特定的行业展开了分析,而没有对该地区的所有制造业展开全面的分析。同时,关于行业财务绩效影响因素的分析多以单因素分析为主,对财务绩效影响因素的多元分析较少。

(三)研究内容与方法

1. 研究内容

本节将西南五省的制造业上市公司作为主要的研究样本,用资产收益率来对上市公司的财务业绩进行度量。同时,与已有的结论相结合,本节选择了相关的自变量和控制变量,建立了一个计量经济学模型,对所选择的变量指标展开描述性统计、相关性分析、多重线性回归分析,并用净资产收益率代替资产收益率,对回归结果进行稳健性检验,最终对上述研究结果进行归纳和总结,为我国西南五省制造业上市公司提升财务绩效提出对策建议。

2. 研究方法

(1)文献查阅法。通过高校图书馆、知网、百度,以及其他数据库,对我国上市公司业绩评估方面的文献进行检索,总结和归纳出我国上市公司业绩评估方面的最新研究进展,为本项目的开展奠定研究基础。

(2)定量分析法。以西南五省制造业上市公司为研究样本,选取2017—2021年与财务业绩有关的指标,首先使用SPSS对相关数据指标进行描述性统计分析、相关性检验,其次构建计量经济学模型,对西南五省制造业上市公司财务绩效影响因素进行多元回归分析。

二、财务绩效概述及西南五省制造业上市公司基本情况

(一)财务绩效

财务绩效是指一个公司的策略以及它的执行对公司最后的营运表现的影响。在财务绩效的表现中,一般包括盈利能力、营运能力、偿债能力、抗风险能力等四个方面。企业的财务绩效既能体现企业的经营成果,又能对企业的未来发展做出一定的预测,比如企业将来是否有足够的资本,公司的运作能否顺畅,等等。

(二)财务绩效管理理论基础

1. 现金流量理论

现金流量,又称现金流转或现金流动,是指企业在一定会计期间按照现金收付实现制,通过一定经济活动而产生的现金流入、现金流出及其差量情况的总称。现金流量理论可以帮助企业有效地利用资源来实现最大经济价值,重点在于通过计算企业经营收益、成本和现金流的变化来衡量当前收入和未来收入的相对价值,并可用于投融资活动,帮助投资者实现更高的投资回报。

2. 风险评估理论

风险评估是指在风险事件发生之后,对于风险事件给人们的生活、生命、财产等各个方面造成的影响和损失进行量化评估的工作。企业可以通过风险评估理论来有效地避免或减少企业在未来发展经营中遇到的部分风险。

(三)西南五省制造业上市公司基本情况

西南五省包括重庆市、四川省、贵州省、云南省和西藏自治区。在这些地区中,四川省、重庆市的经济发展水平相对于其他三省要高一些。截至2016年底,在西南五省中,有133家制造业上市公司。西南地区内所有符合研究要求的上市公司中,多数企业的地址位于所在省的省会城市。近几年,我国西南地区五个省份的制造业企业总体上呈现出稳定的发展态势,在各

种因素的支撑下,企业的经营效益有了明显的提高,但是也出现了不少问题。首先是工业布局的不均衡。伴随着制造业高质量发展战略的实施,西南五省制造业的产业结构也面临着进一步的优化。目前,各个区域的制造业在产业结构上都呈现出一种失衡状态。其中,传统工业所占的比重很大,而且主要是以对原料进行初级加工为主,同时,对于某些新兴产业,比如高新技术产业类型的公司来说,它们的数量相对较少,而且缺乏足够的知识密集型产业的活力,这些都不利于整个制造业的转型升级。其次是地区间的不均衡发展。以成都、重庆为代表的经济发展水平较高的区域,是西南地区制造企业集中的核心区域,无论从企业经济效益还是行业规模来看,都要比其他区域强得多。同时,在一些经济比较落后的地区,在制造业企业的运作中,缺少一定的资源和区域联动优势,从而影响了西南地区制造业行业整体的高质量发展。

三、西南五省制造业上市公司财务绩效影响因素研究设计

(一)样本选取与数据来源

本节以我国西南五个省份的制造业企业为例,以2017—2021年的有关资料为样本,进行实证分析。基于研究分析的需求,本节对预选样本和样本数据进行了一些调整或删除:将被冠以*ST标志的上市公司排除出去,这类公司存在着亏损和退市的危险,且这类公司由于其自身的特点,会对实证模型造成一定的负面影响。本节的研究共选取了130家上市公司进行实证分析。研究数据来源于百度证券通、东方财富、巨潮资讯等网站。

(二)基本假设

应收账款周转率指的是在一定时期之内,企业收回账款的速度。应收账款周转率高,说明应收款能更快收回,企业资金量增加,可以更快更好地被利用,能提高资金的使用效率。应收账款周转率高,说明公司拥有良好的资金流,便于企业更好发展,综合提高企业的财务绩效。因此,根据上述分析提出以下假设:

假设1:应收账款周转率显著正向影响企业的财务绩效。

速动比率是指企业速动资产与流动负债的比率,速动资产是企业的流动资产减去存货和预付费用后的余额。企业的速动比率越高,说明企业的速动资产多或是流动负债少,企业在生产经营时更健康,短期偿债能力较强,相对地,企业财务绩效也会更好。因此,根据上述分析提出以下假设:

假设2:速动比率显著正向影响企业的财务绩效。

当负债利息率和资本组成等不变时,营业费用率较高,则表示营业费用较高,或营业总收入较低。从公司的角度看,降低运营费用能产生更大的效益,这是公司老板和经理们共同追求的一个目标,运营费用率的提高说明公司以更高的费用换取了更少的收益。因此,根据上述分析提出以下假设:

假设3:营业成本率显著负向影响企业的财务绩效。

(三)变量选择

1. 被解释变量

作者在查阅了许多相关的资料后发现,当前学术界在对公司的财务业绩进行测量时,主要采用了如下一些指标:净资产收益率、资产收益率。由于目前的资本市场还不够完善,而且股份的流通程度很低,非流通股的价值难以得到合理的度量,因此,市场指标并不能反映出实际

的财务情况。为此,本节参考陈思元(2020)关于财务绩效的研究,选择资产收益率(R_1)作为衡量公司业绩的指标,并使用净资产收益率(R_2)替换资产收益率(R_1)进行稳健性检验。研究相关指标的变量解释如表 2-14 所示。

表 2-14 研究相关指标的变量解释

变量类型	变量名称	变量符号	变量定义
被解释变量	资产收益率	R_1	净利润/总资产
	净资产收益率	R_2	净利润/净资产
解释变量	应收账款周转率	R_3	营业收入 TTM[①]/(应收账款本期期末值-上年同期期末值)/2
	速动比率	Q	(流动资产-存货)/流动负债
	营业成本率	C	营业成本/营业收入
控制变量	现金持有水平	C_A	净现金流量/总资产
	杠杆率	L	总负债/总资产

2. 解释变量

通过借鉴已有文献,本节选取应收账款周转率、速动比率、营业成本率等三个指标作为自变量,研究它们与财务绩效之间的关系。

1)应收账款周转率

应收账款周转率是企业一定时期的销售收入净额与平均资产总额之比,它是衡量资产投资规模与销售水平之间配比情况的指标。本节参考邓烨(2022)关于财务绩效影响因素的研究,选取应收账款周转率作为解释变量之一。

2)速动比率

速动比率是指企业速动资产与流动负债的比率,速动资产是企业的流动资产减去存货和预付费用后的余额。本节参考张其明等(2022)关于财务绩效影响因素的研究,选取速动比率作为解释变量之一。

3)营业成本率

营业成本率是企业营业成本占收入的比例,有助于管理者理解企业的整体营业成本结构以及企业盈利水平。本节参考王颖娟(2022)关于财务绩效影响因素的研究,选取营业成本率作为解释变量之一。

3. 控制变量

在上述基础上,为了更好地解释主要变量,本节参考郭浩洁等(2018)关于财务绩效影响因素的研究,选取现金持有水平、杠杆率作为控制变量,以达到解释主要变量的目的。

(四)模型构建

为进一步验证前文相关假设,本节构建如下计量模型,对西南五省制造业上市公司财务绩效影响因素进行多元回归分析。

---

① TTM 即滚动 12 个月,英文翻译为 trailing twelve months。

$$R_1 = \beta_0 + \beta_1 R_3 + \beta_2 Q + \beta_3 C + \beta_4 C_A + \beta_5 L + \varepsilon$$

其中,R_1 为资产收益率;R_3 表示应收账款周转率;Q 表示速动比率;C 表示营业成本率;C_A 表示现金持有量水平;L 表示杠杆率;β_0 为常数;β_i 为各影响因素的系数;ε 是随机误差量。

四、西南五省制造业上市公司财务绩效影响因素实证分析

(一)描述性统计分析

在进行回归分析前,首先对相关变量进行描述性统计分析,如表 2-15 所示。在本研究中,有效样本数量为 130 个。

表 2-15 研究相关指标的描述性统计分析

变量	样本量	最大值	最小值	平均值	标准差
R_1	130	45.11	−19.83	6.376	7.877
R_3	130	235	1	118	67.983
Q	130	41.27	0.324	2.729	4.786
C	130	118.068	8.2	64.01	25.526
C_A	130	70.15	0.937	20.042	12.124
L	130	99.94	4.79	39.648	20.145

通过表 2-15 可以得到,应收账款周转率(R_3)的最大值与最小值差异较大,这是因为不同企业所涉及的行业具有差异性,且其平均值为 118,标准差为 67.983,说明大部分公司对于账款收回的能力属于正常范围;速动比率(Q)最大值为 41.27,最小值为 0.324,平均值为 2.729,标准差为 4.786;营业成本率(C)的最大值为 118.068,最小值为 8.2,均值在 64 左右,标准差为 25.526,明显较高,说明企业盈利能力较低,一定程度上影响了企业当前的发展。

(二)相关性检验

通过表 2-16 可以得到:应收账款周转率(R_3)与资产收益率(R_1)的相关性为 0.151,且通过 5% 显著性检验,说明应收账款周转率与财务绩效有正向相关性;速动比率(Q)与资产收益率(R_1)的相关系数为 0.016,未通过 5% 水平下显著性检验,说明其与财务绩效之间并不存在太明显的相关性;营业成本率(C)与资产收益率(R_1)的相关系数 −0.461,并且通过 1% 水平下显著性检测,这说明营业成本率(C)与企业财务绩效之间存在着明显的负相关关系。

表 2-16 西南五省制造业上市公司财务绩效影响因素的相关性分析

变量	R_1	R_3	Q	C	C_A	L
R_1	1					
R_3	0.151*	1				
Q	0.016	0.025	1			
C	−0.461**	−0.123*	0.132*	1		
C_A	0.297**	0.063	−0.076	−0.237**	1	
L	−0.255**	−0.056	−0.501**	0.267**	−0.118*	1

注:** 表示 1% 显著相关,* 表示 5% 显著相关。

(三) 回归结果及分析

西南五省制造业上市公司财务绩效影响因素的多元线性回归结果如表 2-17 所示。回归结果中 R^2 为 0.581，说明模型的拟合优度较好，具有一定的解释能力。

表 2-17 西南五省制造业上市公司财务绩效影响因素回归结果

变量	系数	t 值	P 值
R_3	0.376	3.153	0.007
Q	0.446	1.018	0.310
C	−0.115	−5.823	0.000
C_A	1.410	0.224	0.823
L	−0.068	−2.625	0.009
常数	13.726	8.035	0.000
F 值		63.345	
R^2		0.581	

注：$P<0.01$ 表示 1% 显著性水平，$0.01<P<0.05$ 表示 5% 显著性水平，$0.05<P<0.1$ 表示 10% 显著性水平。

根据表 2-17 回归分析结果可以得出，应收账款周转率（R_3）的 P 值小于 0.01，应收账款周转率（R_3）与资产收益率的回归系数为 0.376，显著正向影响资产收益率，这一结论与邓烨（2022）研究结论一致，即应收账款周转率越高，上市公司财务绩效越好，此结论验证了假设 1。速动比率（Q）的回归系数为 0.446，P 值为 0.310，未通过 10% 显著性检验，这个结果与张其明等（2022）的研究结果不符合，张其明等（2022）在研究中得出的结论为速动比率越高，财务绩效越好，这可能是因为样本选取不一样，也可能因为主要研究数据年限为 2017—2021 年，受疫情影响，西南五省制造业上市公司财务绩效受外部因素影响较大，导致内部因素速动比率对财务绩效影响不显著，因此，假设 2 没有通过验证。营业成本率（C）与资产收益率（R_1）的回归系数为 −0.115，且通过 1% 显著性水平检验，说明营业成本率显著负向影响西南五省制造业上市公司资产收益率，这个结论与王颖娟（2022）对于财务绩效影响因素研究的结论一致，营业成本率越低，企业财务绩效越好，此结论验证了假设 3。

(四) 稳健性检验

通过查阅文献，多数学者选择替换因变量的方法来进行检验，采用替换变量的方法进行稳健性检验。在此将资产收益率替换为净资产收益率，以 2017—2021 年的数据为样本对其进行回归分析，结果如表 2-18 所示。由表 2-18 可见，采用净资产收益率与采用资产收益率为财务绩效衡量指标时所论证的结果基本一致。因此，研究结果具有稳健性。

表 2-18 西南五省制造业上市公司财务绩效影响因素的稳健性检验

变量	系数	t 值	P 值
R_3	2.259	2.075	0.014
Q	2.631	1.213	0.280
C	−0.78	−2.878	0.004

续表

变量	系数	t 值	P 值
C_A	1.410	0.224	0.823
L	−0.49	−1.385	0.167
常数	13.153	0.563	0.574
F 值		81.862	
R^2		0.627	

注:$P<0.01$ 表示 1%显著性水平,$0.01<P<0.05$ 表示 5%显著性水平,$0.05<P<0.1$ 表示 10%显著性水平。

五、研究结论与对策建议

(一)研究结论

本节选取西南五省 130 个制造业上市公司为主要研究对象,通过构建计量经济模型,对西南五省制造业上市公司财务绩效影响因素进行了多元回归分析,并得出以下研究结论。

1. 应收账款周转率显著正向影响财务绩效

应收账款周转率是企业一定时期的销售收入净额与平均资产总额之比,它是衡量资产投资规模与销售水平之间配比情况的指标。应收账款周转率高,说明应收账款能更快收回,企业资金量增加,可以更快更好地被利用,能提高资金的使用效率;如果应收账款周转率过低,可能会造成自身资金周转困难,甚至还需要从银行融资来维持生产经营。研究结果表明,西南五省制造业上市公司的应收账款周转率对其财务绩效有显著的正向影响作用。

2. 速动比率对财务绩效的影响不显著

通过对西南五省制造业上市公司每股收益指标的分析,发现速动比率对其财务绩效未呈现出显著的影响,这与理论不符合,理论上应是速动比率正向影响资产收益率,这主要是因为速动比率越高,企业的偿债能力会更强,即公司能快速地偿还其短期债务。同时,速动比率是企业稳定性的体现,过低的速动比率会使企业出现资本短缺,进而对企业的财务稳定性产生不利影响。本节通过实证分析后得出结论,速动比率并不能显著影响财务绩效,这可能是因为某些行业的企业在正常运营中对现金流量的要求不高,也可能是部分企业结构稳定,所以速动比率对财务绩效的影响不明显。

3. 营业成本率显著负向影响财务绩效

通过回归分析结果可以得出,营业成本率显著负向影响西南五省制造业上市公司的财务绩效,即营业成本率对企业财务绩效具有抑制作用。营业成本率是衡量企业在获利时所付出的成本的指标,是营业成本和销售额的比值。营业成本率高,说明成本在总营业额中的占比更高,意味着在获得现有利益时所付出的成本更高。部分营业成本是可有可无的,因此,合理减少生产销售经营过程中的成本支出,在获取相同利润的情况下减少更多的成本支出,可以使财务绩效相对上升。

(二)对策建议

通过对西南五省制造业上市公司部分指标的分析,结合已有学者结论,对照本节研究结论,为提高西南五省制造业上市公司的财务绩效,笔者提出如下对策建议。

1. 提高应收账款周转率,提高上市公司营运能力

西南五省制造业上市公司需要提高应收账款周转率来提高企业的营运能力,企业可以向所有客户建立一个应收账款的科目往来明细账,便于及时地核对账目。对于企业内部来说,管理者要加强某些部门与客户的往来,及时获取外部信息,将应收账款的欠款收回。企业也可以设置账款收回的期限,如果在规定的期限内债务方偿还一定数额的债务,可以给予相应的优惠条件。值得注意的是,如果企业应收账款周转率过高,则说明企业的信用政策可能太紧,这样可能会失去一部分客户,不利于企业开拓和占领市场。

2. 优化管理模式,提高上市公司偿债能力

通过实证分析发现,在西南五省制造业上市公司中,速动比率并不显著影响财务绩效,这是因为有一部分企业的结构较好,也有一部分企业是因为不注重短期偿债能力,所以企业财务指标显示出速动比率与财务绩效没有显著的关系。笔者在收集数据中发现,西南五省大部分制造业企业的速动比率数据偏低,可能在未来会遇到流动负债过高导致企业出现资金短缺问题,所以西南五省制造业企业应制定合理的财务管理方案,平衡长期发展和短期发展,适当提高企业现金流或降低流动负债来提高速动比率,即提高企业短期偿债能力。

3. 降低营业成本,提高上市公司抗风险能力

从企业的生产经营的过程来看,企业运营成本主要包含人力成本、运输成本、材料成本、销售费用、财务费用、管理成本等。比如,西南五省制造业上市公司可以选择更具有性价比的材料以降低材料成本,通过裁员等方式降低人力成本。同时,如果是管理方式出现问题,应选择更科学的生产经营模式来有效降低营业成本,如可以参考迈克尔·哈默提出的生产流程再造理论,彻底改变现有生产经营模式。

第三节 西北五省[①]制造业上市公司财务绩效影响因素研究

一、绪论

(一)研究背景及意义

1. 研究背景

制造业是国家生产力发展水平的重要指标,在世界经济发展趋势中发挥着主导作用。作为我国支柱产业之一,制造业在推动中国国民经济发展过程中起到了举足轻重的作用。2013年9月,习近平总书记提出了共同构建"丝绸之路经济带"的战略举措,给西北五省提供了有利的发展机会。随着中国"一带一路"倡议的深入实施,作为中国制造业领导者的上市公司,在国民经济发展中的角色将会越来越突出。企业财务状况和经营成果是评估企业财务绩效的重要指标,可以对公司将来的发展情况做出判断,也可以对经营者的工作能力进行评估。所以,股东、经理人、债权人等与公司利益关系紧密的人都极为关心公司的财务绩效。科学合理地研究

---

① 西北五省包括陕西省、甘肃省、青海省、宁夏回族自治区、新疆维吾尔自治区,后同。

上市公司财务绩效影响因素,有利于西北五省制造业上市公司进一步提高组织管理效率。对此,本节以上述大环境为背景,对西北五省地区制造业上市公司的财务绩效影响因素进行研究。

2. 研究意义

结合国内外相关文献,目前已有许多学者对不同行业的上市公司财务绩效展开了研究,并获得了相关的研究结果,但选取的地区及行业不同,财务绩效的影响因素也存在较大差异。目前已有文献中对西北五省制造业企业的研究并不多,本研究丰富了西北五省制造业企业财务绩效的案例研究,为西北五省制造业企业财务绩效方面的研究提供了一定的理论参考,也为后续学者全面、深入地研究西北五省制造业企业财务绩效影响因素提供了一定的理论支撑。

研究上市公司财务绩效的影响因素,可以提高股东公正客观地评价经营者的能力,也有利于经营者避害就利,减少经营风险,为制定企业发展战略提供参考。针对西北五省制造业的财务绩效的深入研究,有助于深入了解在西北五省制造业企业的各个不同指标下,对企业财务绩效的影响因素产生的作用,进而找到客观规律,以期给相关企业带来启示。

(二)研究目标及内容

1. 研究目标

西北五省地区由于地理环境及经济结构所带来的影响,其整体产业在全国范围内均处于比较低的水平。作为该地区上市公司中占比最大的一部分,在数十年的企业成长以及"西部大开发"战略、"一带一路"倡议中,西北五省制造业在西北地区的发展保持着相对稳定的上升趋势。在社会不断发展的趋势下,制造业行业除了其本身所具有的一定优势外,同样也面临着自身的一些危机和弊端。本节综合利用文献研究法和实证分析法对西北五省地区制造业上市公司财务绩效影响因素进行研究,同时通过多家企业的财务数据,对西北五省制造业进行财务绩效影响因素分析,得出西北五省制造业在未来发展中可以做出哪方面的优化措施,并提出合理的建议。

2. 研究内容

本节以2017—2021年的西北五省制造业上市公司为研究对象,通过其在财务报表中所表现出来的财务特征以及其他多方面的数据结果,总结并分析西北五省制造业在各项财务数据不同的情况下财务绩效的影响因素。研究的主要内容包括:介绍了研究背景、意义、目标、内容及国内外文献综述,财务绩效相关概念,西北五省制造业上市公司基本情况;进行样本及财务数据筛选,再进行基本假设及变量选取,变量确定后建立模型;对所选取研究对象的经营数据进行描述性统计分析、相关性分析,并对上市公司财务绩效影响因素进行回归分析,且通过替换变量对研究结果进行稳健性检验,得出研究结论,对如何提高西北五省制造业上市公司财务绩效提出对策建议。

(三)国内外研究综述

1. 国外研究现状

国外对企业财务绩效的研究始于20世纪初期,历经多年发展,目前已经具有众多有价值性的理论成果。Toshiyuki等(2014)通过采用多角度和多方位对比分析的方式,总结出在研究企业财务绩效时选取数据包络分析法具有一定的优势,并对企业运用数据包络分析法进行财务绩效分析,提出了一些有参考的建议。Elena 等(2019)通过研究分析得出,税收政策对企业财务绩效具有重要影响。Jessica 等(2020)研究发现,税收优惠政策能够促进创新型企业扩大规模。Savickas(2020)主要是从对公司相关财务指标的搜集着手,具体分析多种财务指标的选取方法及其所选取的目的和意义。

2. 国内研究现状

我国学者主要基于不同视角,在各个行业中,采用各种不同的方式,对公司的财务绩效展开了全面的分析,并识别出了对公司的财务绩效产生影响的众多因素,为我国财务绩效领域的研究做出了贡献。张继彤等(2018)使用工业企业面板数据,通过实施加速折旧等方法来减少成本,提高产业化公司的金融业绩。王正军等(2020)以通讯装备及专用设备行业的上市公司为例,从内部和外部的利益相关者角度,对公司履行社会责任、研发投入与公司财务业绩的关联进行了实证分析,发现公司履行社会责任对公司的财务业绩具有促进作用。牛丽文等(2021)利用因子分析法对所选取的 21 家食品生产类企业 2019 年相关指标数据进行财务绩效评价研究,结果发现,食品生产行业的整体财务绩效状况不是很理想,提出企业可以从优化筹资渠道、加大研发力度等方面提升财务绩效水平,同时企业除关注自身财务绩效外,也应积极履行社会责任。Liu(2021)以拉芳家化的三次并购为例,运用财务指标法分析三次并购对拉芳家化财务绩效的影响,结果显示,经过三次并购,拉芳家化的偿债能力增强,盈利能力并未得到有效提升。

3. 研究综述

关于公司财务绩效的相关影响因素,国内外许多专家和学者都进行了大量的调查和分析。总体来看,这些研究方法具有各自不同的特点,可能是选取的研究对象及方式不同,但这些专家学者的研究分析或许存在一定的局限性。在选择研究对象的指标时,有学者从企业股权激励、偿债能力、研发投入力度、企业社会责任等各个不同方面进行研究,体现出选取的指标越来越具有差异化以及多样化。根据选取的不同指标以及选择不同的分析对象,随着研究的逐步深入,上市公司财务绩效的影响因素逐步向多渠道、多样性发展。在具体分析过程当中,各种不同的方法均具有明显的优势及不足之处。因此,不同研究之间可选择不同的、更适用于研究本身的方法进行研究分析,这样更有助于各公司管理层制定公司发展战略,也为投资者决策提供了参考。

二、财务绩效相关概念及理论基础

(一)财务绩效相关概念

财务绩效将企业战略目标与财务目标充分融合,能够回答企业是否能够盈利、是否具有营运能力、能否可以展开债务偿还、能否对于存在的风险问题得以抵御等问题,可以对成本控制、运用资产成效、资产调配成效和股东收益进行综合考核。针对已有的财务数据展开比较,可以分析得出企业资金流的走向,以此确定是否需要对资金加强管理,进而使资金的使用效率提高,最终使企业的盈利能力提升。然而,由于各行各业对企业前景发展的规划有所不同,从而直接导致财务绩效指标的衡量标准也各式各样。

(二)财务绩效理论基础

1. 技术创新理论

技术创新理论强调创新需要对原先有的生产活动产生震荡,是生产条件和要素的一种结合。但创新活动需要更深一层的科技及技术,而且需要创新资金。对企业来说,投入研发活动具有较大的风险性,并且研发活动能否达到企业想要的结果是未知的,因此,这种风险使得只有大型企业愿意进行研发创新活动。

2. 高阶梯队理论

高阶梯队理论将关注个人转移到关注整个团队。高阶梯队理论强调,由于内外部环境的复杂性以及很多无法预料的外界事物的干扰性,并且企业高管们自我的认知能力以及人员间不同的管理方向,其无法对全部发生的事务进行了解,他们会在自己可选择并更擅长的地方进行决策,所以,高管们的各种不同特征就决定了他们对相关信息的利用及解释能力。高阶梯队理论突出了团队的重要性。

3. 激励理论

激励理论指的是如何有效地驱动员工行动的经验原理。激励理论指出,激励能够调动员工的工作积极性,使企业绩效得到有效提升。激励理论强调,经理有责任把股东的利益放在第一位,而且应该有合理的激励机制来约束经理,以保证他们把企业价值提升到最高水平。

三、研究设计

(一)西北五省制造业上市公司基本情况

1. 发展现状

西北五省包括陕西、宁夏、甘肃、新疆、青海。西北五省制造业发展相对来说较为缓慢,2021年,西北五省制造业营业总收入达26590.64亿元,占营业总收入的41.61%,奠定了制造业在西北五省各行业中的重要地位。

近年来,西北五省制造业上市公司处于稳定成长的阶段,虽然在国家各项政策的帮助下得到了比较明显的提升,但仍旧存在地域发展不均衡的问题。比如经济较为发达的陕西和新疆,是制造业上市公司群体高度汇集的地带;对于经济发展相对较差的甘肃、青海和宁夏,其行业数量及规模均不如陕西和新疆。

2. 地域分布情况

西北五省制造业上市公司主要分布在陕西、新疆、甘肃,宁夏和青海的制造业上市公司数量较少。截至2021年底,有47家制造业上市公司位于陕西,25家位于新疆,22家位于甘肃,9家位于宁夏,8家位于青海。陕西制造业上市公司中有30家企业位于西安市,新疆有16家企业位于乌鲁木齐市,甘肃有12家企业位于兰州市,宁夏有5家企业位于银川市,青海有5家企业位于西宁市,可见,西北五省均有超过半数以上的上市公司地处各省的省会城市。西北五省制造业上市公司分布比例如图2-2所示。

3. 行业分布情况

西北五省制造业上市公司经营的行业类型包括石油加工、农副食品加工业、通信和其他电子设备制造业、黑色金属冶炼和压延加工业、铁路、航空航天、纺织业等20余种制造业类型,门类较为丰富。其中,化学原料和化学制品制造业、电气机械和器材制造业、非金属矿物制品业、专用设备制造业等占据着主导地位,分别有17家、11家、11家和11家公司。此外,纺织业,废弃资源综合利用业,汽车制造业,石油加工、炼焦和核燃料加工业,橡胶和塑料制品业,以及印刷和记录媒介复制业企业数量不多,均只有1家,如图2-3所示。

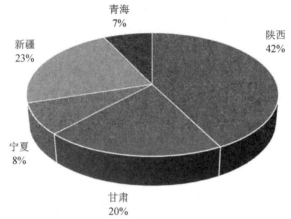

图2-2 西北五省制造业上市公司分布比例

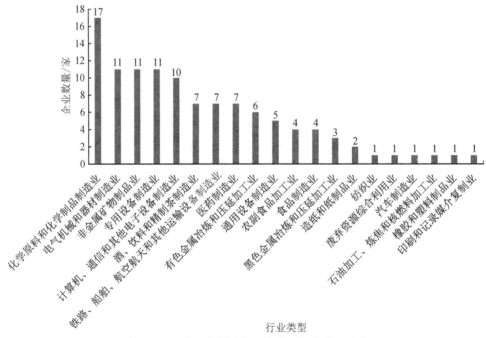

图2-3 西北五省制造业上市公司行业类型分布

(二)样本筛选及数据选择

1. 西北五省制造业上市公司样本筛选

研究选取2017—2021年西北五省制造业上市公司的有关数据作为本节的研究依据。为确保数据的真实性及可靠性,对其处理如下:①去掉数据缺失的样本;②删除 ST、*ST 企业;③去掉 2017 年后上市的公司,确保在研究分析中企业具有五年以上的研究数据。进行处理后,共筛选出 76 家制造业上市公司,380 个样本量。样本公司名称(简称)及股票代码如表 2-19 所示。

表 2-19 样本公司名称(简称)及股票代码

股票代码	股票名称	股票代码	股票名称	股票代码	股票名称
000561	烽火电子	002799	环球印务	600419	天润乳业
000633	合金投资	002864	盘龙药业	600449	宁夏建材
000635	英力特	002910	庄园牧场	600456	宝钛股份
000672	上峰水泥	300021	大禹节水	600516	方大炭素
000691	亚太实业	300093	金刚玻璃	600543	莫高股份
000697	炼石有色	300114	中航电测	600545	卓郎智能
000768	中航飞机	300116	坚瑞沃能	600581	八一钢铁
000812	陕西金叶	300140	中环装备	600707	彩虹股份
000813	德展健康	300397	天和防务	600714	金瑞矿业
000815	美利云	300487	蓝晓科技	600720	祁连山
000877	天山股份	300534	陇神戎发	600737	中粮糖业
000929	兰州黄河	300581	晨曦航空	600869	智慧能源
000962	东方钽业	600075	新疆天业	600888	新疆众和
002092	中泰化学	600089	特变电工	600893	航发动力
002100	天康生物	600117	西宁特钢	600984	建设机械
002109	兴化股份	600165	新日恒力	601012	隆基股份
002145	中核钛白	600192	长城电工	601015	陕西黑猫
002149	西部材料	600197	伊力特	601179	中国西电
002185	华天科技	600217	中再资环	601212	白银有色
002202	金风科技	600251	冠农股份	601369	陕鼓动力
002205	国统股份	600302	标准股份	601789	宁波建工
002302	西部建设	600307	酒钢宏兴	603139	康惠制药
002457	青龙管业	600343	航大动力	603169	兰石重装
002644	佛慈制药	600379	宝光股份	603227	雪峰科技
002646	青青稞酒	600381	青海春天	603919	金徽酒
002665	首航节能				

2. 财务数据选择

以 2017—2021 年上市公司公开渠道披露的年度财务报告为基础,变量数据主要从国泰安数据库中获取,部分变量数据来自同花顺财经网、巨潮资讯网及东方财富网。研究以财务绩效及稳健性检验作为被解释变量,选取四项解释变量及两项控制变量,以此做实证分析。同时,根据设计的变量,对收集的样本数据进行分析。

(三)基本假设

通常来说,企业进行新技术研发需要较长的时间周期,且资金回笼较慢,试错成本较高,从研发费用开始投入到能够为企业创造价值的时间过长,所以当企业将资金等资源投入研发的时候,并不一定能够对企业的财务绩效产生行之有效的效果。据此,提出如下假设:

假设1:研发投入与企业财务绩效呈负向相关的关系。

通常情况下,董事人员的数量与公司的规模大小紧密相关,越是规模较大的公司,对复合性和多样性的人才的需求就越是强烈。如果董事会的规模比较大,则董事会的成员就可以在知识结构上、能力构架上进行高效的补充,可以更好地提出专业的建议,进而提高公司的价值,提高企业的财务绩效。据此,提出如下假设:

假设2:董事会规模与企业财务绩效呈正向相关的关系。

资产负债率是指一家公司最终负债与总资产之比。这一指标不仅能反映公司负债所占的比重,还能衡量公司破产时对债权人的保护能力。高负债会给企业的管理者带来资金的偿还压力,增加企业的财务风险,影响企业的经营决策,从而影响企业的财务绩效。据此,提出如下假设:

假设3:资产负债率与财务绩效之间存在着显著的负相关。

基于效率工资理论,员工的生产力与薪酬正相关,委托方会对高管的实际表现制定相应的薪酬水平,一般情况下,对于管理能力更强的高管会赋予更高的薪酬,以期高管对企业有着更有效的管理,从而给企业带来更多的利润,使得公司财务绩效提高。据此,提出如下假设:

假设4:高管人员的薪酬与公司财务绩效之间存在着显著的正向关系。

(四)变量选取

本节在数据处理上主要使用 SPSS 及 Excel 软件,将在国泰安数据库及巨潮资讯等网站收集到的数据进行预处理,方便为后文研究提供更加规范的数据格式。

1. 被解释变量

财务绩效反映了一定会计期间内企业的经营业绩及效益,可以测度企业战略和战略的实施对经营业绩的贡献。在此选取每股收益(E)作为衡量企业财务绩效的指标,每股收益的计算方式是净利润与发行在外普通股加权平均数的比值;用总资产收益率(R_1)来进行稳健性检验,总资产收益率用净利润与总资产的比率来衡量,能够反映资产的利用效率。这两个指标能够综合反映股东权益的水平,对财务绩效的衡量较为全面且应用广泛。

2. 解释变量

综合考虑西北五省上市公司各方面因素,选择研发投入(R_D)、高管人数(T_N)、资产负债率(L)、高管薪酬(M)作为解释变量。其中,选取研发投入支出费用占总营业收入的比例来衡量研发投入;用董事、监事和高级管理人员的总人数衡量高管人数;资产负债率用总负债除以总资产的值表示;高管薪酬用高级管理人员的薪酬总额表示。

3. 控制变量

选取企业规模(S)及现金流(C_Q)作为控制变量,用企业年末总资产的自然对数作为衡量企业规模的指标,用经营活动产生的现金流量净额与总资产的比值来表示现金流。具体指标见表2-20。

表 2-20 变量选取

变量类型	变量符号	变量名称	计算公式
被解释变量	E	每股收益	净利润/发行在外普通股加权平均数
	R_1	总资产收益率	净利润/总资产
解释变量	R_D	研发投入	研发费用支出/营业收入
	T_N	高管人数	董事、监事和高级管理人员总数
	L	资产负债率	负债总额/资产总额
	M	高管薪酬	高级管理人员薪酬总额
控制变量	S	企业规模	期末总资产的自然对数值
	C_Q	现金流	经营活动产生的现金流量净额/总资产

(五) 模型构建

为了验证上述假设的合理性,本节构建如下回归模型:

$$E = \beta_0 + \beta_1 R_D + \beta_2 T_N + \beta_3 L + \beta_4 M + \beta_5 S + \beta_6 C_Q + \varepsilon$$

在构建的模型中,E 是被解释变量;R_D、T_N、L、M 四个影响因素为所选取的解释变量,分别是研发投入、高管人数、资产负债率和高管薪酬;S 和 C_Q 两个影响因素为所选取的控制变量,分别是企业规模和现金流;ε 是残差项。

四、实证分析

(一) 描述性统计分析

通过描述性统计分析对所选取的西北五省制造业上市公司指标变量的最大值、最小值、平均数以及标准差进行分析,观察样本的总体特征。统计结果如表 2-21 所示。

表 2-21 描述性统计分析

变量	最小值	最大值	平均值	标准差
$E/\%$	-42.926	37.214	2.721	6.666
$R_1/\%$	-230.560	321.000	29.449	59.394
$R_D/\%$	0.000	33.550	3.070	3.414
$T_N/$人	10.000	30.000	17.118	3.329
$L/\%$	0.836	98.861	44.962	21.0178
$M/$亿元	0.002	0.494	0.0462	0.058
S	0.000	26.380	21.648	4.585
$C_Q/\%$	-0.509	0.446	0.042	0.096

从表 2-21 中可知,2017—2021 年,在 76 家上市公司 380 个有效样本中,每股收益(E)的平均值是 2.721%,最小值和最大值分别为 -42.926% 和 37.214%,结果表明,不同公司之间的每股盈利差异很大。最大的总资产回报率(R_1)是 321%,标准差是 59.394%,差距较大,这说明在当前的发展阶段,西北五省制造行业上市公司之间存在明显的经营差异性。

由企业的研发投入(R_D)数据得知,样本研发投入的最大值为 33.55%,最小值为 0,标准差为 3.414%,可见,西北五省制造业中大多企业对于研发投入的重视程度还远远不够,最大值与最小值之间存在较大的差额,这表明不同企业的创新意识程度不同。2017—2021 年,各公司高管人数(T_N)最多的为 30 人,最少的为 10 人,平均人数为 17.118 人,标准差为 3.33,说明各公司的高管规模具有差异性,部分公司内部高管人才数量较少。从公司的财务杠杆资产负债率(L)情况来看,平均数为 44.962%,最大值 98.861%,最小值 0.836%,说明西北五省制造业上市公司财务杠杆具有较大的差距,部分企业负债较高,给企业带来了较大的债务压力。高管薪酬(M)的最大数和最小数分别为 0.494 亿元和 0.002 亿元,这说明在各公司中,高管的薪酬具有差异。

企业规模(S)的最大值是 26.38,最小值是 0,平均数为 21.648,这说明各个上市企业的资产规模存在差异,而且差异很大。最大的现金流量(C_Q)是 0.446%,标准差为 0.096%,现金流的标准差相对比较小,说明制造业企业间的现金流存在较小的差异性。

(二)相关性分析

通过相关性分析能够了解到各个变量间是否存在多重共线性问题,也可以了解到被解释变量与解释变量、控制变量的相关性。这些变量的相关性能够通过一个相关系数的矩阵来表达,具体结果如表 2-22 所示。

表 2-22 相关性分析

变量	E	R_1	R_D	T_N	L	M	S	C_Q
E	1							
R_1	0.815**	1						
R_D	-0.145**	-0.149**	1					
T_N	0.134**	0.190**	-0.039	1				
L	-0.254**	-0.167**	-0.101*	0.150**	1			
M	0.128*	0.277**	0.110*	0.325**	0.153**			
S	-0.005	0.059	-0.011	0.131*	0.187**	0.201**	1	
C_Q	0.459**	0.486**	-0.095	0.094	-0.140**	0.120*	0.144**	1

注:*、** 分别表示 5%、1% 的显著性水平。

由表 2-22 可知,公司规模与公司的财务绩效没有任何相关关系,高管薪酬与公司的财务绩效在 0.05 水平上有非常明显的关联,研发投入、高管人数、资产负债率、现金流与公司的财务绩效在 0.01 水平上有非常明显的关联。这表明,选择的各项指标对西北五省制造业上市公司的业绩均有一定的影响,因此,选择的指标具有较高的可信度。从表 2-22 中可以看出,财务绩效与研发投入的相关系数为 -0.145,与资产负债率的相关系数为 -0.254,且都通过 1% 水平的显著性检验,都表现出了明显的负相关,换言之,随着研发投入及资产负债率的增加,制造业公司的财务绩效会下降,即研发投入、资产负债率与财务绩效之间呈现反比例关系;财务绩效与高管人数和高管薪酬的相关系数分别为 0.134 和 0.128,分别在 1% 和 5% 水平上显著正相关,即高管人数越多,公司财务绩效越高,高管薪酬越高,公司财务绩效越高;在控制变量中,公司规模与公司财务绩效的相关系数为 -0.005,公司规模与公司财务绩效呈负相关,但是两者之间的相关性并不显著;现金流量与公司财务绩效的相关系数达到了 0.459,且通过 1% 水平的显著性检验,说明现金流量与公司财务绩效之间存在显著的正向关系。

(三)回归分析

由表 2-23 可知,该模型的 F 值为 31.473,$P=0.001<0.05$,说明回归模型有效,通过了显著性检验。

表 2-23 回归分析(E)

模型	未标准化系数		标准系数	t	显著性
	β	标准错误	β		
(常量)	16.865	17.660		0.955	0.340
R_D	-2.612***	0.752	-0.150	-3.475	0.001
T_N	1.688**	0.805	0.095	2.096	0.037
L	-0.481***	0.126	-0.170	-3.807	0.000
M	250.281***	47.064	0.246	5.318	0.000
S	-0.417	0.573	-0.032	-0.728	0.467
C_Q	25.763***	27.408	0.414	9.400	0.000
R^2			0.336		
调整后 R^2			0.325		
F			31.473		
P			0.001		

注:*、**、*** 分别表示在 10%、5%、1% 的水平上显著。

回归分析结果表明,解释变量研发投入(R_D)对被解释变量财务绩效(E)的回归显著($\beta=-2.612,P<0.01$),表明公司的研发费用对财务绩效在 1% 水平上负相关,该结果验证了假设 1;解释变量高管人数(T_N)对财务绩效(E)的回归显著($\beta=1.688,P<0.05$),说明研发投入对财务绩效在 5% 水平上正相关,该结果验证了假设 2;解释变量资产负债率(L)对财务绩效(E)的回归显著($\beta=-0.481,P<0.01$),说明资产负债率对财务绩效在 1% 水平上负相关,该结果验证了假设 3;解释变量高管薪酬(M)对财务绩效(E)的回归显著($\beta=250.281,P<0.01$),说明研发投入对财务绩效在 1% 水平上正相关,该结果证实了假说 4;在控制变量中,企业规模(S)对财务绩效的影响较小,而现金流量与财务绩效在 1% 水平上正相关。研发投入、资产负债率与公司的财务绩效之间存在着 1% 的负相关性,说明随着解释变量的增大,被解释变量也会随之减小;高管人数、高管薪酬与公司的经营业绩在 5% 的水平上呈现出显著的正相关,即解释变量增长,被解释变量也随之增长。

(四)稳健性检验

为了验证实验结果,采用资产收益率(R_1)来代替财务绩效再次进行回归性分析。若回归的结果与正负情况与前面的测试结果相吻合,说明该模型具有稳健性和可靠性,也表明所选用的解释变量能够较好地解释被解释变量的变化。

由表 2-24 中的检验结果可知,模型中各变量的显著性与回归系数有轻微变化,研发投入、高管人数、资产负债率、高管薪酬与财务绩效的相关关系并未发生实质性改变,与回归分析结果基本一致,通过了稳健性检验。

表 2-24 稳健性检验(R_1)

模型	未标准化系数		标准系数		
	β	标准错误	β	t	显著性
(常量)	3.576	2.050		10.744	0.082
R_D	-0.272***	0.087	-0.139	-3.119	0.002
T_N	0.194**	0.093	0.097	2.074	0.039
L	-0.074***	0.015	-0.233	-5.052	0.000
M	12.723***	5.464	0.111	2.329	0.020
S	-0.081	0.066	-0.056	-1.223	0.222
C_Q	27.803**	3.182	0.398	8.738	0.000
R^2			0.290		
调整后 R^2			0.278		
F			25.348		
P			0.001		

注:*、**、***分别表示在10%、5%、1%的水平上显著。

五、研究结论与建议

(一)研究结论

本节采用实证分析的方式对2017—2021年西北五省制造业76家上市公司财务绩效影响因素进行研究,确定以每股收益作为被解释变量,用总资产收益率替换每股收益进行稳健性检验分析,以研发投入、高管人数、资产负债率和高管薪酬作为解释变量指标,以企业规模及现金流作为控制变量进行研究,实证分析结果表明:

第一,公司研发投入与财务绩效之间在1%的水平上具有负相关关系,其对公司的财务绩效有明显的影响,这一点验证了假设1。这有可能是因为公司的研究基础比较薄弱,并且缺少研发的力量,如果加大研发费用,有可能会提高公司的短期生产成本,因此,各个公司要慎重地进行研究,并且要根据自己的实际情况来进行费用的开支;或是因为西北五省制造业企业的研发投入水平较低,研发投入对财务绩效产生的积极作用还没有充分体现出来。

第二,高管人数与财务绩效呈现显著的正相关关系,即高管人数的增加能显著提高西北五省制造业上市公司的财务绩效。高管人数对财务绩效影响的实证结果与前文假设一致。高管为公司创造价值起到一定的积极作用,可见,西北五省制造业上市公司的高管人员制度有待进一步完善。

第三,资产负债率在1%的水平上对财务绩效存在负向抑制作用,对财务绩效影响的实证结果与本节假设一致。由分析可知,西北五省制造业中有部分企业资产负债率过高或过低,如果公司的资产负债率很高,那么公司就会承受很大的债务压力和债务风险,会大大抑制企业成长;资产负债率过低则表明企业经营非常保守,这也会影响企业的后续发展。

第四,西北五省上市公司高管薪酬对公司业绩有显著的促进作用,其对公司业绩的影响也符合本节所提出的研究假说。这一点与目前国内和国际上的普遍看法相吻合。高管薪酬是企业管理高管人员的一种高效方法,可以在相应程度上减少高管出现道德风险的情形,从而激发高管为企业服务的责任心,提高公司的财务绩效。

(二)对策建议

基于以上分析结论,在此从研发投入、高管人数、资产负债率、高管薪酬四个方面提出如下建议。

1. 合理控制研发成本

对于制造业企业来说,如果其研发基础薄弱或研发能力不足,企业应该合理控制研发费用的投入力度,以避免浪费。这些企业可以通过减少研发费用、优化研发投入等方式来实现;或者企业可以提高研发效率、增加销售收入,以减少企业成本支出;或者完善研发投入制度,在一定程度上加大研发投入比重,使研发投入对财务绩效的积极作用体现出来。

2. 提升高管人才质量

企业需落实好高管规模计划,让高管尽心尽力为企业服务。对西北五省制造业上市公司来说,可以适当增加高管人数来提高企业的财务绩效,或丰富董事成员的结构,均衡各种专业人士的人数。但是,增加人数仍需控制在合理范围内,不可盲目扩张,人员过于庞大反而会给企业财务绩效带来负面影响。

3. 优化企业资产结构

资产负债率是指公司的总债务占总资产的比例。企业的资产负债比率偏高或偏低均为异常。资产负债比率偏高会导致企业财务风险偏高,过低会导致企业未来发展受限。对西北五省制造业上市公司来说,部分企业可积极完善各项财务制度,通过减少借款、延长还款期等方式,减少负债,从而降低资产负债率;或通过增加股本、发行新股或增加利润留存等方式,增加股东权益,从而降低资产负债率。

4. 完善薪酬管理制度

企业应完善管理层的薪酬制度,建立多元化的薪酬结构。实证结果表明,公司的高管薪酬和公司财务绩效呈正相关关系。因此,西北五省制造业上市公司部分企业应该完善高管薪酬制度,但管理层薪酬不可过高;部分企业可适当提高管理层薪酬,避免出现管理层损害公司利益的行为。

参考文献

巴勒卡提,陈昌明,2022.基于 Z 值、EMS 模型对西北制造业财务风险预警研究[J].边疆经济与文化(7):42-45.

白敬清,2019.我国医药制造业财务绩效影响因素研究[J].安徽工业大学学报(社会科学版),36(4):13-16.

陈德萍,曾智海,2012.资本结构与企业绩效的互动关系研究:基于创业板上市公司的实证检验[J].会计研究(8):66-71.

陈蕾,2023.股权激励对企业财务绩效的影响研究:以制造业企业为例[J].现代营销(下旬刊)(3):68-70.

陈启嘉,2018.伊利股份承担社会责任与其绩效关系的研究[D].兰州:兰州理工大学.

陈思元,2020.基于因子分析法的上市公司财务绩效评价[J].物流工程与管理,42(11):153-156.

程金凤,2017.河南省制造业创新型上市公司财务绩效评价研究[J].财会通讯(32):19-22.

邓烨,2022.医药制造业上市公司财务绩效评价:以广东省为例[J].中小企业管理与科技(23):180-184.

董术涛,王伟,2023.汽车制造业上市公司财务绩效综合评价研究[J].齐鲁珠坛(1):32-37.

傅端香,张晴,罗文,2023.高管激励、创新投入与企业绩效:基于高管人力资本的调节作用[J].创新科技,23(1):64-77.

郭浩洁,郝冬芳,2018.西北地区制造业上市公司财务绩效评价研究[J].知识经济(15):35-36.

韩兴国,许鑫,2020.财税政策对企业财务绩效的影响研究:基于新能源客车产业链行业上市公司证据[J].会计之友(7):137-144.

郝云宏,周翼翔,2010.董事会结构、公司治理与绩效:基于动态内生性视角的经验证据[J].中国工业经济,266(5):110-120.

黄珍,李婉丽,2019.为什么零杠杆公司持有较多的现金?[J].管理工程学报(2):120-130.

李继尊,2015.互联网金融:缓解信息不对称的一把钥匙[J].银行家(5):40-43.

李维安,唐跃军,2006.公司治理评价、治理指数与公司业绩:来自2003年中国上市公司的证据[J].中国工业经济(4):98-107.

李玉杰,2019.基于Benford法则的西北制造业上市公司财务数据质量研究[D].西宁:青海大学.

刘阿慧,2022.企业所得税优惠对制造业上市公司资本性投资的影响[D].南昌:江西财经大学.

刘春旭,丁鹏,2018.高管内部薪酬差距、高管与员工薪酬差距与公司绩效的关系[J].中国石油大学学报(社会科学版),34(5):22-26.

刘佳,王金云,赵嘉晋,2021.东部地区新三板挂牌农业企业财务绩效评价研究[J].中国集体经济(17):161-163.

刘建芸,马佳毓,2022.制造业企业资本结构与财务绩效实证分析[J].合作经济与科技(24):108-110.

刘轲,2022.关于高管薪酬激励机制对企业创新能力影响研究的文献综述[J].四川省干部函授学院学报,94(4):116-120.

刘力钢,霍春辉,魏永德,2009.中国汽车制造企业规模与绩效的关联性研究:基于典型汽车制造企业的实证分析[J].辽宁大学学报(哲学社会科学版),37(2):115-123.

刘士萱,2022.互联网上市公司社会责任履行对财务绩效的影响研究[D].景德镇:景德镇陶瓷大学.

芦文丽,2022.新零售模式下苏宁易购的财务绩效分析[D].大庆:东北石油大学.

明如成,2022.高管薪酬激励对企业财务绩效的影响:以食品制造业为例[J].上海商业(3):119-121.

牛丽文,王军霞,2021.基于因子分析的食品生产企业财务绩效评价[J].中小企业管理与科技(6):104-106.

秦俭,2015.基于因子分析法的物流上市公司财务绩效影响因素分析[J].物流技术,34(8):172-174.
裘应萍,刘梅娟,2020.上市公司环境信息披露影响因素研究:基于新能源产业的经验数据[J].绿色财会(10):45-51.
赛云秀,王孜璇,2021.医药制造业上市公司股权激励与财务绩效研究[J].合作经济与科技(23):115-117.
邵子健,柏康,2022.制造业上市公司研发投入、内部控制与财务绩效关系[J].经济研究导刊(32):72-74.
沈洪涛,2005.公司社会责任与公司财务业绩关系研究基于相关利益者理论的分析[D].厦门:厦门大学.
施胜男,2019.媒体关注下西北五省上市公司财务绩效对环境绩效的影响[D].西安:西安工程大学.
宋雅玲,2023.税收优惠政策对A高新技术企业财务绩效影响研究[D].蚌埠:安徽财经大学.
孙科媛,白冰,晁星语,2022.后疫情时代医药上市公司财务绩效评价研究[J].改革与开放(20):20-27.
唐杰,2023."一股独大"视角下高管薪酬对企业绩效的影响:以医药制造企业为例[J].投资与创业,34(6):105-108.
唐文秀,周兵,徐辉,2018.产品市场竞争、研发投入与财务绩效:基于产权异质性的比较视角[J].华东经济管理,32(7):110-119.
王洪盾,岳华,张旭,2019.公司治理结构与公司绩效关系研究:基于企业全要素生产率的视角[J].上海经济研究(4):17-27.
王可,2021.西北五省上市公司融资效率及其影响因素研究[D].兰州:兰州财经大学.
王利军,陈梦冬,2021.湖北省制造业企业研发投入对财务绩效的影响:来自53个上市公司的数据[J].湖北社会科学(5):75-82.
王琴,2022.加速折旧政策对企业固定资产的影响[D].南昌:江西财经大学.
王文君,2022.施工质量视角的ZQL建筑企业财务绩效评价研究[D].乌鲁木齐:新疆农业大学.
王彦林,樊真真,李路云,2021.绿色创新、内部控制有效性与财务绩效:基于制造业上市公司实证分析[J].全国流通经济(13):75-77.
王颖娟,2022.基于因子分析法的食品制造业上市公司财务绩效评价[J].中国乡镇企业会计(10):7-10.
王语嫣,2022.基于内部控制视角探究股权结构对企业绩效的影响机制[J].中小企业管理与科技,693(24):86-89.
王正军,谢晓,2020.企业社会责任履行、研发投入与财务绩效:基于内外部利益相关者视角[J].财会通讯(7):51-55.
翁滢超,2022.客户集中度对企业避税的影响研究[D].杭州:浙江大学.
熊琳,2022.医药制造业上市公司财务绩效及影响因素研究[D].镇江:江苏科技大学.
许方,2022.医药制造企业研发投入、市场竞争与财务绩效关系研究[D].景德镇:景德镇陶瓷大学.
闫茹钰,2022.利益相关者视角下Q公司财务绩效研究[D].沈阳:沈阳大学.

姚伟峰,2010. 股权结构与企业效率:基于信息行业与交通运输仓储行业上市公司数据比较研究[J]. 中央财经大学学报,277(9):71-75.

殷小舟,2023. 物流企业高管激励与财务绩效的关系实证研究[J]. 物流工程与管理,45(3):150-152.

应文添,2022. 金融资产配置对企业创新的影响研究[D]. 杭州:浙江大学.

于阳洋,王海燕,2022. 医药制造业上市公司股权激励对财务绩效的影响研究[J]. 中小企业管理与科技(3):92-94.

张继彤,朱佳玲,2018. 税收政策对我国制造业创新激励的影响研究[J]. 南京审计大学学报,15(6):47-54.

张其明,路望琦,2022. 矿山机械制造业上市公司财务绩效评价研究[J]. 辽宁工程技术大学学报(社会科学版),24(5):363-370.

赵维良,张宏杰,2021. 企业规模、研发投入与创新绩效:以创业板上市公司为例[J]. 生产力研究,352(11):156-160.

郑贵华,朱兆阳,彭穗,等,2022. 研发投入对企业财务绩效影响研究:基于制造业板块面板数据的实证分析[J]. 绿色财会(8):32-36.

周滔,罗宇维,2020. 房地产上市公司资产结构、资本结构和绩效[J]. 中国房地产,677(12):17-22.

周晓珮,2023. 股权结构影响下的上市公司创新效率研究[J]. 行政事业资产与财务(3):120-122.

周政,2022. 数据挖掘技术在LZ公司收入审计分析程序中的应用研究[D]. 贵阳:贵州财经大学.

朱晓丹,黄斯斯,2023. 管理层能力、现金持有量对企业财务绩效的影响:基于安徽省上市公司数据实证分析[J]. 投资与创业,34(4):140-142.

DEMSETZ H, LEHN K, 1985. The structure of corporate ownership[J]. Journal of Political Economy, 9(3):77-96.

ELENA M, ILONA MURASHKINA, 2019. The impact of R&D tax incentive programs on the performance of innovative companies[J]. Foresight, 21(5):546-562.

EMMANUEL S A, ALBERT P, 2021. Corporate governance and financial performance of listed companies: A case of an emerging market[J]. Corporate Governance and Sustainability Review, 5(3):67-74.

FAULKENDER M, YANG J, 2010. Inside the black box: The role and composition of compensation peer groups[J]. Journal of Financial Economics(96):257-270.

FUZI F S, RAHIM M, 2012. Factors influencing performance of independent directorsin Malaysia[J]. Science and Engineering Research, 26(4):139-156.

JESSICA M, TESTA G, MIGUEL S M, et al, 2020. Tax incentives for R&D: Supporting innovative scale-ups[J]. Research Evaluation, 29(2):121-134.

KAYA E, 2023. Accruals, cash flows and stock returns: Evidence from BIST 100[J]. Macroeconomics and Finance in Emerging Market Economies, 16(1):221-228.

LIU C, 2021. Performance analysis of M&A of daily chemical enterprises based on financial index method—Take the three mergers and acquisitions of Lafang, Jahwa as an example[J]. Frontiers in Economics and Management, 2(7):305-309.

MASULIS R W,1980. The effect of capital structure change of security: A study of exchange offers[J]. Journal of Financial Economies(8):139-178.

PEDERSEN T,THOMSEN S,1999. Economic and systemic explanations of ownership concentration among Europe's largest companies[J]. International Journal of the Economics of Business,6(3):45-53.

RAJAN R G, ZINGALAS L,1995. What do we know about capital structure? Some evidence from international data[J]. Journal of Finance(50):42-60.

SAVICKAS V,2020. Issues in selecting profitability indicators for the evaluation of corporate financial performance[J]. Buhalterines Apskaitos Teorija ir Praktika(20):6.

SURYA B G C,RAVINDRA P B,2019. The effect of corporate governance and ownership structure on financial performance of listed companies in Nepal[J]. Journal of Nepalese Business Studies,12(1):539-547.

SUTTIPUN M,LAKKANAWANIT P,SWATDIKUN T,et al,2021. The impact of corporate social responsibility on the financial performance of listed companies in Thailand[J]. Sustainability,13(16):121-127.

SUTTIPUN M,NICHOLSON G J,2020. Relationship between risk management disclosures and financial performance of listed companies in Thailand[J]. Academy of Accounting and Financial Studies Journal,24(4):38-47.

TOSHIYUKI S,GOTO M,2014. DEA radial measurement for environmental assessment: A comparative study between Japanese chemical and pharmaceutical firms.[J]. Applied Energy,115:502-513.

WERNERFELT B,MONTGOMERY C A,1988. Tobin's Q and the importance of focus in firm performance[J]. American Economic Review(78):243-250.

第三章　西部地区装备制造业上市公司财务绩效影响因素研究

第一节　财务绩效影响因素研究——以西部地区装备制造业上市公司为例

一、绪论

(一)研究背景及研究意义

1. 研究背景

中国经济正处于从高速增长向高质量发展的转型期,"十四五"规划纲要也明确提出要推动制造业高质量发展和转型升级。装备制造业是中国制造业的重要组成部分,也是推动中国经济高质量发展的关键领域之一。近年来,西部地区装备制造业在国家政策扶持下稳步发展,但仍面临着制造业水平相对较低、企业规模较小、人才短缺和创新能力不足等问题,这也使得其发展相较于中东部地区还存在着明显差距。西部地区作为中国的重要装备制造业基地之一,对其财务绩效影响因素的研究迫在眉睫。研究西部地区装备制造业上市公司的财务绩效影响因素,有助于推动经济转型升级,强化企业竞争力,且相关投资者也可据此做出科学的投资决策,推动资本市场健康发展,还能有效推进装备制造业可持续发展,提高行业整体绩效。

2. 研究意义

装备制造业是机械工业的核心组成部分。作为全球最大的装备制造业国家之一,中国在该领域的发展已经取得了显著的成就。随着全球产业结构的调整和基础设施建设的加速,装备制造业也进入了快速发展的新时期。尤其是在经济发展相对落后的西部地区,发展装备制造业更是有着显著的战略地位和重要意义。这不仅可以促进当地产业的发展,更有助于整个国家装备制造业的升级和转型。

在这一过程中,装备制造业上市公司起着举足轻重的作用。因此,研究这些公司的财务绩效影响因素显得尤为关键。通过了解影响上市公司财务绩效的因素,企业可以更好地制定财务目标和经营策略。同时,投资者也能够参考这些因素来制定最佳投资决策。值得注意的是,不同地区的装备制造业上市公司面临的情况和问题有所不同,需要制定相应的发展策略。因此,本节选取2017—2021年西部地区装备制造业上市公司作为数据样本,深入研究影响上市公司财务绩效的因素,从而帮助企业优化财务管理,改善绩效水平,增强企业盈利能力和偿债能力。同时,也希望本节的研究能对西部地区装备制造业上市公司的战略发展提供帮助,促进西部地区经济的快速发展。

(二)文献综述

一直以来,管理者、专家和学者一直都在关注企业的财务绩效及其影响因素。当前的研究主要关注于公司治理结构因素对企业财务绩效的影响,比如股权结构、董事会构成、管理层激励等。对此,相关研究的学者们深入分析了不同公司治理结构因素对企业绩效产生影响的机制和效应,为企业有效制定治理政策提供了理论支持。

1. 股权结构与财务绩效

早在20世纪30年代,国外学者就已开始研究股权结构对公司财务绩效的影响。Berle等(1932)认为,股权分散导致股东难以监督经营管理人员,从而会影响公司的财务绩效,损害股东的权益。20世纪末和21世纪初,全球范围内的学者们对这个问题进行了进一步的研究。其中,Demsetz等(2001)通过对大量公司的数据进行研究,也得出了相似的结论。他们认为,公司所有权集中度高也有助于提升企业的管理效率和决策能力,从而提高公司的绩效水平。

在国内,张春华等(2015)采用面板数据模型,使用2008—2012年中国A股市场上2000多家上市公司的样本数据,通过回归分析等方法得出公司财务绩效与股权集中度呈负相关。然而,在罗祥威等(2017)的研究中,却得出了不同的结论。他们利用2007—2015年中国A股的财务数据,采用面板数据分析方法进行研究,最终研究结果显示,当股权集中度较高时,企业的经营绩效更好。

2. 董事会情况与财务绩效

Adams等(2011)在对美国银行业的研究中发现,董事会规模与公司绩效之间存在显著的负相关关系。这一发现表明,精简化的董事会结构有利于提高公司的效率和灵活性,进而对公司绩效产生积极作用。同时,Guan等(2015)的研究也证实了独立董事比例对企业绩效的正向影响。他们发现,随着独立董事比例的增加,独立董事可以提供更为有效的决策和监督,从而确保公司的经营活动更加规范和高效。

在治理结构方面,刘晓玲等(2018)采用面板数据分析方法,发现董事会规模与公司绩效之间呈现出明显的负相关关系。这一发现与Adams等(2011)的研究结论相似,进一步证明了精简化的董事会结构对于提高公司的效率和绩效具有积极影响。另外,刘佳阳等(2019)针对全国所有A股上市公司进行的研究显示,独立董事比例对企业绩效没有显著影响。这一发现与Guan等(2015)的研究结果存在一定区别。因此,在研究时需要对治理结构的不同方面进行深入分析,进一步探讨不同治理结构下公司的经营效率和利益分配情况,并结合实际情况,通过探索最优治理结构和模式,进一步提升公司的营运效率和绩效水平。

3. 管理层激励与财务绩效

在管理层激励方面,Murphy等(2014)研究了高管长期薪酬和公司长期绩效之间的关系,他们发现高管长期薪酬与公司长期绩效之间存在着正向的关系。这意味着,高管的长期薪酬可以更好地激励他们为公司创造长期价值和稳定的经济利益,进而提高公司的绩效水平。与此类似,Fang等(2009)研究了上市公司高管持股比例对公司绩效的影响,结果表明高管持股比例与企业绩效呈现出正向的关系。即高管持股比例的增加会激励其为公司赚取更多的利益,从而促进公司的长期发展和盈利增长。

在国内的研究中,杨卫红等(2018)采用了面板数据回归方法,以中国上市公司财务数据为样本,发现高管持股对公司绩效有着显著的正向影响。这表明,在保证高管职责的前提下,高管持股可以促进高管与公司的利益一致,对公司绩效的提升具有积极的作用。同时,王建勇等(2022)的研究探讨了高管薪酬对我国创业板上市公司业绩的影响。他们使用了创业板上市公司的样本数据,发现高管薪酬对公司业绩具有正向影响。这也就意味着,恰当的高管薪酬安排可以有效地激励高管为公司做出更好的业绩,从而提高公司的绩效水平。

4. 资本结构与财务绩效

Nguyen等(2010)通过研究美国和加拿大的上市公司,探讨了长期债务比率对企业绩效的影响,并发现了一些有趣的结果。虽然存在一定的区域差异,但总体而言,长期债务比率与企业绩效之间呈现出负相关关系。这一结论表明,尽管企业可以通过借入长期债务来筹集资金,但长期债务的增加可能会给企业的经营和财务状况带来不利的影响,包括高额的利息负担、资本结构的不合理、投资收益率下降等问题,都可能会对企业的经营和绩效产生负面的影响。

李月华等(2015)的实证研究分析了中国上市公司的资本结构对公司绩效的影响,他们发现,适度的负债与股权组合能够提高公司的绩效。这意味着,企业可以通过合理的资本结构设计来实现风险的有效控制和资本的最优配置,从而提高企业的经营绩效。相反,曹雨生等(2019)的研究结果表明,对民营企业而言,资产负债率与企业经营绩效之间呈现出负相关关系。

综上所述,国内外学者在研究上市公司财务绩效的影响因素方面做出了贡献,从上述角度出发,对这些因素对财务绩效的影响进行了研究。但是,在公司治理方面,不同地区的上市公司展现出的形态不同,这种差异值得我们思考和研究,特别是对于西部地区装备制造业上市公司而言,我们需要探讨公司治理是否对其财务绩效产生影响。通过分析上市公司财务绩效影响因素,挖掘西部装备制造业上市企业财务数据中存在的问题,提供更加准确的数据分析,有望对西部装备制造业上市公司的发展战略提供一些帮助,促进西部地区各省市装备制造业快速发展。

(三)研究目的及方法

1. 研究目的

以西部地区装备制造业上市公司为研究对象,通过对搜集的86家上市公司2017—2021年的面板数据进行分析,找到影响西部地区装备制造业上市公司财务绩效的主要因素,并据此有针对性地提出促进西部地区装备制造业上市公司财务绩效增长的对策措施。

2. 研究方法

(1)规范研究。通过知网查阅与财务绩效影响因素相关的国内外文献,对国内外财务绩效相关研究的历史发展和现状有了一定的了解,且经过文献资料的整理,对现存的财务绩效评论方法进行梳理和总结,得出适合研究样本的财务绩效分析方法。

(2)实证研究。实证分析是一种重要的研究方法,通常是对相关数据进行计算和分析,用于探究公司股票表现、资本结构、利润管理等方面的关系,并从中得出定量结论和经验推断。在本节的第三、四部分使用因子分析法和回归分析法对相关财务数据进行研究,并得出相关结论,为西部地区装备制造业上市公司的发展提供参考。

二、相关概念与理论基础

(一)相关概念

1. 财务绩效概念

财务绩效是指一个企业或组织在财务方面取得的成就和表现。这些成就和表现可以通过评估财务指标的变化或对实现的目标和预算进行比较来确定。财务绩效可以反映一个企业或组织的健康与繁荣程度。

财务绩效是评估企业健康程度的一个关键指标,它可以反映企业的财务状况和运营状况。对于企业管理者来说,了解公司的财务绩效对于制定合适的经营策略和决策非常重要。通过对企业的财务数据进行分析,可以确定公司的盈利能力、财务稳定性和偿债能力等重要指标,为企业制定长远发展规划提供参考和决策依据,从而做出更明智的投资决策。

2. 公司治理概念

当代市场经济条件下,信息不对称、代理问题等各种原因,导致企业内部利益冲突和风险产生。为了保障各方共同利益,确保企业稳健发展,统筹平衡利益,企业需要建立一套科学健全的内部规则和机制,这就是公司治理的核心概念。这些规则和机制包括权力与责任、风险与监督、信息与披露、激励与制约等方面的制度和流程,目的在于提高企业内部透明度、责任感、安全性和效率。

具体而言,公司治理的要素包括股东权益、董事会、高级管理层、监事会、内部控制与审计、股东大会等,这些要素之间相互制约、相互协作,确保企业内部权力结构稳定、信息公开透明、监督机制完善,并将企业所有方面的利益、权益统筹协调。诚实守信、合法合规、依法治理、诚信经营等成了企业治理的应有之义。总之,公司治理是企业稳健及持久发展的必要保障,是正确合法运作、提升社会经济效益的一张重要名片。不断加强公司治理,持续提升企业的竞争力和核心价值,是企业发展不可或缺的重要环节。

(二)基本理论

1. 利益相关者理论

利益相关者理论是企业治理领域的重要理论之一,强调企业在决策和经营活动中需要考虑所有利益相关者的利益,而非只关注股东的利益。此理论的核心思想是企业不仅仅是为了给股东赚取利润,更是要考虑与其有关系的各个利益相关者,如员工、客户、供应商、社会公众等,对他们的利益也应有所关注。这些利益相关者在企业决策中对企业的生存和发展有着不可忽视的影响,企业要考虑他们的需求,以达到可持续发展的目标。

2. 委托代理理论

委托代理理论产生于20世纪70年代,指的是企业股东委托公司高层管理人员代理其管理和经营企业,而高层管理人员可能出于自身利益而偏离股东的意愿,从而损害股东的利益。委托代理理论主要探讨代理人与所有者之间的关系及其博弈行为,以及如何通过监督和制度设计来减少代理成本和代理风险,保障企业股东的利益。在实践中,委托代理理论的运用不仅应引入有效监督和约束机制,更应注重制度设计的完善和创新,以提高代理人的责任心和积极性,促进企业长期稳健发展。

3. 权变理论

权变理论是指在复杂和不确定的环境中,管理者需要不断地调整决策和行动,以适应环境的变化,从而实现企业目标的理论。权变理论认为,由于未来事态的不确定性,管理者的决策在实践中极可能遭遇不确定的情况,同时企业在实践中也会遇到变数,因此,管理者必须要学会做出一些适应性的决策、行动。在此情况下,权变理论主张管理者应该随机应变,不断地调整决策和行动,以更好地适应复杂的环境变化,达到企业长期发展的目标。

三、上市公司财务绩效评价

(一)数据来源和样本选择

截至2022年末,西部地区共有140家装备制造业上市公司。为了确保样本的有效性,消除异常样本对研究结果的影响,本节进行了以下筛选:首先剔除了ST、*ST等面临退市风险的8家上市公司;其次剔除了财务指标数据缺失的2家上市公司;最后剔除了2018年之后上市的44家公司。基于此,得到的有效样本是86家上市公司。相关数据来源于锐思数据库、国泰安数据库。根据中国证监会《上市公司行业指引分类》中对装备制造业的规定方法对样本进行分类,如表3-1所示。

表3-1 西部地区装备制造业上市公司样本数量

行业名称	数目/家	占比/%
电气机械和器材制造业	13	15.1
计算机、通信和其他电子设备制造业	20	23.3
金属制品业	3	3.5
汽车制造业	12	14.0
铁路、船舶、航空航天和其他运输设备制造业	10	11.6
通用设备制造业	11	12.8
仪器仪表制造业	2	2.3
专用设备制造业	15	17.4
合计	86	100

(二)变量设计的基本原则

评价指标的选取很大程度上决定着评价结果的真实性和有效性,是构建财务绩效评价体系的基础。因此,指标筛选过程中应运用科学的数理统计方法并结合对应的行业特征,选取代表生产经营过程中的多类型财务指标,真实客观地反映企业财务状况的优劣,为后续分析评价的开展打下坚实基础。评价指标选取应遵守的筛选原则如下。

1. 全面性

全面性原则是指评价指标要涵盖被衡量对象的各个方面,全面反映其特点,而不只是关注某些局部特征。在指标筛选过程中,全面性原则是必不可少的原则之一,因为这可以保证评价的客观性和准确性。因此,本次财务绩效评价指标的设计也应遵守全面性的选取原则。

2. 科学性

财务绩效评价指标的设计应遵守科学性原则,在确定指标时应该遵循科学的原则和方法,量化和度量所需的信息,以确保指标能够客观、准确、可比较地反映出被衡量对象的实际情况,保证所选出的各项指标有可供证实的理论支撑。

3. 重要性

重要性原则是在选取企业财务绩效评价指标时应该关注企业经营的重点方面,分析影响企业财务绩效水平的核心要素,并选取各层面较为具有代表性的指标来探究制约企业财务效益的内在驱动力。全面性也是指标选取中的重要原则,但需要与重要性原则相结合,不能只关注全面性而导致重点不明确,选出的指标多而不精,不利于后续的财务绩效评价。

4. 可操作性

指标选取应具有可操作性,即能够提供可操作的信息和反馈,帮助管理者更好地进行决策和管理,因此在设计财务绩效评价指标体系时,可操作性原则应该被纳入考虑。可操作性等价于可测性和可获得性,前者指财务指标必须可量化,后者涉及数据收集的可靠性和可获得性。

(三)财务绩效评价指标体系的选取

1. 指标体系初选

基于上述指标筛选原则,选用主成分分析法作为本次指标筛选的方法。在阅读大量文献的基础上,本节建立包括盈利能力、偿债能力、成长能力、营运能力、股本扩张能力5个方面26个指标的初选指标体系,见表3-2。

表3-2 上市公司财务绩效评价指标体系初选

类别	指标名称	计算公式
盈利能力	每股收益	净利润/年末普通股股数
	每股净现金流量	现金净流入或净支出/总股本
	净资产收益率	净利润/平均所有者权益
	总资产报酬率	(利润总额+利息支出)/平均资产总额
	投入资本回报率	年利润或年均利润/投资总额
	销售净利率	净利润/销售收入
	销售毛利率	(销售净收入-产品成本)/销售净收入
	财务费用率	财务费用/主营业务收入
	成本费用利润率	利润总额/成本费用总额
	营业利润率	营业利润/营业收入
偿债能力	资产负债率	负债总额/资产总额
	现金比率	现金及现金等价物期末余额/流动负债
	流动比率	流动资产/流动负债
	速动比率	速动资产/流动负债

续表

类别	指标名称	计算公式
成长能力	营业收入增长率	营业收入增长额/上年营业收入总额
	净利润增长率	净利润增长额/上年净利润
	每股收益增长率	(本期每股收益－上期每股收益)/上期每股收益
	总资产增长率	本年总资产增加额/年初总资产额
营运能力	流动资产周转率	营业收入/流动资产平均总额
	存货周转率	营业成本/存货平均余额
	应收账款周转率	营业收入/应收账款平均余额
	总资产周转率	营业收入/平均资产总额
股本扩张能力	每股净资产	股东权益总额/总股本
	每股营业收入	营业收入/总股本
	每股营业利润	营业利润/总股本
	每股未分配利润	未分配利润/总股本

2. 筛选过程及结果

以主成分分析法为基础,运用SPSS软件中KMO测度和Bartlett球形检验,验证各项指标的相关性,确定其是否适用于主成分分析。

表3-3 KMO和Bartlett球形检验

KMO取样适切性量数		0.823
Bartlett球形检验	近似卡方	1431.711
	自由度	45
	显著性	0.000

由表3-3中的数据可知,KMO度量为0.823,大于0.7,检验得到的P值为0.000,小于0.05,满足进行主成分分析的条件。

限于篇幅原因,本节以盈利能力维度的10个指标为例,样本为西部地区86家装备制造业上市公司的财务数据,用$X_1, X_2, \cdots, X_{10}$分别表示每股收益、每股净现金流量、净资产收益率、总资产报酬率等各项指标,通过主成分提取得到相关系数矩阵。

表3-4 总方差解释

成分	初始特征值			提取载荷平方和		
	总计	方差百分比/%	累积/%	总计	方差百分比/%	累积/%
1	6.588	65.880	65.880	6.588	65.880	65.880
2	1.077	10.771	76.651	1.077	10.771	76.651
3	0.911	9.111	85.762			
4	0.617	6.173	91.935			
5	0.436	4.355	96.291			

续表

成分	初始特征值			提取载荷平方和		
	总计	方差百分比/%	累积/%	总计	方差百分比/%	累积/%
6	0.221	2.214	98.505			
7	0.099	0.992	99.497			
8	0.037	0.371	99.867			
9	0.012	0.121	99.988			
10	0.001	0.012	100.000			

提取方法:主成分分析法。

由表 3-4 可知,从盈利能力方面数据中提取出两项主成分,累计方差百分比达到 76.65%,可以解释大部分的指标。根据表 3-5 的数据,提取出的两项主成分分别为 F_1、F_2,根据成分得分系数矩阵列出主成分方程,即

表 3-5 成分得分系数矩阵

指标	成分	
	1	2
X_1	0.304	-0.202
X_2	0.079	-0.708
X_3	0.364	-0.039
X_4	0.375	0.035
X_5	0.367	0.045
X_6	0.357	0.165
X_7	0.300	0.084
X_8	-0.098	0.568
X_9	0.362	0.137
X_{10}	0.367	0.064

提取方法:主成分分析法。

$F_1 = 0.304 X_1 + 0.079 X_2 + 0.364 X_3 + 0.375 X_4 + 0.367 X_5 + 0.357 X_6 + 0.3 X_7 - 0.098 X_8 + 0.362 X_9 + 0.367 X_{10}$

$F_2 = -0.202 X_1 - 0.708 X_2 - 0.039 X_3 + 0.035 X_4 + 0.045 X_5 + 0.165 X_6 + 0.084 X_7 + 0.568 X_8 + 0.137 X_9 + 0.064 X_{10}$

成分矩阵中的系数代表该成分中各项指标所占权重,这里选取权重较高的指标作为下一步筛选依据。主成分 F_1 主要的代表指标为 X_4、X_{10},即总资产报酬率、投入资本回报率,主成分 F_2 主要的代表指标为 X_6、X_8,即每股收益、成本费用利润率。

最后,对其他五个方面的财务绩效指标采用同样的方法,将初步筛选出的指标合并继续进行筛选,筛选标准同样是累计方差贡献率和系数成分得分,最终从 26 个财务指标中筛选出 12 个指标作为后续财务绩效评价指标体系构建的基础,具体内容如表 3-6 所示。

表 3-6 财务绩效评价指标

类别	指标名称	计算公式	指标性质
盈利能力	总资产报酬率	(利润总额＋利息支出)/平均资产总额	正指标
	投入资本回报率	年利润或年均利润/投资总额	正指标
	成本费用利润率	利润总额/成本费用总额	正指标
	每股收益	净利润/年末普通股股数	正指标
偿债能力	资产负债率	负债总额/资产总额	适度指标
	流动比率	流动资产/流动负债	适度指标
成长能力	营业收入增长率	营业收入增长额/上年营业收入总额	正指标
	总资产增长率	本年总资产增加额/年初总资产额	正指标
营运能力	应收账款周转率	营业收入/应收账款平均余额	正指标
	总资产周转率	营业收入/平均资产总额	正指标
股本扩张能力	每股净资产	股东权益总额/总股本	正指标
	每股营业利润	营业利润/总股本	正指标

(四)因子分析的过程

1. 指标处理

在选取的 12 个指标中,除了流动比率和资产负债率以外,其余指标均为正向,因此只需要进行标准化处理,在此选取 Z-score 正交标准化法进行数据处理。

标准化公式采用:

$$Y_{ab} = (X_{ab} - \mu_b)/\sigma_{ab}$$

其中,X_{ab} 指原始数据,Y_{ab} 指经过标准化后的数据,μ_b 指各项指标平均值,σ_{ab} 指各项指标方差。

2. 因子分析适合度检验

运用 SPSS 软件中的 KMO 和 Bartlett 球形检验对财务绩效评价指标体系的 12 个指标进行因子分析中的相关检验,用以检验指标体系是否适合进行因子分析。分析结果如表 3-7 所示。

表 3-7 KMO 和 Bartlett 球形检验

KMO 取样适切性量数		0.712
Bartlett 球形检验	近似卡方	4299.699
	自由度	66
	显著性	0.000

由表 3-7 数据可知,KMO 的值为 0.712,表示选取的样本数据是比较适合进行因子分析的。并且 Bartlett 球形检验的近似卡方为 4299.699,自由度是 66,对应的概率值为 0.000＜0.05,即数据呈球形分布,适合做因子分析。

3. 提取公因子

在提取公共因子时,限于篇幅原因,在此采用2021年上市公司财务数据说明因子分析法在全体上市公司财务绩效评价综合得分中的应用。在此共提取5个公共因子,累计方差贡献率达到83.5%(见表3-8),即5个因子反映了原来12个财务指标83.5%的信息,因此用这5个因子来评价上市公司2021年度财务绩效水平是完全可行的。根据各因子得分进一步计算2021年各成分综合得分,具体的内容如表3-9所示。

表3-8 总方差解释

成分	初始特征值			提取载荷平方和		
	总计	方差百分比/%	累积/%	总计	方差百分比/%	累积/%
1	4.174	34.783	34.783	4.174	34.783	34.783
2	1.778	14.819	49.601	1.778	14.819	49.601
3	1.696	14.137	63.739	1.696	14.137	63.739
4	1.259	10.494	74.233	1.259	10.494	74.233
5	1.108	9.229	83.462	1.108	9.229	83.462
6	0.705	5.876	89.339			
7	0.585	4.875	94.213			
8	0.292	2.433	96.647			
9	0.263	2.194	98.840			
10	0.117	0.977	99.817			
11	0.014	0.117	99.934			
12	0.008	0.066	100.000			

表3-9 2021年成分得分系数矩阵

指标	成分				
	1	2	3	4	5
Z-score:每股收益/元	0.001	0.383	−0.017	−0.104	−0.007
Z-score:每股净资产/元	−0.157	0.396	−0.064	0.056	−0.041
Z-score:每股营业利润/元	−0.007	0.399	−0.027	−0.124	−0.033
Z-score:资产报酬率/%	0.361	−0.048	−0.033	−0.027	0.004
Z-score:投入资本回报率/%	0.404	−0.112	−0.105	−0.042	−0.026
Z-score:成本费用利润率/%	0.303	−0.040	0.027	0.067	−0.023
Z-score:流动比率/%	−0.048	−0.044	0.563	−0.060	0.074
Z-score:营业收入增长率/%	0.004	−0.140	−0.016	0.610	0.048
Z-score:总资产增长率/%	−0.051	0.014	−0.039	0.543	−0.013
Z-score:应收账款周转率/次	−0.027	−0.093	−0.011	0.163	0.631
Z-score:总资产周转率/次	−0.014	0.013	0.092	−0.123	0.600
Z-score:资产负债率/%	0.063	0.054	−0.541	−0.017	−0.002

根据表 3-9 的各因子得分以及表 3-8 数据,计算 2021 年各上市公司的综合得分,具体计算公式如下:

$$F = 34.783/83.462 F_1 + 14.819/83.462 F_2 + 14.137/83.462 F_3 + 10.492/83.462 F_4 + 9.229/83.462 F_5$$

根据上述公式,可以得出 2021 年上市公司财务绩效综合得分的排名,由于篇幅限制,这里仅列出前 20 名公司数据,见表 3-10,其余见附录 3-1。

表 3-10　2021 年上市公司财务绩效综合得分及排名(前 20 名)

公司名称	F_1	F_2	F_3	F_4	F_5	F	排名
广西东方智造科技股份有限公司	7.85	−2.07	−1.04	−0.62	−0.57	2.59	1
成都爱乐达航空制造股份有限公司	1.28	0.54	3.19	2.14	−0.41	1.39	2
中国振华(集团)科技股份有限公司	0.61	4.30	0.16	−0.29	−0.32	0.97	3
成都银河磁体股份有限公司	0.48	−0.23	4.19	−0.31	0.48	0.88	4
成都新易盛通信技术股份有限公司	0.64	1.30	1.36	−0.05	0.33	0.76	5
中密控股股份有限公司	0.37	1.88	1.71	−0.27	−0.47	0.69	6
德力西新能源科技股份有限公司	0.44	−0.96	−0.57	6.47	−0.62	0.66	7
隆基绿能科技股份有限公司	0.35	2.09	−0.57	−0.29	1.11	0.51	8
特变电工股份有限公司	0.27	3.17	−0.85	−0.36	−0.32	0.45	9
重庆长安汽车股份有限公司	−0.42	−0.07	−0.73	1.09	5.08	0.39	10
重庆川仪自动化股份有限公司	0.27	1.64	−0.45	−0.27	0.76	0.38	11
贵州航天电器股份有限公司	−0.18	1.90	0.29	0.43	−0.10	0.35	12
富临精工股份有限公司	0.54	0.04	−0.57	1.48	0.13	0.33	13
新疆众和股份有限公司	0.17	0.14	−0.41	0.69	1.92	0.33	14
四川海特高新技术股份有限公司	1.17	0.77	−0.20	−0.87	−1.48	0.31	15
四川天邑康和通信股份有限公司	−0.07	0.69	0.59	−0.08	0.84	0.28	16
四川大西洋焊接材料股份有限公司	−0.12	−0.84	0.86	−0.16	3.09	0.27	17
中航电测仪器股份有限公司	0.59	0.04	0.32	−0.34	−0.02	0.26	18
天水华天科技股份有限公司	0.21	0.12	−0.22	1.41	0.06	0.26	19
内蒙古福瑞医疗科技股份有限公司	0.25	0.24	1.09	−0.24	−0.55	0.24	20

4. 上市公司财务绩效评价综合得分

为了全面评价西部地区装备制造业上市公司的财务绩效水平,需要对 2017—2021 年每年样本公司的综合得分进行加权计算,形成总得分。在计算总得分过程中,通过逐年增加权重值的方式来对不同年份的绩效结果进行区分。具体而言,对于 2017 年得分赋予 10% 的权重值,对于 2018 年得分赋予 15% 的权重值,对于 2019 年得分赋予 20% 的权重值,对于 2020 年得分赋予 25% 的权重值,对于 2021 年得分赋予 30% 的权重值,所有权重值之和为 100%。最终得到的总得分能够更加准确地反映出西部地区装备制造业上市公司财务绩效的整体水平,而不是单一年份的绩效结果。计算总得分的公式如下:

$P_{总} = 10\% \ P_{2017} + 15\% \ P_{2018} + 20\% \ P_{2019} + 25\% \ P_{2020} + 30\% \ P_{2021}$

将2017—2021年各公司每一年所得的财务绩效的因子得分进行数据处理,最终得到各公司2017—2021年的财务绩效的综合因子得分,如表3-11所示(限于篇幅原因,这里仅列出前25名公司,其余见附录3-2)。

表3-11 各上市公司财务绩效综合得分及排名(前25名)

公司名称	P_{2021}	P_{2020}	P_{2019}	P_{2018}	P_{2017}	$P_{总}$	排名
成都爱乐达航空制造股份有限公司	1.39	0.76	0.60	0.02	1.89	0.92	1
重庆长安汽车股份有限公司	0.39	0.66	0.98	1.51	1.01	0.80	2
隆基绿能科技股份有限公司	0.51	0.67	1.18	0.49	1.41	0.77	3
成都新易盛通信技术股份有限公司	0.76	0.86	0.94	0.01	0.29	0.66	4
中密控股股份有限公司	0.69	0.37	0.80	0.46	0.98	0.63	5
成都银河磁体股份有限公司	0.88	0.61	0.42	0.08	0.86	0.60	6
中国振华(集团)科技股份有限公司	0.97	0.36	0.07	0.34	0.16	0.46	7
贵州航天电器股份有限公司	0.35	0.36	0.68	0.36	0.43	0.43	8
德力西新能源科技股份有限公司	0.66	0.00	−0.14	1.60	0.10	0.42	9
贵州泰永长征技术股份有限公司	0.23	0.27	0.57	0.46	0.85	0.41	10
四川天邑康和通信股份有限公司	0.28	0.22	0.22	0.82	0.95	0.40	11
成都天奥电子股份有限公司	0.16	0.21	0.46	0.86	0.73	0.40	12
四川大西洋焊接材料股份有限公司	0.27	0.38	0.54	0.65	−0.24	0.36	13
成都豪能科技股份有限公司	0.10	0.23	0.18	0.56	1.39	0.35	14
重庆川仪自动化股份有限公司	0.38	0.25	0.33	0.36	−0.07	0.29	15
贵州贵航汽车零部件股份有限公司	0.19	0.28	0.21	0.20	0.29	0.23	16
中航电测仪器股份有限公司	0.26	0.24	0.41	0.06	−0.01	0.23	17
特变电工股份有限公司	0.45	0.07	0.08	0.26	0.15	0.22	18
陕西宝光真空电器股份有限公司	0.12	0.18	0.46	0.40	−0.14	0.22	19
重庆宗申动力机械股份有限公司	0.10	0.23	0.24	0.40	−0.03	0.19	20
隆鑫通用动力股份有限公司	0.04	0.08	0.32	0.42	0.32	0.19	21
重庆秦安机电股份有限公司	0.18	0.51	0.05	−0.26	0.31	0.18	22
内蒙古第一机械集团股份有限公司	−0.05	0.19	0.36	0.52	0.02	0.18	23
广西柳工机械股份有限公司	−0.08	0.16	0.39	0.52	0.06	0.18	24
新疆众和股份有限公司	0.33	0.11	0.11	0.30	−0.22	0.17	25

四、上市公司财务绩效影响因素实证分析

(一)样本选取

为了保证研究的可靠性和有效性,选取与"三、上市公司财务绩效评价"相同的样本,并对样本公司的财务绩效进行实证分析。

(二)变量设计

以上市公司财务绩效因子综合得分作为被解释变量 Y,从股权结构、董事会情况、管理层激励和资本结构 4 个维度选取 6 个指标作为解释变量。根据前文的国内外研究综述的结论得出研究内容假设,具体如表 3-12 所示。

表 3-12 财务绩效影响因素分析变量及假设表

类型	影响因素	具体指标	变量符号	相关假设
被解释变量		财务绩效因子综合得分	Y	
解释变量	股权结构	股权制衡度	X_1	正相关(假设 1)
	董事会情况	董事会人数	X_2	负相关(假设 2)
		独立董事比例	X_3	正相关(假设 3)
	管理层激励	前三名高管薪酬	X_4	正相关(假设 4)
	资本结构	资产负债率	X_5	负相关(假设 5)
		产权比率	X_6	负相关(假设 6)

(三)模型构建

运用多元线性回归分析方法,研究上市公司绩效的影响因素,建立多元线性回归模型如下:

$$Y = \beta_0 + \beta_1 X_1 + \beta_2 X_2 + \beta_3 X_3 + \cdots + \beta_6 X_6 + \varepsilon$$

在此基础上,对各变量指标与公司业绩之间的关系进行探讨。

(四)回归分析过程及结果

以上市公司财务绩效因子综合得分作为被解释变量 Y,从股权结构、董事会情况、管理层激励和资本结构 4 个维度选取 6 个指标作为解释变量,进行回归分析,相关数据如下:

回归分析的结果显示,调整后的 R^2 为 0.537,说明选取的指标的拟合优度较好。另外,德宾-沃森值为 1.978,说明变量之间基本不存在序列相关,满足多元线性回归分析的前提。具体如表 3-13 所示。

表 3-13 财务绩效影响因素回归模型摘要

模型	R	R^2	调整后 R^2	估计的标准差	德宾-沃森值
1	0.629	0.284	0.537	0.482	1.978

从回归模型摘要的结果来看,回归分析结果较为科学合理,说明用公因子进行回归分析具有一定的实践意义。但是,考虑到样本数量较多,数据较为复杂,进行分析前需明确各变量之间是否存在线性关系。在此对样本数据进行回归分析,得到表 3-14。

表 3-14 财务绩效影响因素的显著性检验

模型		平方和	自由度	均方	F	显著性
1	回归	4.104	6	0.684	2.939	0.000
	残差	18.15	78	0.233		
	合计	22.258	84			

由表 3-14 可以看出,F 值对应的显著性小于 0.01,这意味着各变量间存在着明显的线性相关,并且所形成的线性回归公式的可用度和显著性都比较高,说明所选择的每个变量都是可靠的,可以更好地解释影响因素。

接下来构建线性回归分析模型,同时利用 SPSS 运行相关数据获得回归分析结果,如表 3-15 所示。

表 3-15 财务绩效影响因素回归结果

自变量	非标准化系数		标准系数	Sig	共线性统计	
	β	标准误差	β		容差	VIF
(常量)	0.392	0.370		0.029		
股权制衡度	0.000	0.001	-0.043	0.041	0.231	4.325
董事会人数	-0.001	0.005	-0.019	0.043	0.844	1.185
独立董事比例	0.005	0.017	-0.029	0.039	0.929	1.076
前三名高管薪酬	0.001	0.007	0.009	0.046	0.943	1.060
资产负债率	2.222E-08	0.000	0.145	0.184	0.880	1.136
产权比率	-0.011	0.006	-0.400	0.031	0.233	4.291

根据实证分析结果,可以得出以下结论:

(1)股权制衡度回归分析后的显著性为 0.041,股权制衡度与财务绩效负相关性,假设 1 不成立。这是由于股权制衡度是一把"双刃剑",不同的公司财务数据得出的结论也不一样。

(2)董事会人数回归分析的显著性为 0.043,董事会人数与财务绩效负相关,假设 2 成立。这表明西部地区装备制造业上市公司董事会人数虽然相对较多,但并没有起到实质性的作用。

(3)经回归分析得出的结果显示,独立董事比例显著影响西部地区装备制造业上市公司的财务绩效,相关性显著性水平为 0.039,独立董事比例与财务绩效呈负相关,假设 3 不成立。这表明在研究样本中,独立董事的独立性、专业性没有得到很好地发挥,反而对公司的发展产生了一定的限制作用。

(4)根据回归分析结果,上市公司前三名高管的薪酬与财务绩效呈显著正相关,相关性显著性水平为 0.046。基于此,我们可以得出结论,假设 4 成立,即给高管人员提供良好的薪酬激励可以增强他们的工作积极性,进而提高公司的绩效水平。

(5)资产负债率回归分析的显著性为 0.184,大于 0.1,因此资产负债率没有通过显著性水平 5% 的检验,即资产负债率对西部地区装备制造业上市公司财务绩效没有显著性影响,假设 5 不成立。

(6)根据回归分析结果,产权比率与上市公司的财务绩效呈显著性负相关,相关性显著性水平为 0.031。因此,我们可以得出结论,假设 6 成立,即产权比率越高,企业偿还长期债务的能力越弱,进而导致企业的绩效变差。

五、结论及建议

根据各因素对财务绩效的影响结果,本节得出以下结论:

(1)股权结构对于企业的发展和绩效具有重要影响。研究结果发现,企业应该尽力提高股东持股比例,形成股权制衡机制,以实现不同股东之间的制衡和监督。通过提高股东持股比例,可以促进公司治理的健康和稳定发展,让不同的股东在监督和管理公司方面扮演着积极和有益的角色。这种机制能够增强公司内部的管控和规范,抑制一些不利于公司经营的行为,从而提高公司的运营效率和绩效表现。

(2)在董事会情况方面,根据回归结果分析,企业应该控制董事会规模,在实际运营和管理过程中,应该根据企业的发展阶段和治理需求,制定适当的董事会规模。根据研究结论,企业可以提高独立董事比例,在实际运营和管理过程中,更应该注意优化公司治理结构,并持续升级公司领导层的治理能力,从而得到更好的财务绩效。

(3)从回归分析结果可以看出,在管理层激励方面,提高高管薪酬水平可以有效地激发管理层的工作积极性,从而提高他们的工作效率以及协助企业实现更好的财务绩效。因此,对于西部地区装备制造业上市公司而言,重视企业员工的薪酬激励非常必要。需要注意的是,企业管理层的薪酬水平应该与企业的实际情况相符合,过高或过低的高管薪酬水平都可能会产生负面的影响。同时,企业也需要根据自身的实际情况制定适当的薪酬激励政策,从而促进企业的持续发展和稳定经营。

(4)在资本结构方面,从回归分析结果可以发现,企业需要重视资产负债管理,加强资本控制和提高偿还债务的能力,以此推动企业绩效的提升。具体来说,企业在管理资产负债时,需要审慎选择资金筹集方式和合理规划债务融资结构。此外,企业应该加强资本运作把控,提高资产的利用效率,优化资本结构,以更好地获取融资机会。同时,企业需要注重自有资金的管理,提高其在资本运作中的支持能力,促进企业健康发展。

综上所述,从未来发展的角度来看,为提高公司财务绩效水平,西部地区装备制造业上市公司应注重优化企业的资本结构,重视经理层的激励以及形成一定的规模经济,要建立完善的企业股权结构,这样才能更有利于企业绩效的增长,促进企业稳步向好发展。

第二节 西南五省装备制造业上市公司财务绩效影响因素研究

一、绪论

(一)研究背景及意义

1. 研究背景

随着经济全球化发展,科学技术不断进步,我国装备制造业取得了历史性成就,发生了历史性变革。装备制造业作为实体经济的重要组成部分,为国防建设提供技术装备,是国之重器。目前,我国装备制造业处于中高端化的重要时期,推进装备制造业高质量发展,对于全面落实科学发展观、促进社会主义现代化建设起到了决定性的作用。因此,当务之急是提高装备制造业的国际竞争力,尤其是作为该行业主力军的西南地区。装备制造业作为西南省的支柱产业之一,在装备国民经济各部门、促进区域经济增长等方面发挥着重要作用。

自2020年起,重庆、四川、贵州、云南、西藏等省份经济增长均呈正向,经济发展整体展现出"恢复、稳中、好转"的良好局面,尤其是装备制造业的迅猛发展,在保持自身价值和竞争力的同时,既取得了核心地位,也加强了地区经济的活力。

2. 研究意义

装备制造业是国家技术性和战略性的产业,在国民经济中扮演着十分重要的角色,其产业竞争力直接影响着一个国家或地区的国际竞争力和安全。其中,西南五省作为我国装备制造业的重要发展基地,承担着带动相关产业发展的重任。因此,对西南五省装备制造业财务绩效影响因素进行研究,针对西南地区上市公司提出相关对策建议,在一定程度上具有理论和实践双重意义。

理论方面,通过对西南五省装备制造业上市公司财务绩效影响因素的实证研究,探究变量指标对财务绩效的影响,丰富了地区装备制造业上市公司的研究理论,为制造业等相关行业财务绩效的研究提供了一定的理论参考。实践方面,对西南五省装备制造业上市公司财务绩效的影响因素进行研究,实证分析不同指标变量对公司绩效的影响,能够为装备制造业上市公司提出合理的经营建议,有益于管理者做出科学的财务决策,能够促进装备制造业企业财务绩效的提高,推进装备制造业高质量发展,加快装备制造业的数字化建设,促进相关行业持续发展,进而提高国际竞争力。

(二)国内外研究现状

1. 国外研究现状

Mikelson 等(2003)对上市公司的实证研究表明,现金持有水平与公司的财务绩效呈显著的正相关。Jefferson(2004)以北京地区工业上市公司为样本,研究结果表明,不同行业研发投入对财务绩效显著性影响也不同。Cazavan-Jeny 等(2006)通过构建模型进行实证分析,结果显示研发投入与股票价格和企业财务绩效呈显著的负相关。Sridhar 等(2014)通过实证分析得出,企业绩效与研发投入强度的关系不显著。Sinha 等(2019)选取大型重工制造业企业的财务数据为样本,研究分析发现企业研发成本对企业财务绩效有显著的提高作用。

2. 国内研究现状

Su 等(2012)基于中国数据,发现当股权集中度上升时,企业财务绩效也随之上升,当持股比例达到某一阈值时,大股东对中小股东利益侵占获得收益,致使上市公司财务绩效下降,并指出股权集中度与公司财务绩效呈正 U 形关系。秦俭(2015)实证研究了 2012 年我国 51 家物流上市公司经营绩效的影响因素,分析得出流动比率与物流上市公司财务绩效呈显著的正相关。宋王静(2017)收集我国 A 股制造业上市公司的财务数据,认为企业在一定范围内的现金持有水平正向影响公司财务绩效。张若昀(2018)通过收集中小板企业的数据,研究结果显示,现金持有量先正向后负向影响企业的财务绩效。王爱娜(2019)分析了 A 股制造业上市企业的数据,研究结果表明现金持有水平与公司财务绩效呈显著的正相关。白净清(2019)通过分析沪深两地上市的 59 家中医药制造上市公司的数据,认为流动比率与上市公司的财务绩效具有显著的正相关。郭倩文等(2020)利用创业板上市公司的财务数据进行了实证研究分析,指出研发投入与企业当期财务绩效呈显著的正相关关系。王利军等(2021)运用实证研究的方法,分析了湖北 53 家制造业上市公司的研发费用投入力度对企业当期财务绩效的影响,研究发现研发费用投入力度与企业财务绩效呈负相关。刘丽辉等(2021)构建实证分析模型,得出研发投入与企业财务绩效呈正相关。陆旸等(2021)对股权集中度与公司财务绩效之间的关系进行了研究分析,表明股权集中度与企业财务绩效呈显著的负向关系。金阳(2021)通过构建多元回归模型进行研究分析,指出创业板上市公司的资产负债率显著负向影响财务绩效。李馨媛(2022)以我国主板制造业上市公司为研究对象,以研发投入为切入点,运用多元线性回归模型实证分析,得出不同样本的研发投入均与企业财务绩效呈显著的正相关。孙云鹏等

(2022)以中国房地产上市公司为研究对象,采用多元线性回归模型,以营业收入增长率等指标构成融资约束指数,分析得出营业收入增长率与房地产上市公司的财务绩效呈显著的负相关。

3. 研究述评

通过对现有文献进行梳理归纳,可以看到,国内外关于财务绩效影响因素的研究已有很多,涵盖了高管激励、研发投入、企业规模等各项财务因素。此外,众多学者在一定程度上对不同地区或行业的上市公司财务绩效影响因素进行了探究,但由于采用的研究方法存在差异,选取的代表财务绩效的指标及控制变量不同,以及侧重的角度不同,故得出的研究结论也有所差异。大量的实证研究丰富了上市公司财务绩效研究理论,但是,现有的财务绩效文献主要集中在对单一财务指标的分析,对综合财务绩效的影响因素缺乏深入研究。而且,现有的文献中很少有针对装备制造业上市公司财务绩效影响因素方面的研究。因此,本节研究股权集中度、现金持有水平、研发费用投入力度等财务指标对西南五省装备制造业上市公司财务绩效的影响,不局限于对单个财务指标的研究,以对现有财务绩效的研究内容进行补充。

(三)研究内容与方法

1. 研究内容

本节以西南五省装备制造业上市公司为主要研究样本,以净资产收益率衡量上市公司财务绩效,并结合已有学者研究结论,选取相关变量,构建计量经济学模型,进行描述性统计分析与多元回归分析,且替换上市公司财务绩效衡量指标,以检验多元回归结果的稳健性。本节的主要内容如下:

第一部分为绪论。这一部分的主要内容包括:研究背景和意义;对已有学者有关财务绩效影响因素的文献进行回顾和总结,并对研究内容、研究方法进行阐述。

第二部分为财务绩效概述及装备制造业上市公司基本情况。这一部分主要阐述财务绩效的概念,并对西南五省装备制造业上市公司的现状进行分析。

第三部分为西南五省装备制造业上市公司财务绩效影响因素的研究设计。这部分首先提出股权集中度等指标对财务绩效影响的假设,接着构建实证模型,最后说明变量选择与数据来源。

第四部分为西南五省装备制造业上市公司财务绩效影响因素的实证分析。首先对所选指标数据进行描述性统计,然后以净资产收益率为因变量,选择股权集中度、现金持有水平、研发费用投入力度等财务指标作为自变量和控制变量,进行多元线性回归分析,最后用总资产收益率进行回归结果的稳健性检验。

第五部分为研究结论与对策建议。在实证研究的基础上得出相应结论,为提高西南五省装备制造业上市公司财务绩效提出有效的对策建议。

2. 研究方法

(1)文献研究法。充分借助高校图书馆、知网、百度学术等平台,通过搜集国内外有关财务绩效影响因素的相关文献,梳理已有学者研究结论,为开展西南五省装备制造业上市公司影响因素的研究提供理论依据。

(2)实证研究法。选取西南五省装备制造业上市公司为研究对象,搜集企业2017—2021年有关自变量、控制变量等财务数据,并根据实际需要进行筛选,构建实证检验模型,使用SPSS对数据进行描述性统计分析,然后进行多元回归分析及稳健性检验。

二、财务绩效概述及装备制造业上市公司基本情况

(一)财务绩效概念

财务绩效是企业在战略以及其实施和执行方面为其最终的经营业绩和效果是否做出的贡献,能够全面展示企业成本控制的力度、资产运用管理的效果、资金来源调配的效果以及股东权益报酬率的组成,是企业财务管理内容的重要组成部分。

财务绩效主要从四个方面进行分析,即盈利能力、营运能力、偿债能力和抗风险能力,是基于一些财务指标和财务绩效评价方法来进行分析。它是一种目前被公司广泛运用的分析工具,主要用来体现公司的发展战略实施过程和执行情况。

(二)财务绩效管理理论基础

1. 利益相关者理论

利益相关者理论是一种关注组织整体关系的企业管理理论。公司的管理应该考虑到公司的利益相关者,包括股东、供应商、环境等,并将他们的利益放在首位。该理论认为,公司应该有一个明确的目标和战略,以满足所有相关方的需求和期望。在企业管理中,利益相关者理论可以帮助公司确定最有效的资源分配和决策流程,以实现企业价值最大化。它还可以帮助公司了解与其相关的利益群体,并在制定决策时考虑到他们的需求和期望。

利益相关者理论的核心思想是,企业不仅要维护股东利益,还应该在经营过程中考虑和回应全体利益相关者的利益和期望。这不仅有助于强化企业社会责任感,而且可以改善企业运营效率及拓展利润增长空间。

2. 委托代理理论

委托代理理论是一种关注委托代理关系的经济学理论。代理人手中掌握着委托者无法了解的信息,因此,难以确保代理人是否会从自己的最大利益出发行事,而不是从委托者的最大利益出发,这就会导致代理成本的产生,以及委托者和代理人之间的利益冲突。为了解决委托代理问题,可以采取多种措施,其中包括设计有效的契约机制来引导代理人的行为。委托代理理论可以应用于企业治理、金融市场、政府治理等领域。在企业治理中,公司董事会和高管团队被视为代理人,股东则是委托者。因此,公司治理的主要任务就是通过设计有效的契约机制来解决委托代理问题,确保代理人的行为符合委托者的利益。

(三)西南五省装备制造业上市公司情况

西南五省装备制造业上市公司经营范围主要包括金属制品业、汽车制造业、铁路、电气机械和器材制造业等8个重工业。四川作为我国重要的重大技术装备制造基地,上市公司占西南五省装备制造业的56.8%,其工业种类和体系较为完整,尤其在航空、交通轨道、汽车、通信等领域均有较为完整的工业链;云南装备制造业起步晚,但是发展迅速,2020年全省先进装备制造业营业额高达1505.4亿元,占全省工业增加值的比重达到6.4%;重庆是我国的直辖市之一,更是重要的经济特区,作为改革开放以来迅速发展的标杆,其先进装备制造业较为发达,装备制造业上市公司占西南五省的27.3%,主要产业集中在汽车制造业等其他设备制造业;贵州是我国西南地区重要的国防科技工业基地,是建军强国的坚实后盾,"十一五"至今,全省装备制造业资产投资高达99.4亿元,其上市公司主要集中在计算机、通信和其他电子设备制

造业,是我国军事和民生的主要零件产地之一。

西南五省装备制造业的发展也存在不足,云南、西藏等地的企业虽然发展快,但是起步晚,产业总体规模较小,没有形成产业链或产业区,与西南地区其他省份相比处于末位,需要进一步扩大产业的配套能力,才能充足后续发展动力;加之产业体系较小,创新能力较弱,故需要加大创新力度。虽然重庆、四川、贵州的产业链和产业结构较为完整,但是这些省份的制造业与制造业先行国家相比,仍存在较大的发展差距。

(四)绩效现状

西南五省43家装备制造业上市公司2017—2021年的整体净资产收益率较低,反映了其上市公司的综合管理水平并不理想,且不同上市公司间的净资产收益率差异较为显著,其中部分装备制造业上市公司净资产收益率下滑明显,需要进一步改善。

三、研究设计

(一)基本假设

股权高度集中意味着中小股东失去了监督管理层的能力和动力,大股东通过高度集中的股权获得的超额控制权侵占中小股东的权益来补偿其监督成本。此外,在委托代理关系下,大股东出于风险规避的原因,在对风险高、回收期长、效果不确定的研发活动进行投入时会受到较大限制,从而使企业丧失了竞争优势,导致企业财务绩效降低。根据上述分析,提出以下假设:

假设1:股权集中度显著负向影响西南五省装备制造业上市公司财务绩效。

在企业日常经营过程中,持有的现金储备属于企业资产中具有高流动性的一部分,它体现了企业目前的现金水平,能够应对企业日常可能会遇到的突发事件。企业的现金持有水平对企业的日常经营与未来发展都是非常重要的,同时也会影响企业的投资、筹资等财务行为。因此,现金持有水平越高,企业的财务绩效就越高。根据上述分析,提出以下假设:

假设2:现金持有水平显著正向影响西南五省装备制造业上市公司财务绩效。

研发创新在企业经营活动中占据重要地位,增大研发费用投入,意味着企业进行创新活动投入来收获成果,一方面可以作用于生产过程中,通过提高工作效率来降低生产成本;另一方面可以作用于产品中,提高产品的市场竞争力。掌握最先进的技术无疑能够使企业牢牢抓住先机,会使企业更具核心竞争力,会对企业盈利能力和长远发展产生深远影响,可以达到提升企业财务绩效的目的。因此,研发投入力度越大,企业的财务绩效越高。根据上述分析,提出以下假设:

假设3:研发费用投入力度显著正向影响西南五省装备制造业上市公司财务绩效。

(二)模型构建

为进一步验证前文相关假设,构建如下计量模型,对西南五省装备制造业上市公司财务绩效影响因素进行多元回归分析。

$$R_2=\beta_0+\beta_1 C_R+\beta_2 C_A+\beta_3 R_D+\beta_4 S_O+\beta_5 S+\varepsilon$$

其中,R_2为净资产收益率;C_R表示股权集中度;C_A表示现金持有水平;R_D表示研发费用投入力度;S_O表示产权性质;S表示产业规模;β_0为常数;β_i为各影响因素的系数;ε为随机变量。

(三)变量选择与数据来源

1.因变量

在对国内外文献整理中发现,大多数学者采用净资产收益率(R_2)、托宾Q值等指标来衡量财务绩效。虽然托宾 Q 值在现实应用中具有很强的优势,但是只有在一个成熟、有序、信息畅通的资本市场中,托宾 Q 值才能真实且有效地反映企业财务绩效。因此,考虑到我国的上市公司发展不太成熟,在此采用最能直接反映企业经营效益的财务指标——净资产收益率(R_2)作为企业财务绩效变量,并用总资产收益率(R_1)进行稳健性检验,以全面反映公司的经营业绩和管理者对公司的管理水平。

2. 自变量

(1)股权集中度。股权集中度(C_R)是指全部股东因持股比例的不同所表现出来的股权集中还是股权分散的数量化指标。它一般通过第一大股东持股份额在公司总股份中所占比重来衡量。第一大股东持股比例较高是普遍存在的特点,更能反映出股东对于企业股权的控制程度。因此,在此借鉴龙子午等(2020)的做法,将股权集中度作为财务绩效的影响因素之一。

(2)现金持有水平。现金持有水平(C_A)是期末货币资金与期末总资产之比。现金持有水平体现了企业的财务和运营战略,对企业的发展会产生重要的影响,同时也反映出企业的投资能力。充裕的现金持有量既能保证公司的运作顺畅,又能及时把握来之不易的投资机会。在此,选取期末货币资金与期末总资产之比来衡量企业的现金持有水平。

(3)研发费用投入力度。研发费用投入力度(R_D)体现为企业的研发费用支出占当期营业收入的比例。研发投入主要包括对研发的人员和费用投入,众多文献研究以研发人员占比来代表研发投入,但实际中发现部分上市公司选择不披露研发人员相关数据或数据缺失值较多。在此借鉴胡加明等(2020)的做法,选择从研发费用投入力度的角度衡量企业研发投入。

3. 控制变量

研究中,还引入了产权性质(S_O)、企业规模(S)两个控制变量。产权性质(S_O)用虚拟变量表示,在此借鉴许润国等(2022)和尹夏楠等(2022)的做法,将产权性质作为其中一个控制变量。企业规模(S)是影响公司财务绩效的重要因素,将企业规模作为控制变量,可以减少由于公司规模差异造成的干扰。因此,在此借鉴孙振雷(2013)、荣凤芝等(2020)和许慧等(2020)的做法,在不改变数据的性质和相对关系的前提下对资产总额取自然对数。

研究所需相关指标的变量解释如表 3-16 所示。

表 3-16 研究所需相关指标的变量解释

变量类型	变量名称	变量代码	变量数据
被解释变量	净资产收益率/%	R_2	净利润/净资产
	资产收益率/%	R_1	净利润/总资产
解释变量	股权集中度/%	C_R	第一大股东持股比例
	现金持有水平/%	C_A	期末货币资金/期末总资产
	研发费用投入力度/%	R_D	研发费用支出/营业收入
控制变量	产权性质	S_O	国有企业取值为1,否则为0
	企业规模	S	期末总资产的自然对数值

4. 数据来源

研究数据主要通过巨潮资讯网的公司年报来收集,并使用同花顺财经等网站数据进行添加,其他财务数据来自东方财富网等。收集的数据通过 Excel 进行整理和归纳,并使用 SPSS

进行回归分析与稳健性检验。

5. 样本选取

以 2017—2021 年西南五省装备制造业上市公司为研究对象,对全部样本数据进行以下处理:①筛选研究年份期间新上市、退市、被 ST 或 *ST 的企业,因为这部分公司业务情况不正常,财务数据比较特殊,在生产经营过程中存在非常态的影响因素,会在一定程度上影响研究结果的真实性和客观性;②剔除年报中未披露研发费用投入等财务数据的企业;③剔除数据库中数据存在异常或所提供数据不全的企业。最终,筛选了 43 家装备制造业上市公司作为研究样本,共 215 个样本量。

四、实证分析

(一)描述性统计分析

对西南五省装备制造业上市公司的相关指标数据进行描述性统计分析,如表 3-17 所示。从样本总体看,2017—2021 年西南五省 43 家装备制造业上市公司整体净资产收益率的平均值为 2.76%,相对于最大值 17.52% 来说,差异较为显著,这表明西南五省装备制造业上市公司的总体经营业绩水平并不理想,需要进一步改善。总资产收益率最大值为 170.19%,而最小值低至 -91.61%,这显示出西南五省装备制造业上市公司的经营绩效存在巨大差距。

表 3-17 研究所需相关指标的描述性统计分析

变量	最小值	最大值	均值	标准差
$R_2/\%$	-53.10	17.52	2.76	6.75
$R_1/\%$	-91.61	170.19	4.52	17.59
$C_R/\%$	9.69	71.13	32.12	13.83
$C_A/\%$	1.55	51.19	16.87	9.11
$R_D/\%$	0.30	58.25	5.90	5.56
S_O	0.00	1.00	0.56	0.50
S	19.86	25.63	22.30	1.35

股权集中度最大值为 71.13%,最小值为 9.69%,这说明西南五省装备制造业上市公司股权集中度差异较大,股权集中度的平均值为 32.12%,表明目前西南五省装备制造业上市公司整体的股权集中度相对较高,大股东的控制力度较强。现金持有水平最大值为 51.19%,最小值为 1.55%,最值间离散程度明显偏大,说明不同企业在现金持有水平上差别较大;均值为 16.87%,表明西南五省装备制造业上市公司倾向于持有较高的自由现金流。研发费用投入力度的最大值为 58.25%,最小值为 0.30%,这表现出不同上市公司对研发投入的关注度不同;标准差为 5.56,这体现出企业的研发投入力度处在比较稳定的水平;平均值为 5.9%,这说明应该进一步提高西南五省装备制造业上市公司整体用于研发的资金投入水平。

(二)相关性检验

使用 SPSS 软件,对西南五省装备制造业上市公司财务绩效影响因素的指标数据进行相关性分析,如表 3-18 所示。由表 3-18 可知,股权集中度与净资产收益率呈负相关关系,且在 1% 的水平上显著;现金持有水平与净资产收益率呈正相关关系,且在 1% 的水平上显著;研发费用投入力度与净资产收益率呈负相关关系,且在5%的水平上显著。可见,大部分变量之间的相关性显著,初步符合本节提出的假设。

表3-18 西南五省装备制造业上市公司财务绩效影响因素的相关性分析

变量	R_2	C_R	C_A	R_D
R_2	1			
C_R	−0.849**	1		
C_A	0.290**	0.067	1	
R_D	−0.018*	−0.080	0.021	1

注:** 表示1%显著相关,* 表示5%显著相关。

(三)回归结果及分析

西南五省装备制造业上市公司财务绩效影响因素的多元线性回归结果如表3-19所示,回归结果中R^2为0.582,说明模型的拟合优度比较好,具有一定的解释能力。其中,股权集中度与净资产收益率的回归系数为−8.920,呈负相关关系,且通过了1%的显著性水平检验,说明随着股权集中度的提高,企业的财务绩效降低,假设1成立。由此可见,西南五省装备制造业上市公司的股权集中度对企业财务绩效有显著的负向影响。现金持有水平与净资产收益率的回归系数为0.173,呈正相关关系,且通过了1%的显著性水平检验,说明提高现金持有水平有利于企业财务绩效的提升,现金持有水平越高,企业面临的投资机会越多,财务绩效则越高,假设2成立。由此可见,西南五省装备制造业上市公司的现金持有水平对企业财务绩效有显著的正向影响。研发费用投入力度未通过回归分析的显著性检验,假设3不成立。由此可见,西南五省装备制造业上市公司的研发费用投入力度对企业财务绩效无显著性影响。其原因可能是西南五省装备制造业研发信息披露不充分,缺乏自主创新能力,导致研发费用投入力度并不显著影响上市公司财务绩效。

表3-19 西南五省装备制造业上市公司财务绩效影响因素回归结果

变量代码	系数	t值	P值
C_R	−8.920	−23.602	0.000
C_A	0.173	2.822	0.005
R_D	0.023	1.327	0.186
S_O	−1.112	−2.381	0.018
S	−0.894	−4.254	0.000
常数项	21.501	4.951	0.000
F值		32.562	
R^2		0.582	

注:$P<0.01$表示1%显著性水平,$0.01<P<0.05$表示5%显著性水平,$0.05<P<0.1$表示10%显著性水平。

(四)稳健性检验

为了检验回归结论的稳健性,以总资产收益率(R_1)替代净资产收益率(R_2),进行上述实证分析,结果如表3-20所示。由稳健性检验结果可知,本节选取的西南五省装备制造业上市公司财务指标对财务绩效影响的显著性一致,进一步证明研究结论是稳健可靠的。

表3-20 西南五省装备制造业上市公司财务绩效影响因素的稳健性检验

变量	系数	t值	P值
C_R	-20.163	-14.293	0.000
C_A	0.390	4.021	0.000
R_D	0.038	0.185	0.853
S_O	0.048	0.027	0.978
S	-3.625	-4.620	0.000
常数项	69.175	4.268	0.000
F值		47.860	
R^2		0.653	

注:$P<0.01$表示1%显著性水平,$0.01<P<0.05$表示5%显著性水平,$0.05<P<0.1$表示10%显著性水平。

五、研究结论与对策建议

(一)研究结论

基于西南五省装备制造业上市公司2017—2021年的财务数据,本节对西南五省装备制造业上市公司的财务绩效影响因素进行了基本假设,并构建计量模型进行了多元线性回归分析,得出的主要结论如下。

1. 股权集中度显著负向影响上市公司财务绩效

通过回归分析可知,西南五省装备制造业上市公司的股权集中度负向影响公司财务绩效。在股权集中度较高时,大股东可能会通过各种方式,以损失中小股东和相关者的利益为代价,获取超额控制权,对公司的财务绩效造成不利影响。因此,西南五省装备制造业上市公司的股权集中度越高,监督成本就越高,导致企业财务绩效降低。

2. 现金持有水平显著正向影响上市公司财务绩效

通过回归分析可知,西南五省装备制造业上市公司的现金持有水平正向影响公司财务绩效。当企业的现金持有处于较高水平时,不仅可以降低外部风险,加强应对风险的能力,也可以避免企业投资收益降低等不利影响。因此,西南五省装备制造业上市公司的现金持有量越大,其价值创造能力就越高,从而越有利于企业绩效的提升。

3. 研发费用投入力度不显著影响上市公司财务绩效

通过回归分析可知,西南五省装备制造业上市公司的研发费用投入力度并不显著影响公司财务绩效。研发费用投入力度理论上可以促进企业财务绩效的提高,可能是因为企业没有合理有效的治理结构对研发投资活动进行管理和监督,使研发资金不能得到有效利用,导致西南五省装备制造业上市公司研发创新的优势作用没有发挥出来,研发费用投入力度没有展现出应有的财务效果。

(二)对策建议

根据西南五省装备制造业财务绩效影响因素的研究结论,并结合西南五省装备制造业上市公司实际发展情况,本节提出以下对策建议,旨在提高西南五省装备制造业上市公司财务绩效。

1. 优化股权结构,提高企业财务绩效

将股权集中度保持在合理的范围内,适当减持一定股份,增加其他法人股份甚至个人在公司中所占的比重,实现股权分散,充分发挥股权集中度在公司治理中的作用,可避免对公司财务绩效造成负面影响。此外,利用其他股东们的融资来源、管理能力、技术资源来改善公司治理,不仅可以确保大股东对管理层的监督,还可以约束大股东的行为,实现资源均衡分配,提高西南五省装备制造业上市公司的财务绩效。

2. 增加现金持有水平,稳抓企业投资机会

西南五省装备制造业上市公司应加强对现金持有水平的认识,合理利用资源,优化企业的资本结构。同时,为了预防可能出现的经营困境,企业有必要持有大量现金来增加财务柔性。对于西南五省装备制造业部分成长性较强的企业来说,面临的投资机会多,对资金需求大,当企业筹集不到所需资金时,只能放弃更优的投资机会。因此,应提高西南五省装备制造业上市公司的现金持有水平,从而有效地提升公司财务绩效。

3. 提高企业研发投入收益,调动研发投入积极性

前文研究结论中,西南五省装备制造业上市公司研发费用投入力度并不显著影响财务绩效,但是,结合已有学者研究,研发费用投入力度对提高企业财务绩效及促进企业良好发展具有很好的推动作用,提高研发投入收益是企业提高自主创新能力的关键。因此,西南五省装备制造业上市公司应该调动企业的研发积极性,使研发投入能为企业发展带来正面的投资回报。首先,应该通过政策鼓励企业进行研发创新,采取方法维护企业的创新成果,对各地的研发工作目标进行激励约束等;其次,应当进一步规范我国高端装备制造业研发投入的信息披露,提高研发投入的价值相关性。

第三节 西北五省装备制造业上市公司财务绩效影响因素研究

一、绪论

(一)研究背景及意义

1. 研究背景

装备制造业是国家重点发展的高科技和战略性新兴产业之一,也是我国经济发展的重要支柱产业之一。西北地区作为我国重要的装备制造业基地之一,其装备制造业发展情况备受关注。

铁路、船舶、航空航天和其他运输设备制造业是西北五省的支柱产业。该地区拥有我国航空工业的重要基地,涵盖了国内主要的飞机设计制造企业和航空零部件制造企业。专用设备制造业是西北五省的重要产业之一,以西安、兰州和银川为代表的专用设备制造业已经成为国内相关产业的重要组成部分。电气机械和器材制造业是西北五省的另一重要产业,该地区拥有丰富的能源资源,相关的装备制造业也相对发达。计算机、通信和其他电子设备制造业是西北五省的传统产业之一,该地区拥有一大批计算机、通信和其他电子设备制造企业,相关产业的发展也在推动着整个地区制造业的升级。

总体来说,西北五省装备制造业的发展旺盛,产业结构日趋完善,为经济发展和产业升级提供了坚实的支撑。随着国家"中国制造2025"战略的实施,装备制造业将迎来新的发展机遇和挑战,特别是在技术创新、智能制造、高端装备制造等领域的发展,更需要加强财务管理,提高企业的财务绩效。因此,本节研究西北五省装备制造业上市公司的财务绩效影响因素,旨在为该地区装备制造业的可持续发展提供有益的参考。

2. 研究意义

近年来,中国经济持续快速发展,装备制造业是我国经济结构中的重要部分。在我国装备制造业基地中,西北五省是代表性的基地之一,该地区的装备制造业上市公司数量不断增长,成为西北五省经济发展的重要动力。随着国内外经济环境的变化、竞争加剧、监管政策的不断升级,装备制造业上市公司的财务绩效也日益受到关注。有效地评价和分析装备制造业上市公司的财务绩效,可以为企业管理和投资决策提供有力的支持和指导。

装备制造业是中国经济发展的重要支柱产业,西北五省也是中国重要的装备制造业基地之一,对其上市公司财务绩效进行研究具有重要的现实意义。首先,研究西北五省装备制造业上市公司的财务绩效,有助于深入了解西北五省装备制造业发展的现状和趋势,从而为西北五省装备制造业的发展提供科学决策和管理指导。其次,研究西北五省装备制造业上市公司的财务绩效,可以有效推动其发展,提高其市场竞争力,从而促进西北五省装备制造业的整体发展。最后,研究西北五省装备制造业上市公司的财务绩效,有助于提升西北五省装备制造业的经济效益,为政府制定科学的经济政策提供参考,从而更好地推动西北五省装备制造业的发展。总之,研究西北五省装备制造业上市公司的财务绩效具有重要的现实意义,其研究结果可以为西北五省装备制造业的发展提供有益的参考。

(二)国内外研究现状

1. 国外研究现状

国外学者对上市公司的财务绩效进行了研究。Lin等(2019)对美国技术性企业展开研究,选择企业研发密度、知识储备等作为相关变量,探讨上市公司财务绩效的影响因素,研究发现创新能力与财务绩效之间表现为正相关关系。Stern等(2019)研究了股权结构与上市公司财务绩效间的关系,发现二者之间为非线性相关关系,但具体的表现形式仍未有定论。Hwang(2019)将研究视角聚焦于董事会,研究其对公司财务绩效的影响,认为独立董事比例与董事会规模并不会显著影响上市公司财务绩效,但从股东持股比例这一视角出发,可发现其对财务绩效具有正相关关系。Gorton(2020)研究发现,上市公司的股权结构与财务绩效间的相关关系为一种线性关系,并以中国制造企业为研究对象,提出了创新意识对财务绩效具有促进作用的结论。Davies等(2020)选取商业银行进行研究,发现商业银行规模与财务绩效为负相关关系,而杠杆率与财务绩效为正相关关系。

2. 国内研究现状

近年来,国内学者研究上市公司财务绩效的热度一直很高,研究者以不同的研究方法研究了上市公司的财务绩效。例如,王正军等(2020)将机构投资者纳入研究当中,发现其对上市公司的财务绩效具有正相关关系。黄大禹等(2021)认为企业管理者团队特征会影响企业的财务绩效,并建立实证模型进行分析,得出结论认为公司规模越大,财务绩效表现越好,公司利润越高,抗风险能力也越强。赵玉珍等(2021)认为董事会规模会在一定程度上影响上市公司的财务绩效,故而展开研究并发现董事会规模的扩大会促进企业的决策更科学合理,有利于促进企业的良性发展,从而使得企业的财务绩效表现良好。马德水等(2021)提出了无形资产价值会促进企业财务绩效提升的观点,并通过实证研究验证了此观点,认为企业应加大技术研发力度,充分发挥无形资产价值对财务绩效提升的促进作用。

(三)研究内容及方法

1. 研究内容

(1)背景介绍:介绍西北五省装备制造业上市公司的发展现状,对选题背景和研究对象进行详细阐述。

(2)研究假设:研究假设基于已有学者的研究结论,因此可以被视为参考和扩展已有知识的一种方式。

(3)研究设计与理论模型:在西北五省装备制造业上市公司中,净资产收益率是代表财务绩效的重要指标。研究选取资本结构、股权结构、创新能力、国内生产总值等因素作为主要解释变量,同时控制其他可能影响财务绩效的变量,并通过实证检验,探究这些因素对上市公司财务绩效的影响。

(4)实证分析:利用SPSS统计软件进行实证分析,对选定的指标变量进行多元回归分析,以验证这些变量对西北五省装备制造业上市公司的财务表现产生的影响。

(5)结论与建议:对研究结论进行总结,并结合西北五省装备制造业上市公司发展现状,给出提升财务绩效的对策建议。

2. 研究方法

本节所用研究方法包括文献研究法、规范研究法以及实证研究法,具体如下:

(1)文献研究法:通过研究已有的文献资料来获取所需信息的方法。整理国内外有关上市公司财务绩效影响因素的文献,以获取相关资料,分析之前研究的优势和不足,为今后的研究设计和实证分析奠定基础。

(2)规范研究法:使用标准化的研究方法。将国内外相关文献进行系统梳理,深入了解相关研究现状,并在评估现有研究的长处和短处的基础上,从理论角度进行深入分析,为后续实证研究提供坚实的理论基础。

(3)实证研究法:利用实际数据和经验观察来验证假设的研究方法。本节旨在探讨影响财务绩效的因素,并通过对原始数据的SPSS处理建立实证模型,分析这些因素的作用。最终,提出具有针对性的对策建议,以促进财务绩效的提升。

二、财务绩效相关概念及西北五省装备制造业上市公司概述

(一)财务绩效相关概念

财务绩效作为衡量上市公司经营业绩的主要指标之一,其研究涉及财务管理、会计学、金融学等多个学科。从财务绩效的定义来看,其本质是指上市公司在过去一定时期内的经济效

益和盈利能力的表现,是一个综合性的概念。因此,财务绩效的影响因素也是多方面的,包括公司财务结构、经营策略、管理水平以及宏观经济环境等。

从公司财务结构来看,财务绩效受资本结构、财务风险等因素的影响。资本结构包括负债比率、权益比率等指标,这些指标反映公司融资的方式和资产负债的比例关系。其中,负债比率较高的公司通常面临着较大的偿债压力,因此其财务绩效可能相对较低。财务风险通常由利息覆盖率、偿债能力等指标衡量,它直接影响公司的信用评级和借款成本,从而影响公司的资本结构和财务绩效。

从经营策略来看,财务绩效受到企业战略、投资决策等因素的影响。企业的战略目标通常包括市场份额、产品质量、成本控制等方面,这些目标的实现与公司的财务绩效密切相关。例如,一个公司若能采取有效的成本控制措施,提高生产效率,降低产品成本,其财务绩效往往会有所提升。另外,企业的投资决策也会对其财务绩效产生影响。投资决策通常包括可行性分析、风险评估等,这些决策一旦出现错误或失误,则会对公司的财务绩效造成负面影响。

从管理水平来看,财务绩效受到公司内部管理水平的影响。管理水平反映了公司的管理能力和组织效率,其中包括生产管理、财务管理、人力资源管理等方面。例如,一个公司能有效地掌握生产管理流程,提高生产效率,减少损耗,将会对其成本和财务绩效产生积极的影响;或者一个公司能优化人力资源分配,提高员工的工作效率,同样能够对其财务绩效提升起到促进作用。

此外,经济下行压力会导致公司经营环境恶化、市场竞争加剧等。同时,宏观经济环境的变化还会影响货币政策、金融市场等,进而影响公司的融资、投资等决策,从而影响公司的财务绩效。

综上所述,影响上市公司财务绩效的因素是多维度、多方面的,需要以多种视角来探究。除了上述因素,还有一些其他的相关因素也需要进一步研究,如公司治理结构、市场营销策略等,这些因素对于研究上市公司财务绩效具有一定的参考价值。

(二)西北五省装备制造业上市公司概述

西北五省(陕西、甘肃、宁夏、青海、新疆)是中国重要的装备制造业基地之一,其上市公司的基本状况备受关注。本小节将深入分析西北五省装备制造业上市公司的情况,包括上市公司数量、行业分布等。

1. 西北五省装备制造业上市公司区域分布

截至2023年,西北五省共有47家装备制造业上市公司。其中,陕西省有31家,甘肃省有6家,宁夏回族自治区有1家,青海省有2家,新疆维吾尔自治区有7家。图3-1展示了各省上市公司数量的分布情况。

从图3-1可以看出,西北五省中,陕西上市公司数量最多,新疆次之,其他三个省份相对较少。

2. 西北五省装备制造业上市公司行业分布

西北五省装备制造业上市公司涵盖了多个行业,包括:专用设备制造业,通用设备制造业,电气机械和器材制造业,计算机、通信和其他电子设备制造业,铁路、船舶、航空航天和其他运输设备制造业。表3-21展示了各省上市公司行业分布情况。

第三章 西部地区装备制造业上市公司财务绩效影响因素研究

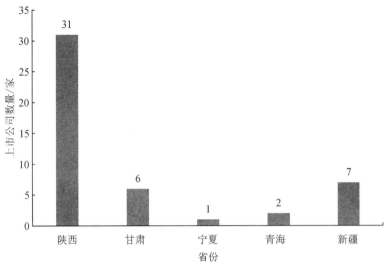

图 3-1 西北五省装备制造业上市公司数量分布情况

表 3-21 西北五省装备制造业上市公司行业分布情况

省份	行业	数量/家
陕西	专用设备制造业	7
	通用设备制造业	2
	电气机械和器材制造业	6
	计算机、通信和其他电子设备制造业	10
	铁路、船舶、航空航天和其他运输设备制造业	6
新疆	专用设备制造业	2
	通用设备制造业	1
	电气机械和器材制造业	2
	计算机、通信和其他电子设备制造业	1
	铁路、船舶、航空航天和其他运输设备制造业	1
甘肃	专用设备制造业	2
	汽车制造业	1
	电气机械和器材制造业	2
	计算机、通信和其他电子设备制造业	1
青海	通用设备制造业	1
	电气机械和器材制造业	1
宁夏	通用设备制造业	1

从图 3-2 可知,在西北五省地区,上市公司数量最多的行业是计算机、通信和其他电子设备制造业,其次是电器机械和器材制造业以及专用设备制造业。

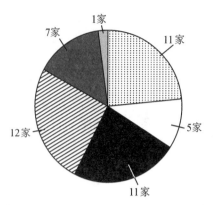

图 3-2 西北五省装备制造业行业分布情况

三、西北五省装备制造业上市公司财务绩效影响因素研究设计

(一)基本假设

企业的资本结构可以用资产负债率来衡量,即企业负债总额与资产总额的比值,该比值反映了企业通过借债手段获取的资产占比情况。该比率越高,表明企业的偿债能力越弱。此外,资产负债率在反映企业资本结构的同时,也在一定程度上反映了企业管理者的进取精神,该比率越低,表明企业的经营策略偏保守,从侧面反映了企业管理者对未来发展的信心不足。但是,资产负债率不是越高越好,过大的负债规模会使企业面临较高的财务风险,当发生资不抵债的现象时,会引发企业的破产。根据上述分析,提出以下假设:

假设 1:资本结构对财务绩效具有负面影响。

上市公司的财务绩效也可能受到股权结构的影响。上市公司的组织形式与股权结构密不可分,其股东对公司决策的影响程度可以从股权结构中得出。公司的可持续发展会受到股权结构分布的影响,当股东比例提高时,能够起到一定的激励作用,促进成本的节约,帮助提升公司价值,此时大股东的利益与公司的利益一致,有利于公司进行决策,提高经营效率并促进监管制度的实施与执行,促进公司竞争力的提高。根据上述分析,提出以下假设:

假设 2:股权结构对财务绩效具有正面影响。

当前,创新能力受到了政府的高度重视,不仅政府为青少年创新提供支持与鼓励,而且高校也积极投身于大学生科技创新园的建设。在现代社会中,上市公司要快速发展,必须提高创新能力,这样才能保持竞争力,实现企业的可持续发展。在经济快速发展的今天,创新能力是体现企业竞争力的重要方面,企业需要不断发展技术,稳固技术支持,才可以及时适应市场的变化,满足市场的需求,促进企业的发展,从而提升企业的财务绩效。根据上述分析,提出以下假设:

假设 3:创新能力对财务绩效具有正面影响。

通常,上市公司的财务绩效与其所在省份或地区的经济发展水平有着密不可分的联系,经济发展水平越高的省份或地区,其上市公司的财务绩效表现越好。从整体上看,国内生产总值

的提高可以促进上市公司财务绩效的提高。相反,在经济水平较低的地区,其上市公司的发展状况欠佳,财务绩效也相对较差。此外,地区经济越发达,该地区的人均受教育程度就越高,人们具有更高的素质与诚信意识,在这种情况下,企业的管理者更愿意付出时间与精力去维系客户关系,并维护股东的权力。因此,企业可以收获良好的客户关系与客户群体,同时也会稳固原有股东,并有利于吸引新的股东资本,为企业绩效的提升奠定良好的基础。在这些经济相对发达的地区,人们具有较高的诚信意识,若企业发生失信行为,往往会受到人们的谴责,由此给企业带来巨大损失,出于这一角度进行考虑,企业会积极主动地承担相应的社会责任,从而有助于企业提升财务绩效。根据上述分析,提出以下假设:

假设4:国内生产总值(GDP)对财务绩效具有正面影响。

(二)变量选择

研究所使用的被解释变量、解释变量、控制变量的相关说明详见表3-22。

表3-22 变量说明及定义

变量类型	项目名称	变量符号	变量定义
因变量	净资产收益率	R_2	净资产收益率=净利润/净资产
自变量	资本结构	T_D	资产负债率=负债总额/资产总额
	股权结构	S_S	前十大股东持股比例总和
	创新能力	R_D	研发投入=研发支出总额/营业收入总额
	国内生产总值	G_D	企业所在省份GDP
控制变量	现金实力	C_A	净现金流量/总资产
	产权性质	S_O	国有企业取值为1,否则为0
	每股收益	E_P	净利润/发行在外的普通股加权平均数

1. 被解释变量

为便于进一步分析各个变量对财务绩效的影响情况,选用净资产收益率来代表上市公司的财务绩效,使研究内容更加真实可靠。

2. 解释变量

结合已有学者研究结论,选用的解释变量为资本结构、股权结构、国内生产总值、创新能力。其中,资本结构体现企业各种资本的价值构成及其比例关系,以"资产负债率"表示;股权结构体现企业的组织结构,以"前十大股东持股比例总和"表示;国内生产总值体现一个地区的经济发展水平,以"企业所在省份GDP"表示;创新能力体现企业研发投入力度,以"研发投入"表示。

3. 控制变量

控制变量的加入可以提高数据分析的准确性,减小误差。因此,在此选用现金实力、产权性质、每股收益作为控制变量。其中,现金实力体现了企业获取现金的能力;产权性质体现了企业对持有资产处置的能力;每股收益体现了企业的经营成果。

(三)模型构建

本节采用多元线性回归模型对西北五省装备制造业上市公司财务绩效影响因素进行研

究,为验证假设,构建如下回归模型:

$$R_2 = \beta_0 + \beta_1 T_D + \beta_2 S_S + \beta_3 R_D + \beta_4 G_D + \beta_5 C_A + \beta_6 S_O + \beta_7 E_P + \varepsilon$$

其中,R_2 为净资产收益率,T_D 表示资本结构,S_S 表示股权结构,R_D 表示创新能力,G_D 表示国内生产总值,C_A 表示现金实力,S_O 表示产权性质,E_P 表示每股收益,β_0 为常数,β_i 为各影响因素的系数,ε 为随机变量。

(四)样本选取与数据来源

1. 样本选取

本节主要研究西北五省装备制造业上市公司财务绩效的影响因素,所用财务数据的时间范围为2017—2021年。为了使研究结论更客观,在进行实证分析之前,先对数据样本进行预处理,即剔除ST与*ST的上市公司以及数据缺失的上市公司,经过筛选,最终保留170个样本进行实证分析。

2. 数据来源

所用数据主要来自东方财富网,其中缺失的数据通过巨潮资讯数据库、同花顺财经数据库进行补充。

四、西北五省装备制造业上市公司财务绩效影响因素实证分析

(一)描述性统计分析

对西北五省装备制造业上市公司的资本结构、股权结构、国内生产总值、创新能力进行描述性统计分析,具体结果见表3-23。

表3-23 变量描述性统计表

变量	最小值	最大值	均值	标准偏差
R_2/%	-178.860	77.640	-0.536	26.106
R_1/%	-35.300	40.070	0.750	7.839
T_D/%	11.400	114.390	52.647	19.167
S_S/%	0.010	1.000	0.502	0.292
R_D/%	0.000	185.580	3.203	20.111
G_D/亿元	2465.110	29800.000	11169.145	3962.221
C_A/%	-0.450	0.180	0.024	0.066
S_O	0.000	1.000	0.117	0.323
E_P/(元/股)	-2.310	1.880	0.111	0.558

由表3-23可知,西北五省装备制造业上市公司的财务绩效(R_2)差距较大,最大值为77.640%,最小值为-178.860%,平均值为-0.536%,表明西北五省装备制造业上市公司能保障一定的资产收益率但水平不高。资本结构(T_D)的最大值、最小值和平均值分别为114.390%、11.400%和52.647%,表明该地区上市公司一部分企业过于激进,一部分企业过于保守。股权结构(S_S)即前十大股东持股比例之和,最大值和最小值的跨度较大,由此可以得到本节研究的上市企业在股权结构上具有很大的差异。创新能力(R_D)体现企业创新能力

力度,最大值为 185.580%,最小值为 0,均值为 3.203,表示西北五省大部分装备制造业上市公司发展创新能力的力度较小,金额较少。G_D 的描述统计最大值为 29800 亿元,最小值为 2465.11 亿元,显示了 2017—2021 年国内生产总值在西北五省之间出现了较大差异。

(二)相关性分析

针对西北五省装备制造业上市公司的资本结构、股权结构、国内生产总值、创新能力与财务绩效进行相关性分析,具体结果见表 3-24。

表 3-24 相关性分析结果

变量	R_2	R_1	T_D	S_S	R_D	G_D	C_A	S_O	E_P
R_2	1								
R_1	-0.094	1							
T_D	-0.358**	0.011	1						
S_S	0.164*	0.108	-0.043	1					
R_D	0.091	-0.166*	-0.051	0.051	1				
G_D	-0.228**	0.173*	0.252**	-0.063	0.066	1			
C_A	-0.072	0.295**	0.035	-0.065	-0.159*	0.127	1		
S_O	0.129	0.013	-0.154*	0.074	-0.058	0.095	0.036	1	
E_P	0.683**	-0.049	-0.207**	0.157*	0.136	0.021	0.012	0.133	1

注:*、** 分别代表 5%、1% 的显著性水平。

由表 3-24 可知,资本结构在 1% 的显著性水平下对净资产收益率造成了负向影响,与前文假设相符,且其系数为 0.358。股权结构在 5% 的显著性水平下对净资产收益率造成了正向影响,且其系数为 0.164,与前文假设相符。但创新能力对净资产收益率并未造成显著影响,这与假设不同。国内生产总值在 1% 的显著性水平下对净资产收益率造成显著的负向影响,这与假设不同。

(三)回归结果及分析

对数据进行回归分析,以净资产收益率作为因变量,以资本结构、股权结构、国内生产总值、创新能力作为自变量,以现金实力、产权性质、每股收益作为控制变量,进行回归性分析,具体见表 3-25。

表 3-25 多元线性回归分析结果

模型	未标准化系数		标准化系数	t	显著性
	β	标准错误	β		
(常量)	20.566	5.771		3.563	0.000
T_D	-0.229	0.077	-0.168	-2.978	0.003
S_S	3.586	4.839	0.040	1.741	0.060
R_D	-0.003	0.071	-0.002	-0.038	0.970
G_D	-0.001	0.000	-0.191	-3.375	0.001

续表

模型	未标准化系数		标准化系数	t	显著性
	β	标准错误	β		
C_A	−16.933	21.837	−0.043	−0.775	0.439
S_O	2.801	4.380	0.035	0.639	0.523
E_P	29.974	2.582	0.641	11.609	0.000
F			25.354		
R^2			0.535		

综合前文分析及表 3-25 的回归结果，对上市公司财务绩效影响因素做出如下分析：

资本结构的 t 值为 −2.978，$P=0.003$，表明资本结构在 1% 的显著性水平下对财务绩效造成显著负影响，这与假设相符。

股权结构的 t 值为 1.741，$P=0.060$，表明股权结构与财务绩效之间的关系表现为显著的正相关关系，与假设相符。

创新能力的 t 值为 −0.038，$P=0.970$，表明创新能力对财务绩效造成了负向影响，但并不显著，与假设不符，说明财务绩效并不一定会随着创新能力的增加而提高。

对于解释变量 G_D，回归结果显示其回归系数为 −3.375，表明国内生产总值对财务绩效表现为负向影响，且在 1% 的显著性水平下显著，与假设不符。

（四）稳健性检验

为检验回归分析结果的稳健性，使用资产收益率替换净资产收益率进行稳健性检验，具体见表 3-26。

表 3-26 稳健性检验分析结果

模型	未标准化系数		标准化系数	t	显著性
	β	标准错误	β		
（常量）	−4.061	2.472		−1.643	0.102
T_D	−0.028	0.033	−0.070	−0.868	0.386
S_S	4.182	1.988	0.156	2.103	0.037
R_D	−0.054	0.029	−0.139	−1.851	0.066
G_D	0.000	0.000	0.172	2.149	0.033
C_A	30.825	8.767	0.262	3.516	0.001
S_O	−0.782	1.823	−0.032	−0.429	0.668
E_P	−0.651	1.454	−0.046	−0.447	0.655
F			3.593		
R^2			0.109		

由表 3-26 可知，在使用资产收益率代替净资产收益率进行稳健性检验后，得出的结论与前面的结果并无明显差别，因此可以证明研究结论具有稳健性。

五、研究结论及建议

(一)研究结论

研究以 2017—2021 年 34 家西北五省的装备制造业上市公司数据为样本,考察了资本结构、股权结构、创新能力以及国内生产总值对上市公司财务绩效的影响,得出如下结论:

(1)资本结构的调整会对公司的财务绩效产生显著影响,尤其是资产负债率的提高会导致企业财务绩效下降。

(2)公司财务绩效的表现与股权结构密切相关,若股东利益分散导致企业决策效率下降,其财务绩效必将受到影响;相反,若股权结构较为集中,则能够提高企业经营决策的效率,进而促进财务绩效的提升。

(3)创新能力对公司财务绩效的影响不显著,表明上市公司增加创新能力并不会提高财务绩效,因此不可盲目扩张与过度投资研发,要合理分配费用。

(4)国内生产总值对公司财务绩效具有负向显著影响,这与假设不符。这说明一个地区的国内生产总值越高,并不意味着其地区的装备制造业上市公司的财务绩效越高。当经济增长速度过快时,装备制造业企业往往会面临原材料成本上涨、劳动力成本上涨等问题,这些问题会对企业的财务绩效产生负面影响。此外,当经济增长速度过快时,政府可能会采取一些措施来抑制通货膨胀,这些措施可能会对装备制造业企业的财务绩效产生负面影响。

(二)建议

基于前述的实证分析结果和结论,本节提出以下针对西北五省装备制造业上市公司的建议。

1. 优化资产负债结构

资本结构即资产负债率,是反映上市公司归还长期债务能力的指标,且与公司财务绩效呈负相关,因此上市公司不宜具有较高的资产负债率。公司在进行资本的运用时,应注重资本的灵活性、透明度和风险性。企业在经营过程中,需要注意控制资产负债率,避免债务规模过大,使企业面临财务风险。企业应通过在日常经营管理过程中充分重视财务管理工作、优化资产结构、提高资产周转率等方式来降低资产负债率,从而提高企业的财务绩效。

2. 构建股权制衡机制

股权比例与上市公司的组织形式有着密不可分的联系,是对股东影响经营者制定并实施决策的反映。同时,股权比例与财务绩效之间具有正相关关系,即股权集中度的提高有利于促进财务绩效的提升。因此,装备制造业公司应当重视自身的股权比例并对其进行优化,尽可能地提高股权集中度,从而更好地控制公司的经营方向和决策,同时还应该加强对企业的监管,做到适当集中股权,以提高企业财务绩效。

3. 合理制定研发方案

装备制造业企业在进行创新研发时,需要更加注重投入的效果和效益,而不是仅仅追求投入的数量和规模。同时,企业还需要考虑市场需求、竞争对手、技术水平等因素,以制定更加合理的研发策略。另外,企业在进行创新研发时,也需要注意风险控制和资源分配。创新研发可能会带来一定的风险和不确定性,因此企业需要进行风险评估和控制,以保证投入的安全和有效。企业也需要合理分配资源,避免创新研发对其他业务产生不利影响。创新研发与装备制造业财务绩效之间的关系并不是简单的因果关系,而是需要考虑多种因素的综合影响。总之,企业需要制定合理的研发策略,注重投入效果和效益,同时注意风险控制和资源分配,以提高创新研发的效果和企业的财务绩效。

4. 完善企业生产流程

当国内生产总值过高时,装备制造业企业往往会面临原材料成本上涨、劳动力成本上涨等问题,这些问题会对企业的财务绩效产生负面影响。因此,装备制造业企业可以通过优化生产流程、提高生产效率、降低成本等方式来提升财务绩效。

总之,西北五省装备制造业上市公司的财务绩效受到多个因素的影响,要提高财务绩效就需要企业不断探索,不断实践。通过实施上述建议,可以进一步提升西北五省装备制造业上市公司的财务绩效,推动行业的健康、可持续发展。

参考文献

安鑫,2011.我国制造类上市公司绩效评价及影响因素研究[D].沈阳:沈阳工业大学.
白敬清,2019.我国医药制造业财务绩效影响因素研究[J].安徽工业大学学报(社会科学版),36(4):13-16.
曹雨生,江志雄,2019.不同产权背景下企业资产负债率与经营绩效的关系:基于中国民营企业的研究[J].南开管理评论,22(2):56-70.
陈影,2021.市场竞争压力、企业社会责任与财务绩效交互性关系:基于流通企业发展现状及趋势的分析[J].商业经济研究(8):119-122.
郭林林,2021.技术创新投资、高管持股与企业绩效[D].太原:山西财经大学.
郭倩文,徐焕章,王译,2020.研发投入、股权结构与企业绩效[J].财会通讯(12):50-57.
胡爱平,张春艳,2022.地区社会信任、企业社会责任与财务绩效[J].商业会计(14):55-62.
胡加明,吴迪,2020.股权结构与企业绩效之谜[J].东岳论丛,41(10):97-113.
黄大禹,谢获宝,2021.非金融企业金融化后的财务绩效分析:来自中国制造业企业的实证研究[J].技术经济,40(7):103-112.
金阳,2021.私募股权投资基金对创业板企业财务绩效的影响[J].中国注册会计师(11):78-82.
劳莹莹,2020.公司治理视角下企业财务绩效影响因素分析[J].现代商贸工业(29):128-129.
李馨媛,2022.研发投入对企业财务绩效的影响研究[D].济南:济南大学.
李永明,陈晶,2022.多重不利因素影响下的高校财务绩效管理创新路径研究[J].教育财会研究,33(4):89-95.
李月华,马琦,2015.资本结构与公司绩效关系实证研究:来自中国上市公司的证据[J].国际经济贸易导刊,11(4):16-23.
刘佳阳,徐定哲,庞伟,2019.独立董事比例、企业对外投资与企业绩效关系研究[J].经济管理,41(2):139-151.
刘丽辉,吕文海,曹宇翔,2021.人力资本、研发投入对企业财务绩效的协同影响:以广东省科技型企业为例[J].佛山科学技术学院学报(社会科学版),39(2):32-41.
刘玲玲,2019.委托代理问题的理论演变与现代研究进展[J].经济科学,41(2):57-65.

刘天晴,徐凌,2021.碳绩效对财务绩效的影响:基于新三维框架下调节因素的探讨[J].河南科学,39(7):1173-1181.

刘晓玲,张鹏,2018.我国上市公司董事会规模与财务绩效的实证研究[J].管理评论,30(10):121-132.

龙子午,王祖昕,2020.股权集中度、R&D投入与企业财务绩效[J].财会通讯(4):41-44.

陆旸,董忱忱,2021.股权集中度对企业财务绩效的影响研究:基于研发投入和企业社会责任的调节中介效应[J].中国商论(17):151-156.

罗红霞,2014.公司治理、投资效率与财务绩效度量及其关系[D].长春:吉林大学.

罗祥威,郭勇,2017.股权集中度、机构监管与企业价值关系的实证研究[J].国际商业与经济研究,6(5):203-211.

马德水,崔月圆,2021.高端装备制造业企业跨国并购绩效分析:以航新科技并购MMRO为例[J].航空财会,3(4):45-52.

孟红霞,2017.河北省上市公司财务绩效影响因素实证研究[D].石家庄:河北地质大学.

齐秀辉,王群,2022.中小企业探索式创新、冗余资源与财务绩效[J].会计之友(18):66-72.

乔安琪,王海燕,聂昕然,2022.政府补贴对新能源汽车企业财务绩效影响研究:以比亚迪公司为例[J].唐山师范学院学报,44(4):104-108.

秦俭,2015.基于因子分析法的物流上市公司财务绩效影响因素分析[J].物流技术,34(8):172-174.

裘应萍,刘梅娟,2020.上市公司环境信息披露影响因素研究:基于新能源产业的经验数据[J].绿色财会(10):45-51.

荣凤芝,钟旭娟,2020.政府补助、研发投入与企业绩效相关性的实证检验[J].统计与决策,36(5):161-165.

宋王静,2017.现金持有对企业经营业绩的影响:在中国经济增速下滑的背景下[D].上海:东华大学.

孙奕驰,2011.上市公司财务绩效评价及其影响因素研究[D].沈阳:辽宁大学.

孙云鹏,姜宏,2022.企业社会责任、融资约束对中国房地产上市公司财务绩效的影响[J].天津商业大学学报,42(4):53-60.

孙振雷,2013.我国上市公司股权集中度与公司绩效关系实证研究[J].学术论坛,36(12):74-77.

唐智,张玮,2019.经济结构变迁下企业财务绩效的实证研究[J].经济学家(2):140-144.

王爱娜,2019.现金持有水平、存货管理效率与企业绩效[J].财会通讯(21):52-56.

王建勇,杨世传,戎家琨,2022.高管薪酬、融资环境与公司业绩:来自创业板的证据[J].财务与会计(12):86-93.

王丽,上官鸣,2020.上市公司财务绩效评价和影响因素研究[J].大众投资指南(6):142-143.

王利军,陈梦冬,2021.湖北省制造业企业研发投入对财务绩效的影响:来自53个上市公司的数据[J].湖北社会科学(5):75-82.

王思雨,陈维青,2021.企业扶贫与财务绩效关系研究:基于股权集中度的调节作用[J].财会通讯(10):44-46.

王正军,谢晓,2020.企业社会责任履行、创新能力与财务绩效:基于内外部利益相关者视角[J].财会通讯(7):51-55.

武慧娟,徐瑞红,赵钰萱,2022.电子商务上市公司财务绩效影响因素研究[J].投资与创业,33(6):72-74.

谢辛艳,2020.企业社会责任与财务绩效的相关性研究:基于我国高端装备制造业[D].南京:南京财经大学.

许慧,张悦,2020.企业环境绩效对财务绩效的互动性检验:基于生命周期视角[J].财会通讯(17):75-78.

许润国,李政建,2022.区域创新能力差异、营运资金融资策略与企业财务绩效[J].财会通讯(18):79-85.

杨卫红,张忠培,2018.高管持股对公司绩效的影响:基于中国上市公司的实证研究[J].工业工程与管理,32(3):35-43.

叶子昱,2022.辽宁省制造业上市公司财务绩效评价研究[D].沈阳:沈阳师范大学.

尹夏楠,詹细明,唐少清,2022.制造企业数字化转型对财务绩效的影响机理[J].中国流通经济,36(7):96-106.

张春华,陈光宙,2015.股权结构对企业绩效的影响:基于中国上市公司的经验研究[J].经济管理,37(8):92-104.

张劲松,李沐瑶,2021.企业社会责任、内部控制与财务绩效关系研究:基于技术创新视角[J].预测,40(4):81-87.

张若昀,2018.现金持有水平与公司价值关系:基于中小板上市公司的实证研究[J].商业会计(11):75-78.

张长银,2017.中国上市公司董事会治理中股权委托代理问题的实证研究[J].现代财经,39(2):82-88.

张智霞,2014.利益相关者理论对我国会计发展的启示[J].会计之友,36:41-44.

赵玉珍,乔亚杰,周黎,等,2021.减排措施如何提升高能耗企业财务绩效:碳绩效的中介作用[J].系统工程,39(6):14-24.

钟鹏,吴涛,李晓渝,2021.上市公司企业社会责任报告、社会责任缺失与财务绩效关系的实证研究[J].预测,40(1):18-23.

ADAMS R B, MEHRAN H, 2011. Corporate performance and board structure in the U. S. banking sector[J]. Review of Financial Economics, 20(4):101-111.

BERLE A A, MEANS G C, 1932. The modern corporation and private property[M]. New York: MacMillan.

CAZAVAN-JENY A, JEANJEAN T, 2006. The negative impact of R&D capitalization: A value relevance approach[J]. European Accounting Review, 15(1):37-61.

DAVIES Y, DU J, ZHANG H, 2020. The effect of intellectual capital on financial performance: Evidence from Chinese listed manufacturing firms[J]. Journal of Applied Accounting and Finance, 6(1):1-16.

DEMSETZ H, VILLALONGA B, 2001. Ownership structure and firm performance[J]. Journal of Corporate Finance, 7(3):209-233.

FANG Y, TIAN G, TYLER W, 2009. Executive ownership, revenue management, and shareholder litigation[J]. Journal of Business Research, 62(10):1110-1115.

GORTON H,2020. Impact of firm size on financial performance:An empirical evidence from Chinese listed manufacturing firms [J]. International Journal of Business and Management,15(2):195-206.

GUAN Y, MA S,LIU W,2015. Independent directors and corporate performance: Evidence from Chinese listed firms[J]. Journal of Business Research,68(6):1213-1218.

HWANG Y S,2019. A study of the relationship among foreign ownership ratio and corporate financial performance of electronic companies[J]. Journal of Econometrics,21(1):5-35.

JEFFERSON A G H H,2004. Returns to research and development in Chinese industry: Evidence from state-owned enterprises in Beijing[J]. China Economic Review,15(1):86-107.

LIN B W,LEE Y,HUNG S C,2019. R&D intensity and commercialization orientation effects on financial performance[J]. Journal of Business Research,59(6):679-685.

MIKELSON W H,PARTCH M M,2003. Do persistent large cash reserves hinder performance? [J]. Journal of Financial and Quantitative Analysis,38(2):275-294.

MURPHY K J,ZABOJNIK J,2014. CEO Compensation and appointments: A market-based explanation of recent trends[J]. American Economic Review,94(2):192-197.

NGUYEN H T,RAMALINGEGOWDA S,2010. Buy-side analysts' access to management and the informativeness of earnings forecasts[J]. Journal of Accounting and Economics,49(1-2):25-42.

SINHA A K,MISHRA A K,PATEL Y,2019. Firm size,R&D expenditure,and international orientation:An empirical analysis of performance of Indian firms[J]. International Journal of Technological Learning,Innovation and Development,11(4):311-336.

SRIDHAR S, NARAYANAN S, SRINIVASAN R, 2014. Dynamic relationships among R&D, advertising, inventory and firm performance[J]. Journal of the Academy of Marketing Science,42(3):277-290.

STERN J M,STEWART G B, DONALD H C J,2019. The EVA financial management system[J]. Bank of American Journal of Applied Corporate Finance,6(12):32-46.

SU D W,HE X X,2012. Ownership structure, corporate governance and productive efficiency in China[J]. Journal of Productivity Analysis,38(3):303-318.

附录 3-1　2021 年上市公司财务绩效综合得分及排名

公司名称	F_1	F_2	F_3	F_4	F_5	F	排名
广西东方智造科技股份有限公司	7.85	−2.07	−1.04	−0.62	−0.57	2.59	1
成都爱乐达航空制造股份有限公司	1.28	0.54	3.19	2.14	−0.41	1.39	2
中国振华(集团)科技股份有限公司	0.61	4.30	0.16	−0.29	−0.32	0.97	3
成都银河磁体股份有限公司	0.48	−0.23	4.19	−0.31	0.48	0.88	4
成都新易盛通信技术股份有限公司	0.64	1.30	1.36	−0.05	0.33	0.76	5
中密控股股份有限公司	0.37	1.88	1.71	−0.27	−0.47	0.69	6
德力西新能源科技股份有限公司	0.44	−0.96	−0.57	6.47	−0.62	0.66	7
隆基绿能科技股份有限公司	0.35	2.09	−0.57	−0.29	1.11	0.51	8
特变电工股份有限公司	0.27	3.17	−0.85	−0.36	−0.32	0.45	9
重庆长安汽车股份有限公司	−0.42	−0.07	−0.73	1.09	5.08	0.39	10
重庆川仪自动化股份有限公司	0.27	1.64	−0.45	−0.27	0.76	0.38	11
贵州航天电器股份有限公司	−0.18	1.90	0.29	0.43	−0.10	0.35	12
富临精工股份有限公司	0.54	0.04	−0.57	1.48	0.13	0.33	13
新疆众和股份有限公司	0.17	0.14	−0.41	0.69	1.92	0.33	14
四川海特高新技术股份有限公司	1.17	0.77	−0.20	−0.87	−1.48	0.31	15
四川天邑康和通信股份有限公司	−0.07	0.69	0.59	−0.08	0.84	0.28	16
四川大西洋焊接材料股份有限公司	−0.12	−0.84	0.86	−0.16	3.09	0.27	17
中航电测仪器股份有限公司	0.59	0.04	0.32	−0.34	−0.02	0.26	18
天水华天科技股份有限公司	0.21	0.12	−0.22	1.41	0.06	0.26	19
内蒙古福瑞医疗科技股份有限公司	0.25	0.24	1.09	−0.24	−0.55	0.24	20
贵州泰永长征技术股份有限公司	0.25	0.01	0.74	−0.19	0.23	0.23	21
贵州贵航汽车零部件股份有限公司	−0.23	0.25	1.62	−0.61	0.43	0.19	22
四川科新机电股份有限公司	0.41	−0.15	−0.08	0.03	0.47	0.19	23
重庆秦安机电股份有限公司	−0.28	−0.17	1.82	0.16	−0.03	0.18	24
中航重机股份有限公司	0.01	1.28	−0.33	0.27	−0.34	0.17	25
成都利君实业股份有限公司	0.47	−0.61	0.98	−0.18	−0.60	0.17	26
成都天奥电子股份有限公司	0.02	0.50	0.75	−0.33	−0.22	0.16	27
彩虹显示器件股份有限公司	0.36	0.60	−0.52	0.12	−0.30	0.15	28
成都振芯科技股份有限公司	0.53	−0.51	0.33	0.20	−0.64	0.14	29
陕西宝光真空电器股份有限公司	0.14	−0.55	0.23	−0.07	1.14	0.12	30
重庆宗申动力机械股份有限公司	0.17	0.04	−0.14	−0.56	1.08	0.10	31
成都豪能科技股份有限公司	0.29	0.65	−0.63	0.18	−0.53	0.10	32
蓝黛科技集团股份有限公司	0.30	−0.09	−0.33	−0.15	0.43	0.08	33

第三章 西部地区装备制造业上市公司财务绩效影响因素研究

续表

公司名称	F_1	F_2	F_3	F_4	F_5	F	排名
桂林福达股份有限公司	0.20	−0.08	0.42	−0.34	−0.18	0.08	34
重庆万里新能源股份有限公司	−0.69	−0.60	2.69	−0.63	0.80	0.07	35
四川成飞集成科技股份有限公司	−0.95	1.18	0.10	2.80	−1.04	0.07	36
四川汇源光通信股份有限公司	0.31	−0.55	0.33	−0.80	0.61	0.06	37
成都旭光电子股份有限公司	0.08	−0.59	0.87	−0.15	−0.08	0.05	38
隆鑫通用动力股份有限公司	−0.05	−0.30	0.17	−0.43	1.25	0.04	39
四川中光防雷科技股份有限公司	−0.24	−0.64	1.56	−0.09	−0.13	0.03	40
内蒙古北方重型汽车股份有限公司	−0.15	0.67	0.03	−0.45	0.09	0.02	41
创维数字股份有限公司	−0.01	0.07	−0.35	−0.34	0.98	0.01	42
远东智慧能源股份有限公司	0.32	−0.29	−1.03	−0.78	1.61	−0.01	43
重庆丰华(集团)股份有限公司	−0.33	−0.99	0.96	1.68	−0.70	−0.02	44
中建环能科技股份有限公司	0.31	−0.27	−0.15	−0.15	−0.65	−0.03	45
西安晨曦航空科技股份有限公司	0.03	−0.58	1.37	−0.60	−1.00	−0.04	46
内蒙古第一机械集团股份有限公司	−0.13	0.24	−1.04	0.02	1.24	−0.05	47
秦川机床工具集团股份公司	0.17	−0.12	−0.32	−0.71	0.33	−0.06	48
四川九洲电器股份有限公司	0.04	−0.40	0.12	−0.38	0.10	−0.07	49
四川长虹电器股份有限公司	−0.11	−0.32	−0.80	−0.68	2.24	−0.08	50
西安陕鼓动力股份有限公司	0.20	0.33	−1.11	0.17	−0.50	−0.08	51
广西柳工机械股份有限公司	−0.32	1.22	−0.68	−0.61	0.24	−0.08	52
东方电气股份有限公司	−0.27	1.32	−1.06	−0.11	−0.19	−0.09	53
中国航发动力股份有限公司	−0.66	1.47	−0.87	0.85	−0.58	−0.12	54
贵州钢绳股份有限公司	−0.29	0.01	−0.45	−0.06	0.74	−0.12	55
新疆金风科技股份有限公司	−0.01	1.29	−1.22	−0.60	−0.63	−0.13	56
成都西菱动力科技股份有限公司	−0.41	0.11	−0.48	1.19	−0.61	−0.15	57
厚普清洁能源(集团)股份有限公司	−0.11	−0.68	−0.47	0.88	−0.27	−0.17	58
四川川润股份有限公司	0.02	−0.36	−0.33	−0.19	−0.28	−0.17	59
陕西烽火电子股份有限公司	0.13	−0.33	−0.38	−0.26	−0.65	−0.17	60
云南西仪工业股份有限公司	−0.22	−0.61	0.24	−0.33	0.06	−0.19	61
陕西建设机械股份有限公司	0.03	0.43	−1.06	0.07	−1.03	−0.20	62
尚纬股份有限公司	−0.34	−0.52	0.05	0.06	0.13	−0.20	63
中国西电电气股份有限公司	−0.13	−0.22	0.03	−0.44	−0.66	−0.22	64
中国航发航空科技股份有限公司	−0.11	−0.22	−0.93	0.05	0.19	−0.22	65
力帆科技(集团)股份有限公司	−0.15	−0.70	0.33	−0.26	−0.55	−0.22	66

续表

公司名称	F_1	F_2	F_3	F_4	F_5	F	排名
兰州兰石重型装备股份有限公司	0.15	−0.49	−1.20	0.32	−0.65	−0.26	67
中航西安飞机工业集团股份有限公司	−0.16	0.28	−1.34	0.01	−0.36	−0.28	68
西安标准工业股份有限公司	−0.57	−0.82	0.24	−0.15	0.48	−0.31	69
昆明云内动力股份有限公司	−0.07	−0.38	−0.72	−0.80	−0.07	−0.32	70
西安天和防务技术股份有限公司	−0.86	−0.44	0.87	−0.10	−0.89	−0.40	71
成都市新筑路桥机械股份有限公司	−0.47	−0.45	−0.88	0.71	−1.19	−0.47	72
青海华鼎实业股份有限公司	−0.73	−0.81	−0.03	−0.03	−0.42	−0.50	73
重庆建设汽车系统股份有限公司	−0.01	−0.81	−1.44	−0.93	0.07	−0.50	74
首航高科能源技术股份有限公司	−0.63	−0.83	0.06	0.32	−1.34	−0.51	75
兰州长城电工股份有限公司	−0.42	−0.65	−0.68	−0.41	−0.52	−0.51	76
卓郎智能技术股份有限公司	−0.33	−0.83	−0.76	−0.52	−0.52	−0.54	77
四川华体照明科技股份有限公司	−0.75	−0.67	−0.07	−0.76	−0.62	−0.61	78
四川蜀道装备科技股份有限公司	−0.83	−0.99	−0.30	−0.28	−0.32	−0.64	79
陕西航天动力高科技股份有限公司	−0.93	−0.89	0.16	−0.51	−0.74	−0.66	80
甘肃蓝科石化高新装备股份有限公司	−0.88	−0.68	−0.08	−0.73	−0.95	−0.70	81
赛力斯集团股份有限公司	−1.20	−2.17	−1.10	1.26	1.51	−0.75	82
中节能环保装备股份有限公司	−0.62	−0.91	−0.24	−1.81	−1.03	−0.80	83
华西能源工业股份有限公司	−0.62	−1.12	−1.40	−0.85	−1.26	−0.94	84
宝塔实业股份有限公司	−1.57	−0.74	0.37	−1.00	−1.15	−0.98	85
保力新能源科技股份有限公司	−1.83	−0.53	−0.64	−0.52	−0.97	−1.13	86

附录 3−2　西部地区装备制造业上市公司财务绩效综合得分及排名

公司名称	P_{2021}	P_{2020}	P_{2019}	P_{2018}	P_{2017}	P	排名
成都爱乐达航空制造股份有限公司	1.39	0.76	0.60	0.02	1.89	0.92	1
重庆长安汽车股份有限公司	0.39	0.66	0.98	1.51	1.01	0.80	2
隆基绿能科技股份有限公司	0.51	0.67	1.18	0.49	1.41	0.77	3
成都新易盛通信技术股份有限公司	0.76	0.86	0.94	0.01	0.29	0.66	4
中密控股股份有限公司	0.69	0.37	0.80	0.46	0.98	0.63	5
成都银河磁体股份有限公司	0.88	0.61	0.42	0.08	0.86	0.60	6
中国振华(集团)科技股份有限公司	0.97	0.36	0.07	0.34	0.16	0.46	7
贵州航天电器股份有限公司	0.35	0.36	0.68	0.36	0.43	0.43	8
德力西新能源科技股份有限公司	0.66	0.00	−0.14	1.60	0.10	0.42	9
贵州泰永长征技术股份有限公司	0.23	0.27	0.57	0.46	0.85	0.41	10
四川天邑康和通信股份有限公司	0.28	0.22	0.22	0.82	0.95	0.40	11

续表

公司名称	P_{2021}	P_{2020}	P_{2019}	P_{2018}	P_{2017}	P	排名
成都天奥电子股份有限公司	0.16	0.21	0.46	0.86	0.73	0.40	12
四川大西洋焊接材料股份有限公司	0.27	0.38	0.54	0.65	−0.24	0.36	13
成都豪能科技股份有限公司	0.10	0.23	0.18	0.56	1.39	0.35	14
重庆川仪自动化股份有限公司	0.38	0.25	0.33	0.36	−0.07	0.29	15
贵州贵航汽车零部件股份有限公司	0.19	0.28	0.21	0.20	0.29	0.23	16
中航电测仪器股份有限公司	0.26	0.24	0.41	0.06	−0.01	0.23	17
特变电工股份有限公司	0.45	0.07	0.08	0.26	0.15	0.22	18
陕西宝光真空电器股份有限公司	0.12	0.18	0.46	0.40	−0.14	0.22	19
重庆宗申动力机械股份有限公司	0.10	0.23	0.24	0.40	−0.03	0.19	20
隆鑫通用动力股份有限公司	0.04	0.08	0.32	0.42	0.32	0.19	21
重庆秦安机电股份有限公司	0.18	0.51	0.05	−0.26	0.31	0.18	22
内蒙古第一机械集团股份有限公司	−0.05	0.19	0.36	0.52	−0.02	0.18	23
广西柳工机械股份有限公司	−0.08	0.16	0.39	0.52	0.06	0.18	24
新疆众和股份有限公司	0.33	0.11	0.11	0.30	−0.22	0.17	25
天水华天科技股份有限公司	0.26	0.06	0.15	0.24	0.02	0.16	26
重庆丰华(集团)股份有限公司	−0.02	0.35	0.12	−0.43	0.98	0.14	27
中国航发动力股份有限公司	−0.12	0.11	0.31	0.42	0.18	0.14	28
内蒙古福瑞医疗科技股份有限公司	0.24	0.11	0.03	−0.07	0.14	0.11	29
内蒙古北方重型汽车股份有限公司	0.02	0.04	0.28	0.37	−0.20	0.11	30
四川长虹电器股份有限公司	−0.08	0.05	0.37	0.48	−0.30	0.11	31
创维数字股份有限公司	0.01	0.01	0.48	0.19	−0.33	0.10	32
四川华体照明科技股份有限公司	−0.61	0.04	0.81	0.35	0.48	0.09	33
贵州钢绳股份有限公司	−0.12	0.04	0.31	0.46	−0.19	0.09	34
四川科新机电股份有限公司	0.19	0.15	0.18	−0.02	−0.48	0.08	35
彩虹显示器件股份有限公司	0.15	−0.14	−0.19	0.33	0.53	0.07	36
重庆万里新能源股份有限公司	0.07	0.29	0.17	−0.23	−0.17	0.07	37
西安晨曦航空科技股份有限公司	−0.04	0.21	0.04	−0.09	0.33	0.07	38
新疆金风科技股份有限公司	−0.13	0.04	0.14	0.20	0.25	0.05	39
成都利君实业股份有限公司	0.17	0.17	0.01	−0.27	−0.12	0.04	40
中航重机股份有限公司	0.17	0.02	0.09	−0.03	−0.30	0.04	41
桂林福达股份有限公司	0.08	0.13	−0.02	−0.03	−0.13	0.03	42
四川中光防雷科技股份有限公司	0.03	0.10	−0.04	−0.03	−0.01	0.02	43
成都西菱动力科技股份有限公司	−0.15	−0.07	−0.08	0.27	0.50	0.01	44

续表

公司名称	P_{2021}	P_{2020}	P_{2019}	P_{2018}	P_{2017}	P	排名
西安天和防务技术股份有限公司	−0.40	0.32	0.66	−0.73	0.21	0.00	45
成都旭光电子股份有限公司	0.05	0.01	0.10	−0.10	−0.32	−0.01	46
尚纬股份有限公司	−0.20	−0.08	0.30	0.20	−0.24	−0.02	47
富临精工股份有限公司	0.33	0.28	0.17	−1.97	0.69	−0.02	48
东方电气股份有限公司	−0.09	0.01	−0.02	0.16	−0.22	−0.03	49
中建环能科技股份有限公司	−0.03	−0.03	−0.13	−0.02	0.07	−0.04	50
陕西建设机械股份有限公司	−0.20	0.03	0.21	−0.09	−0.30	−0.05	51
四川汇源光通信股份有限公司	0.06	0.05	−0.15	−0.15	−0.59	−0.08	52
中航西安飞机工业集团股份有限公司	−0.28	−0.09	0.01	0.25	−0.21	−0.09	53
四川海特高新技术股份有限公司	0.31	−0.16	−0.28	−0.30	−0.44	−0.09	54
远东智慧能源股份有限公司	−0.01	−0.29	0.00	0.07	−0.28	−0.09	55
西安陕鼓动力股份有限公司	−0.08	−0.08	−0.04	−0.11	−0.32	−0.10	56
四川成飞集成科技股份有限公司	0.07	0.05	0.23	−0.54	−0.96	−0.10	57
成都振芯科技股份有限公司	0.14	0.01	−0.39	−0.31	−0.29	−0.11	58
蓝黛科技集团股份有限公司	0.08	0.01	−0.43	−0.31	−0.05	−0.11	59
四川川润股份有限公司	−0.17	0.03	−0.04	−0.14	−0.48	−0.12	60
昆明云内动力股份有限公司	−0.32	0.01	−0.16	0.04	−0.13	−0.14	61
赛力斯集团股份有限公司	−0.75	−0.45	0.11	0.68	0.65	−0.15	62
四川九洲电器股份有限公司	−0.07	−0.06	−0.29	−0.03	−0.59	−0.16	63
陕西烽火电子股份有限公司	−0.17	−0.10	−0.16	−0.19	−0.27	−0.16	64
中国西电电气股份有限公司	−0.22	−0.09	−0.22	−0.17	−0.27	−0.18	65
云南西仪工业股份有限公司	−0.19	−0.20	−0.18	−0.26	−0.02	−0.19	66
中国航发航空科技股份有限公司	−0.22	−0.20	−0.12	−0.31	−0.26	−0.21	67
秦川机床工具集团股份公司	−0.06	−0.08	−0.62	−0.25	−0.38	−0.24	68
西安标准工业股份有限公司	−0.31	0.31	−0.82	−0.13	−0.41	−0.24	69
卓郎智能技术股份有限公司	−0.54	−0.42	0.01	0.14	0.01	−0.24	70
四川蜀道装备科技股份有限公司	−0.64	−0.05	−0.26	−0.52	−0.12	−0.35	71
成都市新筑路桥机械股份有限公司	−0.47	−0.17	−0.59	−0.16	−0.38	−0.36	72
陕西航天动力高科技股份有限公司	−0.66	−0.19	−0.24	−0.17	−0.45	−0.36	73
兰州长城电工股份有限公司	−0.51	−0.33	−0.32	−0.22	−0.39	−0.37	74
甘肃蓝科石化高新装备股份有限公司	−0.70	−0.10	−0.36	−0.16	−0.57	−0.39	75
中节能环保装备股份有限公司	−0.80	−0.55	−0.21	0.01	−0.13	−0.43	76
兰州兰石重型装备股份有限公司	−0.26	−0.45	−0.46	−0.89	−0.25	−0.44	77

续表

公司名称	P_{2021}	P_{2020}	P_{2019}	P_{2018}	P_{2017}	P	排名
厚普清洁能源(集团)股份有限公司	−0.17	−0.45	−0.39	−1.08	−0.45	−0.45	78
重庆建设汽车系统股份有限公司	−0.50	−0.28	−1.05	−0.02	−0.36	−0.47	79
首航高科能源技术股份有限公司	−0.51	−0.66	−0.47	−0.87	−0.04	−0.55	80
青海华鼎实业股份有限公司	−0.50	−0.04	−1.35	−0.58	−0.40	−0.56	81
力帆科技(集团)股份有限公司	−0.22	−0.13	−2.30	−0.03	−0.28	−0.59	82
华西能源工业股份有限公司	−0.94	−0.56	−0.59	−0.44	−0.11	−0.62	83
广西东方智造科技股份有限公司	2.59	−4.36	−0.14	−1.88	−1.33	−0.76	84
宝塔实业股份有限公司	−0.98	−0.18	−1.57	−0.59	−0.36	−0.78	85
保力新能源科技股份有限公司	−1.13	−0.79	−1.05	−1.34	−1.62	−1.11	86

第四章 西部地区最终消费品制造业上市公司财务绩效影响因素研究

第一节 财务绩效影响因素研究——以西部地区最终消费品制造业上市公司为例

一、绪论

(一)研究背景及意义

1. 研究背景

消费是当代经济发展中的重要构成单元,是社会经济发展的中坚力量。制造业在实体经济中占重要地位。自从改革开放以来,我国的最终消费品制造业逐渐恢复活力并日益发展,我国也一步步成为全球的制造强国。西部地区最终消费品制造业上市公司的经营状况与西部地区经济发展密不可分,肩负着推动地区经济发展的责任和使命。

截至2022年底,我国西部地区上市公司累计594家,其中制造公司有363家,占61%。然而,对于今天的西部地区而言,最终消费品制造业上市公司"量"的不断增长已经不再令人惊喜,"质"的突破才是关键所在。最终消费品制造业的深层次结构调整迫在眉睫。西部地区最终消费品制造业上市公司的经营状况已成为共同关注的话题,而客观、真实、公平地评价财务绩效已成为诸多利益相关者的迫切需要。

2. 研究意义

(1)理论意义。过去国内和国外的专业人士对企业的财务绩效状况进行评估,主要侧重于财务指标和评估指标机制的优化以及评估方式等存在的问题。但是,诸多的理论研究不能系统、精准地呈现最终消费品制造业上市公司的财务状况。因此,本节基于前人研究结果,深入优化最终消费品制造业上市公司的财务绩效评估机制,展开科学合理的对比和研究,旨在为上市公司良好发展提供参考。

(2)现实意义。掌握最终消费品制造业上市公司的财务状况,政府有关管理机构才能够更好地预测行业的发展态势,继而精确地选择发展的方向,实施经济发展的制度,充分履行宏观调控的职责;同时,我国的监督管理机构也可以高效地对最终消费品制造业上市公司的经营状况加强监督管理,推动企业的持续发展;企业的管理人员也能够利用财务绩效情况剖析企业自身的运营情况,有助于企业及时调整发展部署,整体呈现企业在成本管控、资产利用、管控资金源头方面取得的成果,以及资金调整分配的成果和股东权利收益率,依此推进企业的发展和升级。

分析最终消费品制造业上市公司的财务绩效,可以在一定程度上科学监管并规范企业的经营行为,预防和避免经营人员为了私利或者眼前利益做出有损企业持续发展的行为;能够向其他投资人员提供参照信息,辅助投资人员做出正确有效的投资决策;有助于引导企业及时制定有效的经营策略和发展规划,促进企业财务绩效的增长。

(二)研究内容及方法

1. 研究内容

首先阐述西部地区最终消费品制造业上市公司财务绩效影响因素研究的背景和意义,确定研究内容和方式;其次阐释最终消费品制造业、财务绩效等专业词汇的含义,参考国内外与财务绩效影响因素有关的文献资料,结合实际展开评估;最后研究财务绩效评估理论及评价方式,构建财务绩效评估机制,剖析西部地区最终消费品制造业上市公司财务绩效影响因素,并进行因子分析与回归分析。

2. 研究方法

(1)文献资料法。文献资料法是最为普遍的研究方式之一,建立在某一个课题上,或者鉴于某一目的,收集、整理、总结现有的文献资料,对问题展开理论研究和探索。本节搜集并参阅与制造业上市公司相关的绩效评估的文献,力求探究课题的深层次意义。

(2)实证研究法。实证研究法不属于理论研究法,而是借助于对事实的分析展开问题的研究和剖析,从事实中取得经验,再回到理论分析。本节采用数学统计的方法分析西部地区最终消费品制造业上市公司的财务绩效,对其所公开的财务数据,利用回归分析对财务绩效的影响因素进行分析。

(三)文献综述

1. 股权结构与财务绩效

张浥琦(2022)研究指出,股权结构起着重要的作用,直接关系到企业的组织结构、管理模式、运作与监督等方面,对公司的经营绩效产生明显的影响。索成瑞(2021)选取沪深 A 股 60 家上市公司,研究结果显示股权制衡度与上市公司财务绩效呈显著正相关关系。严若森(2009)把资产收益率当作企业的运营绩效变量,分析国内信息技术领域的 33 家上市企业,结果表明,大股东管理与企业的运行成效不呈现明显的关联性,第一大股东的持股比例对公司的财务绩效水平有显著的相关影响。巴基斯坦的 Ezekiel(2022)研究发现,股权集中度与财务绩效显著负相关。周丽(2013)、赵良余(2012)、罗祥威等(2017)的研究发现,股权的集中度越高,公司业绩就越好。张春华等(2015)使用了 2008—2012 年中国 A 股市场上 2000 多家上市公司的样本数据,通过回归分析等方法得出公司财务绩效与股权集中度呈负相关。

2. 资本结构与财务绩效

截至目前,关于资本结构与财务绩效之间关系的研究,并没有取得统一的论断。李月华等(2015)的实证研究分析了中国上市公司的资本结构对公司绩效的影响,他们发现,适度的负债与股权组合能够提高公司的绩效。这意味着,企业可以通过合理的资本结构设计来实现风险的有效控制和资本的最优配置,从而提高企业的经营绩效。相反,曹雨生等(2019)、毛英等(2010)研究结果表明,资产负债率和企业经营绩效间呈负相关。殷文璐等(2022)选用39家道路运输行业上市公司的 8 年数据作为样本对此进行研究,得出结论:股权集中度和第一大股东持股比例与财务绩效呈正向变化关系;资产负债率与财务绩效呈显著倒"U"形关系,长期负债比率的提高可以促进财务绩效提升。翁旻等(2013)研究了生物医药领域的上市企业,研究表明,资金结构越不完善,公司业绩就越低。Nguyen等(2010)、Holderness等(2008)通过研究表明,长期债务比率与企业绩效之间呈现出负相关关系。阳玲(2010)得出资产负债率与企业盈利能力呈正相关的结论。徐玉玲(2010)对资本结构与经营绩效相关性进行了实证分析,结果表明资本结构与经营绩效之间并不存在简单的线性关系和显著的倒U形曲线关系。

3. 企业规模与财务绩效

Adreas等(2017)的实证分析结果表明,公司的企业规模与财务绩效并不相关。Wernerfelt等(1988)对246家上市公司进行了实证分析,结果表明,公司规模和业绩之间存在着明显的负相关。

常寅仲等(2010)通过对中国25个主要的钢铁上市公司的数据进行分析,得出的结论是:企业的规模和业绩没有显著的相关关系。周永源等(2010)将30家钢铁企业作为研究对象,发现该行业所存在的问题是规模效益不显著。王娟等(2010)研究了61家上海的上市企业,发现公司规模越大,公司所获取的利润越高。李丽丽等(2013)研究了国内40家农业类别公司的4年财务数据,发现企业规模的扩大会使得公司业绩下降,但是企业规模的扩大和多元化的经营模式的双重作用会使得农业类上市企业业绩增加。

二、相关概念及基础理论

(一)相关概念

1. 最终消费品的概念

进入零售环节的消费品称为最终消费品。消费品制造业包括:农副食品,食品,酒、饮料和精制茶叶,烟草,纺织业,纺织服装,皮革、毛皮和羽毛制品及鞋类,家具,造纸和纸制品,印刷和记录媒介复制业,文教工美体育和娱乐用品制造业,医药,化学纤维,共13个主要工业类别。

2. 财务绩效的概念

财务绩效是评估一个公司健康状况的关键指标,反映了其财务状况和业绩。对于企业领导人来说,了解公司的财务业绩以制定适当的商业战略和决策是非常重要的。通过分析公司的财务数据,可以确定公司的盈利能力、财务稳定性和偿付能力等关键指标,为公司提供制订长期发展计划的基础,从而做出更明智的投资决策。

(二)基础理论

1. 委托代理理论

伴随着生产力的不断提高与优化,企业产出水平得以提升,企业经营者的运营管理水平无法满足日益提升的需求,在这样的情况下,委托代理关系出现。委托代理关系指的是企业将一部分权利让渡给具备相关能力的专业人员,使他们对管理权进行行使。委托代理关系能够对绩效评价产生相关影响,主要体现在以下层面:

(1)在委托代理关系之中,委托方以及代理方目标存在一定差异,二者具有一定的矛盾。对于委托人来说,其主要目标是获得最高的利益,提升利益空间。对于代理人来说,其主要目的是获得更多的空间、时间,在对收入进行保障的情况下,尽可能耗费较少的精力。

(2)委托代理关系使得经营不确定性更为显著,其成本属于代理成本。代理成本指的是委托人期望代理人对收益进行提升而付出的成本,其会对企业的激励体系产生不容忽视的影响,与此同时,也会影响保障机制的发展。

2. 系统管理理论

系统管理理论具备不同的特征,这些特征紧密相连,不可分割。第一个特征是:作为系统,各个要素都存在一定的联系。第二个特征是:系统具备独立性,但是也具备很强的整体性。第三个特征是:系统不同部分存在一定的层次。系统管理理论能够很大程度上影响到绩效评价,体现在以下层面:

(1)绩效评价体系依靠组织中不同部门间的配合,但是各个部门都具有独立性,所以评价信息存在差异。

(2)绩效评价系统会对企业管理产生极大影响,在企业中地位较为突出,扮演着重要角色。

(3)绩效评价体系具有一定的层次性,在企业发展过程中,层次不同所需要的体系也是不尽相同的,评价目标也具有很强差异性,在各个层次目标完成后才能够朝着下一个目标迈进。

3. 权变管理理论

权变管理理论起源于美国,主要思想为,所有事物都是变化的,会伴随着时间的改变出现各种各样的变化。该理论对企业管理者提出有关要求,要求企业管理者从整体上把控企业发展环境,根据具体情况对经营战略进行选择,选择与企业发展最相契合的策略。与此同时,权变管理理论也对企业提出相关要求,要求企业在做业绩评估时不能采取固化思维,需要借助不同评估手段做出有效评估。权变管理理论与绩效评价之间存在密切关系,其影响集中在下述层面:

(1)这个理论的落脚点为在一定环境影响下,企业管理模式以及理念都需要得到更新,与环境相契合,只有这样才能提升企业管理的有效性,促使企业顺利运行下去,达到更好的绩效标准,获得理想效果,从而提升企业的总价值。

(2)企业的财务绩效评价体系需要具备灵活性,随着实际需求的改变而发生变化。在经济刚刚发展阶段,企业绩效评价以产出效率为核心,在经济发展较为繁盛的阶段,需要应用综合考量手段,不能够对单一指标进行运用,只有这样才能保证结果的合理,从而提升绩效评价的科学性。

三、上市公司财务绩效评价分析

(一)样本选取与数据来源

截至 2022 年底,西部地区最终消费品制造业上市公司共有 123 家。对 123 家最终消费品制造业上市公司进行筛选,以 2019—2021 年的数据作为基础,剔除状态为 ST 或 *ST 的公司 6 家,样本数据缺失的公司 34 家,最后得到 83 家上市公司作为研究的有效样本。其中,内蒙古 5 家,新疆 8 家,广西 8 家,重庆 12 家,四川 16 家,贵州 8 家,云南 7 家,陕西 3 家,西藏 6 家,甘肃 6 家,宁夏 2 家,青海 2 家,见图 4-1。行业样本数量见表 4-1。

表4-1 西部地区最终消费品制造业上市公司行业样本数量

行业名称	数目/家	占比/%
医药制造业	35	42.2
农副食品加工业	7	8.2
食品制造业	10	12.3
汽车制造业	8	9.6
酒、饮料和精制茶制造业	12	14.5
印刷和记录媒介复制业	2	2.4
橡胶和塑料制品业	4	4.8
纺织业	1	1.2
纺织服装、服饰业	1	1.2
造纸和纸质业品	3	3.6
合计	83	100

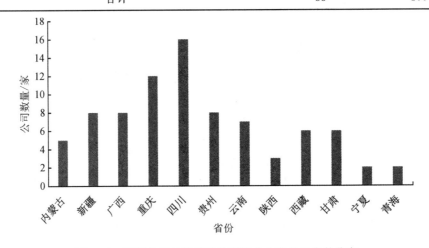

图4-1 西部地区最终消费品制造业上市公司省份分布

(二)财务绩效评价指标选取原则

在进行财务绩效评价时,需要从整体上把控主体需求,设计科学有效的设计方案,且需要遵守以下原则:

(1)相关性原则。企业绩效评价指标系统不是随意构建的,而是依据企业实际发展状况与真实需求建立起来的,要与企业目标相同,彰显出相关性特征。无论是哪个主体,都会对企业的财务状况予以关注,会将主要精力集中在企业财务发展情况之上,分析财务状况的质量以及发展趋势。

(2)全面性原则。进行企业绩效评价指标系统的构建,需要以全面性原则为基础,综合考量各种因素,做出全方位评价,建立起综合指标系统,尽可能提升评价的全面性。

(3)重要性原则。重要性原则是在选取企业财务绩效评价指标时应该关注企业经营的重点方面,分析影响企业财务绩效水平的核心要素,并选取各层面较为具有代表性的指标来探究制约企业财务效益的内在驱动力。

(4)适应性原则。外部环境会对企业绩效产生不容忽视的影响,环境是不断变化的,这就使得企业绩效评价指标也一直处在变化过程中,具有极强的动态性,因此,要发挥出权变理论的积极效用,根据实际需求对系统进行明确,做好补充,针对实际特征以及发展趋势建立起差异化的财务绩效评价系统,真正达到理想的评估效果。

(三)财务绩效评价指标的选择

本节遵循指标选取原则,选取主成分分析法作为本次指标筛选的方法,构建一个包含盈利能力、营运能力、偿债能力、成长能力四个维度的指标评价体系,共有 12 个指标,具体评价指标见表 4-2。

表 4-2 评价指标体系表

类别	指标名称	计算公式	指标性质
盈利能力	总资产报酬率	(利润总额+利息支出)/平均资产总额	正指标
	净资产收益率	净利润/平均所有者权益	正指标
	成本费用利润率	利润总额/成本费用总额	正指标
偿债能力	资产负债率	负债总额/资产总额	适度指标
	流动比率	流动资产/流动负债	适度指标
	速动比率	速动资产/流动负债	适度指标
成长能力	营业收入增长率	营业收入增长额/上年营业收入总额	正指标
	净资产增长率	本年净资产增加额/上年净资产总额	正指标
	总资产增长率	本年总资产增加额/年初总资产额	正指标
营运能力	应收账款周转率	营业收入/应收账款平均余额	正指标
	存货周转率	营业成本/存货平均余额	正指标
	总资产周转率	营业收入/平均资产总额	正指标

(四)基于因子分析的财务绩效评价

1. KMO 和 Bartlett 球形检验

利用 SPSS 软件对样本数据进行 KMO 测量和 Bartlett 球形检验,对各指标间的相关关系进行实证分析,见表 4-3。

表 4-3 KMO 测量和 Bartlett 球形检验结果表

KMO 检验和 Bartlett 球形检验		
KMO 值		0.669
Bartlett 球形检验	近似卡方	754.003
	df	66
	P	0.000

如果 KMO 值小于 0.5,那么不适合做因子分析。由表 4-3 数据可知,KMO 值为 0.669 (KMO>0.6),P 值为 0.000,小于 0.05,显著性特征明显,故样本数据能够做因子分析。

2. 提取公因子

在检验之后,利用主成分分析法的积极效用,提取公因子,从而得到各因子贡献率,见表4-4。

表4-4 解释的总方差

成分	初始特征值			提取载荷平方和		
	总计	方差百分比/%	累积/%	总计	百分比/%	累积/%
1	3.908	32.566	32.566	3.908	32.566	32.566
2	2.489	20.74	53.306	2.489	20.74	53.306
3	1.339	11.162	64.468	1.339	11.162	64.468
4	1.093	9.104	73.572	1.093	9.104	73.572
5	0.851	7.091	80.663			
6	0.785	6.541	87.204			
7	0.519	4.322	91.526			
8	0.421	3.505	95.031			
9	0.304	2.531	97.562			
10	0.209	1.743	99.305			
11	0.06	0.496	99.801			
12	0.024	0.199	100			

可见,选择4个公因子对变量进行解释,4个公因子的提取平方和都大于1。

表4-5为成分矩阵表,意在说明各个成分所包含的因子得分系数(主成分载荷),对成分得分进行明确。成分矩阵表指的是每个公因子载荷表,因子载荷的绝对值越大,变量对公因子的影响也越大。如公因子1,总资产报酬率载荷的绝对值是0.898,这表明总资产报酬率对公因子1的影响很大,而存货周转率载荷的绝对值仅有0.088,说明其对公因子1的影响程度很小。

表4-5 成分矩阵表

变量	成分			
	成分1	成分2	成分3	成分4
总资产报酬率	0.898	0.356	−0.08	0.028
净资产收益率	0.854	0.273	0.035	0.114
成本费用利润率	0.807	0.077	0.181	−0.338
资产负债率	0.683	−0.154	0.372	−0.103
流动比率	0.66	0.459	−0.228	−0.054
速动比率	0.603	−0.358	0.255	0.161
营业收入增长率	0.327	0.215	−0.321	−0.255
净资产增长率	−0.352	0.769	0.459	−0.096
总资产增长率	−0.358	0.767	0.482	−0.084

续表

变量	成分			
	成分1	成分2	成分3	成分4
应收账款周转率	0.209	−0.687	0.164	−0.125
存货周转率	0.088	−0.388	0.682	0.198
总资产周转率	0.211	0.265	−0.075	0.888

由表4-6可知,对公因子1进行分析,总资产报酬率旋转后因子载荷系数为0.903、成本费用利润率为0.894、净资产收益率为0.858,彰显出了企业的盈利能力。对公因子2进行分析,资产负债率旋转后因子载荷系数为−0.533、流动比率为0.959、速动比率为0.968,其绝对值较大,彰显出了企业的偿债能力。对公因子3进行分析,营业收入增长率旋转后因子载荷系数为0.498、净资产增长率为0.454、总资产增长率为0.815,其绝对值较大,可以彰显出企业的成长能力。针对公因子4,应收账款周转率旋转后因子载荷系数为−0.316、存货周转率为0.936、总资产周转率为0.304,对企业营运水平予以了体现。

表4-6 旋转后因子载荷系数表

变量	旋转后因子载荷系数				共同度(公因子方差)
	因子1	因子2	因子3	因子4	
总资产报酬率	0.903	−0.078	−0.039	0.215	0.915
净资产收益率	0.858	0.022	0.087	−0.183	0.595
成本费用利润率	0.894	0.039	−0.229	0.228	0.905
资产负债率	0.057	−0.533	0.042	0.085	0.594
流动比率	−0.03	0.959	−0.024	−0.011	0.922
速动比率	−0.046	0.968	0.001	0.01	0.939
营业收入增长率	0.578	−0.196	0.498	0.013	0.62
净资产增长率	0.045	0.047	0.454	0.051	0.882
总资产增长率	0.774	−0.11	0.815	−0.131	0.792
应收账款周转率	0.383	−0.115	−0.397	−0.316	0.352
存货周转率	−0.024	−0.01	0.166	0.936	0.668
总资产周转率	0.336	−0.41	0.506	0.304	0.583

3. 计算因子得分及综合得分

为了全面评价西部地区最终消费品制造业上市公司的财务绩效水平,需要对2019—2021年每年样本公司的综合得分进行加权计算,形成总得分。计算公式如下:

$$F=(0.326/0.736)\times F_1+(0.207/0.736)\times F_2+(0.112/0.736)\times F_3+(0.091/0.736)\times F_4$$

根据以上公式得到2019—2021年上市公司财务绩效综合得分排名,由于篇幅限制,这里仅显示前20名公司数据,见表4-7。83家公司排名见附录4-1。

表 4－7　前 20 名公司综合绩效排名

公司名称	F_{2019}	F_{2020}	F_{2021}	$F_{总}$	排名
千禾味业食品股份有限公司	0.226	2.209	2.095	1.761	1
中信国安葡萄酒业股份有限公司	－0.278	1.182	2.206	1.351	2
重庆啤酒股份有限公司	0.558	0.787	0.975	0.826	3
海思科医药集团股份有限公司	0.301	0.573	1.161	0.783	4
西藏易明西雅医药科技股份有限公司	0.222	0.494	0.976	0.656	5
贵州百灵企业集团制药股份有限公司	－0.121	0.730	0.686	0.540	6
迈克生物股份有限公司	0.274	0.502	0.509	0.459	7
贵州轮胎股份有限公司	－0.206	0.583	0.559	0.414	8
通威股份有限公司	0.401	0.384	0.414	0.401	9
灵康药业集团股份有限公司	0.098	0.110	0.655	0.353	10
贵州圣济堂医药产业股份有限公司	－1.454	0.720	0.841	0.339	11
泸州老窖股份有限公司	0.524	0.068	0.417	0.316	12
力帆科技（集团）股份有限公司	－2.013	0.741	1.018	0.315	13
舍得酒业股份有限公司	0.199	0.392	0.238	0.284	14
贵州贵航汽车零部件股份有限公司	－0.074	0.291	0.405	0.269	15
重庆太极实业（集团）股份有限公司	－0.269	0.827	－0.002	0.235	16
天康生物股份有限公司	0.255	0.260	0.205	0.234	17
中冶美利云产业投资股份有限公司	－0.255	0.412	0.283	0.221	18
青海春天药用资源科技股份有限公司	1.099	0.123	－0.114	0.212	19
昆药集团股份有限公司	0.164	0.113	0.265	0.191	20

表 4－7 体现了企业的绩效得分，将 0 分作为主要的衡量标准，大于 0 分表明企业财务绩效能够达到合格标准，小于 0 分表明企业财务绩效达不到合格标准。通过观察附录 4－1 得知，综合能力得分小于 0 分的企业数量有 41 家，0 至 1 分的企业有 40 家，1 至 2 分的企业有 2 家。可见，在 83 家西部地区最终消费品制造业上市公司中，有 42 家企业综合得分大于 0，在总体中占据超 50％的比例，这体现出我国西部地区最终消费品制造业上市企业财务绩效状况不是十分理想。

四、上市公司财务绩效影响因素分析

（一）变量设计

1. 被解释变量设计

借助因子分析法能够了解到最终消费品制造业企业的综合得分，具有极强的相对性。过去学者对单一指标进行运用，相比之下，综合得分具有更高的全面性，衡量更为精准，客观性以及准确性都更高。在此使用企业财务绩效综合得分衡量企业财务绩效，将其当作被解释变量。

2. 解释变量设计

本节分别从股权结构、资本结构、企业规模3个维度选取5个指标作为解释变量,具体见表4-8。

表4-8 变量设计表

类型	一级变量	具体指标	变量符号	预期结果
被解释变量	综合得分	财务绩效综合得分	Y	
解释变量	股权结构	股权制衡度	X_1	+
	资本结构	资产负债率	X_2	-
		固定资产比重	X_3	-
	企业规模	总资产对数	X_4	+
		主营业务收入	X_5	+

说明:"+"表示正相关关系,"-"表示负相关关系。

(二)研究假设

假设1:股权制衡度(X_1)与财务绩效综合得分(Y)呈正相关关系。

借助股权制衡度对企业股权结构进行体现,能彰显出企业自身的稳定性,且保证股东间可以互相制衡,可以促使财务绩效大幅度提升。

假设2:资产负债率(X_2)与财务绩效综合得分(Y)呈负相关关系。

在当前发展背景之下,西部地区最终消费品制造业上市公司还有很大的提升空间,偿债能力水平需要得到强化,许多企业偿债能力都不理想,需要进一步提升。

假设3:固定资产比重(X_3)与财务绩效综合得分(Y)呈负相关关系。

固定资产比重指的是固定资产总额与资产总额的比值。固定资产是不动产,其属性不容易发生改变,流动性不强,变现水平也不是很高,不利于变现能力的提升,对财务绩效无法发挥出积极效用。在固定资产比重比较高的情况下,企业发展状况不是很好,绩效水平不高。

假设4:总资产对数(X_4)与财务绩效综合得分(Y)呈正相关关系。

企业总资产对数可以体现出公司实际规模,一般情况下,如果企业规模相对来说比较大,规模经济就会得以体现,成本被控制在合理范围之内,企业利润变高,企业绩效水平提升。

假设5:主营业务收入(X_5)与财务绩效综合得分(Y)呈正相关关系。

主营业务收入能够很好地体现企业的盈利状况。通常情况下,在主营业务收入比较大的情况下,企业盈利水平也是很理想的,财务绩效水平能够有所提升。

(三)相关性检验

在做回归分析前,需要对不同变量做相关性分析,见表4-9。

表4-9 主要变量相关系数统计

指标	财务绩效综合得分	主营业务收入	资产负债率	固定资产比重	股权制衡度	总资产对数
财务绩效综合得分	1	0.23				

续表

指标	财务绩效综合得分	主营业务收入	资产负债率	固定资产比重	股权制衡度	总资产对数
主营业务收入	0.23**	1				
资产负债率	-0.67***	-0.029	1			
固定资产比重	-0.45**	-0.433*	0.136	1		
股权制衡度	0.319	-0.217	-0.286	-0.163	1	
总资产对数	0.245**	0.997***	-0.036	-0.424*	-0.203	1

注：***、**、* 分别代表1%、5%、10%的显著性水平。

对表4-9中数据进行观察与分析能够了解到：①股权制衡度与财务绩效间不存在必然联系。②资产负债率与财务绩效在1%水平上呈现出负相关关系。③固定资产比重与财务绩效在5%水平上呈现出负相关关系。④总资产对数与财务绩效在5%水平上联系密切，在总资产规模相对来说比较大的情况下，如果财务绩效水平较高，总资产规模能够展现出企业实际规模，且对企业的规模予以扩展有助于规模效应的发挥。⑤主营业务收入与上市企业财务绩效在5%水平上具有正相关关系，这表明在主营业务收入比较高的情况下，企业财务绩效也更为理想。

（四）回归过程

在上述分析的基础上，使用多元回归模型，对西部地区最终消费品制造业上市公司财务绩效影响因素进行研究，结果见表4-10。

表4-10 多元回归分析结果

指标	线性回归分析结果（$n=20$）					
	非标准化系数		标准化系数	t	P	VIF
	β	标准误差	β			
常数	1.527	0.615	—	2.483	0.026	—
股权制衡度	0.105	0.196	0.101	0.534	0.602	1.289
资产负债率	-0.036	0.011	-0.581	-3.304	0.005	1.105
总资产对数	0.285	0.085	1.531	3.348	0.001	1.060
固定资产比重	1.567	0.946	-0.327	1.656	0.120	1.393
主营业务收入	0.192	0.070	-1.429	2.738	0.007	1.136
R^2			0.608			
F			$F=4.349$			

由表4-10可知，将股权制衡度、资产负债率、总资产对数、固定资产比重、主营业务收入当作自变量，将财务绩效综合得分当作因变量，做线性回归分析，可得到如下模型

财务绩效综合得分 $= 1.527 + 0.105 \times$ 股权制衡度 $- 0.036 \times$ 资产负债率 $+ 0.285 \times$ 总资产对数 $+ 1.567 \times$ 固定资产比重 $+ 0.192 \times$ 主营业务收入

即

$$Y = 1.527 + 0.105 \times X_1 - 0.036 \times X_2 + 0.285 \times X_4 + 1.567 \times X_3 + 0.192 \times X_5$$

模型的 R^2 为 0.608,意味着股权制衡度、资产负债率、总资产对数、固定资产比重、主营业务收入能够对财务绩效综合得分的 60.8% 变化原因进行解释。同时,模型通过 F 检验($F=4.349,P=0.013<0.05$)。

五、结论与建议

(一)研究结论

根据实证分析结果,得出以下结论,见表 4-11。

表 4-11 财务绩效影响因素实证分析结论

研究假设	实证分析结果
1.股权制衡度与 Y 正相关	股权制衡度与财务绩效不存在相关关系,假设 1 不成立
2.资产负债率与 Y 负相关	资产负债率与财务绩效呈显著负相关关系,假设 2 成立
3.总资产对数与 Y 正相关	总资产对数与财务绩效有正相关关系,假设 3 成立
4.固定资产比重与 Y 负相关	固定资产比重与财务绩效不存在相关关系,假设 4 不成立
5.主营业务收入与 Y 正相关	主营业务收入与财务绩效存在正相关关系,假设 5 成立

(二)对策建议

针对我国西部地区最终消费品制造业上市公司发展不充分不平衡问题,建议加强西部地区基础设施建设;针对我国西部地区最终消费品制造业上市公司竞争激烈问题,建议西部地区最终消费品制造业上市公司加大对科技的投入。同时,我国西部地区最终消费品制造业上市公司需要找到与自身需求相契合的运营模式,找到最佳发展策略,且与时代需求相契合,跟上时代步伐,防止被淘汰。另外,我国西部地区最终消费品制造业上市公司要对股权制衡制度进行完善,对投资结构进行优化,促使其发展规模得到扩展。

(1)平衡股权结构。企业应尽力提高股东持股比例,形成股权制衡机制;实现不同股东之间的制衡和监督,提高公司绩效水平;构建有效的股权制衡体系,对企业治理水平进行优化。

(2)扩大企业规模。适度扩大企业规模,有利于实现规模经济。因此,企业要充分利用规模经济,把资金投入产品质量和技术研发之中,形成规模效应,从而降低产品成本,提升财务绩效。

(3)优化资本结构。对企业投资结构进行调节,提升其优化程度;对风险进行规避,企业资本结构与企业盈利水平的联系格外密切;对企业运行模式进行创新,采取多元化发展手段,选择适合自己的发展道路。

第二节 西南五省最终消费品制造业上市公司财务绩效影响因素研究

一、绪论

(一)研究背景及意义

1.研究背景

十八大召开以来,我国将供给侧结构性改革作为主线,党中央带领国民大力发展制造业,并且在"一带一路"倡议、西部大开发等相关政策支持下,促进了西部地区基础设施的改善,激活了西南地区的经济增长活力。由于实施和加强区域发展战略,我国形成了西部地区全面开放的新格局。随着"十四五"规划的开展,国家巩固拓展脱贫攻坚成果并且助力乡村振兴,同时在西南地区贯彻落实。并且该地区在"十四五"期间主要以工业领域尤其是制造业企业为主要规划对象,以推动企业高质量发展为主题,大力发展优质企业。

西南五省位于我国的西南部,包括四川省、云南省、贵州省、重庆市和西藏自治区五个省区市。随着国家相关政策的深入实施,西南五省经济高速发展,制造业更是迅猛发展。最终消费品制造业作为制造业的支柱产业之一,是我国重要的民生产业和传统产业,拥有十分重要的地位,为西南五省的经济发展做出了重大贡献。

2. 研究意义

最终消费品制造业作为我国重要的传统民生产业,与居民的日常生活息息相关,一直以来都是人们关注的焦点,也是西南五省经济的主要来源之一。通过对影响西南五省最终消费品制造业上市公司财务绩效的因素进行分析,针对提高上市公司财务绩效提出对策建议,对西南五省最终消费品制造业上市公司的良好发展具有重要意义。

首先,从理论方面来讲,通过其他学者对上市公司财务绩效影响因素的研究发现,由于选取的变量不一样,其研究结果也是不同的,因此针对不同变量对上市公司财务绩效影响因素的研究,目前尚未形成全面且统一的结论。本节研究选用实证分析的方法,对西南五省最终消费品制造业上市公司财务绩效的影响因素进行分析,找到对最终消费品制造业上市公司财务绩效产生影响的最主要因素,从而丰富我国对最终消费品制造业上市公司财务绩效影响因素的研究,为最终消费品制造业上市公司财务分析提供一定的参考。

其次,从实际方面来讲,通过对西南五个省区市的最终消费品制造业上市公司财务绩效影响因素的实证研究,具体分析不同指标变量对财务绩效的影响程度,根据分析的具体结果有针对性地对西南五省的最终消费品制造业上市公司提出对策建议,解决其发展过程中遇到的问题,对西南五省乃至全国的最终消费品制造业上市公司的健康稳固发展有一定的参考作用。另外,上市公司是推动我国经济发展的主要力量之一,其良好发展对国民经济具有正向的引导作用,因此对该地区的最终消费品制造业上市公司的财务绩效进行实证分析,可以为政府及国家的相关管理提供有效的参考依据,有利于国民经济的正向发展。

(二)国内外研究现状

从现代企业制度确立之日起,国内外学者和专家就对上市公司财务绩效的影响因素进行了广泛的探讨与研究。影响上市公司财务绩效的因素数量众多且内容复杂,有宏观因素、微观因素、难以定量化因素以及可量化因素等,如国家经济政策、资本结构、管理者素质、企业规模等。迄今为止,仍有不少国内外学者还在对上述影响因素进行着不断探索和深入研究。

1. 国外研究现状

Christian 等(2012)分析研究股权结构对财务绩效的影响时,通过构建实证分析模型得出,公司治理股权结构与公司财务绩效呈曲线关系。Varsheny 等(2012)在探析公司治理对公司财务绩效的影响时,选用经济增加值来对公司的财务绩效进行衡量,最终得出公司治理与公司财务绩效之间呈正相关关系的结论。Hamms(2013)通过选取多个国家的公司作为研究样本,研究了债务对公司财务绩效的影响,最终得出公司的负债水平显著负向影响公司财务绩效的结论。Abidin 等(2014)在分析董事会特征与公司财务绩效的影响时,选取了 75 家上市公司作为研究对象,最终得出独立董事比例和董事会规模有利于公司财务绩效提高的结论。Akbra 等(2015)选取的研究样本为德黑兰证券交易所的 90 家上市公司,分析资本结构对公司财务绩效的影响,最终得出资本结构与财务绩效之间无相关关系的结论。Ueng(2016)通过选取多家公司 2010 年的数据作为研究样本,探析公司治理对公司财务绩效的影响,研究得出公司治理的董事会规模有利于提高公司的财务绩效的结论。

2. 国内研究现状

常寅仲等(2010)研究企业规模对公司财务绩效的影响时,选取我国 2004—2008 年 25 家钢铁上市公司的年度报告数据,利用 SPSS 软件进行分析后得出,企业规模与财务绩效之间没有明显的相关关系。李梅(2014)研究股权集中度与公司财务绩效之间的关系时,选取 2011—2012 年多家创业板上市公司作为研究样本,最终得出创业板上市公司股权集中度与公司财务绩效之间呈正"U"形曲线关系。卞卉(2014)在分析董事会特征对于公司财务绩效的影响时,选取了 2014 年证监会公布的中小企业上市公司作为研究样本,最终得出董事会的独立性与公司财务绩效不相关。童苗(2015)研究制造业上市公司财务绩效的影响因素时,通过构建分数位回归模型,其中用流动比率表示资产流动性,得出资产流动性对财务绩效水平较低的上市公司无显著影响,对财务绩效水平较高的上市公司才有显著影响。王聘(2017)在分析影响我国零售业上市公司财务绩效的因素时,通过构建实证分析模型得出,资产负债率显著负向影响公司财务绩效。白净清(2019)研究我国医药制造业的财务绩效影响因素时,选取了 2010—2017 年 59 家中医药制造企业作为研究样本,最终得出流动比率显著正向影响公司财务绩效。徐新杰(2019)研究批发零售业财务绩效的影响因素时,选取了 2013—2017 年零售业上市公司作为研究样本,最终得出资产负债率显著负向影响批发零售业财务绩效。金阳(2021)选取了创业板上市的中小企业的财务数据作为研究样本,构建多元回归模型,最终得出资产负债率对企业财务绩效会有负向的影响,但如果企业的资产负债率未达到合适的值,则维持一定比例的资产负债率对企业财务绩效会产生正向的影响。郭晔蓉等(2022)在研究企业社会责任对食品行业上市公司财务绩效的影响时,选取了 2017—2021 年食品业上市公司作为研究样本,最终得出企业履行社会责任有利于公司财务绩效的提高。郭红禹(2022)在探析创新投入、公司内部薪酬差距对公司财务绩效的影响时,选取了我国 2007—2020 年上市公司作为研究样本,最终得出创新投入和公司内部薪酬差距有利于提高公司的财务绩效。邵子健等(2022)对我国制造业上市公司的内部控制、研发投入与财务绩效之间的关系进行探析时,选取了 2015—2019 年制造业上市公司作为研究样本,研究分析得出内部控制显著正向影响上市公司财务绩效,研发投入显著负向影响上市公司财务绩效。李志学等(2023)选取了 2006—2020 年新能源上市公司作为研究样本,实证分析得出股权激励与公司财务绩效呈负相关关系。

3. 研究述评

综上所述,尽管国内外研究学者、专家通过各种形式和众多研究方法对上市公司财务绩效的影响因素这一课题展开了大量的研究,但其最终得出的结论却不尽相同。其原因可能在于,学者们在进行分析时,研究对象、研究方法、衡量指标等的选取是不同的。比如,在研究对象上,不同地区的经济发展水平不同,不同类型企业的股权结构也不同,这些因素都会直接影响研究结果。对于同一个研究因素,结果可能会出现正相关、负相关或者不相关的情况。由于不同地区的上市公司情况不同,因此,本节将西南五省最终消费品制造业上市公司作为研究对象,研究财务绩效的影响因素。

(三)研究内容与方法

1. 研究内容

第一部分是绪论。首先阐述了相关研究背景和意义;其次对国内外学者的研究成果进行总结与述评;最后对研究内容和方法进行梳理与汇总。

第二部分是财务绩效概述及研究对象基本情况。首先简单阐述了财务绩效的概念,接着对所要运用的理论基础进行介绍,然后介绍了西南五省最终消费品制造业上市公司的基本情况。

第三部分是西南五省最终消费品制造业上市公司财务绩效影响因素的研究设计。首先是提出相关的基本假设,接着介绍本节的实证模型,然后进行变量选择,选取资产收益率作为因变量、资产负债率等作为自变量、产权性质等作为控制变量,最后介绍数据来源(选择西南地区最终消费品制造业上市公司为主要研究对象,样本数据来源为2017—2021年企业财务报表。为保障研究数据的可靠性和真实性,去掉状态为ST及*ST、存续时间不足五年和财务数据不完整的上市公司)。

第四部分是西南五省最终消费品制造业上市公司财务绩效影响因素的实证分析。首先对各变量进行描述性统计分析,接着构建计量经济学模型进行多元回归分析,最后使用净资产收益率替换资产收益率进行回归结果的稳健性检验。

第五部分是研究结论与对策建议。首先把实证分析结果与其他学者的研究结论相结合,然后针对西南五省最终消费品制造业上市公司提高财务绩效提出对策建议。

2. 研究方法

(1)文献研究法。通过查阅学校图书馆相关图书资料,利用知网、百度学术等学术资源平台,收集、整理和分析国内外相关研究资料,同时梳理已有学者研究结论,结合上市公司财务报表及地方统计年鉴等进行研究。

(2)实证分析法。依据西南五省上市公司的年度财务报告,找出影响企业财务绩效的因素,构建计量模型进行数据处理及数据分析,研究影响西南五省最终消费品制造业上市公司财务绩效的主要因素。

二、财务绩效概述及研究对象基本情况

(一)财务绩效概念

对绩效的字面解释为,"绩"即"业绩","效"即"效率"。管理学认为,绩效就是业绩与效率的组合,就是在某一特定时间内完成既定目标所展现的一系列过程及结果。它包括个人绩效和组织绩效两部分。绩效通常是考察和衡量个人或组织在特定的环境背景下,对于完成工作任务的过程、方式方法、结果以及产生的影响的一种反馈。

所谓财务绩效,是企业绩效中最重要的一部分,是多方面综合能力的体现。通俗地来讲,财务绩效就是企业通过具体的财务指标来反映在一定的时间内该企业的经营表现和综合成果,其在上市公司发展过程中有着不可或缺的地位。

(二)财务绩效管理理论基础

1. 利益相关者理论

根据利益相关者理论的观点,企业作为一种社会机构,不仅代表股东的权益,还涉及一系列利益相关者,如员工、客户、政府、社区和媒体等。这些利益相关者为企业的发展做出了贡献,同时也监督和限制企业的行为。因此,它们与企业之间存在着密切的联系和相互依存的关系。针对这种情况,企业应该考虑到不同利益相关者的不同利益需求,合理分配企业的利润,以实现企业长期稳定的发展。

利益相关者理论在现代企业管理中有着重要的作用。它催生了企业管理方式和经营理念的重大变革,在企业制定目标和做出决策的时候,会对各方的利益需求进行更多的考虑,以达到企业价值的最大化。因此,利益相关者理论为企业实现可持续发展提供了一种更全面、更科学的管理思路。

2. 委托代理理论

委托代理理论起源于20世纪70年代,在生产力不断提高、经济活动范围不断扩大和社会分工越来越细化的背景下,一些企业所有者拥有各种生产资产,但缺乏经营知识、管理能力和时间等方面的条件,而专业人士则具备这些条件并为企业所需要。因此,这种所有者与专业人士之间的委托代理关系就开始出现了。

在企业的所有者和代理人之间存在一种关系,其中所有者是为了自己的利益最大化,而代理人是为了得到合理的薪酬与福利,因此双方就容易出现问题。此外,由于委托方和代理方是两个独立的主体,所以总会出现得到的信息不一致和沟通不畅等问题,这也会影响企业的利益。因此,需要构建一种能满足各方利益要求的公司治理机制来解决这些问题,以达到企业绩效的最大化。

(三)西南五省最终消费品制造业上市公司基本情况

20世纪80年代我国开始实行股份制改革,经过40多年的进步与发展,证券交易市场也在逐步发展壮大,上市公司的数量也在稳步增长。随着国家相关政策的深入实施与发展,西南五省的上市公司也在逐渐扩大,最终消费品制造业上市公司也占有一定的比例。

1. 区域分布

在西南五省中,最终消费品制造业上市公司共有66家,其中,四川省有31家,云南省有8家,贵州省有10家,重庆市有10家,西藏自治区有7家。最终消费品制造业上市公司占比最多的四川省占西南五省上市公司总数的近一半,这表明西南五省的经济发展不平衡。具体情况见表4-12。

表4-12 西南五省最终消费品制造业上市公司地域分布统计表

地区	上市公司数量/家	占比/%
四川省	31	46.97
云南省	8	12.12
贵州省	10	15.15
重庆市	10	15.15
西藏自治区	7	10.61
合计	66	100

2. 产业分布

最终消费品制造业是制造业的主要产业之一,作为传统的民生产业,其保障了广大人民群众的基本消费需求,在地区经济发展中有着举足轻重的作用。在西南五省中,最终消费品制造业上市公司有以下细分产业,见表4-13。其中,化学原料和化学制品制造业以及医药制造业占比最大,分别为34.84%和36.36%;有4个细分产业的上市公司较少,均为1家,分别是纺织服装、服饰业,木材加工和木、竹、藤、棕、草制品业,印刷和记录媒介复制业,以及造纸和纸制品业,占比均为1.52%。

表4-13 西南五省最终消费品制造业上市公司产业分类情况

产业	上市公司数量/家	占比/%
纺织服装、服饰业	1	1.52
化学原料和化学制品制造业	23	34.84
酒、饮料和精制茶制造业	6	9.09
木材加工和木、竹、藤、棕、草制品业	1	1.52
农副食品加工业	2	3.03
食品制造业	4	6.06
橡胶和塑料制品业	3	4.54
医药制造业	24	36.36
印刷和记录媒介复制业	1	1.52
造纸和纸制品业	1	1.52
合计	66	100

3. 绩效现状

2017—2021年,西南五省66家最终消费品制造业上市公司的整体资产收益率较低,表明上市公司在这期间的综合管理水平并不理想。此外,各家上市公司之间的资产收益率差距也十分明显。在这些最终消费品制造业上市公司中,有一部分公司的资产收益率出现了明显的下降趋势,需要进一步采取措施提高经营管理水平。

三、研究设计

(一)基本假设

根据国内外已有的研究成果,结合我国西南五省最终消费品制造业上市公司的实际情况,做出以下假设。

许慧等(2020)通过企业环境绩效对财务绩效的互动性检验的研究得出,资产负债率显著影响企业财务绩效。目前,我国西南五省最终消费品制造业上市公司的整体发展水平较低,偿债能力不是特别理想,资产负债率较高,可能会增加公司的财务风险,据此,提出假设1。

假设1:资产负债率显著负向影响西南五省最终消费品制造业上市公司财务绩效。

裘应萍等(2020)通过探究基于新能源产业的数据研究上市公司环境信息披露的影响因素得出,总资产周转率显著影响企业财务绩效。我国西南五省最终消费品制造业上市公司的总资产周转率能够维持资产的高效运作,而总资产周转率越高,公司的营运能力越好,公司的经营业绩越好,则公司的财务绩效越好。据此,提出假设2。

假设2:总资产周转率显著正向影响西南五省最终消费品制造业上市公司财务绩效。

刘雨萱(2022)通过研究社会责任履行对互联网上市公司财务绩效的影响得出,销售成本率显著影响企业财务绩效。一般来说,销售成本率越高,公司的盈利能力就越弱,则公司的财务绩效就会越低。西南五省最终消费品制造业上市公司在销售上所花的成本较高,使得盈利水平偏低,因而对上市公司财务绩效的提高有不利影响。据此,提出假设3。

假设3:销售成本率显著负向影响西南五省最终消费品制造业上市公司财务绩效。

(二) 模型构建

参考乔安琪等(2022)的研究,建立多元回归模型如下:

$$R_1 = \beta_0 + \beta_1 L + \beta_2 T_A + \beta_3 C_P + \beta_4 S + \beta_5 S_O + \beta_6 B_O + \varepsilon$$

其中,R_1 表示资产收益率;L 表示资产负债率;T_A 表示总资产周转率;C_P 表示销售成本率;S、S_O、B_O 为控制变量,分别表示企业规模、产权性质、董事会规模;β_0 为常数项;β_i 为各因变量和控制变量的系数($i=1,2,\cdots,6$);ε 为随机误差项。

(三) 变量选择与数据来源

1. 因变量

资产收益率指的是公司净利润与总资产之比,它反映了企业利用所有资产进行经营活动的效益水平,是一个用于衡量公司经营效益的重要指标。在我国,资产收益率是上市公司能否进行负债经营的一个重要指标。本节借鉴龙子午等(2020)研究股权集中度、R&D投入对企业财务绩效的影响,选择资产收益率(R_1)作为衡量公司财务绩效的指标。另外,选择净资产收益率(R_2)作为西南五省最终消费品制造业上市公司财务绩效影响因素的稳健性检验指标。净资产收益率指的是公司净利润与净资产之比,它反映了公司利用股东投资的效益水平,是衡量公司盈利能力的重要指标。

2. 自变量

本节选取三个指标作为自变量,分别是:①资产负债率(L)。资产负债率是指总负债与总资产之比,体现了一个公司的总资产中通过借债筹集的资产所占的比重。②总资产周转率(T_A)。总资产周转率是指公司销售收入与总资产之比,用以反映公司的综合营运能力。如果公司的总资产周转率越高,那么就意味着公司对其资产的利用效率越高。③销售成本率(C_P)。销售成本率是指销售成本与销售收入净额之比,反映了企业在生产制造商品或提供服务时所产生的直接成本以及与销售相关的费用开支情况等,直观反映了企业生产销售的经济效益。

3. 控制变量

在进行多元回归分析时,本节参考张劲松等(2020)、尹夏楠等(2022)和许润国等(2022)的研究,选择企业规模(S)、产权性质(S_O)、董事会规模(B_O)等财务指标作为西南五省最终消费品制造业上市公司财务绩效影响因素实证研究的控制变量,以提高研究假设的可靠性。

本节研究相关指标具体见表4-14。

表 4-14 本节研究相关指标的变量解释

变量类型	变量名称	变量符号	变量定义
因变量	资产收益率	R_1	净利润/总资产
	净资产收益率	R_2	净利润/净资产
自变量	资产负债率	L	负债总额/资产总额
	总资产周转率	T_A	销售收入/总资产
	销售成本率	C_P	销售成本/销售收入净额
控制变量	企业规模	S	期末总资产的自然对数值
	产权性质	S_O	国有企业取值为 1,否则为 0
	董事会规模	B_o	董事会成员数量的自然对数值

4. 数据来源

数据主要来源于巨潮资讯网、东方财富网等多个披露上市公司数据的网站。大部分财务指标数据通过公布的数据可以直接得到,少部分数据如企业规模、董事会规模和现金实力,根据原始数据计算得到。

5. 样本选取

本节主要研究对象是西南五省的最终消费品制造业上市公司,选取 2017—2021 年的相关数据作为研究样本。为了保障数据的可靠性和真实性,去掉状态为 ST 及 *ST、存续时间不足五年和财务数据不完整的上市公司,最终得到了 66 家有效上市公司,共 330 个样本量。

四、实证分析

(一) 描述性统计分析

利用 SPSS 对各个变量进行描述性统计分析,具体见表 4-15。

表 4-15 本节研究相关指标的描述性统计分析

变量	最小值	最大值	均值	标准偏差
$R_1/\%$	−30.10	45.11	7.0682	8.03391
$R_2/\%$	−237.83	478.47	12.1065	32.49129
$L/\%$	6.93	122.94	37.5309	19.04253
T_A	0.11	2.49	0.6552	0.29428
$C_P/\%$	11.40	92.17	42.3315	24.34360
S	1.87	7.84	4.0231	1.25068
S_O	0.00	1.00	0.3788	0.48582
B_o	1.79	2.77	2.2009	0.17123

由表 4-15 可知,西南五省最终消费品制造业上市公司的财务绩效衡量指标——资产收益率(R_1)差距较大,最大值为 45.11%,最小值为 −30.10%,平均值为 7.07%,表明西南五省最终消费品制造业上市公司能保障一定的资产收益率,但水平不高。资产负债率(L)最大值

为122.94%,最小值为6.93%,平均值为37.53%,表明西南五省最终消费品制造业上市公司偿债能力相差非常大,公司的财务风险较大。总资产周转率(T_A)最大值为2.49,最小值为0.11,平均值为0.66,表明该地区利用资本的效率较低。销售成本率(C_P)最大值为92.17%,最小值为11.40%,平均值为42.33%,表明该地区上市公司的销售成本差距非常大。从企业规模(S)来看,最大值为7.84,最小值为1.87,表明该地区上市公司的企业规模有较大的差距。产权性质(S_O)平均值为0.38,表示该地区上市公司较少部分为国有企业。董事会规模(B_o)虽然有差异性,但都符合我国规定的人数。

(二) 相关性检验

利用SPSS对各个变量进行相关性分析,具体见表4-16。由表4-16可知,资产负债率与资产收益率的相关系数为-0.230,在1%水平上显著负相关。总资产周转率与资产收益率的相关系数为0.224,在5%水平上显著正相关。销售成本率与资产收益率的相关系数为-0.362,在1%水平上显著负相关。这说明,所选取的自变量与因变量之间的相关性较强,可以进一步进行多元回归分析证明它们之间是否存在显著的因果关系。

表4-16 西南五省最终消费品制造业上市公司财务绩效影响因素的相关性分析

变量	R_1	R_2	L	T_A	C_P
R_1	1				
R_2	0.425***	1			
L	-0.230***	-0.074	1		
T_A	0.224**	0.115**	0.272*	1	
C_P	-0.362***	-0.092	0.341	0.315***	1

注:*** 表示1%显著相关,** 表示5%显著相关,* 表示10%显著相关。

(三) 回归结果及分析

利用SPSS进行多元回归分析,具体情况见表4-17。

表4-17 西南五省最终消费品制造业上市公司财务绩效影响因素回归结果

变量	系数	t值	P值
L	-0.131	-5.901	0.000
T_A	1.192	8.567	0.000
C_P	-0.132	-7.746	0.000
S	1.844	5.720	0.000
S_O	1.195	1.481	0.139
B_o	-7.048	-3.128	0.002
(常量)	6.570	1.389	0.166
F		48.138	
R^2		0.512	

注:$P<0.01$表示1%显著性水平,$0.01<P<0.05$表示5%显著性水平,$0.05<P<0.1$表示10%显著性水平。

由表 4-17 可知,资产负债率与资产收益率的回归系数为 -0.131,呈负相关,且通过了 1% 的显著性水平检验,这说明资产负债率对公司的财务绩效并不有利,公司的财务风险随着资产负债率的升高而增加,相应地,公司财务绩效就会降低,假设 1 成立;总资产周转率与资产收益率的回归系数为 1.192,呈正相关,且通过了 1% 的显著性水平检验,说明总资产周转率有利于公司财务绩效的提升,总资产周转率越好,公司的经营业绩就越好,公司的财务绩效则越高,假设 2 成立;销售成本率与资产收益率的回归系数为 -0.132,呈负相关,且通过了 1% 的显著性水平检验,说明提高销售成本率不利于公司财务绩效的提升,假设 3 成立。

(四) 稳健性检验

根据已有学者研究结论,以净资产收益率(R_2)代替资产收益率(R_1)进行回归结果的稳健性进行检验,见表 4-18。可见,所得结论与表 4-17 基本一致,说明上述实证结果具有稳健性。

表 4-18　西南五省最终消费品制造业上市公司财务绩效影响因素的稳健性检验

变量	系数	t 值	P 值
L	-0.224	-2.029	0.043
T_A	1.485	2.852	0.005
C_P	-0.134	-1.726	0.098
S	2.877	1.799	0.073
S_O	3.906	0.976	0.330
B_o	-9.470	-0.847	0.398
(常量)	9.712	0.414	0.679
F		53.266	
R^2		0.563	

注:$P<0.01$ 表示 1% 显著性水平,$0.01<P<0.05$ 表示 5% 显著性水平,$0.05<P<0.1$ 表示 10% 显著性水平。

五、研究结论与对策建议

(一) 研究结论

本节以 66 家西南五省最终消费品制造业上市公司 2017—2021 年的数据作为研究样本,运用多元线性回归分析研究其财务绩效的影响因素,得出以下结论。

1. 资产负债率显著负向影响上市公司财务绩效

通过回归分析可知,西南五省最终消费品制造业上市公司的资产负债率显著负向影响上市公司财务绩效。这说明西南五省最终消费品制造业上市公司借来的资金没有被很好地用于提高上市公司的业绩,这就造成了上市公司的资产负债率偏高,公司的财务风险也比较大,且会造成公司的现金流不足,进而影响了上市公司的财务绩效水平。

2. 总资产周转率显著正向影响上市公司财务绩效

通过回归分析可知,西南五省最终消费品制造业上市公司的总资产周转率显著正向影响上市公司财务绩效。这说明西南五省最终消费品制造业上市公司对公司资产的管理与运用比较重视,若公司拥有较强的运营资产能力,则公司资产的利用效率就越高,它的周转情况就越好,相应地,公司获取利润的速度就越快,从而有利于提高上市公司的财务绩效。

3. 销售成本率显著负向影响上市公司财务绩效

通过回归分析可知,西南五省最终消费品制造业上市公司的销售成本率显著负向影响上市公司财务绩效。这可能是因为对于西南五省最终消费品制造业上市公司来说,行业竞争比较激烈,为了与同行业对手竞争,上市公司增加了广告宣传、促销等手段,从而导致了成本的增加,由此影响了上市公司的财务绩效水平。

(二)对策建议

结合上述分析,在此对如何更好地提高西南五省最终消费品制造业上市公司的财务绩效提出以下建议。

1. 调整相关政策,改善发展不均衡现状

根据选取的研究对象来看,西南五省大部分最终消费品制造业上市公司都集中在四川省,贵州省和西藏自治区只有少数几家,地区发展不均衡。依据国家"十四五"规划提出的巩固拓展脱贫攻坚成果,全力推动乡村振兴,积极发展不平衡地区,加强制造业的建设与发展等政策,国家会加大对西南五省上市公司的政策扶持力度,因此,西南五省政府也应给予最终消费品制造业上市公司一定的税收等优惠政策,调整产业结构,优化产业布局,从而进一步加快构建西南五省现代产业体系。

2. 加强现金流管理,稳定公司资产负债率

资产负债率越高,公司的财务风险就越大,不利于提高公司的财务绩效。所以,西南五省最终消费品制造业上市公司应该优化资产与负债的结构,加强现金流管理,提高现金流水平,控制好财务的风险水平。西南五省最终消费品制造业上市公司可以通过控制应收账款、优化资本支出、加强存货管理等方法来加强现金流管理,从而维持稳定的资产负债率,以提高上市公司财务绩效。

3. 促进资产高效运转,加大总资产周转率

公司的总资产周转率对公司的资源利用有很大的影响,公司资产周转速度越快,说明公司获取利润的速度就越快。这就要求西南五省最终消费品制造业上市公司要提高总资产周转率,上市公司可以从采购、生产加工、销售和回款等每一个环节进行合理规划,通过提高各环节的衔接效率、优化生产工艺、简化决策流程等方式,以提高上市公司财务绩效。

4. 做好宣传资金预算,降低公司销售成本率

销售成本率是衡量公司绩效的一个重要指标,销售成本率越高,越不利于公司财务绩效的提升。对于最终消费品制造业上市公司来说,行业竞争激烈,需要采取一定措施来促进消费水平的增长,但不能一味地在宣传上进行投资,应提前做好宣传资金预算,保持在一个合理的预算范围内进行宣传。另外,西南五省最终消费品制造业上市公司还可以从提高劳动效率、替换性价比较高的原材料、加强生产设备的维护保养等方面降低公司的销售成本率,从而提高上市公司财务绩效。

第三节　西北五省最终消费品制造业上市公司财务绩效影响因素研究

一、绪论

（一）研究背景及目的

1. 研究背景

制造业是国民经济的支撑产业，其带动力大、关联性强、价值链长。近年来，我国制造业实现了质的飞跃，但是我国制造业，尤其是西北五省的制造业与世界先进水平相比，还存在较明显的差距。目前，我国东部的发展强于西部，南方的发展相对来说也快于北方，西北地区的发展是较落后的，比如西北地区 2021 年 GDP 总量仅 63896.68 亿元，还不及东部沿海一个省份当年的经济总量（如浙江省），因此，我们必须加强西北五省制造业的发展。

长期以来，我国市场经济的持续健康发展在一定程度上会受到企业经营绩效的影响，企业自身在市场经济中的竞争力也会受到企业经营绩效的影响。因此，通过对西北五省最终消费品制造业上市公司财务绩效影响因素的研究，得出相关结论和建议，可以提高制造业财务绩效水平，促进西北五省经济健康发展。

2. 研究目的

本节选取西北五省最终消费品制造业上市公司 2017—2021 年的相关数据，研究其财务绩效影响因素，从而针对制造业企业提出相关建议，以提高企业经营效率，促进企业财务绩效的增长，加快将我国建设成为制造业强国。

（二）研究意义

财务绩效是衡量一家公司经济效益的重要指标，在复杂多变的经济环境下，为实现我国经济增长、推动企业高质量发展，对西北五省最终消费品制造业上市公司财务绩效进行研究有着十分重要的意义。

1. 理论意义

从理论意义上来说，将西北五省最终消费品制造业上市公司作为本节的研究对象，它将对现有影响制造业财务业绩的因素的实证研究起到补充作用。这不仅使最终消费品制造业上市公司财务绩效研究的理论知识得到了一定程度的拓展，同时也为上市公司财务绩效影响因素今后的研究提供了参考意见。

2. 实践意义

从实践意义上来说，通过分析西北五省最终消费品制造业上市公司财务绩效影响因素，可以为西北五省最终消费品制造业上市公司的投资者提供参考，以便他们能够准确评估公司的财务状况，从而更好地把握投资机会；研究也可以为西北五省最终消费品制造业上市公司的管理者提供参考，以便他们能够更好地评估公司的财务绩效，从而更好地改进企业管理水平；同时，研究结论可以为西北五省地方政府提供参考，以便政府能够更好地评估行业的发展状况，从而更好地制定行业政策。因此，研究西北五省最终消费品制造业上市公司财务绩效具有重要的意义。

(三) 文献综述

1. 国外研究综述

关于股权集中度与财务绩效的研究中，Vera 等（2007）研究指出股权集中度与企业财务绩效无显著相关关系。Perrini 等（2008）经过分析得出，股权集中度和企业的财务状况之间保持着正相关性，即高的股权集中度，可以使股东对公司经营管理和长期发展战略的重视程度提高，促使企业财务绩效提高。Panayotis 等（2007）研究得出，股权集中度与公司绩效呈正相关。

关于董事人数与财务绩效的研究中，Manh-Chien 等（2018）的研究以越南证券交易所上市的 557 家公司为样本，得出董事人数与企业财务绩效保持着正关联度，即增加董事会成员数，则相应地会提高企业财务绩效。

关于资产负债率与财务绩效的研究中，国外学者 Mateev 等（2013）对七个国家的中小型企业的财务数据进行研究分析得出，随着资产负债率的提高，会导致企业财务绩效的下降。

关于政府补贴与财务绩效的研究中，Beason 等（1996）的研究认为，政府增加资金投入并没有改善组织的绩效水平。

2. 国内研究综述

关于公司规模与财务绩效的研究中，石建中（2014）将深、沪上市公司数据作为样本，通过实证分析研究得出，企业规模指标对不同类型的企业绩效存在着不同的影响。马丕玉等（2005）研究零售行业上市企业，通过多元回归方法，认为企业规模大小与企业财务绩效呈正相关关系。陈德萍等（2012）、武慧娟等（2022）的研究得出，公司规模与财务绩效显著正相关。杨远霞（2013）的研究得出，公司规模与财务绩效呈负相关关系。

关于股权集中度与财务绩效的研究中，孙永祥等（1999）经过研究分析得出，股权集中度与企业财务绩效二者存在着非线性关系。谭兴民等（2010）的研究得出，第一大股东持股比例与公司绩效负相关。刘国亮等（2010）进行研究分析得出，将股权适度分散，有利于提高财务绩效。李勇等（2013）的研究得出，股权集中度对财务绩效呈显著正相关。

关于董事人数与财务绩效的研究中，徐云燕（2016）研究发现，董事人数与企业财务绩效呈正相关关系。李彤（2015）以湖北省上市公司为研究样本，研究得出董事会规模与企业财务绩效呈现显著正相关关系。许良虎等（2015）研究发现，董事会规模与企业财务绩效之间没有显著的相关关系。

关于资产负债率与财务绩效的研究中，张美文（2019）在研究中医药制造业企业财务绩效时，发现其债务期限长短与绩效呈负相关关系。李洋等（2015）通过研究发现，资产负债率与企业绩效呈显著负相关。

关于政府补贴与财务绩效的研究中，衡晓慧（2017）、任保全等（2014）在研究中指出，政府补助金政策之所以没有促进财务业绩的改善，是因为部分企业不合理运用了政府补助金。臧志彭（2015）、胡宜挺等（2017）、方初等（2019）的研究得出，政府补贴对提升企业绩效具有显著作用。Peng 等（2018）研究指出，政府补贴与企业财务绩效呈显著负相关。

3. 文献述评

综上所述，专家学者在探究上市公司财务绩效影响因素方面做了较多实质性的分析和广泛的研究，但是关于西北五省最终消费品制造业上市公司财务绩效影响因素的研究仍然需要做进一步的探索和关注。

(四)研究方法

(1)文献研究法:首先使用学校图书馆查阅与上市公司财务绩效影响因素有关的大量资料,并以绩效、财务绩效、绩效影响因素为关键词,查阅汇总分析了中国知网、万维、维普等多篇文献,为本节的撰写提供理论支持。

(2)比较分析:将公司财务数据进行比较,以说明西北五省最终消费品制造业上市公司财务信息以及为进一步的实证分析指明方向。

(3)实证研究:将描述性统计分析、相关性分析、回归分析以及稳健性检验作为实证分析的研究方法。

二、相关概念及基础理论

(一)相关概念界定

1. 最终消费品制造业上市公司

在我国,最终消费品包括:①烟、酒、彩票等物品;②服装鞋帽、化妆品等生活用品;③家具、家电等耐用消费品;④建筑材料、装饰材料等建筑装修材料;⑤汽车、摩托车等交通工具及零配件等。

制造业为产业链和供应链创造着源源不断的服务和需求,也为国家经济和社区的可持续生存与持续增长提供了全面保证,是国家生产力的最直观体现。制造业还包括了装备工业和最终消费品制造业,最终消费品制造业是指以生产为根本,以需求为先导,以创造商品使用价值为目的,直接或间接地创造人们基本生活需要的物品生产与服务活动的部门。

最终消费品制造业上市公司是指产品或服务的最终用途为食品、饮料、烟草、化妆品、日用品等消费品的上市公司。

2. 财务绩效的概念

财务绩效指公司在一段经营期间内的经营效益,是评估一个公司或组织经营状况的重要衡量标准。评估一个公司的财务绩效,有许多指标可以使用,包括收入、净利润、现金流量、资产负债表等,这些指标都可以帮助企业领导层了解公司财务状况、明确目标以及制订战略计划。与此同时,这些指标可以使想要了解公司财务状况的投资者和其他利益相关者得到帮助,从而做出更明智的投资决策。然而,仅仅关注这些财务指标是不够的,企业也应该注重财务绩效管理,这意味着企业要将财务指标与其他业务指标结合起来,以更全面地评估企业的表现。此外,企业还应该考虑到长期和短期的财务绩效。短期利润增长会使得企业的财务绩效在短期内也向相同的方向增长,但从企业的长久利益来看,企业仍然需要寻找可持续的增长机会。因此,企业也应该关注长期的财务绩效,如稳定的现金流、健康的资产负债表和持续的投资回报率。

总之,通过分析企业财务绩效可以帮助企业领导者更好地了解企业财务状况,从而制订有效的战略计划、提高经营效率、增强企业竞争力并吸引投资者,促进企业可持续发展。

(二)相关理论基础

1. 利益相关者理论

利益相关者理论指企业的剩余索取权、控制权分别归属于不同的利益相关者,企业管理需要由各种利益相关者负责,也要使各利益相关者之间实现帕累托最优状态。在传统的企业理论中,企业同时拥有经营权和所有权,两者是分开的。因为企业是由所有者创造的,其所有权还是属于所有者。但是,随着1980年以来世界范围内兴起的"利益相关者理论"的发展,人们越来越清楚地看到,企业实际上是由不同利益相关者共同创造的,并使他们之间实现帕累托最优状态。所以,企业不仅由所有者进行管理,同时也需要经营者进行经营管理,以协助企业的发展。

2. 委托代理理论

在现实生活中,委托人和代理人都在追求其各自的利益以及利益最大化,这种利益冲突是不能完全消除的。委托代理理论认为,作为委托人的所有者可以通过剩余索取权、控制权的分配,设计相应的激励机制,促使代理人努力工作,以提高企业的绩效。

3. 溢出效应理论

溢出效应理论又称为外部性理论,是经济学家们用来说明经济活动中的某些行为对其他私人或社会产生影响的一种理论。外部性问题在现实生活中非常普遍,对经济发展的影响也很大。在一般情况下,正外部性问题主要是由市场失灵造成的,而负外部性问题则主要是由政府失灵造成的。传统的外部性理论认为,只有当一项经济活动对其他经济活动主体有正效应时,该经济活动才是有效率的,这一理论以市场失灵为前提。因此,对一个社会来说,在它存在外部性时,它就是有效率的。同时,政府可通过制定各种政策和法规来纠正或消除这些负外部性。

三、西北五省最终消费品制造业上市公司现状与财务绩效现状

(一)西北五省最终消费品制造业上市公司现状

经过近二十年的发展,截至2021年底,西北五省最终消费品制造业上市公司共27家(包含*ST和ST企业),见图4-2。

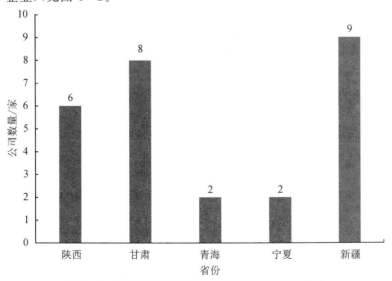

图4-2 西北五省最终消费品制造业上市公司数量

经统计可知,陕西省最终消费品制造业上市公司共6家(含*ST企业1家);甘肃省最终消费品制造业上市公司有8家(含*ST企业1家);青海省最终消费品制造业上市公司有2家;宁夏回族自治区最终消费品制造业上市公司有2家;新疆维吾尔自治区最终消费品制造业上市公司有9家(含ST企业1家)。

(二)西北五省最终消费品制造业上市公司财务绩效现状

本节以西北五省24家(去除ST、*ST企业3家,详见附录4-2)最终消费品制造业上市公司为样本,从财务能力的不同方面分别选取了总资产净利率、总资产周转率、营业收入增长率、托宾Q值分析其近年来的财务绩效现状,见图4-3。

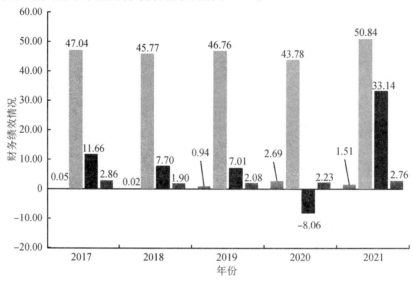

图4-3 西北五省最终消费品制造业上市公司财务绩效情况

从图4-3中可以看出,2017—2021年总资产净利率指标峰值出现在2020年,低值在2018年,总体上呈现下降又上升的波动趋势。总资产净利率在5%~10%为佳,整体来看,制造业行业总体水平尚未实现优良的总资产净率;总资产周转率指标总体呈现下降又上升的波动趋势,且2021年较2017年上涨约4%,说明制造业资产运营效率在提高;营业收入增长率相对来说变动幅度最大,2017—2020年始终处于下降状态,说明制造业整体发展能力有所下降,但2021年营业收入增长率迅速增长,制造业整体发展能力有所提升;托宾Q值相对稳定,波动较小。综上,在此选取托宾Q值衡量企业财务绩效。

四、研究设计

(一)研究假设

本节选取公司规模、股权集中度、董事人数、资产负债率、政府补贴五个指标,研究其对西北五省最终消费品制造业上市公司财务绩效的影响。

(1)公司规模(S)。公司规模主要是从组织结构、资产、市场竞争能力三个方面来考虑,相关研究认为,公司的规模大小决定公司是否可以赚更多的钱,所以公司规模的大小意味着公司是否强大。基于此,提出假设1:

假设 1：公司规模与企业财务绩效呈正相关关系。

（2）股权集中度（T_3）。前三大股东的持股比例越高，代表着他们在公司的话语权越大，这就代表着他们会在一定程度上影响公司的决策。随着股东持股比例的增加，股东对企业的管理和财务状况更加关心，也就意味着企业会得到更好的发展。基于此，提出假设 2：

假设 2：股权集中度与企业财务绩效呈正相关关系。

（3）企业董事会人员数量（D_i）。企业董事会人员数量指企业董事会成员在一定时期（一般为一年）内建立的人力资源数量，一般情况下，企业董事会人员数量应与其规模相适应。基于此，提出假设 3：

假设 3：企业董事会人员数量与企业财务绩效呈正相关关系。

（4）资产负债率（L）。该指标是通过将企业负债总额与其全部资产进行比较来计算的，是衡量公司利用贷款为企业活动提供资金的能力。基于此，提出假设 4：

假设 4：企业资产负债率与企业财务绩效呈负相关关系。

（5）政府补贴（G_o）。政府补贴指政府的宏观调控，这对于企业来说是一种有效的经济手段，在某种程度上影响着公司的经营成果。基于此，提出假设 5：

假设 5：政府补贴与企业财务绩效呈负相关关系。

（二）样本选择及数据来源

1. 样本选取

选取西北五省最终消费品制造业上市公司为研究样本，利用其 2017—2021 年的数据，并进行筛选，得到 24 个符合要求的公司样本，见表 4-19。

表 4-19　西北五省 24 家最终消费品制造业上市公司列表

代码	证券简称	代码	证券简称
000812	陕西金叶	002646	天佑德
002799	环球印务	600381	青海春
002864	盘龙药业	000815	美利云
600080	金花股份	000982	中银绒业
603139	康惠制药	600251	冠农股份
000929	兰州黄河	600419	天润乳业
002644	佛慈制药	600737	中粮糖业
002910	庄园牧场	000813	德展健康
300021	大禹节水	002100	天康生物
300534	陇神戎发	002719	麦趣尔
600543	莫高股份	600084	中葡股份
603919	金徽酒	600197	伊力特

2. 数据来源及处理

利用 Excel、SPSS、Stata 软件对来自国泰安数据库、巨潮资讯数据库以及多家数据统计网站的相关数据进行处理。

(五) 变量的选取

1. 被解释变量

财务绩效是衡量公司财务健康和经济业绩的一个关键指标。在此将财务绩效作为研究的被解释变量,利用托宾 Q 值表示西北五省最终消费品制造业上市公司财务绩效。

托宾 Q 值 = 上市公司的市场价值/上市公司的资产总额

2. 解释变量

本节选取公司规模(S)、股权集中度(T_3)、董事人数(D_i)、资产负债率(L)、政府补贴(G_o)作为解释变量。

3. 控制变量

本节选择产权类型和年度作为控制变量。①产权性质(S_o):将西北五省最终消费品制造业上市公司产权类型划分为国有企业或非国有企业。②年度变量(Y):通过分析不同年度企业的财务数据来增加回归结果的有效性。

本节研究的主要变量及其具体定义如表 4-20 所示。

表 4-20 主要变量及其具体定义

变量类别	变量名称	变量代码	变量选取与计算说明
被解释变量	财务绩效	托宾 Q 值	托宾 Q 值 = 企业市场价值/企业资产总额
解释变量	公司规模	S	年度资产总额取对数
	股权集中度	T_3	年末前三大股东持股比例之和
	董事人数	D_i	企业董事会人员数量
	资产负债率	L	资产负债率 = 负债总额/企业资产总额
	政府补贴	G_o	政府补贴取对数
控制变量	产权类型	S_o	虚拟变量,国有企业为 1,否则 0
	年度变量	Y	以 2017 为基准,取值 1~4

五、实证分析

(一) 描述性统计分析

利用 SPSS 软件对西北五省最终消费品制造业上市公司相关数据进行描述性统计分析,结果见表 4-21。从表 4-21 中可以看出,企业财务绩效、公司规模、股权集中度、董事人数、资产负债率、政府补贴均值分别为 2.366、23672121002、53.968859、8.46、0.3063252339、15.58,极小值分别为 1.097、752926669.0、28.1171、5、0.0083591208、9.265,极大值分别为 10.9、18739700000、76.0656、11、1.121171、20.37。以上数据说明西北五省最终消费品制造业上市公司在公司规模、股权集中度、董事人数、资产负债率、政府补贴以及财务绩效等方面存在着很大的差异。

第四章 西部地区最终消费品制造业上市公司财务绩效影响因素研究

表 4-21 主要变量描述性统计分析

主要变量	观察值	极小值	极大值	平均数	标准差
财务绩效	120	1.097	10.9	2.366	1.319
公司规模	120	752926669.0	18739700000	23672121002	3865874616
股权集中度	120	28.1171	76.0656	53.968859	11.2642
董事人数	120	5	11	8.46	1.347
资产负债率	120	0.0083591208	1.121171	0.3063252339	0.1962376841
政府补贴	120	9.265	20.37	15.58	1.47
产权类型	120	0	1	0.467	0.501
年度变量	120	2017	2021	2019	1.420

(二) 相关性分析

基于财务绩效、公司规模、股权集中度、董事人数、资产负债率、政府补贴等变量,利用 Stata 软件对其进行分析,其相关系数见表 4-22。

表 4-22 相关性分析表

变量	托宾 Q 值	S	T_3	D_i	L	G_o
托宾 Q 值	1					
S	0.0252***	1				
T_3	0.025	−0.106	1			
D_i	0.034**	0.130	−0.130	1		
L	−0.204***	0.487***	−0.267***	0.093	1	
G_o	−0.398***	0.487***	0.192**	0.199**	0.538***	1

注:***、** 和 * 分别表示 1%、5% 和 10% 的显著水平。

表 4-22 中,公司规模、董事人数与托宾 Q 值分别在 1%、5% 水平上显著,相关系数值分别为 0.0252、0.034,说明公司规模、董事人数与托宾 Q 值有着显著的正相关关系;资产负债率、政府补贴与托宾 Q 值均在 1% 的显著性水平上呈现负相关关系,而股权集中度与企业财务绩效未呈现出相关性。

(三) 多元回归分析

以公司规模、股权集中度、董事人数、资产负债率、政府补贴为解释变量,托宾 Q 值为被解释变量,进行多元回归分析。

首先对拟合程度、残差的相关性进行分析,得到表 4-23。表 4-23 中,R 为 0.458,R^2 为 0.210,调整后 R^2 为 0.160,标准估计的误差为 1.20873427,说明模型拟合程度一般;德宾-沃森值为 1.509,在 1.5 至 2.0 之间,表明残差没有相关性。

表 4-23　模型摘要

模型	R	R^2	调整后 R^2	标准估计的误差	德宾-沃森
1	0.458	0.210	0.160	1.20873427	1.509

接着进行回归方差分析,得到的结果见表 4-24。表 4-24 中,F 值为 4.250,显著性为 0.000,小于 0.05,故可以构建线性回归分析模型。

表 4-24　回归方差分析表

模型		平方和	自由度	均方	F	显著性
1	回归	43.462	7	6.209	4.250	0.000
	残差	163.636	112	1.461		
	总计	207.098	119			

回归分析模型见表 4-25。

表 4-25　回归分析表

指标	未标准化系数		标准化系数	显著性
	β	标准错误	β	
(常量)	−104.428	164.926		0.528
公司规模	0.872	0.000	−131	0.013
股权集中度	0.004	0.011	−0.033	0.325
董事人数	0.201	0.087	0.205	0.022
资产负债率	−0.411	0.731	0.061	0.025
政府补贴	−0.404	0.098	−0.450	0.000
产权性质	0.277	0.248	0.105	0.265
年度	0.055	0.082	0.059	0.500

通过表 4-25 可知:

(1)公司规模回归分析的显著性为 0.013,通过显著性检验,即公司规模与上市公司财务绩效呈显著正相关,假设 1 成立。那么,可以从公司规模入手,提高西北五省最终消费品制造业上市公司财务绩效。

(2)股权集中度回归分析的显著性为 0.325,未通过显著性检验。所以,股权集中度并不能够对被解释变量托宾 Q 值造成显著影响。因此,对西北五省最终消费品制造业上市公司而言,股权集中度并不能够对企业的财务绩效造成重要的影响,故假设 2 不成立。

(3)董事人数回归分析的显著性为 0.022,通过显著性检验,即董事人数与上市公司财务绩效呈显著的正相关关系,符合提出的假设 3。那么,可以从董事人数角度入手,提高西北五省最终消费品制造业上市公司的财务绩效。

(4)资产负债率回归分析的显著性为 0.025,通过显著性检验,即资产负债率与上市公司财务绩效呈显著的负相关关系,符合提出的假设 4。

(5)政府补贴回归分析的显著性为 0.000,通过显著性检验,即政府补贴与上市公司财务绩效呈显著的负相关关系,符合提出的假设 5。那么,可以从政府补贴角度入手,提高西北五省最终消费品制造业上市公司的财务绩效。

(四)稳健性检验

参考已有学者研究,在此,将"总资产周转率"替换"托宾 Q 值",以代表企业财务绩效,且通过稳健性检验验证模型。具体见表 4-26。

表 4-26 稳健性检验分析表

指标	未标准化系数		标准化系数	
	β	标准错误	β	显著性
(常量)	-44.123	33.379		0.189
公司规模	0.334	0.000	0.282	0.003
股权集中度	0.009	0.002	0.319	0.364
董事人数	0.005	0.018	-0.024	0.040
资产负债率	-0.651	0.148	0.416	0.000
政府补贴	-0.028	0.020	-0.136	0.015
产权性质	0.112	0.050	0.183	0.057
年度	0.022	0.017	0.102	0.187

用其他变量替换被解释变量的方法来检验假设,并利用 SPSS 进行回归分析,可提高实证研究的稳健性。用"总资产周转率"替换"托宾 Q 值"后进行回归分析,结果依然表明公司规模、董事人数与上市公司财务绩效呈显著的正相关关系,假设 1 和假设 3 仍然成立;资产负债率、政府补贴与上市公司财务绩效呈显著的负相关关系,假设 4 和假设 5 仍然成立;股权集中度显著性为 0.364,大于 0.05,仍未通过显著性检验,故假设 2 仍然不成立。

六、结论与建议

(一)研究结论

本节以西北五省 24 家最终消费品制造业上市公司为研究样本,通过实证分析研究得出如下结论:

(1)在上市公司样本中,公司规模、董事人数与上市公司财务绩效呈显著正相关,即扩大企业规模或者增加董事人数会相应地提高企业财务绩效。

(2)西北五省最终消费品制造业上市公司股权集中度与企业财务绩效没有显著相关性,可能是因为信息不对称、股东过于追求其自身利益或者其他多方因素的影响。

(3)资产负债率、政府补贴与上市公司财务绩效呈显著的负相关关系,即增加负债或者政府补贴会使企业财务绩效降低。一般来说,资产负债率保持在 0.5 左右,对企业运转有一定的促进作用,但是研究得出的负相关可能是由于西北五省部分最终消费品制造业上市公司未能做到合理利用借来的资金提升业绩水平,使得资产负债率超过一定的程度,从而降低了财务绩效的水平;而在政府补贴方面,可能是因为西北五省部分最终消费品制造业上市公司补贴资金使用不当或使用效率不高,导致政府补贴与财务绩效呈现出负相关的关系。

(二)主要建议

1. 发展企业规模

对于我国制造企业来说,应当对企业规模做出合理规划,根据实际情况适当地扩大企业规模,以提高企业财务绩效。企业应该具备长远的战略目标,科学合理地扩大企业规模,以提高企业核心竞争力,从而使得规模经济可以获得高效利用和最大产出,使企业得到更好的发展。

2. 增加董事人数

西北五省最终消费品制造业上市公司董事人数与其财务绩效呈现正相关,如企业想要提高财务绩效,可以从董事人数方面考虑,增加董事人数。但是需要注意的是,我国股份有限公司董事人数应在5~19人范围内,所以在增加董事人数的同时,还要保持其人数在合理范围内。

3. 优化资本结构

通过研究得出,资产负债率对企业财务绩效起反向作用,所以,为了避免资产负债率过高而影响财务绩效,可以采用多元化的融资方式、提升企业内源融资能力、积极利用债务重组缓解债务压力、避免资金滥用、拓宽企业融资渠道等方式。

4. 加大政府补贴监督力度

政府的宏观调控对于公司来说是一种有效的经济手段,在某种程度上影响着公司的经营成果,因此政府部门需要防止财政资金的滥用,并采取多元化的补助手段;也要积极引导企业树立长远目标,做好长期投资准备,拒绝短视行为。例如,可以采取公开透明的筛选机制,优先筛选出研发能力强或资金实力落后但发展潜力巨大的企业进行补贴;在补贴发放过程中,对资金的使用情况进行一定的监督,确保资金不会被无故浪费或用作他用。通过加大政府补贴监督力度,确保政府补贴规范使用,进而促进制造业上市公司经济增长,提高其发展能力与营运能力,从而加快将我国建成制造业强国。

参考文献

白敬清,2019.我国医药制造业财务绩效影响因素研究[J].安徽工业大学学报(社会科学版),36(4):13-16.

卞卉,2014.董事会构成对企业绩效的影响[J].企业改革与管理(18):19-20.

曹雨生,江志雄,2019.不同产权背景下企业资产负债率与经营绩效的关系:基于中国民营企业的研究[J].南开管理评论,22(2):56-70.

常寅仲,李学良,2010.国内大型钢铁企业规模与绩效的实证研究[J].消费导刊(7):78-79.

陈德萍,曾智海,2012.资本结构与企业绩效的互动关系研究:基于创业板上市公司的实证检验[J].会计研究(8):66-71.

方初,于津平,2019.政府补贴对企业研发活动和经营绩效的影响:基于文化类上市企业的实证分析[J].南京社会科学(9):151-156.

郭红禹,2022.创新投入、企业内部薪酬差距对财务绩效的影响[J].吉林工商学院学报,38(5):68-74.

郭晔蓉,宋媛媛,高小洲,2022.企业社会责任对财务绩效的影响研究:以食品行业上市公司为例[J].全国流通经济(27):40-43.

衡晓慧,2017.政府补贴政策、环境绩效与财务绩效的关系研究[D].大庆:黑龙江八一农垦大学.

胡宜挺,梁丹霞,2017.公司治理、政府补助与企业绩效[J].财会通讯(33):70-73.

金阳,2021.私募股权投资基金对创业板企业财务绩效的影响[J].中国注册会计师(11):78-82.

李丽丽,霍学喜,2013.多元化、企业规模与农业上市公司绩效的相关研究[J].广西社会科学(12):108-112.

李梅,2014.股权集中度对公司绩效影响研究:以创业板上市公司2011—2012年数据为例[J].财会通讯(19):29-32.

李彤,2015.董事会特征与企业绩效关系的实证研究:以湖北省上市公司为例[J].当代经济(8):15-18.

李洋,王丹,彭晨宸,2015.债务结构与企业绩效的关联性研究:基于非参数检验和面板模型[J].财会月刊(36):75-81.

李勇,李鹏,2013.转型经济中公司资本结构对企业价值有影响吗?:基于中国上市公司面板数据的实证分析[J].经济经纬(2):105-110.

李月华,马琦,2015.资本结构与公司绩效关系实证研究:来自中国上市公司的证据[J].国际经济贸易导刊,11(4):16-23.

李志学,袁徐洁,2023.新能源上市公司股权激励对财务绩效的影响:基于多时点DID模型[J].北方经贸(3):78-84.

刘国亮,王加胜,2010.上市公司的股权结构、激励制度及绩效的实证研究[J].经济理论与经济管理(5):40-45.

刘建芸,马佳毓,2022.制造业企业资本结构与财务绩效实证分析[J].合作经济与科技,695(24):108-110.

刘琳,2021.基于主并企业视角的制造业上市公司并购绩效及影响因素研究[D].北京:中国地质大学.

刘雨萱,2022.互联网上市公司社会责任履行对财务绩效的影响研究[D].景德镇:景德镇陶瓷大学.

龙子午,王祖昕,2020.股权集中度、R&D投入与企业财务绩效[J].财会通讯(4):41-44.

罗祥威,郭勇,2017.股权集中度、机构监管与企业价值关系的实证研究[J].国际商业与经济研究,6(5):203-211.

马丕玉,马永强,2005.零售企业经营绩效的实证分析[J].山东轻工业学院学报(6):61-65.

毛英,赵红,2010.基于EVA我国上市公司资本结构与经营绩效关系的实证研究[J].经济问题(5):86-90.

乔安琪,王海燕,聂昕然,2022.政府补贴对新能源汽车企业财务绩效影响研究:以比亚迪公司为例[J].唐山师范学院学报,44(4):104-108.

裘应萍,刘梅娟,2020.上市公司环境信息披露影响因素研究:基于新能源产业的经验数据[J].绿色财会(10):45-51.

任保全,王亮亮,2014.战略性新兴产业高端化了吗[J].数量经济技术经济研究(3):38-55.

邵子健,柏康,2022.制造业上市公司研发投入、内部控制与财务绩效关系[J].经济研究导刊(32):72-74.

石建中,2014.关于企业规模与企业绩效关系的实证研究[J].中国海洋大学学报(社会科学版)(5):85-92.

孙永祥,黄祖辉,1999.上市公司的股权结构与绩效[J].经济研究(12):23-30.

索成瑞,2021.上市公司股权结构与企业财务绩效[J].商场现代化,955(22):186-188.

谭兴民,宋增基,杨天赋,2010.中国上市银行股权结构与经营绩效的实证分析[J].金融研究,11:144-154.

童苗,2015.制造业上市公司财务绩效影响因素分析[D].南京:南京大学.

王聃,2017.我国零售业上市公司财务绩效评价及影响因素研究[D].西安:西安理工大学.

王娟,杨凤林,2010.中国上市公司资本结构影响因素的最新研究[J].国际金融研究(8):45-52.

翁旻,吴蔚,2013.生物医药行业上市公司资本结构与绩效关系实证研究[J].现代经济信息(22):191-192.

武慧娟,徐瑞红,赵钰萱,2022.电子商务上市公司财务绩效影响因素研究[J].投资与创业,33(6):72-74.

武历倩,2016.公司治理视角下企业财务绩效的影响因素研究[D].鞍山:辽宁科技大学.

徐欣杰,2019.我国批发零售业上市公司财务绩效评价及影响因素研究[D].上海:华东政法大学.

徐玉玲,2010.资本结构与绩效的相关性研究[J].东北财经大学学报(6):14-17.

徐云燕,2016.我国上市公司董事会特征与公司业绩的实证研究[J].江苏经贸职业技术学院学报(2):9-14.

许慧,张悦,2020.企业环境绩效对财务绩效的互动性检验:基于生命周期视角[J].财会通讯(17):75-78.

许良虎,张雪姣,2015.董事会特征对金融企业业绩影响研究[J].中国集体经济(31):84-85.

许润国,李政建,2022.区域创新能力差异、营运资金融资策略与企业财务绩效[J].财会通讯(18):79-85.

严若森,2009.论上市公司股权结构与经营绩效的关系[J].财经问题研究(6):80-83.

阳玲,2010.中小企业上市前后债权结构与盈利能力关系的比较研究[D].广州:暨南大学.

杨远霞,2013.我国创业板上市公司资本结构与盈利能力相关性研究[J].统计与决策,3:171-173.

殷文璐,刘俊,2022.道路运输上市公司资本结构对财务绩效的影响研究[J].中国水运(下半月),22(12):15-17.

尹夏楠,詹细明,唐少清,2022.制造企业数字化转型对财务绩效的影响机理[J].中国流通经济,36(7):96-106.

臧志彭,2015.政府补助、研发投入与文化产业上市公司绩效:基于161家文化上市公司面板数据中介效应实证[J].华东经济管理,29(6):80-88.

张春华,陈光宙,2015.股权结构对企业绩效的影响:基于中国上市公司的经验研究[J].经济管理,37(8):92-104.

张劲松,张含笑,2020.成长型企业股权激励对财务绩效的影响研究:基于契约结构视角[J].财会通讯(4):45-50.

张美文,2019.债务融资结构对公司绩效的影响:来自中国医药制造业的经验证据[J].商业经济(7):74-77.

张浥琦,2022.研发投入、股权结构与财务绩效[D].郑州:河南工业大学.

赵良余,2012.股权集中度与公司绩效实证研究:以重庆市上市公司为例[D].重庆:重庆师范大学.

周丽,2013.我国上市零售企业公司治理与企业绩效的关系分析[J].现代商业(26):170-171.

周永源,高俊山,2010.钢铁企业规模与绩效的实证研究[J].科技与管理,12(5):98-101.

ABIDIN Z, KAMAL N M, JUSOFF K, 2014. Board structure and corporate performance in Malaysia[J]. International Journal of Economics and Finance, 1(1): 150-164.

ADREAS K, MIKE P, 2017. Entrepreneurial behaviour, firm size and financial performance: The case of rural tourism family firms[J]. Financial Economics(13): 57-78.

AKBRA A, ZAHRA N, 2015. Surveying the relationship between financial performance, free cash flow, capital structure as well as related or unrelated diversification in Tehran Stock Exchange[J]. Cumhuriyet University Faculty of Science, 36(3): 457-470.

BEASON D, WEINSTEINDE D E, 1996. Growth, economies of scale, and targeting in Japan (1955—1990)[J]. The Review of Economies and Statistics(5): 286-295.

CHRISTIAN W, STEFAN H, 2012. Ownership concentration beyond good and evil: Is there an effect on corporate performance? [J]. Journal of Management & Governance, 16(4): 727-752.

EZEKIEL H, 2022. The relationship between ownership structure and financial performance of Palestine Exchange (PEX) listed companies[J]. Journal of Financial Economics, 4(8): 77-80.

HAMMS K, 2013. Firm performance, debt, bank loans and trade credit in empirical study [M]. Gothenburg: Gothenburg University.

HOLDERNESS C G, SHEEHAN D P, 2008. The role of majority shareholders in publicly held corporations: An exploratory analysis[J]. Journal of Financial Economics(20): 317-346.

MANH-CHIEN V, THANH T P, NHU T L, 2018. Relationship between board ownership structure and firm financial performance in transition are conomy: The case of Vietnam [J]. Research in International Business and Finance, 45: 512-528.

MATEEV M, POUTZIOURIS P, IVANOV K, 2013. On the determinants of SME capital structure in central and eastern europe: A dynamic panel analysis[J]. Research in international business and finance, 27(1): 28-51.

NGUYEN H T, RAMALINGEGOWDA S, 2010. Buy-side analysts' access to management and the informativeness of earnings forecasts[J]. Journal of Accounting and Economics, 49 (1-2): 25-42.

PANAYOTIS K, SOPHIA L, 2007. Corporate ownership structure and firm performance: Evidence from Greek firms[J]. Corporate Governance, 15: 144-158.

PENG H, LIU Y, 2018. How government subsidies promote the growth of entrepreneurial companies in clean energy industry: An empirical study in China[J]. Journal of Cleaner Production(188): 508-520.

PERRINI F, ROSSI G, ROVETTA B, 2008. Does ownership structure affect performance evidence from the Italian market[J]. Corporate Governance: An International Review, 16(4): 312-325.

UENG C, 2016. The analysis of corporate governance policy and corporate financial performance[J]. Journal of Economics and Finance, 40(3): 514-523.

VARSHENY P, KAUL V K, VASAL V K, 2012. Corporate governance index and firm performance: Empirical evidence from India[J]. Available at SSRN(7): 35-70.

VERA A M, FRANCISCO J, UGEDO M, 2007. Does ownership structure affect value? A panel data analysis for the Spanish market [J]. International Review of Financial Analysis, 16: 81-98.

WERNERFELT B, MONTGOMERY C A, 1988. Tobin's Q and the importance of focus in firm performance[J]. The American Economic Review, 78: 246-250.

附录 4-1 西部地区最终消费品制造业上市公司财务绩效综合得分及排名

公司名称	F_{2019}	F_{2020}	F_{2021}	$F_{总}$	排名
千禾味业食品股份有限公司	0.226	2.209	2.095	1.761	1
中信国安葡萄酒业股份有限公司	-0.278	1.182	2.206	1.351	2
重庆啤酒股份有限公司	0.558	0.787	0.975	0.826	3
海思科医药集团股份有限公司	0.301	0.573	1.161	0.783	4
西藏易明西雅医药科技股份有限公司	0.222	0.494	0.976	0.656	5
贵州百灵企业集团制药股份有限公司	-0.121	0.730	0.686	0.540	6
迈克生物股份有限公司	0.274	0.502	0.509	0.459	7
贵州轮胎股份有限公司	-0.206	0.583	0.559	0.414	8
通威股份有限公司	0.401	0.384	0.414	0.401	9
灵康药业集团股份有限公司	0.098	0.110	0.655	0.353	10
贵州圣济堂医药产业股份有限公司	-1.454	0.720	0.841	0.339	11
泸州老窖股份有限公司	0.524	0.068	0.417	0.316	12
力帆科技(集团)股份有限公司	-2.013	0.741	1.018	0.315	13
舍得酒业股份有限公司	0.199	0.392	0.238	0.284	14
贵州贵航汽车零部件股份有限公司	-0.074	0.291	0.405	0.269	15
重庆太极实业(集团)股份有限公司	-0.269	0.827	-0.002	0.235	16
天康生物股份有限公司	0.255	0.260	0.205	0.234	17
中冶美利云产业投资股份有限公司	-0.255	0.412	0.283	0.221	18
青海春天药用资源科技股份有限公司	1.099	0.123	-0.114	0.212	19
昆药集团股份有限公司	0.164	0.113	0.265	0.191	20
福安药业(集团)股份有限公司	0.088	-0.092	0.436	0.181	21
中粮糖业控股股份有限公司	0.035	0.285	0.139	0.169	22
桂林福达股份有限公司	-0.114	0.364	0.138	0.167	23
桂林三金药业股份有限公司	0.202	0.268	0.051	0.157	24
四川水井坊股份有限公司	0.738	0.096	-0.065	0.152	25
云南能源投资股份有限公司	0.009	0.462	-0.035	0.147	26
贵州永吉印务股份有限公司	0.432	0.057	0.015	0.113	27
新希望六和股份有限公司	0.568	-0.072	0.018	0.097	28
宜宾纸业股份有限公司	-0.302	0.295	0.109	0.092	29
新疆冠农股份有限公司	-0.083	-0.217	0.372	0.075	30
西藏诺迪康药业股份有限公司	0.305	0.235	-0.156	0.073	31
重庆市涪陵榨菜集团股份有限公司	0.445	0.423	-0.387	0.063	32
云南西仪工业股份有限公司	-0.196	0.438	-0.162	0.041	33

续表

公司名称	F_{2019}	F_{2020}	F_{2021}	$F_总$	排名
南方黑芝麻集团股份有限公司	−0.063	0.635	−0.381	0.038	34
德展大健康股份有限公司	0.104	0.104	−0.045	0.037	35
重庆智飞生物制品股份有限公司	1.277	0.243	−0.691	0.030	36
金徽酒股份有限公司	0.154	0.050	−0.042	0.029	37
成都康弘药业集团股份有限公司	0.279	0.003	−0.062	0.029	38
大禹节水集团股份有限公司	−0.060	−0.037	0.117	0.028	39
西安环球印务股份有限公司	0.825	−0.181	−0.181	0.020	40
云南恩捷新材料股份有限公司	0.356	−0.073	−0.089	0.006	41
桂林莱茵生物科技股份有限公司	−0.056	0.212	−0.133	0.003	42
包头华资实业股份有限公司	0.674	−0.403	−0.032	−0.021	43
兰州佛慈制药股份有限公司	−0.219	0.637	−0.483	−0.038	44
昆明龙津药业股份有限公司	−0.398	−0.451	0.436	−0.041	45
赛力斯集团股份有限公司	−0.239	0.054	−0.027	−0.041	46
新疆天润乳业股份有限公司	0.151	−0.035	−0.135	−0.043	47
麦趣尔集团股份有限公司	−0.273	0.170	−0.110	−0.045	48
内蒙古伊利实业集团股份有限公司	0.582	0.065	−0.480	−0.077	49
贵州信邦制药股份有限公司	−0.133	0.190	−0.272	−0.083	50
重庆长安汽车股份有限公司	−0.217	−0.050	−0.090	−0.101	51
重庆莱美药业股份有限公司	−0.387	−0.131	−0.024	−0.134	52
广西梧州中恒集团股份有限公司	0.151	−0.439	−0.081	−0.160	53
甘肃陇神戎发药业股份有限公司	−0.029	−0.188	−0.248	−0.183	54
甘肃莫高实业发展股份有限公司	−0.254	−0.048	−0.266	−0.187	55
北大医药股份有限公司	0.113	−0.255	−0.269	−0.188	56
西藏奇正藏药股份有限公司	0.365	−0.289	−0.365	−0.192	57
金宇生物技术股份有限公司	−0.285	−0.219	−0.138	−0.196	58
蓝黛科技集团股份有限公司	−1.492	0.155	0.089	−0.204	59
兰州黄河企业股份有限公司	−0.246	−0.270	−0.144	−0.209	60
金花企业(集团)股份有限公司	−0.095	−0.210	−0.259	−0.209	61
四川金石亚洲医药股份有限公司	−0.107	−0.035	−0.444	−0.233	62
梅花生物科技集团股份有限公司	0.022	−0.248	−0.341	−0.236	63
包头东宝生物技术股份有限公司	−0.132	−0.184	−0.408	−0.275	64
重庆博腾制药科技股份有限公司	−0.023	−0.278	−0.410	−0.286	65
新疆伊力特实业股份有限公司	0.342	−0.831	−0.153	−0.291	66

续表

公司名称	F_{2019}	F_{2020}	F_{2021}	$F_{总}$	排名
皇氏集团股份有限公司	−0.086	−0.416	−0.307	−0.301	67
青海互助天佑德青稞酒股份有限公司	−0.275	−0.720	−0.083	−0.344	68
四川科伦药业股份有限公司	−0.127	−0.351	−0.466	−0.358	69
成都华神科技集团股份有限公司	0.111	−0.455	−0.496	−0.360	70
贵州茅台酒股份有限公司	1.211	−1.529	−0.191	−0.379	71
广西河池化工股份有限公司	−0.750	−0.276	−0.325	−0.393	72
云南白药集团股份有限公司	0.043	−0.675	−0.383	−0.400	73
金河生物科技股份有限公司	−0.060	−0.290	−0.667	−0.414	74
四川浪莎控股股份有限公司	−0.222	−0.160	−0.777	−0.450	75
陕西金叶科教集团股份有限公司	−0.265	−0.736	−0.350	−0.468	76
南宁糖业股份有限公司	0.084	−0.270	−0.872	−0.470	77
宜宾五粮液股份有限公司	0.650	−0.991	−0.632	−0.501	78
云南沃森生物技术股份有限公司	−0.136	−0.934	−0.357	0.515	79
四川川环科技股份有限公司	0.155	−0.455	−0.862	−0.516	80
富临精工股份有限公司	−0.146	−1.828	−0.199	−0.759	81
宁夏中银绒业股份有限公司	−2.426	−0.287	−0.436	−0.782	82
贵州益佰制药股份有限公司	−0.225	−1.332	−0.698	−0.825	83

附录 4−2 西北五省 24 家最终消费品制造业上市公司样本

序号	省份	机构名称	代码	上市日期
1	陕西	陕西金叶科教集团股份有限公司	000812	1998−06−23
2	陕西	西安环球印务股份有限公司	002799	2016−06−08
3	陕西	陕西盘龙药业集团股份有限公司	002864	2017−11−16
4	陕西	金花企业(集团)股份有限公司	600080	1997−06−12
5	陕西	陕西康惠制药股份有限公司	603139	2017−04−21
6	甘肃	兰州黄河企业股份有限公司	000929	1999−06−23
7	甘肃	兰州佛慈制药股份有限公司	002644	2011−12−22
8	甘肃	兰州庄园牧场股份有限公司	002910	2017−10−31
9	甘肃	大禹节水集团股份有限公司	300021	2009−10−30
10	甘肃	甘肃陇神戎发药业股份有限公司	300534	2016−09−13
11	甘肃	甘肃莫高实业发展股份有限公司	600543	2004−03−24
12	甘肃	金徽酒股份有限公司	603919	2016−03−10
13	青海	青海互助天佑德青稞酒股份有限公司	002646	2011−12−22

续表

序号	省份	机构名称	代码	上市日期
14	青海	青海春天药用资源科技股份有限公司	600381	2001-05-08
15	宁夏	中冶美利云产业投资股份有限公司	000815	1998-06-09
16	宁夏	宁夏中银绒业股份有限公司	000982	2000-07-06
17	新疆	新疆冠农果茸股份有限公司	600251	2003-06-09
18	新疆	新疆天润乳业股份有限公司	600419	2001-06-28
19	新疆	中粮糖业控股股份有限公司	600737	1996-07-31
20	新疆	德展大健康股份有限公司	000813	1998-05-19
21	新疆	天康生物股份有限公司	002100	2006-12-26
22	新疆	麦趣尔集团股份有限公司	002719	2014-01-28
23	新疆	中信国安葡萄酒业股份有限公司	600084	1997-07-11
24	新疆	新疆伊力特实业股份有限公司	600197	1999-09-16

第五章 西南五省上市公司财务绩效影响因素研究

第一节 财务绩效影响因素研究——以西南五省上市公司为例

一、绪论

(一)选题背景与意义

1. 选题背景

近年来,随着经济的发展,企业的竞争愈加激烈,西南五省的上市公司也越来越多。西南五省上市公司可以为当地企业提供更多的资本和资源,同时也可以提高当地企业的知名度和管理水平。可见,西南五省上市公司对于当地企业发展和社会经济发展具有重要意义。基于此,本节对西南五省上市公司财务绩效影响因素进行研究。本节基于以往相关理论,通过实证分析法,研究速动比率、杠杆率、现金持有水平等指标是否对财务绩效有正向影响,以提高企业经营能力,改善企业财务状况,增加企业利润。

2. 研究意义

财务绩效可以帮助各方了解企业的经营状况和财务健康度,提高各方决策的准确性和效率。与此同时,探究影响上市公司财务绩效的主要因素,对于改善其经营状况具有现实指导意义。本节采用2017—2021年西南五省上市公司相关财务指标对上市公司财务绩效影响因素进行了实证研究,即对速动比率、杠杆率、现金持有水平等财务指标对财务绩效的影响进行了研究。

(二)国内外研究现状

1. 国外研究现状

Amal等(2012)以2012—2016年来自约旦五个不同行业的102家公司为样本,实证研究得出股利支付率对水泥行业财务绩效有显著影响,成长性、流动性和杠杆率对发电行业、医药行业和化工行业财务绩效影响显著。Vintilă等(2014)以2010年至2012年期间在布加勒斯特证券交易所上市的40家公司为样本,实证研究得出公司财务绩效与资产负债率之间存在较强的负向关系。Mahida等(2016)的研究表明,当农村信用社资产规模和管理水平提高时,财务绩效会随之增加。Malagueño等(2018)根据对西班牙201家中小企业的调查结果,发现使用平衡记分卡模型进行前馈控制的公司财务绩效水平更高,也具有更高的创新能力,同时平衡记分卡的使用效果与公司的成熟度正相关。Sutrisno等(2018)以2012—2016年在金融服务管理局上市的沙里亚法商业银行为样本,实证研究得出企业社会责任对沙里亚法商业银行财务业绩表现出显著的负面影响。Hieu 等（2022）通过对 202 家中小企业的企业主、管理者和管理人员的调查，研究公共关系、创新实践和投资策略对中小企业财务绩效的影响，得出公共关系、创新实践和投资策略与中小企业的财务绩效有正相关关系。

2. 国内研究现状

方寒雪（2018）在研究中国制造行业跨国并购财务业绩的影响因素时发现，企业规模在一定程度上会影响到并购财务业绩。王丹等（2018）研究得出，股权集中度正向影响财务绩效。杜梦茹（2019）研究得出，企业社会责任正向影响企业财务绩效。王爱娜（2019）研究发现，存货管理效率显著正向影响企业绩效水平的提高，现金持有水平能直接提升财务绩效。李清等（2019）研究得出，财务绩效指数与股权集中度、董监高持股比例、董监高薪酬总额、内部控制披露指数正相关，与实际控制人为政府负相关。梁可可等（2019）认为，股权集中度与财务绩效呈现负相关关系。武迪（2020）研究发现，资产规模、董事会规模、经营创新能力和风险管理水平均正向影响财务绩效。李惠蓉等（2020）认为，股权集中度会加强董事会规模与财务绩效间的负相关关系。王利军等（2021）研究得出，上市公司的研发费用投入力度负向影响企业当期财务绩效，但正向影响企业滞后一期的财务绩效。金阳（2021）研究得出，资产负债率显著负向影响财务绩效。叶子昱（2022）研究得出，对财务绩效整体水平影响最显著的是盈利能力和发展能力，其次是营运和偿债能力。熊琳（2022）通过对医药制造业上市公司财务绩效及影响因素研究得出，市场份额、上市年限和专利授权数量与企业综合技术效率显著相关。张其明等（2022）运用因子分析法对矿山机械制造业上市公司财务绩效进行分析，结果表明，企业提升财务绩效面临着成本控制低效、盈利能力差，产品结构单一、成长潜力不足，流动资产周转缓慢等问题。王颖娟（2022）通过对我国食品制造业上市公司 2020 年的全面绩效运用因子分析法进行实证分析，揭示其盈利能力、偿债能力和营运能力与财务绩效显著相关。许润国等（2022）发现，太过激进或太过稳健的营运资本融资策略都会对公司的财务业绩产生负面影响，但匹配型营运资金融资策略则会提升企业财务绩效。聂军（2023）通过从资源要素流动视角考察市场分割对企业社会责任与财务绩效之间的关系的调节作用，发现市场分割弱化了企业社会责任对财务绩效的促进作用。李武威等（2023）研究发现，高管团队任务相关断裂带显著正向影响企业绩效，高管团队社会分类断裂带显著负向影响企业绩效。马俊辉等（2023）通过选取在 2019—2021 年实行股权激励的 A 股上市的医药制造企业，基于因子分析法对医药制造企业的财务绩效进行实证研究，研究得出医药制造企业实行股权激励，可在一定程度上促进财务绩效的增长。付丹丹等（2023）通过对垃圾焚烧发电行业上市公司的数据进行回归分析，研究得出环境、社会和公司治理的信息披露水平与财务绩效呈正相关关系，并且对绩效的影响存在滞后性。

3. 研究述评

通过对已有的文献进行归纳和整理，我们可以发现，在国内外关于财务绩效影响因素的研究中，涉及了许多指标，如市场份额、企业规模、盈利能力、偿债能力、资产负债率等。但是，因为每个学者选择的研究方法和指标都不一样，所以得到的结果也有很大的差别。而且，目前关于盈利能力、营运能力的研究，大部分都是将盈利能力和营运能力本身作为研究的目标，而缺乏对特定指标的实证研究。本节研究的对象是西南五个省份的上市公司，研究速动比率、杠杆率、现金持有水平等财务指标对财务绩效的影响。

(三)研究内容与方法

1. 研究内容

(1)研究背景介绍:对研究背景及西南五省上市公司发展现状进行介绍。

(2)研究假设与理论模型:对所选取财务指标与财务绩效的关系进行理论假设,并构建计量经济模型。

(3)研究设计:对研究所需要的变量进行选择,用净资产收益率来测量因变量,自变量主要选取了速动比率、杠杆率、现金持有水平等,并进行了研究设计。

(4)研究结果分析:从相关性、回归性等角度分析选定的指数变量。

(5)提出对策:根据研究结果提出相应的对策建议。

2. 研究方法

(1)文献研究法。通过搜集与查询相关文献并进行归纳与总结,梳理所选变量与财务绩效的关系。基于所收集的文献与理论方法,借鉴已有学者研究结论,为即将进行的实证分析奠定理论基础。

(2)实证分析法。首先,收集西南五省上市公司2017—2021年的财务数据。其次,构建计量经济学模型,使用SPSS软件进行描述性统计分析与多元回归分析,研究所选变量与财务绩效之间的关系,并对回归结果进行稳健性检验。

二、财务绩效概述及西南五省上市公司基本情况

(一)财务绩效概述

常见的财务绩效指标包括毛利率、每股收益、营业收入增长率、利润率、现金流量和财务稳健性等。财务绩效的好坏直接关系到公司的发展和生存,因此对于公司的管理者和投资者来说,了解和分析财务绩效是非常重要的。

(二)财务绩效管理理论基础

(1)现金流量理论:会计领域的一个重要理论。它强调企业的经营活动应该以现金流量为核心,而不是以会计利润为核心。

(2)价值评估理论:一种用于评估资产或企业价值的理论。其核心思想是将资产或企业未来现金流折现到当前,以此来确定其价值。

(3)两权分离理论:资本所有权和资本运作权的分离。也就是说,所有者拥有的资产不是自己管理运作,而是委托他人完成管理运作任务。

(三)西南五省上市公司基本情况

西南五个省份分别是四川、重庆、云南、贵州、西藏。四川省有171家上市公司,涉及15个行业,排名前5位的行业是制造业、信息服务业、金融业、建筑业和能源业。在地域上,四川省上市公司分布于5大经济区,其中成都平原经济区占比最大,高达86.03%。

重庆市有58家A股上市公司,大部分都在渝北和江北。就上市公司的性质而言,58家上市公司中,有28家是民营企业,24家是国有企业。就上市公司的地理分布而言,位于两江新区境内的江北区、渝北区分别有11家和8家上市公司,渝中区有6家上市公司。重庆市是西南五个省份中最大的工商业城市,电子信息和汽车产业的发展推动了重庆的发展。

云南省有42家A股上市公司,在国内排名第21位,总市值为8913.8亿元;云南省有2家

千亿级公司,位居全国第12位,2家公司分别位于昆明市和玉溪市。

贵州省有33家A股上市公司。贵州省上市公司的经营范围以医药、白酒、航空航天、金融、矿产资源、房地产为主。

西南五省上市公司多以非国有企业为主,且多数企业短期偿债能力较强,总体财务能力和盈利能力表现良好,同时,这几个地区的上市公司整体表现还是比较稳健的,且有一些公司的业绩增长较快,成了当地的龙头企业。

三、西南五省上市公司财务绩效影响因素研究设计

(一)基本假设

速动资产主要由流动资产减去存货所组成,速动资产较库存资产更易于变现,且其比例较高,流动性也较高。速动比率可以反映一家公司用可转换资产偿付流动债务的整体能力,以及短期偿债能力。因此,速动比率能够更好地评价企业变现能力的强弱和偿债能力的大小。基于以上分析,提出假设1:

假设1:上市公司的速动比率显著正向影响财务绩效。

杠杆率是指资产负债表中权益资本与总资产的比率。杠杆率是衡量公司负债风险的指标,从侧面反映出公司的还款能力。杠杆率的倒数是杠杆倍数,杠杆倍数越高,越容易受到收益率和贷款利率的影响。杠杆率可以反映风险与收益之间的关系。基于以上分析,提出假设2:

假设2:上市公司的杠杆率显著正向影响财务绩效。

现金持有水平为期末货币资金与期末总资产的比值。公司持有一定的资金可以降低公司的财务风险,使公司在面临不确定的风险时能够更好地应对,还可以提高公司的信用评级,使公司在融资时获得更好的融资条件,有利于公司的发展,所以现金持有水平显著正向影响财务绩效。基于以上分析,提出假设3:

假设3:上市公司的现金持有水平显著正向影响财务绩效。

(二)模型构建

本节采用多元回归分析方法,构建计量经济学模型对西南五省上市公司财务绩效的影响因素进行实证分析,构建的计量经济学模型如下:

$$R_2 = \beta_0 + \beta_1 Q + \beta_2 L + \beta_3 C_A + \beta_4 S + \beta_5 S_O + \varepsilon$$

其中,R_2是因变量,表示上市公司财务绩效;Q表示速动比率;L表示杠杆率;C_A表示现金持有水平;S表示企业规模;S_O表示产权性质;ε是随机误差量。

(三)样本选取与数据来源

1. 样本选取

本节以西南五省上市公司为研究对象,选取2017—2021年上市公司为研究样本,且为防止特定的样本对数据的精确性造成影响,剔除了ST、*ST公司和财务数据缺失的公司。通过筛选,一共选取了230家西南五省上市公司作为研究样本。

2. 数据来源

西南五省上市公司基本信息和财务信息的数据来自巨潮资讯网、东方财富网和企查查。其中,净资产收益率、流动比率、速动比率以及资产负债率数据来源于企业财务报表中的原始数据;产权性质来自企业信息;杠杆率、现金持有水平、企业规模、资产收益率数据是由总资产、

总负债、期末货币资金、净利润等数据计算得来的。

(四) 变量选择

1. 因变量

通过查找大量文献,发现当前学术界对公司财务绩效的研究中,大多数都采用了如下变量来度量公司的财务业绩:净资产收益率、总资产收益率、每股收益、经济增加值、市场增加值和平衡计分卡等。鉴于我国资本市场尚未成熟、股票的流通性较差、非流通股不易找到合适的衡量标准,市场指标无法反映真实的财务状况,因此,选取净资产收益率(R_2)来计量财务绩效,并且使用资产收益率(R_1)进行稳健性检验。

2. 自变量

通过借鉴已有文献,选取速动比率、杠杆率和现金持有水平这三个变量作为财务绩效影响因素的自变量,探究它们对财务绩效的影响。

(1) 速动比率指在企业的 1 元流动负债中,有 1 元易变现的流动资产可以偿还,说明其短期偿债能力得到了可靠的保障。如果速动比率太低,那么公司的短期偿债风险就会比较大;如果速动比率太高,公司在速动资产上占用了太多的资金,那么就会加大公司投资的机会成本。方寒雪(2018)曾将速动比率作为研究跨国公司并购对财务绩效影响的指标变量。基于此,本节选取速动比率作为自变量。

(2) 杠杆率是反映财务风险与收益之间关系的指标,可以衡量公司负债风险,并侧面反映企业的还款能力。王利军等(2021)曾将杠杆率作为研究上市公司财务绩效影响因素的指标,故本节选取杠杆率作为研究西南五省上市公司财务绩效影响因素的自变量。

(3) 现金持有水平通常以现金和现金等价物的总额除以总资产来计算。韩雪婷(2022)在有关财务绩效的研究中得出,现金持有水平显著影响财务绩效,故本节选取现金持有水平作为财务绩效影响因素的自变量。

3. 控制变量

杜梦茹(2019)曾在有关财务绩效的研究中将企业规模作为指标变量,许润国等(2022)在有关财务绩效的研究中将产权性质作为指标变量,在此基础上,为对主要变量关系进行更好解释,本节选取企业规模、产权性质作为控制变量。

综上,本节研究选取的相关指标变量如表 5-1 所示。

表 5-1 本节研究相关指标的变量解释

变量类型	变量名称	变量符号	变量定义
因变量	净资产收益率	R_2	净利润/净资产
	资产收益率	R_1	净利润/总资产
自变量	杠杆率	L	总负债额/总资产
	现金持有水平	C_A	期末货币资金/期末总资产
	速动比率	Q_R	(流动资产-存货)/流动负债
控制变量	企业规模	S	期末总资产的自然对数值
	产权性质	S_O	国有企业为 1,其他为 0

四、西南五省上市公司财务绩效影响因素实证分析

(一)描述性统计分析

在进行回归分析之前,对所选取的自变量控制变量进行描述性统计分析,如表 5-2 所示。

表 5-2 西南五省上市公司财务绩效影响因素描述性统计分析

变量	样本量	极小值	极大值	均值	标准差
R_2	1150	0.00	71.24	8.7433	9.0999
Q_R	1150	0.28	41.27	2.2643	4.57436
L	1150	0.05	0.86	0.4450	0.20341
C_A	1150	0.02	0.46	0.1718	0.09702
S	1150	3.52	7.49	5.5269	0.84864
S_O	1150	0.00	1.00	0.4324	0.49676

从表 5-2 中可以看出,变量速动比率(Q_R)的均值为 2.2643,这说明西南五省上市公司总体上具有较好的短期债务偿还能力;对自变量净资产收益率(R_2)进行分析,其极小值为 0,极大值为 71.24,极值差异显著,说明数据样本在财务绩效水平上存在较大的差异,数据具有代表性,数据样本总体较好;杠杆率(L)的均值为 44.50%,在适合范围之中,表明企业资金较为安全;现金持有水平(C_A)均值为 0.1718,从整体来看,货币资金在资产总额中所占比例处于一个合理的水平。

所选取的控制变量中,企业规模(S)极小值为 3.52,极大值为 7.49,说明西南五省上市公司总资产接近;产权性质(S_O)均值为 0.4324,表明西南五省上市公司多以非国有企业为主。

(二)相关性检验

通过对所有变量进行相关性分析(见表 5-3),可以看出,速动比率(Q_R)与财务绩效(R_2)的相关系数 0.566,且通过 1% 水平显著性检测,表明速动比率(Q_R)与财务绩效(R_2)之间呈显著正相关关系。此外,杠杆率(L)与财务绩效(R_2)呈正相关关系,相关系数为 0.382,且通过 1% 水平显著性检测。综上所述,速动比率(Q_R)、杠杆率(L)与财务绩效(R_2)呈正相关关系。

表 5-3 西南五省上市公司财务绩效影响因素的相关性分析

变量	R_2	Q_R	L	C_A	S	S_O
R_2	1					
Q_R	0.566**	1				
L	0.382**	0.235**	1			
C_A	−0.085	−0.123	−0.041	1		
S	0.083	−0.215*	0.241*	−0.479*	1	
S_O	−0.170*	−0.186*	0.092	−0.190**	0.406*	1

注:** 表示 1% 显著相关,* 表示 5% 显著相关。

(三)回归结果及分析

基于构建的计量经济学模型,对西南五省上市公司财务绩效影响因素进行多元回归分析,结果见表 5-4。

表 5-4 西南五省上市公司财务绩效影响因素回归结果

变量	系数	t 值	P 值
Q_R	0.201	7.456	0.000
L	1.120	2.790	0.006
C_A	0.122	0.833	0.406
S	3.426	3.259	0.001
S_O	−3.420	−2.920	0.004
（常量）	−14.093	−2.835	0.005
F		19.808	
R^2		0.617	

注：$P<0.01$ 表示 1% 显著性水平，$0.01<P<0.05$ 表示 5% 显著性水平，$0.05<P<0.1$ 表示 10% 显著性水平。

根据表 5-4 回归分析结果可以发现，速动比率（Q_R）的回归系数为 0.201，t 统计量的观测值为 7.456，显著性水平小于 0.01，说明速动比率显著影响财务绩效。这表明随着企业的速动比率增加，会增加西南五省上市公司的财务绩效。同时，杠杆率（L）的回归系数为 1.120，t 统计量的观测值为 2.790，显著性水平小于 0.01，说明杠杆率显著影响财务绩效。这表明随着企业杠杆率的增加，西南五省上市公司财务绩效也会有所提升。同时，由表 5-4 可以看出，现金持有水平（C_A）的显著性明显大于 0.01，不能通过显著性水平为 1% 的检测。因此，速动比率和杠杆率能对财务绩效产生较为重要的影响，而现金持有水平并不显著影响财务绩效，这一结论与已有学者的研究结论不一致。这可能是因为企业正处于快速增长期，需要大量的现金来支持其业务扩张。此时，现金持有水平可能会较高，但并不会对企业的财务绩效产生显著的负面影响。

（四）稳健性检验

在此运用替代主变量法，对研究结果进行稳健性分析和检验（见表 5-5）。在此以净资产收益率替代总资产收益率，并将替代后的变量代入回归分析中，得出的结论与表 5-4 结论基本一致。所以，本节对西南五省上市公司财务绩效影响因素的研究结果具有稳健性。

表 5-5 西南五省上市公司财务绩效影响因素的稳健性检验

变量	系数	t 值	P 值
Q_R	0.361	9.132	0.000
L	1.895	2.630	0.009
C_A	0.302	0.568	0.571
S	5.008	1.501	0.135
S_O	−5.057	−1.153	0.251
（常量）	−21.015	−0.601	0.548
F		23.505	
R^2		0.711	

注：$P<0.01$ 表示 1% 显著性水平，$0.01<P<0.05$ 表示 5% 显著性水平，$0.05<P<0.1$ 表示 10% 显著性水平。

五、研究结论与对策建议

(一)研究结论

本节选取2017—2021年西南五省230家上市公司作为研究样本,对上市公司的速动比率、杠杆率以及现金持有水平对财务绩效的影响进行研究,得出以下结论。

1. 速动比率显著正向影响财务绩效

通过回归分析可知,西南五省上市公司的速动比率显著正向影响财务绩效。公司的偿债能力对公司的财务绩效有直接的影响,高速动比率意味着企业有足够的流动性来偿还短期债务,并且具备了一定的资金储备,以应对突发事件。这通常被认为是企业财务稳健、偿债能力较强的表现;同时,高速动比率也表明企业未能充分利用其速动资产,或者未能有效管理其速动负债。

2. 杠杆率显著正向影响财务绩效

通过回归分析可知,在西南五省上市公司中,杠杆率对财务绩效有显著的影响。杠杆率较高意味着企业使用了较多的债务资本来融资,而杠杆率较低则意味着企业使用了较多的权益资本来融资。当杠杆率较高时,企业面临着更高的财务风险,同时会带来更高的收益。适当的杠杆率可以帮助企业利用债务资本来扩大业务规模和提高收益率,从而提高企业的财务绩效。相反,杠杆率较低则可能会限制企业的扩张和投资,因为企业无法充分利用债务资本来融资。此外,低杠杆率可能会降低企业的资本回报率和股东权益回报率,从而影响企业的财务绩效。

3. 现金持有水平不会显著影响财务绩效

通过回归分析可知,西南五省上市公司的现金持有水平并不显著影响财务绩效。虽然现金持有水平本身并不是财务绩效的唯一决定因素,但它确实会对财务绩效产生影响。首先,过高的现金持有水平会导致资本回报率降低,因为现金不会产生高额回报。其次,如果企业没有有效利用其现金储备来开展投资活动,那么这些现金就无法产生收益,并且可能会受到通货膨胀等因素的侵蚀,从而导致企业的财务状况恶化。因此,企业需要根据自身的情况和市场需求来合理管理其现金持有水平,以确保其财务绩效的稳定和可持续发展。

(二)对策建议

通过对西南五省上市公司财务绩效影响因素的实证分析,在此提出提高西南五省上市公司的财务绩效的几点建议。

1. 提高速动比率,提升上市公司偿债能力

通过对西南五省上市公司财务绩效影响因素的研究得出,速动比率显著正向影响财务绩效,故可以通过提高速动比率,使企业的财务绩效得到改善。首先,企业可以通过缩短应收账款的账期或者加强催收等方式,以此来提高应收账款的回收速度,从而加快现金流入速度,提高速动比率。其次,企业可以通过优化供应链管理、加强库存管理等措施,降低存货水平,从而减少现金流出,提高速动比率。最后,企业可以通过控制营运资本投入来降低速动负债,从而提高速动比率。在做出投资决策时,企业需要谨慎评估投资风险和收益,避免浪费资金。

2. 提高杠杆率,使公司获得更高收益

西南五省上市公司可以通过借款融资或者发行债券等方式来提高杠杆率,从而提高公司的财务绩效。首先,企业可以通过向银行或其他金融机构申请贷款来增加负债总额,从而提高杠杆率。但是,企业在选择借款融资时,需要注意风险和利率等因素。其次,企业可以通过发行债券来增加负债总额,从而提高杠杆率。企业可以发行公司债券和可转换债券等多种类型债券,并根据自身情况选择合适的债券类型。最后,企业可以通过发行股票来募集资金,从而增加股东权益,提高杠杆率。但是,发行股票会导致股权结构变动,企业需要谨慎考虑。总之,提高杠杆率需要企业根据自身情况选择合适的融资方式,同时需要注意风险和利率等因素,以确保企业财务稳健。

3. 合理利用现金,保持一定的现金储备

经实证分析得出,现金持有水平不显著影响财务绩效,可能是因为有些行业需要较高的现金储备来应对突发事件或者市场波动。比如金融行业和保险行业等,这些行业的现金持有水平较高,但并不会对企业的财务绩效产生显著负面影响。因此,企业需要根据自身的情况和市场需求进行评估,在保持一定的现金储备的同时,合理利用现金来开展投资活动,以提高资本回报率和企业的财务绩效。

第二节 重庆市上市公司财务绩效影响因素研究

一、绪论

(一)研究背景

财务绩效是一个企业在某一特定时间的财务表现,是财务管理的核心之一,对企业的运营、成长和发展起着重要的指导和监控作用。在如今瞬息万变的商业环境下,企业的财务绩效越来越需要得到细致的研究和探索。近年来,各个企业越来越重视财务绩效,为了实现企业利润的最大化进行了很多改革与研究。随着网络信息技术、社会企业环境、自然环境的不断变化,市场环境以及企业所受的影响因素也在发生着巨大的变化。面对日益复杂的企业内部环境与外部环境,我国企业的运营难度也在逐渐增大。对于资本市场的投资者和监管机构而言,了解企业的财务状况和绩效情况是其进行投资和监管的重要参考依据。同时,企业内部也需要关注自身的财务绩效,进一步提高企业的经济效益和盈利能力,更好地保持和扩大市场份额。因此,财务绩效研究具有重大意义。财务绩效的研究内容可以从多个角度入手,如从收入、利润、资产、现金流等方面考虑,同时也可以结合不同的财务报告和指标进行分析和探究。通过对企业财务绩效的深入研究和分析,可以更好地识别出企业存在的问题和优点,并提出建议和措施,从而更好地优化企业财务结构,实现企业的长足发展。

重庆市位于中国西南地区,是中国的直辖市之一,也是世界著名的山城。作为西南地区的经济、政治、文化中心城市,重庆市的经济基础良好,是重要的钢铁、冶金、能源化工、汽车、电子和IT行业基地,也是西南地区的金融中心之一,已成为中国西部地区的重要城市。此外,重庆市还是中国的旅游胜地之一,拥有许多自然景观和人文景观,包括世界自然和文化遗产大足石刻、磁器口古镇、重庆市动物园、重庆大剧院等。总之,重庆市是中国西南地区的重要城市之一,具有重要的经济、文化、交通和旅游资源。重庆市上市公司有60余家,是中国经济发展的重要地区。但随着近年来疫情等多方因素影响,加之市场竞争残酷,重庆市上市公司的发展前景面临着巨大的挑战。

为了帮助重庆市上市公司更好发展,以响应国家经济复苏的号召。本节根据企业财务绩效的相关理论知识、上市公司的财务绩效影响指标以及科学的数理统计方法,试图分析出在社会环境、自然环境的大背景下,重庆市上市公司财务绩效的各种影响因素,从而为重庆市上市公司的发展以及管理者、股东、投资者、政府等利益相关者提供参考依据,帮助他们进行决策。

(二)研究意义

梳理已有学者对于财务绩效影响因素研究的结论,有助于财务绩效影响因素在实际中的应用。财务绩效的影响因素种类繁多,科学地对其进行分析,可以大大降低投资者、决策者、股东以及政府等利益相关者的风险,而在现行的影响因素分析中,很少有从宏观角度将各影响因素联合分析的案例。

对重庆市上市公司财务绩效影响因素的研究,对于政府、投资者和上市公司本身都具有重要的意义。首先,对政府来说,研究各个行业的企业财务绩效影响因素,有助于了解重庆市上市公司运营的现状和存在的问题,并通过政策和措施的制定,提升企业财务绩效和整体竞争力,促进经济的可持续发展。其次,对投资者来说,研究重庆市上市公司的财务绩效影响因素,有助于他们对企业进行更加客观全面的投资评估,从而降低投资风险,提高投资收益。最后,对于上市公司本身来说,研究其财务绩效影响因素,能够深入了解企业运营和管理中存在的问题和不足,及时采取相应的措施,提升企业的财务绩效和市场竞争力,并能进一步提升政府的宏观调控力以及投资者决策的精准性。因此,对重庆市上市公司财务绩效影响因素的研究具有重要的理论和实际意义。

(三)国内外研究综述

1. 国外研究现状

Kumari 等(2017)将常用于数学方面研究的最小二乘法应用于财务绩效分析中,并选取了某银行为研究对象,应用该分析方法对其盈余管理进行研究,发现企业监管和财务绩效是影响盈余的两个主要因素。Shuvashish 等(2018)运用模糊评价方法,以国家部分金融机构为研究对象,对其三年的财务绩效进行排名,得出的绩效排名结果一方面为投资者在投资决策时提供了直观的参考,另一方面可以有效降低投资者的投资风险。Apan 等(2019)运用数据包络分析法对土耳其纺织行业上市公司的财务绩效进行分析评价,得出该行业在支持该国经济增长上起着重要作用。Nuhiu 等(2017)构建了包含平均股本回报率、平均资产回报率等指标的财务绩效分析模型,对商业银行的财务绩效进行研究评价,认为选取适合的财务指标对财务绩效评价结果具有重要影响。Mbama 等(2018)为了解英国银行客户对财务绩效、数字银行等因素的看法是否会对银行营销产生影响,将财务比率和净推荐值的得分作为因变量,对14个研究因素之间的关系进行综合研究,认为数字银行技术可以改进银行的财务绩效。Romano 等(2020)在对水务公司的财务绩效进行评价研究时,根据企业特点将金融和经济指标、环境可持续性指标以及服务质量指标引入其中,让企业的财务绩效情况得到更加全面准确地反映,并认为在衡量企业财务绩效时,也要考虑到经济实体和社会生活参与者的需要或利益。Biabani 等学者(2021)在试图解释基于 Vigeo 社会责任模型的公司披露情况时,通过计算企业净利润与股本的比率、利润与销售额之间的比率、净利润与总资产比率等财务比率衡量企业财务绩效,并得出相关结论。

2. 国内研究现状

陈亮等(2019)选取制造业中的食品制造企业为研究对象,用偏序集评价方法对财务绩效进行分析评价,并运用 HASSE 图进行结构化解读,得出企业绩效综合排名。刘媛(2019)认为经营效益、发展质量、风险化解能力对商业银行尤为重要,在设计银行财务绩效指标时,可以重点从这三个方面着手,让商业银行财务绩效评价指标可以为商业银行的健康可持续发展起到助力作用。王琦琪(2020)认为对电力企业的财务绩效评价要符合当下低碳发展的要求,要在传统的四个维度上添加低碳维度,将碳排放总量分别与企业营业收入、企业的净利润相比得到相关财务指标,进一步反映企业是否符合当下绿色可持续发展要求以及对低碳管理的效果。陆志刚(2019)通过对污染较重企业的财务绩效进行研究时发现,环境绩效对该行业上市公司的财务绩效具有重要影响,环境绩效与财务绩效成正比。袁子惠(2021)认为在对制造业企业进行财务绩效分析时,不可忽视一个重要的披露信息就是碳信息,碳信息披露水平会对制造业企业的经营业绩提升起到促进作用,同时这种影响具有递延性,对企业当期的财务绩效影响会递延至下期。李子萍等(2021)选择国内国有以及民营和外资的百强企业,通过构建分析模型,研究表明公司的社会绩效对财务绩效具有重要的正向影响。Zhao(2020)通过对财务绩效评价方法分析比较,应用定量分析的方式结合绩效评价对象的规模、数量和生命周期给出了分析结论,认为选取适合分析对象的评价方法是非常重要的。

(四)研究内容

本节采用理论与实证相结合的研究方法,汇集国内外的参考资料和相关概念,对重庆市上市公司的相关数据进行查找整理,找出影响财务绩效的关键因素,并对其关键因素建立回归模型进行分析,以此对重庆市上市公司财务绩效的影响因素进行实证研究。

首先,对研究背景、研究目的、研究意义和采用的主要研究方法进行逐一说明。其次,对相关概念的定义进行详细阐述,并简略介绍国内和国际上对这一课题的研究现状。再次,进行研究设计,包括数据的选择、变量的设计、理论假设的提出以及对模型进行相关的构建。最后,通过使用描述性统计、相关检验、回归分析和稳健性检验等一系列手段对实证结果进行分析后得出相关结论,并据此提出了进一步改善重庆市上市公司财务绩效的对策。

(五)研究方法

1. 文献研究法

通过知网、万方、维普、谷歌学术等多个渠道,搜集相关文献并了解研究思路和方法。同时,查阅大量的参考文献,其中包括环境绩效对财务绩效的影响、股权结构对财务绩效的影响等文献,加深对于财务绩效影响因素的理解,也方便选取适合的影响因素进行研究,为探究财务绩效的影响因素提供一定的理论依据。

2. 实证研究法

首先,结合重庆市上市公司的基本情况以及财务绩效影响因素的一系列相关概念,进一步提出合理的理论假设。其次,运用 Excel 分析方法对重庆市上市公司的各项数据进行分析,通过 SPSS 软件对财务绩效进行描述性统计分析、相关性检验、回归结果分析以及稳健性回归结果分析,研究财务绩效的影响因素并提出相对应的建议。

二、财务绩效理论概述与重庆市上市公司基本情况

(一) 财务绩效相关概念

按照财务绩效的实现主体是否包括所有利益相关者,财务绩效分为财务绩效评价与财务绩效管理。财务绩效评价是以公司一定期间的财务数据为基础,以特定的评价标准为依据,对经营业绩、经营效率和公司价值等进行综合评价,确定目标企业经营成果的一种活动。财务绩效管理是以提升企业财务效益、效率和价值为目的,以制定科学、合理的财务目标为主要内容,通过系统的管理方法对企业各项活动进行控制。财务绩效的核心内容,即财务绩效评价和财务绩效管理。从我国现状来看,采用财务绩效评价作为主要方法较为合适。随着企业价值最大化目标的确立,建立一套有效的财务绩效管理体系成为大多数企业的一项重点工作。

公司财务绩效一般情况下是指企业在经营活动中利用资产获取收益的能力,通俗地讲,就是公司经营过程中获得的财务结果表现。其具体包括以下几个方面:①利润水平,指公司的收入总额扣除成本、税费后的净额,企业可以通过利润水平来反映盈利水平。利润水平越高,则体现企业的盈利能力越强。②资产利用效率,指公司利用各类资产(如流动资产和固定资产等)获得营业收入和净利润的效能,揭示了公司资产的投资价值以及资产质量。良好的资产利用效率能帮助公司降低成本和提高收益。③偿债能力,指公司在短期和长期内的偿债能力。这有助于评估公司的债务风险,尤其是了解公司有没有与其财务承受力相匹配的债权。若公司有更强的偿债能力,可以帮助公司在市场中获得更好的资金支持。④财务活动效率,指公司在进行筹资、投资和分配等方面的效率,包括公司筹资是否高效、投资是否获得高回报和分配是否清晰明确等。这有助于了解公司是否有强的资金管理和分配能力。总之,企业在实现利润最大化的同时,应该注重提升资产质量和资产利用效率,保持稳健的债务水平以及实施高效的财务活动。这样可以提高公司财务绩效水平,为企业提供更坚实的财务基础。

财务绩效是企业经营活动的重要指标,既受到内部因素的影响,也受到外部环境的影响。对于财务绩效的影响因素,国内外很多学者对其进行了探索。本节在国内外学者研究的基础上,从资本结构、企业规模、董事会规模、研发人员投入力度、企业年龄和国内生产总值几个方面进行研究。

(二) 财务绩效影响因素的理论分析

1. 财务绩效与资本结构

财务绩效是企业经营活动的重要指标,是衡量企业经济效益的关键指标之一。公司债务资本与股权资本之间的比例在很大程度上代表了企业的资本结构。财务绩效与资本结构之间存在着十分密切的关系。

资本结构的合理配置与否,对企业的财务绩效具有较大的影响。相应地,企业的成本、风险和财务绩效受资本结构是否合理配置的影响。例如,过多的债务融资可能会导致企业财务风险增加,从而降低企业的投资回报率。研究表明,资本结构与财务绩效之间存在着显著关系。例如,一般来说,债券融资方式可以降低企业资金成本,提升企业盈利水平以及股东权益回报率等;而过多的债务融资可能会导致企业财务风险增大,从而影响经营效益。

从理论上分析,股权融资对企业的财务绩效有着显著的正向作用。首先,股权融资成本相对较低,股东的持有期限相对较长,能降低企业的财务风险,提高企业在市场的信誉度和抗风

险能力。其次,股权融资和股权激励等方式可以促进企业内部的员工激励和管理团队的积极性,有利于企业的组织发展和市场拓展,对于公司的长远发展有重要意义。相比之下,债务融资对于企业财务绩效的影响相对较小,债务融资虽然可以迅速提高企业的资本实力和资产负债率,但债务融资利息成本较高,企业面临的财务风险也相对较大。如在连续多年的运营中,一旦市场利率波动,企业可能会面临无法偿还债务的风险。

当然,股权融资和债务融资不是绝对的取舍关系,而应综合考虑企业的实际情况。一般来说,企业如果实行充分发挥股权融资和债务融资双重作用的多元化资本结构,既可以充分利用股权和债权资本市场,又可以保持资本和股权结构的稳定和完整,则对企业的财务绩效会产生好的影响。

2. 财务绩效与企业规模

财务绩效与企业规模之间的相关性十分密切,一般而言,在企业规模较大的情况下,往往拥有更多的资源以及市场竞争优势,与之对应,对财务绩效的影响也相对更明显。首先,较大规模的企业通常具备更多的资源投入,例如,拥有更多的资本、人力、物流等资源,能够更好地进行生产和营销。其次,大规模企业的业务范围广泛,资源利用效益更高,大规模的生产优势能够带来规模效应,从而降低成本,提高毛利率和净利润率。最后,大企业往往更容易在市场竞争中获取更多的市场份额和收入来源,利润增长也更快,会对财务绩效产生进一步的积极影响。

但是,企业规模也会影响企业的运营和管理成本,尤其是大规模的企业往往需要花费更多的精力和资源来管理和监控企业的各项业务,例如,员工培训、信息系统建设等。因此,企业要注意对管理成本的控制,避免因规模扩大而增加了额外的成本。此外,企业的规模并非越大越好,对于不同的行业,企业规模可能会有不同的最优点。例如,在某些行业中,规模较小的企业可能更具竞争力,能够更快地调整市场策略,更加专注于某个具体产品或服务领域,提供更多的定制化解决方案,从而获得了更高的客户满意度和忠诚度。

综上所述,企业规模对财务绩效的影响并非单一和绝对的,不同的行业和市场条件都会对企业规模的意义产生不同的影响。

3. 财务绩效与董事会规模

董事会规模一般是指董事会成员的数量,研究显示,董事会规模对财务绩效的影响有多种形式,并存在多种不同的观点。部分研究表明,董事会规模与企业财务绩效之间的相关性并不强烈。规模较为适中的董事会比过大或过小的董事会更有可能提高企业的财务绩效,规模较小的董事会可能会缺乏多样化的思想和技能,而规模过大的董事会可能会更难管理和监督。但是,在某些情况下,董事会规模的增加可以提高企业的管理多样性和反应能力,从而提高企业的财务绩效。

此外,董事会规模在特定情况下具有不同的影响力。例如,当企业面临重大变化和挑战时,拥有规模更大的董事会可能会更有力量针对问题进行更全面的决策制定。因此,董事会规模对企业财务绩效的影响是多方面的,需要根据企业的具体情况和行业背景来确定。

4. 财务绩效与研发人员投入力度

研发人员投入是企业进行科研和技术开发的重要指数,也是评估企业创新能力和长期竞争力的重要因素之一。通常来说,研发人员投入越大,企业的创新能力和产品质量提高的潜力也将越强,这会提升企业的市场竞争力、产品价值和品牌形象,从而提高企业的销售额、营业收入和利润水平。例如,拥有高级研发能力的企业通常拥有高质量和高附加值的产品和服务,能够增加客户和市场份额,从而推动财务绩效提高。

同时,研发人员投入对企业财务绩效的影响可能也需要更长的时间才能显现,因为研发工作通常需要很长时间的研究、试验和调整,而这些投入的收益可能需要几年才能转化为实际的经济效益。但是,如果研发人员投入不足,公司可能无法跟上市场和竞争对手的发展步伐,从而影响企业长期的财务绩效。此外,研发人员投入的有效性也与财务绩效的实现有关。企业管理层应该确保这些投入的目标与企业的战略目标和客户需求一致,并保证资源的合理配置。因此,研发人员投入和企业财务绩效之间存在着密切的关系。

(三)重庆市上市公司基本情况

重庆市自1992年重庆丰华(集团)股份有限公司上市以来,上市公司逐渐壮大(见图5-1)。截至2022年底,重庆市上市公司数量已达69家,其中制造业行业在重庆市上市公司中占比最大,高达55%(见图5-2),是重庆市的支柱产业和优势产业。截至2021年12月,重庆市上市公司总股本达1008.5亿元,总资产达34961.2亿元。

重庆市上市公司的基本情况如下:①规模方面,根据市值排名,重庆农商行、重庆钢铁、重庆水务等公司市值居前。②行业分布方面,涉及生物医药、机械制造、电子通信、化工、建筑材料等多个领域,其中,以工业制造业和城市基建业为主。③盈利水平方面,大多数上市公司盈利稳健,部分公司主营业务利润贡献较为突出,如重庆三峡、国投电力、重庆农商行等公司。④企业成长性方面,部分公司在业务快速增长和市场拓展方面表现出色,如重庆农商行、重庆啤酒、九龙山等公司。⑤技术研发方面,一些高科技行业的上市公司注重技术研发,在国内同行中拥有一定的科技实力和竞争优势。⑥收购与重组方面,近年来一些上市公司通过收购、重组等方式进行业务扩张和转型升级,如重庆啤酒、华宝股份等公司。总之,重庆市上市公司在不同行业领域内,具有较为突出的优势和特点,在未来的市场竞争中仍有较高的发展潜力。

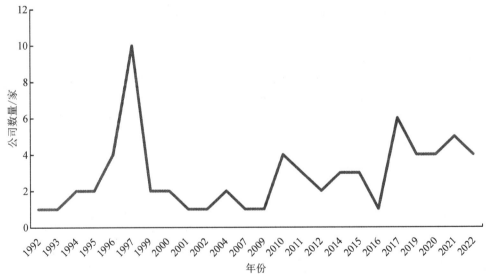

图5-1 重庆市各年份上市公司数量

第五章　西南五省上市公司财务绩效影响因素研究

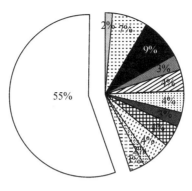

图5-2　重庆市上市公司行业分布情况

三、研究设计

（一）样本选取与数据来源

将重庆市的上市公司作为研究对象，筛选并将2017年以后上市的公司进行剔除，选择剩余公司2017—2021年的相关数据作为研究样本。为保证数据的有效性，剔除了数据缺失的B股公司和数据异常的ST、*ST公司（见表5-6），最终得到42个有效样本。实证分析采用Excel和SPSS进行。

样本数据来源：①同花顺数据中心；②巨潮资讯数据库；③国泰安数据库；④统计年鉴——重庆市统计局。

表5-6　重庆市上市公司名称

公司名称	企业代码	公司名称	企业代码	公司名称	企业代码	公司名称	企业代码
渝开发	000514	欢瑞世纪	000892	福安药业	300194	涪陵电力	600452
渝三峡A	000565	重药控股	000950	梅安森	300275	迪马股份	600565
太阳能	000591	宗申动力	001696	博腾股份	300363	丰华股份	600615
长安汽车	000625	华邦健康	002004	重庆路桥	600106	重庆百货	600729
金科股份	000656	涪陵榨菜	002507	三峡水利	600116	万里股份	600847
国城矿业	000688	巨人网络	002558	太极集团	600129	声光电科	600877
中交地产	000736	蓝黛科技	002765	重庆啤酒	600132	重庆燃气	600917
北大医药	000788	莱美药业	300006	重庆港	600279	重庆钢铁	601005
财信发展	000838	智飞生物	300122	远达环保	600292	赛力斯	601127
重庆水务	601158	力帆科技	601777	中国汽研	601965	川仪股份	603100
再升科技	603601	隆鑫通用	603766				

(二)变量设计与说明

1. 被解释变量

被解释变量拟将从净利润和净资产方面计算出的财务绩效的数值作为被解释变量的数据。稳健性检验拟用净利润及总资产计算出的具体数据替换财务绩效进行分析检验。

2. 解释变量

在选取解释变量时,主要从资本结构、公司规模、董事会规模、研发人员投入力度四个方面进行考虑(见表5-7)。

表5-7 变量定义表

	变量符号	变量名称	变量说明
因变量	R_2	净资产收益率	净资产收益率=净利润/净资产
	R_1	资产收益率	资产收益率=净利润/总资产
自变量	D_T	资本结构	总负债/总资产
	S	企业规模	企业总资产的自然对数值
	B_S	董事会规模	董事会成员数的自然对数值
	R_D	研发人员投入力度	研发人员数量/全体员工总数
控制变量	A_G	企业年龄	第一年创立的企业值为1,往后每一年依次加1
	G_D	国内生产总值	重庆市国内生产总值的自然对数值

资产负债率的高低与企业的资本结构紧密相关。当企业负债率高时,资本结构可能呈现出更多的债务或贷款等。相反,当企业负债率较低时,资本结构可能会以股权融资为主。当企业负债率较高时,企业经营风险增加,因为更多的债务需要支付更多的利息和本金,也就意味着企业利润会较低。当负债过高的企业出现经营问题,它需要更多的现金来偿还债务。如果企业资产负债率过高,则可能会出现隐性负债的风险。企业资本结构的构成对资产负债率也会产生影响。如果企业倾向于通过股本融资而不是债务融资,这表示企业决策者或决策部门更倾向于使用自有资本而不是债务来扩大并经营企业。因此,资产负债率对于企业经营和财务绩效的影响也在很大程度上取决于企业的资本结构。基于此,本节选取资产负债比率来代表资本结构。

3. 控制变量

在进行多元回归分析时,为了避免企业其他特征变量被遗漏而导致零假设错误,应该对一些复杂因素进行控制,拒绝导致其他解释的存在。因此,在研究中,加入控制变量,包括企业年龄和重庆市国内生产总值(见表5-7)。

(1)企业年龄是指企业的经营年限。研究表明,不同阶段的企业面临着不同的机遇和挑战,因此其财务绩效表现也存在差异。基于此,本节选取企业年龄为控制变量。

(2)国内生产总值(GDP)是一个国家或地区所创造的全部商品和服务的市场价值。财务绩效和GDP之间存在密切的关系,高质量的GDP增长可以刺激企业的人口基数增长、市场消费增加,从而带来更好的财务绩效。当一个国家或地区的经济增长明显,市场需求增加时,公司的销售收入和利润也会随之增长。但是,GDP对企业财务绩效的影响也是相对受限的。首先,一个国家或地区的经济增长并不会直接带来所有企业的收益增加。在市场竞争激烈的环境中,优胜劣汰的竞争机制往往会促使一些企业退出和关闭,而市场份额相对较大的企业则可以从市场份额扩大中获利。其次,当一个国家或地区的经济下滑时,企业有可能会受到显著影响,市场需求减少,企业的销售和利润也会受到影响。综上所述,GDP与企业的财务绩效密切相关,但不是绝对关系,受到市场竞争、商业环境等多种因素的影响。基于此,本节选取国内生产总值(GDP)为控制变量。

(三)研究假设

结合重庆市上市公司基本情况和财务绩效影响因素相关概念,对重庆市上市公司财务绩效的影响因素做出如下假设:

假设1:公司资本结构负向显著影响公司财务绩效。
假设2:企业规模正向显著影响公司财务绩效。
假设3:董事会规模正向显著影响公司财务绩效。
假设4:研发人员投入力度正向显著影响财务绩效。

(四)模型构建

以各上市公司净资产收益率的数据作为被解释变量,表示企业财务绩效,分析各因素对财务绩效的影响,影响因素包括资产负债率、企业规模、董事会规模、研发人员投入力度,并以企业年龄、GDP为控制变量。本节建立的回归模型如下:

$$R_2 = \beta_0 + \beta_1 D_T + \beta_2 \ln S + \beta_3 B_S + \beta_4 R_D + \beta_5 A_G + \beta_6 \ln G_D + \varepsilon$$

其中,R_2为净资产收益率;D_T为资产负债率;$\ln S$为企业规模;B_S为董事会规模;R_D为研发人员投入力度;A_G为企业年龄;$\ln G_D$为国内生产总值。

四、实证分析

(一)描述性统计

首先对各变量进行描述性统计,结果见表5-8。由描述性统计结果可知,净资产收益率的均值为1.421%,说明研究样本企业总体上处于盈利状态;资产负债率的均值为47.059%,接近50%的适中值,说明研究样本企业的资产负债率在整体上比较合适;企业规模的均值为13.643,标准差为1.334,即研究样本中的企业规模存在显著差异;董事会规模的标准差为2.122,即样本企业的董事会规模存在显著差异;研发人员投入力度的标准差为12.568%,即样本企业的研发人员投入力度存在显著差异。

表5-8 描述性统计分析

变量	最小值	最大值	均值	标准偏差
R_2/%	-1.656	281.989	1.421	19.455
D_T/%	6.295	121.274	47.059	22.338
$\ln S$	10.855	17.456	13.643	1.334
B_S	5.000	17.000	9.181	2.122
R_D/%	0.000	75.380	9.802	12.568
A_G	1.000	32.000	19.476	6.449
$\ln G_D$	19.117	19.447	19.274	0.115

(二)相关分析与共线性诊断

进一步进行相关性分析,结果如表5-9所示。

表5-9 相关性分析

变量	R_2	D_T	$\ln S$	B_S	R_D	A_G	$\ln G_D$
R_2	1						
D_T	-0.165**	1					
$\ln S$	0.084*	-0.572**	1				
B_S	-0.007	0.241**	0.218**	1			
R_D	0.127**	-0.287**	-0.058	-0.032	1		
A_G	-0.102**	-0.112	0.075	-0.077	0.418**	1	
$\ln G_D$	0.096*	-0.028	0.114	-0.057	0.077	0.000	1

注:**、*分别为1%、5%的显著性水平。

相关性分析结果显示,资产负债率与净资产收益率之间的相关系数为负值,且显著,说明资产负债率与净资产收益率之间存在负相关关系;企业规模、研发人员投入与净资产收益率之间的相关系数为正值,且显著,说明企业规模、研发人员投入与净资产收益率之间存在正相关关系;而董事会规模与净资产收益率之间的相关系数不显著,说明二者之间存在不显著的相关关系;企业年龄与净资产收益率之间的相关系数为负值且显著,说明企业年龄与净资产收益率负相关,而GDP与净资产收益率之间的相关系数为正值且显著,说明GDP与净资产收益率正相关。

接着对每个变量进行共线性诊断,结果见表5-10。从共线性诊断结果来看,每个变量的VIF都小于10,这意味着各因素之间不存在多重共线性。

表5-10 共线性诊断

变量	共线性统计	
	容差	VIF
D_T	0.589	1.699
$\ln S$	0.625	1.601
B_S	0.919	1.088
R_D	0.756	1.323
A_G	0.802	1.246
$\ln G_D$	0.963	1.038

(三)回归分析

各因素与净资产收益率的回归结果见表5-11。

表 5-11 回归结果分析

变量	R_2
D_T	-1.832*** (-7.693)
$\ln S$	2.339*** (4.972)
B_S	2.282 (0.769)
R_D	1.069* (1.761)
A_G	-3.076** (-2.856)
$\ln G_D$	0.661*** (3.174)
常数项	3.515*** (3.535)
R^2	0.603
调整 R^2	0.592
F	51.463***

注:***、**、*分别表示1%、5%、10%的显著性水平,括号内为 T 统计量。

由回归结果可知,拟合度 R^2 为 0.603,即各因素对净资产收益率的解释程度为60.3%,且通过了 F 检验,即模型结果有效,由此可得回归方程:

$$R_2 = 3.515 - 1.832 D_T + 2.339\ln S + 2.282 B_S + 1.069 R_D - 3.076 A_G + 0.661\ln G_D + \varepsilon$$

资产负债率的回归系数为 -1.832,且显著,说明资产负债率每正向变化 1 个单位,净资产收益率就会反方向变化 1.832 个单位,资产负债率的提高对改善公司业绩没有积极作用。

公司规模的回归系数为 2.339,且显著,说明公司规模每正向改变 1 个单位,净资产收益率就会朝相同方向改变 2.339 个单位,故较大的公司规模有利于提升企业绩效。

董事会规模的回归系数为 2.282,但不显著,说明董事会规模对于提升企业财务绩效没有明显作用。

研发人员投入力度的回归系数为 1.069,且显著,说明研发人员投入每正向变化 1 个单位,净资产收益率就会正向变化 1.069 个单位,故增加研发人员投入对提高企业绩效具有有利影响。

公司年龄的回归系数为 -3.076,且显著,说明公司年龄每正向变化 1 个单位,净资产收益率就会反方向变化 3.076 个单位,故公司年龄的增加对公司绩效有不利影响。

GDP 的回归系数为 0.661,且显著,说明每增加 1 个单位的 GDP,净资产收益率就会正向变化 0.661 个单位,这意味着经济增长对公司绩效有好处。

(四)稳健性检验

接下来进一步以 R_1 作为企业绩效的替代变量,进行稳健性分析,结果见表 5-12。

表 5-12 稳健性检验

变量	R_1
D_T	-0.001*** (-7.764)
$\ln S$	0.009*** (4.083)
B_S	-0.020* (-1.743)

续表

变量	R_1
R_D	0.101**(2.643)
A_G	−0.001(−0.827)
$\ln G_D$	0.084***(4.680)
常数项	1.612***(4.527)
R^2	0.499
调整R^2	0.465
F	14.470***

注：***、**、*分别表示1%、5%、10%的显著性水平，括号内为T统计量。

由稳健性检验结果可知，资产负债率、企业规模、董事会规模、研发人员投入力度与R_1的回归结果与前文大体上是一致的，即企业规模、研发人员投入力度有利于企业绩效的提升，资产负债率、董事会规模对企业绩效提升有抑制作用，这表明模型回归结果是具有稳健性的。

五、结论及建议

(一)研究结论

重庆市自1992年第一家上市公司上市以来，上市公司蓬勃发展，成为重庆市经济发展的有生力量，为重庆市的经济发展做出了巨大的贡献。通过对重庆市36家上市公司的各项指标进行分析，得出的研究结论如下：

公司资本结构对财务绩效的影响与原假设一致，且影响显著。实证结果说明，资产负债率升高，会导致重庆市上市公司财务风险升高，财务风险的升高会导致企业财务绩效降低。高资产负债率可能给公司带来较高的债务成本。高杠杆率意味着公司需要支付更多的利息和债务费用，可能影响企业的盈利能力。同时，高风险债务的存在还会使企业面临破产风险。另外，高资产负债率也会对公司的财务结构带来负面影响。如果公司的负债规模过大，那么其资产负担会加重，资产回报率可能会下降。这可能导致股东收益下降，从而影响公司的市值。

企业规模对财务绩效的影响与原假设一致，且影响显著。实证结果说明，企业随着规模的扩大，公司的财务绩效会显著上升。通常来讲，较大规模的企业在不同层面上都能获得一定的优势。首先，较大规模的企业在采购、生产、运营等方面可以实现规模优势，因此能够获得更多收益。其次，较大规模的企业在市场上的影响力和品牌认知度也相对较高，能够获得更多市场份额和盈利机会。最后，较大规模的企业在融资方面也更加容易，能够获取更多的融资渠道，降低融资成本，并能够更加灵活地运用资金，提高资金使用效率。因此，对于重庆市上市公司而言，企业的规模越大，其财务绩效也越好。

董事会规模对财务绩效的影响与原假设一致，但是并不显著。实证结果说明，董事会规模对于提升重庆市上市公司财务绩效并没有明显的作用。一些研究指出，董事会规模对企业财务绩效的影响取决于该董事会的组成和质量，而不只是规模大小。董事会成员所具有的技能、个人能力和独立性等因素比规模更重要，规模过大反而可能会对董事会决策效率和审慎性造成不利影响，甚至会增加企业的治理成本。此外，一些重庆市上市公司的董事会虽然规模较大，但由于成员之间的关系、能力、背景等方面的差异，导致董事会在决策和监督方面存在一定的局限性,难以实现有效的管控和协调。

研发人员投入力度与原假设一致,且影响显著。实证结果表明,研发人员投入可以促进企业产品、技术等创新,提高市场竞争力,从而创造更多的收益。首先,企业通过持续的研发投入和技术创新,可以进一步提高产品质量和定价能力,增加企业市场份额和盈利空间。其次,高研发投入也可以提高企业的生产效率和管理效率,从而直接或间接地提高企业的财务绩效。研发人员投入将提高企业员工的技术水平和工作效率,加快产品开发周期,缩短企业生产线和流程时间,实现企业经营成本的降低。

(二)建议

对于重庆的上市公司而言,要想提高企业的经营业绩,就必须要找到企业经营业绩的主要影响因子,并加以改善。在上述分析的基础上,我们得出了重庆市上市公司财务绩效的主要影响因子,现针对这些因子,给出相应的建议,具体如下。

1. 提高企业资产负债率

(1)推进资产证券化和优化融资结构。对于重庆市上市公司而言,应该积极发掘资产证券化和债务重组等手段,实现优化融资结构和财务结构的目标。通过资产证券化,可将优质资产打包成证券发售,较为灵活地融资,减少对银行贷款和信用担保等传统方式的依赖,降低资金成本。

(2)加强内部控制,降低财务风险。重庆市上市公司应加强内部控制制度建设和提高风险管理能力,规范流程,加强财务监管和审计工作,防止虚假财务数据的产生,以降低财务风险和负债规模。

(3)优化资产结构和经营策略。重庆市上市公司应注重培育具有优良经济效益和前景的资产,通过股权合作等方式,优化资产结构和经营策略,降低负债规模和利息支出。

(4)积极开拓多元化融资渠道。重庆市上市公司应积极开拓多种融资渠道,如采用非公开发行债券、私募债券、基金等方式,增加筹资渠道,降低融资成本。

(5)定期审查和调整负债规模与成本。重庆市上市公司应定期审查和调整负债规模和成本,根据负债结构和市场利率情况进行带息负债转换、负债重组等,及时降低债务成本,切实提高企业的盈利能力和偿债能力。

2. 合理扩张企业规模

(1)制订详细的扩张计划。扩张计划应考虑多方面的因素,如市场规模、技术条件、竞争局势等,并需制定具体的目标、时间表和可行性研究等内容,以确保扩张的可行性和可持续性。

(2)确定适当的扩张方式。扩张的方式可以采用多种模式,包括收购、兼并、合资等。企业需要根据自身的战略和实际情况,选择最合适的扩张方式。

(3)确定财务计划和预算。扩张需要大量资金投入,故企业需要制定长期的财务计划和预算,以确保资金的充足和有效运用。

(4)加强风险管理。扩张风险需要引起企业的重视,企业需要制定有效的风险管理策略,如制定应急预案和控制流程等,以抵御可能发生的挑战和危机。

(5)加强人员和资源管理。扩张需要大量的人员和资源,企业应该提前规划、安排、培训和管理人员和资源,以保证扩张计划的有效执行。

(6)加强与当地政府和社区的沟通与合作。海外扩张时,需要与当地政府和社区建立良好的合作关系,了解当地法律法规、政策和文化,充分考虑当地居民的利益和影响等,以避免潜在的政治和社会风险。

3. 合理完善董事会制度

在提升重庆市上市公司财务绩效方面,重点不应该只关注董事会规模本身,更应该注重董事会成员的素质、能力和独立性等方面的质量因素,以及董事会与其他关键管理层之间的配合和互动情况。

(1)增强董事会成员的团队意识。董事会成员之间应该在战略思维、团队协作、沟通交流等方面相互支持和协调。企业应制定定期培训、研讨等措施,增强董事会成员之间的互信和协作,形成董事会良好的团队合作氛围。

(2)依据各成员的优势和特长,明确分工,激发其积极性。依据董事会成员各自的特长和经验,制订分工计划,明确董事会成员的职责和权利,并基于成员的优势和特长激发其积极性,以达到更好的决策和管理效果。

(3)制定健全的董事会议程和制度。确保董事会成员在决策和管理过程中遵循规章制度,保证每个决策都基于充分的考虑,并避免过度干预。

(4)加强管理和监督。管理团队应当积极参与董事会的管理和决策过程,并对其业绩负责。同时,制定监督机制,必要时对负责人和董事会成员进行问责,以保证董事会高效运行和实现预期的目标。

4. 提高研发创新能力

(1)加大人才投入。企业需要加大对人才的投入和培养。首先,招聘优秀的研发人员和工程师,并不断提高他们的技能和素质。其次,还可以通过开展校企合作项目,引入更多的新鲜血液和创新思维。

(2)建立有效的研发机构。企业需要建立起高效的研发团队和机构。企业应建立适当的研发流程和制度,并且与实践相结合,快速响应市场需求并提供有竞争力的产品和服务。

(3)优化研发投入。企业需要合理分配研发投入,并确保投入最具价值的项目之中。同时,定期进行投入回报分析,优化项目组合,确保企业的研发投入产出最大化。

(4)加强技术创新。技术创新是企业提高市场竞争力的关键。企业需要不断探索和引入新的技术,结合实际需求进行创新和应用,以保持市场领先地位。

(5)推进产品升级。基于市场需求和技术创新,企业需要不断升级产品,并提供高品质、高性能、有差异化的解决方案。对于市场反应不佳的产品,企业应及时进行优化和调整,以提高产品的市场竞争力。

第三节 四川省上市公司财务绩效影响因素研究

一、绪论

(一)选题背景与意义

1. 选题背景

2021年,四川省成都市迈入超级大城市序列。国家批复成渝地区双城经济圈,这是继珠三角、长三角及京津冀之后,中国又一大经济区。2021年,成都GDP已经达到1.99万亿元。四川本身有很多的劣势,地处内陆腹地,周围群山阻隔,远离沿海,不沿江,在交通上没有任何的优势,在古代,进出四川更是难于上青天,在城市发展"有海就是王"的情况下,可以说毫无优势。虽然地理条件不够优越,但是四川省内不仅有较多的白酒企业,还是航天科工的重要基地,且四川省在食品、机械加工、高新技术等产业链上都是非常发达的。同时,四川省的消费非常旺盛,不仅在中国,在全球都是非常有影响力的。除此之外,四川省的自然资源也是非常丰富的,除了传统能源里的石油和天然气以外,在新能源领域里的锂、钴等的储能也是非常丰富的。随着消费时代的到来,新能源产业的发展,四川的经济发展会越来越好。随着经济全球化和市场化进程的加快,四川省作为我国重要的经济中心之一,其上市公司的财务绩效受到越来越多的关注。因此,深入研究四川省上市公司的财务绩效影响因素,有助于更好地认识四川省上市公司的实际情况和发展趋势,且提出可行的问题解决方案,可以为企业发展提供有效的参考和支撑。

2. 研究意义

四川省是中国重要的经济中心之一,但是四川省的实体经济普遍存在重量轻质的问题。四川省上市公司很多,但知名品牌比较少。并且,四川省经济集中度太高,成都的GDP占四川的36.5%,而排名第二的绵阳的GDP不到成都的17%。四川作为一个人省,只靠成都带动全省发展是不现实的。因此,借鉴前人的研究成果,使用SPSS软件对四川省上市公司财务绩效影响因素进行研究,可以为四川省上市公司提升盈利能力、履行经济和社会责任等给予针对性对策建议。

(二)国内外研究现状

1. 国外研究现状

Hunady等有关学者(2020)将目光对准了信息与通信公司,对其2008—2016年的样本数据展开了研究分析,结果表明,研发投入可以提升企业的财务绩效。Tatiana等(2018)认为,在公司的经营发展过程中,盲目地增加科研方面的投资,对公司的今后发展不利。而造成这种情况的原因,主要是因为资产效率低下、市场占有率下降、业绩不佳,导致了退市风险加剧、股票收益率大幅波动。Booltink等(2018)利用分层回归法进行数据分析后发现,研发投入与财务绩效之间存在倒U形关系。Hamideh(2018)选取了欧洲的520家上市公司作为财务业绩评价的对象,对其进行了重新界定,并从公司的实际情况出发,修改传统的评估指标,且引入了三种新的指标,分别是盈利能力指标、公司管理水平指标和流动性指标。

2. 国内研究现状

Wang等(2020)采用因素分析方法,对75家农业企业进行了实证研究,通过研究发现,农业上市公司的财务风险有明显的差别,它们的发展很不均衡,而且都受到了一些较弱的指标的约束。闫丝雨(2021)以良品铺子为研究对象,研究结果表明毛利率与企业财务绩效呈现正相关。王利军等(2021)通过对湖北省53家制造上市公司2016—2019年的研发投资进行实证分析,得出了研发投资的强度与当期的财务业绩之间存在着负相关,但是它会对公司在未来一段时间内的财务业绩产生积极的作用。贾明琪等(2017)对软件信息产业进行了研究,发现研发投资和财务绩效的关系是非线性的,而且研发投资对公司财务绩效的影响有一定的滞后。林霜(2018)对国内A股工业上市企业2010—2016年数据进行研究,发现创新对财务绩效的影响存在周期性特征,并具有滞后性。徐斌(2019)以 2015—2017 年 A 股市场数据为基础,通过实证分析得出,技术创新对公司财务业绩起着决定性的作用,但是,这一作用在公司成长过程中,也会随着时间的推移而变化。郭谦(2021)在对汽车制造业企业创新投入与公司财务绩效的关系进行研究后发现,创新投入对公司的财务绩效有明显的正面影响。张完定等(2021)对 634 个高科技公司的数据进行了回归分析,发现技术创新可以提高公司的财务业绩,但具有一定的滞后作用。孙景蔚等(2020)以 2003—2007 行业样本为研究对象,研究发现,研发投资与企业绩效不存在单纯的正相关关系。韩先锋等(2018)以高新技术企业为例,对其研发投入与企业绩效之间的关系进行了实证分析,发现研发投入与企业绩效呈倒 U 形关系。刘亚娟(2021)运用 AHP-DEA 模型,从纵向和横向两个角度,对传媒公司的数据进行了比较分析,结果表明,该模型适用于 T 传媒公司,并对其实施提出了相应的建议。李运梅(2018)以出版社为研究对象,选择了 5 个年份的财务数据作为样本,得出结论:通过改善公司的财务能力,可以使公司的财务业绩得到更好的改善。金英伟等(2019)从盈利、偿债、成长和运营四个角度,对十家上市出版公司的经营业绩进行了分析,结果显示,这些公司的财务能力都得到了很好的发展,值得其他公司借鉴。向晖(2019)对网游公司的业绩进行了分析,并对如何提高这一领域公司的财务业绩提出了几点建议,首先,要加大对这一领域公司的投资力度,并对其进行技术人员的培训;其次,要想增加公司的利润,就必须根据现实情况,降低产品的成本,扩大公司的规模;最后,要增强员工之间的协作能力。何为(2019)利用因子分析法,对仓储物流业上市公司财务绩效展开了研究,结果表明,营运能力和发展能力对公司绩效有明显的正向影响。薛倩玉等(2019)运用因素分析方法,对 25 家新零售公司的财务资料进行了统计和分析,并从中选择了 14 项指标,对新零售公司的进一步发展提出了一些合理化的建议。蒋冠宏(2021)从中国公司的并购实例出发,分析了并购是怎样提高公司市场实力的,提出通过整合资源来提高公司的协同效应,同时,通过横向并购可以满足公司多样化发展的需要,从而对公司的价值增长起到积极的作用。易文丰等(2020)在进行了深入的研究之后,认为股权激励可以对企业的财务业绩有积极的促进作用,并且企业内部控制能力是其影响企业业绩的中间变量。金铭(2020)经实证研究后发现,内蒙古地区的研发投入强度与企业绩效存在显著正关联。潘景等(2022)证明了股权激励的强度和企业业绩之间存在着明显的正向联系,但是一次授予的股票数量对股权激励的作用没有任何影响。郑贵华等(2021)利用 2010—2020 年 A 股上市公司的数据,采用经验分析法,对股权激励、R&D 投入与财务绩效三个变量间的关系进行了深入的分析,得出了股权激励对企业业绩有正面影响的结论。

3. 研究述评

通过对现有文献的梳理归纳可以看出,国内外对公司财务绩效的影响因素展开了多方面的研究。从当前的研究结果来看,国内外对公司财务绩效的研究涉及第一大股东持股比例、企业规模、研发投入、资本结构、风险控制等各类财务指标。此外,国内外学者以地区和行业进行分类,对各种上市公司的财务绩效进行了一定程度的研究与探讨,但在研究过程中,不同学者选取了不同的财务指标与研究方法,样本选取的标准也不同,且对于企业财务绩效的研究,不同学者得出的结论也各不相同。在现有的研究文献中,对四川省上市公司财务绩效的研究并不多。因此,本节将研究四川省上市公司的研发投入力度、资产负债率和速动比率等财务指标对其财务绩效的影响,旨在对现有的相关研究进行补充。

(三)研究内容与方法

1. 研究内容

(1)背景介绍:对研究背景及研究对象进行介绍,重点介绍四川省上市公司的发展现状。

(2)研究假设:参考已有学者研究结论,对所选取样本的相关指标数据与财务绩效之间的关系进行研究假设。

(3)研究设计与理论模型:构建计量经济学模型,选取净资产收益率作为衡量上市公司财务绩效的指标,同时选取融资成本、资产周转率、现金持有、研发强度及技术创新为主要解释变量,并对影响上市公司财务绩效的其他变量进行控制,实证检验影响四川省上市公司财务绩效的因素。

(4)实证分析:借助SPSS统计分析软件,对所选取的指标变量进行多元回归分析,实证检验所选取的变量对上市公司财务绩效的影响,并通过替换变量对多元回归结果进行稳健性检验。

(5)结论与建议:对研究过程与结果进行总结,并提出针对性的对策建议。

2. 研究方法

(1)文献研究法。通过收集与查询已有学者相关文献,进行归纳总结,为后文研究所选变量与财务绩效之间的关系奠定理论基础。

(2)实证分析法。通过构建计量经济学模型,实证检验四川省上市公司2017—2021年财务绩效影响因素。借助SPSS统计分析软件,使用多元回归模型研究所选变量与财务绩效之间的关系,并结合研究结论为提升四川省上市公司财务绩效提出针对性的对策建议。

二、财务绩效相关概念及四川省上市公司基本情况

(一)财务绩效相关概念

在现代企业管理中,如何提高绩效是企业管理过程中经常遇到的一个重要问题。所谓绩效,是指在一定时期内,通过企业全体员工的努力工作,使其生产的产品、提供的服务等符合既定标准和要求,达到既定目标所产生的经济效益和社会效益。对企业而言,它是一种客观存在。

财务绩效是指企业在一定会计期间内,按照会计准则要求,对企业生产经营成果的一种评价。财务绩效通常被用来衡量公司的财务状况,是一种综合评价。财务绩效主要体现了公司在经营过程中所取得的经济效益和社会效益,是公司经营业绩的综合评价。财务绩效作为企业考核评价指标体系的重要组成部分,主要用于对公司在一定时期内的经济效益和社会效益进行综合评价,以正确引导企业经营者进行经营决策。财务绩效主要反映了企业在一定会计期间内生产经营成果的实现程度,是企业的经营业绩和经营者的工作业绩。财务绩效包括两个方面:一方面是指企业在一定会计期间内的经营成果,另一方面是指经营者业绩。

(二)财务绩效管理理论基础

现金流量理论认为,企业的价值是其预期的未来现金流量的现值。该理论认为,如果资产的预期收益很大,但是它带来的风险也很大,那么这种资产就不值得投资;反之,如果预期收益较小,但是它带来的风险很小,那么这种资产就应该投资。

(三)四川省上市公司基本情况

四川省是我国经济发展较快的地区之一,2022 年,在全国上市公司数量的排名中,四川省位居第七。但四川省要面临的挑战也不小,问题之一是主业不突出,在经济上没有亮点,没有特长。四川省上市公司覆盖面极广,但被列为五大支柱产业收入之和的占比很少。第二个问题便是省内经济发展极度不平衡。作为四川省内排名第二的绵阳市,其 GDP 总值只有成都的 17%。四川省是一个大省,不可能只靠成都市来带动其他地区的经济发展。不过四川省作为中国经济发展重地,前有国家批复成渝地区双城经济圈,后有股票发行注册制的实行,当前四川正迎来千载难逢的发展机会。

三、四川省上市公司财务绩效影响因素研究设计

(一)基本假设

科技作为第一生产力,加快实现高水平科技自立自强,是实现民族复兴的重要支撑。随着市场的不断发展,企业面临着日益激烈的市场竞争,为了在市场中保持竞争力,企业需要通过不断地在研发方面投入费用,加强创新,提高产品质量和研发速度。并且,研发投入在很大程度上体现了经济转型升级进程和高质量发展水平。根据上述分析,提出以下假设:

假设 1:研发投入力度显著正向影响企业财务绩效。

资产负债率是企业全部债务与所有者权益之比,这是一项相对重要的财务指标。它反映了企业资产的利用效率。一般来说,当一个公司的资产负债率较低时,它的财务风险较小;反之,随着资产负债结构的变化,公司的资产负债率升高时,公司的财务风险也会随之增大。根据上述分析,提出如下假设:

假设 2:资产负债率显著负向影响企业财务绩效。

速动资产主要是由流动资产减去存货构成的,与库存资产相比,速动资产更容易实现变现,并且其所占的比重更大,具有更高的流动性。速动比率是一个企业运用可转化资产来偿还其所欠下的现金流,以及反映其短期偿债能力的综合指标。所以,速动比率的大小可以很好地反映出一个公司的流动能力的强弱以及公司的偿债能力的大小。根据上述分析,提出以下假设:

假设 3:速动比率显著正向影响企业财务绩效。

(二)模型构建

为了对前文有关假设进行更深一步的检验,本节运用多元线性回归的方法,以四川省上市公司为例,对财务绩效影响因素进行分析,构建如下回归模型:

$$R_2 = \beta_0 + \beta_1 R_D + \beta_2 L + \beta_3 Q_R + \beta_4 S + \beta_5 S_g + \beta_6 C_A + \varepsilon$$

其中,R_2 表示净资产收益率,为被解释变量;R_D 是研发投入力度,L 是资产负债率,Q_R 是速动比率,三者为解释变量;S 是企业规模,S_g 为公司成长性,C_A 是现金实力,三者为控制变量;β_0 是常数,β_i 是各影响因素的系数;ε 是随机变量。

(三)样本选取与数据来源

1. 样本选取

本节主要将四川省制造业、文化体育和娱乐业、房地产业、软件和信息技术服务业、教育业等行业的上市公司作为研究样本,并整理这些上市公司 2017—2021 年的相关财务数据。为了

保证研究结果的可信度,在此对研究数据进行相应处理,剔除 ST 与 *ST 的上市公司,剔除数据不全或数据丢失的上市公司,经过筛选,最终保留 41 个上市公司样本进行实证分析。

2. 数据来源

研究数据主要是根据东方财富网中四川省上市公司的相关数据进行收集,并使用巨潮资讯网、同花顺财经网等来补充缺失的数据。其中,研发投入力度根据财务报表中的数据计算得到,其他财务指标则是由财务报表中的数据而来。数据指标的整理和汇总通过 Excel 处理,并使用 SPSS 进行数据分析。

(四)变量选择

研究涉及的变量包括被解释变量、解释变量、控制变量,各变量的设计与说明见表 5-13。

表 5-13 相关指标的变量解释

变量类型	变量名称	变量符号	变量定义
因变量	净资产收益率	R_2	净利润/净资产
	资产收益率	R_1	净利润/总资产
自变量	研发投入力度	R_D	研发费用支出/营业收入
	资产负债率	L	负债总额/资产总额
	速动比率	Q_R	(流动资产-存货)/流动负债
控制变量	企业规模	S	期末总资产的自然对数值
	公司成长性	S_g	(本期销售收入-上期销售收入)/上期销售收入
	现金实力	C_A	净现金流量/总资产

1. 被解释变量

为了对企业的财务绩效进行更好地体现,采用净资产收益率(R_2)来体现企业的财务绩效。同时,稳健性检验采用资产收益率(R_1)作为被解释变量。

2. 解释变量

结合已有学者研究结论,选取研发投入力度(R_D)、资产负债率(L)、速动比率(Q_R)三个指标作为解释变量,探究它们对四川省上市公司财务绩效的影响。

3. 控制变量

通过查阅相关文献,张完定等(2021)在有关财务绩效的研究中,将企业规模、公司成长性和现金实力作为控制变量。在此基础上,本节为了对主要变量关系进行更好的解释,也主要选取企业规模、公司成长性、现金实力作为控制变量。

四、四川省上市公司财务绩效影响因素实证分析

(一)描述性统计分析

根据描述性统计结果(见表 5-14),可以看出,在选取的 41 家有效样本企业中,其财务绩效的平均值是 0.06,远远低于最大值 1.09,其最小值是-2.06,标准差是 0.20。研发投入力度的最小值只有 0.0001,远远低于其最大值 0.21,且研发投入力度的均值只有 0.04,说明样

本公司之间研发投入力度差距较大,且整体投入力度不高。在有效的样本公司中,资产负债率的最大值达到了122.94%,远远高出了平均值42.26%。速动比率的平均值为1.66,最小值仅有0.14,可以看出,样本公司之间的偿债能力有较大差距,且整体水平不高。

表5-14 本节研究相关指标的描述性统计分析

变量符号	样本量	最小值	最大值	均值	标准差
R_2	205	-2.06	1.09	0.06	0.20
R_1	205	-0.29	0.27	0.04	0.07
R_D	205	0.0001	0.21	0.04	0.04
L	205	8.12%	122.94%	42.26%	20.49%
Q_R	205	0.14	9.14	1.66	1.25
S	205	-53.17	665.66	16.37	53.59
S_g	205	0.01	0.36	0.08	0.06
C_A	205	-.41	0.46	0.01	0.08

(二)相关性检验

使用SPSS软件,对四川省上市公司财务绩效影响因素研究的指标数据进行相关性分析,如表5-15所示。研究发现,研发投入与净资产收益率呈显著正相关,且在5%的水平上显著;上市公司的资产负债率与净资产收益率呈极显著的负相关,并且在1%的水平上显著;速动比率对企业的净资产回报率具有极强的正向影响,并在1%的水平上显著。可见,变量之间的相关性显著,表明变量的解释力度较好,各变量之间的关系初步符合本节的假设。

表5-15 四川省上市公司财务绩效影响因素相关性分析

变量符号	R_2	R_D	L	Q_R	S	S_g	C_A
R_2	1						
R_D	0.228*	1					
L	-0.465**	-0.244**	1				
Q_R	0.144**	-0.179*	0.027	1			
S	0.081	0.436*	-0.749*	0.881*			
S_g	0.128	-0.103	0.011	-0.083	-0.042	1	
C_A	0.154*	-0.026	-0.035	0.178*	0.126	-0.056	1

注:** 表示1%显著相关,* 表示5%显著相关。

(三)回归结果及分析

为了检验所研究指标对四川省上市公司财务绩效的影响,首先选取净资产收益率(R_2)作为被解释变量对样本数据进行多元线性回归,研究结果如表5-16所示。

从回归分析结果中可以看出R^2为0.522,F为21.746。从这些数据结果可以看出,选择的数据是合理的,且符合研究要求。研发投入力度(R_D)的显著性值为0.034,小于0.05,系数为2.011,这说明在5%的显著性水平下,研发投入力度(R_D)对企业财务绩效产生正向影响,研发投入力度增加1个单位,财务绩效增加2.011个单位,故假设1成立。资产负债率(L)的显著性值为0.001,小于0.01,系数为-0.045,这说明在1%的显著性水平下,资产负债率(L)对企业财务绩效有负向影响,资产负债率提升1个单位,财务绩效降低0.045个单位,故假设2成立。速动比率(Q_R)显著性值为0.006,小于0.01,回归系数为0.102,说明速动比率(Q_R)在1%的显著性水平下正向影响企业财务绩效,故假设3成立。因此,在本节研究中,资产负债率(L)对公司财务绩效具有负效应,研发投入力度(R_D)、速动比率(Q_R)对财务绩效具有正效应。

表5-16 四川省上市公司财务绩效影响因素回归结果

变量	系数	T值	P值
R_D	2.011	2.216	0.034
L	-0.045	-3.395	0.001
Q_R	0.102	2.800	0.006
S	0.069	0.240	0.750
S_g	0.122	0.522	0.602
C_A	0.000	1.536	0.126
(常量)	-0.098	-1.411	0.160
F		21.746	
R^2		0.522	

注:$P<0.01$表示1%显著性水平,$0.01<P<0.05$表示5%显著性水平,$0.05<P<0.1$表示10%显著性水平。

(四)稳健性检验

为了检验结论的稳健性,使用资产收益率替代净资产收益率来进行稳健性分析,检验结果如表5-17所示。通过对上述结果的比较,我们可以发现,对四川省上市公司财务绩效影响因素的研究与前面的研究是相吻合的,故多元回归分析的结果是稳健的。

表5-17 四川省上市公司财务绩效影响因素的稳健性检验

变量	系数	T值	P值
R_D	0.917	3.301	0.001
L	-0.012	-4.266	0.000
Q_R	0.038	2.591	0.000
S	0.045	2.705	0.572
S_g	0.081	1.708	0.089
C_A	0.023	0.784	0.434
常量	-0.143	-7.146	0.000
F		51.901	
R^2		0.681	

注:$P<0.01$表示1%显著性水平,$0.01<P<0.05$表示5%显著性水平,$0.05<P<0.1$表示10%显著性水平。

五、研究结论与对策建议

(一)研究结论

本节以2017—2021年四川省深交所和上交所41家A股上市公司的数据为研究样本,实证研究研发投入力度、资产负债率、速动比率对四川省上市公司财务绩效的影响,得出的主要结论如下:

1. 研发投入力度显著正向影响财务绩效

通过回归分析可知,四川省上市公司的研发投入力度显著正向影响公司财务绩效,这表明,公司的研发费用投入程度对于公司的财务绩效有着很大的正向影响。因此,四川省上市公司可以通过调整研发费用投入力度,进而对企业财务绩效产生影响。

2. 资产负债率显著负向影响财务绩效

通过回归分析可知,资产负债率对四川省上市公司的财务业绩有消极影响。如果一个公司的资产负债率很高,表明公司的负债就会变得更高,而公司的自有资产也会变得更低,公司所要承担的债务风险也会变得更大。与此相反,资产负债率越小,企业的自有资产就越多,与此同时,企业的负债也越低,企业所要承担的债务成本就越小,说明该企业的偿债能力更强。所以,降低资产负债比率将会对企业的财务绩效产生积极的影响。

3. 速动比率显著正向影响财务绩效

通过回归分析可知,速动比率对四川省上市公司的财务业绩有积极的影响。与库存相比,流动资产更容易变现。速动比率反映了一家公司用流动资产来偿付流动债务的能力。速动比率高,就代表着公司的现金流更好,所以公司的偿债能力也更强。同时也说明了公司的财务状况比较好,这对公司的发展有一定的促进作用。

(二)对策建议

根据对四川省上市公司财务绩效影响因素的研究结论,并结合四川省上市公司的实际发展情况,在此提出以下对策建议,旨在提高四川省上市公司的财务绩效。

1. 加大企业研发投入力度,提高企业盈利能力

通过实证分析得出,研发费用投入力度显著正向影响四川省上市公司财务绩效,因此,四川省上市公司应加大研发投入力度,提高科技创新能力,通过提高财务绩效来实现利益最大化。目前,四川省部分上市公司的财务报表中,并没有研发费用这一项支出,且其余公司整体的研发费用投入力度并不高。因此,四川省上市公司应增加研发投入,注重科技创新,提高产品的质量及市场竞争力,从而进一步提高企业的财务绩效。

2. 降低企业资产负债率,提升企业偿债能力

通过实证分析得出,企业的资产负债率显著负向影响财务绩效。资产负债率是一家企业的重要指标,当企业的资产负债率过高时,企业所面临的财务风险相对过大,会影响企业的财务绩效。因此,四川省上市公司可以通过处置多余闲置的资产,提高各项资产的使用率,增加上市公司的现金流量,降低企业的资产负债率,从而提升企业的财务绩效。

3. 提升速动比率,提高企业营运能力

通过实证分析得出,速动比率显著正向影响财务绩效。速动比率是衡量一个企业短期偿债能力的重要指标。如果速动比率高,表明企业的经营效率高,管理能力优秀;如果速动比率过低,则表明企业对于流动资产管理不善,对短期债务处理不当。因此,企业应当重视对速动比率的监控和管理,以提高企业的财务绩效。

第四节 贵州省上市公司财务绩效影响因素研究

一、绪论

(一)研究背景

贵州是我国著名的旅游胜地,同时也有大量知名特产,如贵州茅台、威宁火腿、都匀毛尖、苗族首饰等。贵州自2013年开始推行省直管县试点之后,将仁怀市、威宁县调整为省直管县,在这之后又将许多的县调整为市。当前贵州持续推进三大产业发展,第一产业增速为3.6%,第二产业增速为0.5%,第三产业增速为1.0%,其中第三产业整体增加值最大。贵州在"十四五"规划中准备大力推动新型工业化、新型城镇化、农业现代化、旅游产业化的统筹发展。

20世纪90年代,贵州多家公司在深交所与上交所上市,当然,因为有些公司没有规范的经营体制,且没有及时提升技术水平,最终出现发展衰落问题。目前,贵州共有31家上市公司。考虑到上市公司的经营规模比较大,在当地经济发展中扮演着重要角色,因此有必要对贵州上市公司财务绩效影响因素展开分析研究,帮助贵州上市公司优化经营管理,以获得更好的发展。

(二)研究意义

1. 理论意义

对于贵州来说,能源产业、商业以及烟草产业都是其支柱性产业,且贵州的多数上市公司都是支柱性产业,在贵州经济体系中的作用举足轻重,地位不可替代,优势不可复制。而且,这些支柱产业具有极强的融资能力,经营趋势是规模化,可以用于贵州经济的全面发展。为迎合新时期发展趋势,如今贵州的各种产业仍需不断升级与转型。为了实现贵州"十四五"规划目标,本节以前人的理论作为参考基础,对财务绩效影响因素有关理论和知识进行梳理,用实证分析的方法对贵州上市公司财务绩效的影响因素进行分析,进而为类似的研究提供参照。

2. 实践意义

本节从6个方面构建财务绩效影响因素指标体系,对贵州上市公司的财务绩效影响因素进行实证分析。根据实证结果,分析得出影响公司财务绩效的显著因素,并提出建议以提高贵州上市公司的财务绩效,为贵州上市公司的健康发展做出贡献。

(三)国内外研究综述

当前国内外已经有很多专家学者在研究财务绩效问题时展开了大量理论研究和实践分析。在国外,相关研究的主要力量为各种研究机构和专业学者,可用性比较强;国内在研究中靠的是政府推动,按照国情制定相对的研究方式,具有较强针对性。

1. 国外研究现状

早在20世纪,国外就已经有很多学者致力于研究公司的财务绩效,并提出了专门的理论体系。Suttipun等(2021)通过研究绩效指标时,认为应统一股利支付率、资产收益率,研究现金流量、资产管理率、偿债能力变化原因,用更客观和全面的视角对公司财务进行评价。同时,在选择评价方式、评价指标的时候,应根据需求综合考虑;分析不同研究对象的时候,需要使用不同的评价指标;构建评价指标时,需要使用多元方式,以提高财务数据分析的准确度与深度,充分考虑不同指标关联性,保障评价结果足够客观。

2. 国内研究现状

相较于国外,国内关于绩效影响因素的研究比较晚,20世纪末我国才逐步建立市场经济体制,在这之后政府开始重视绩效评价问题。在这之后,财务部也专门出台了《企业财务通则》,使用速动比率、流动比率进行企业财务和经营状况评价。Gu等(2022)在研究经营绩效的时候,将公司运作的投资回报率当作指标进行评价,创建了专门的分析系统。其在评价中以财务杠杆、资金周转率以及利润率作为资产收益率,通过各种财务比率评价企业财务。Zhou(2021)通过调查数十家公司财务状况,认为对企业财务管理来说,股权结构、资本结构是重要的参考指标。Zheng等(2021)使用调查问卷的方式对当地跨国企业进行数据搜集与分析,最终确定企业管理中常用内容包括现金流量、内部报酬率、股票收益率。殷小舟(2023)在研究企业经营状况时,站在企业、债权人与投资人的角度进行评价,使用综合评价的办法用于表现企业资产保值能力和盈利水平。汪健等(2023)在分析企业绩效管理的时候,从经营增长、偿债水平、资产水平与盈利能力角度切入,使用定性评价方式评定企业管理能力。牟必燕(2023)通过制定绩效模型的方式,将流动比率、利润增长率以及资产收益率用于评价企业经营绩效。陈雪(2023)评比20家上市公司经营能力的时候,以公司的市值、业务收入、净利润和总资产进行排名和评分。张志花等(2023)使用实证分析的方法得出,相较于传统利润模式,EVA绩效评价有着更好的使用效果,尤其是在用于创造型公司评价时效果非常明显。也有学者从微观层面围绕股权集中度、公司特征、激励模式、激励强度、激励对象和激励期限等,分别探讨股权激励有效性的影响因素,认为完善监事会制度应注重强化监督地位的独立性、维护监督权力的充实性、保障监督动力的充足性,进而提升企业治理水平与发展竞争力。

(四)研究内容及方法

1. 研究内容

(1)绪论:介绍研究背景和意义,对国内外相关文献进行综述,提出本节的研究内容和研究方法。

(2)核心概念与理论基础:介绍财务绩效相关概念以及财务绩效评价,并详细阐述研究的理论基础。

(3)研究与设计:对研究内容进行假设、定义相关变量并进行模型构建。

(4)实证分析:通过SPSS应用统计软件对贵州上市公司样本数据进行分析,具体包括描述性统计分析、相关性检验、多元回归分析,以及稳健性检验。

(5)研究结论与对策建议:对研究内容进行总结,并提出提高贵州上市公司财务绩效的对策建议。

2. 研究方法

(1)文献研究法。以现存的国内外针对财务绩效影响因素研究成果为基础,查阅大量的研究资料,对其进行分类、整理,为相关变量设计提供研究基础。

(2)实证分析法。将选取的贵州上市公司进行数据处理,研究贵州上市公司财务绩效的影响因素,并进行实证分析和提出相应的建议,为贵州上市公司提高财务绩效提供理论依据。

二、核心概念及理论基础

(一)核心概念

1. 财务绩效的概念

财务绩效指特定时期内个人与组织工作中的表现和结果,是对执行目标与结果的综合考量,是由绩与效两个部分组成的。其中,绩就是企业利润获取时制定的发展目标,能够用于指引个人与组织努力;效是行为模式,表现为公司管理成熟性与有效性,个人行为结果、企业规章制度都是效的内容。财务绩效是对投入产出状况的描述,体现的是经营生产中实现目标的效率与水平。

对企业管理来说,财务绩效是很重要的参考对象,反映的是企业经营时的财务效益,可以了解企业财务目标的制定与执行情况。

2. 财务绩效评价

财务绩效评价是对企业在一定时间内给企业带来的利益进行评估的一种方法。通过对财务绩效进行评价,可以了解企业一段时期内的经营发展状况,还可以发现企业存在的风险。同时,财务绩效评价可以帮助公司管理层调整和完善管理策略,从而更好地促进企业未来的发展。

(二)理论基础

1. 委托代理理论

委托代理在经济学契约中是非常重要的构成,以非对称信息为基础创建。委托代理理论体现的是生产专业化与分工精细化。在委托代理理论观念下,以财务绩效衡量企业代理人对企业做出的贡献,在一定程度上能解决这种委托代理理论的冲突。

2. 利益相关者理论

利益相关者理论说的是经营管理公司的时候,需要以满足利益相关者作为基本要求。这里的利益相关者泛指所有和公司生产结果、经营有关的主体,内容涉及公司的经营管理、产品市场与资本投入。

3. 权变理论

权变理论诞生于管理学理论,强调不同环境中有着不同要素组织,故管理行为应按照环境因素调整,并没有普适方法和原则。在权变中,环境是重要的要素,其特征是多变且不确定的。特定环境中,组织由多种子系统组成,子系统在不同环境中需要做出不同的管理措施调整,做好组织整合,进而让子系统适应相应环境。

三、研究与设计

(一)样本选取与数据来源

截至2021年底,贵州上市公司共有31家。基于研究分析的需要,本节将被冠以*ST标志的上市公司予以剔除(这类公司存在着亏损和退市的危险),最终选取30家上市公司为研究对象,且选取2017—2021年的相关数据作为实证研究样本,保留150个样本进行实证分析。研究所用的数据取自东方财富网、巨潮资讯网等多家数据统计网站。贵州上市公司名称与股票代码具体如表5-18所示。

表5-18 30家贵州上市公司名称与股票代码

公司名称	股票代码
中航重机	600765
黔源电力	002039
振华科技	000733
贵州茅台	600519
贵州燃气	600903
贵州三力	002224
贵州百灵	300016
贵绳股份	600992
红星发展	600367
中伟股份	300919
贵阳银行	601997
航天电器	002025
信邦制药	002390
中天金融	000540
华夏航空	002928
盘江股份	600395
新天药业	002873
泰永长征	002927
保利联合	002037
永吉股份	603058
南方汇通	000920
朗玛信息	300288
勘设股份	603458
黔源电力	002039
益佰制药	600594
贵广网络	600996
圣济堂	600227
贵航股份	600523
贵州三力	603439
航宇科技	688239

(二) 基本假设

本节选取资本结构、股权结构、董事会特征、高管激励、监事会、审计委员会6个因素来分析其对财务绩效的影响,其中,股权结构因素选取股权集中度,董事会特征因素选取独立董事占比,资本结构因素选取资产负债率,监事会因素选取监事会的会议召开次数,高管激励因素选取高管持股比例,审计委员会因素选取审计委员会设置。

(1)资产负债率是企业的负债总额与资产总额的比值,是一项衡量企业利用债权人资金进行经营活动能力的指标。企业的资产负债率越高,其财务风险越大。因此,提出假设1:资产负债率与公司财务绩效负相关。

(2)股权集中度较高,表明大股东利益与公司整体利益趋于一致,大股东更愿意去收集信息以及实施监督行为,会更加重视企业的长远发展。因此,提出假设2:股权集中度与公司财务绩效正相关。

(3)审计委员会是企业的重要机构,可以防止经理层与大股东侵占企业利益,从而达到提升公司价值的目标。因此,提出假设3:审计委员会的设置与公司财务绩效正相关。

(4)独立董事的存在能够使公司做出的决策更加准确,有较高独立董事占比的公司一般都有比较高的资产回报率,进而提高企业财务绩效。因此,提出假设4:独立董事占比与公司财务绩效正相关。

(5)监事会能够合规、合法监督公司运作,提高公司绩效,在公司结构中地位很高。监事会会议次数较多,能促使监事们更加勤勉地履行职责。因此,提出假设5:监事会的会议召开次数与公司财务绩效正相关。

(6)对管理层实施股权激励可以让管理层和其他股东有着一致的利益目标,从而提高公司财务运营效率。因此,提出假设6:高管持股比例与公司财务绩效正相关。

(三) 变量选择

1. 被解释变量

在查阅了相关的资料后发现,当前学术界在对公司的财务绩效进行测量时,主要采用了如下一些指标:净资产回报率、总资产回报率、每股收益、经济增值、市场增值等。因此,本节选取净资产收益率(R_2)作为衡量上市公司财务绩效的指标,再选取每股收益(E_P)作为替代变量进行稳健性检验。

2. 解释变量

通过借鉴已有文献,本节选取资产负债率、股权集中度、审计委员会设置、独立董事占比、监事会的会议召开次数、高管持股比例这6个指标作为解释变量,研究它们与财务绩效之间的关系。

3. 控制变量

本节选择公司规模与行业属性作为控制变量。

(1)公司规模。企业作为一个投入产出系统,适当提高企业的规模与产量,可以达到规模化经济效益。因此,本节选取公司规模为控制变量。

(2)行业属性。政策的支持对企业所在行业会产生很大的影响,不同行业得到的政府政策扶持效果大不相同,故行业属性同样会影响企业的财务绩效。因此,本节将贵州上市公司行业划分为制造类与非制造类两个类型。制造业样本公司为 $C=1$,非制造业样本公司 $C=0$。

综上,贵州上市公司财务绩效影响因素变量如表 5-19 所示。

表 5-19　贵州上市公司财务绩效影响因素变量说明

变量类型	变量名称	变量定义	变量符号
被解释变量	每股收益	每股收益=净利润/总股本	E_P
	净资产收益率	净资产收益率=净利润/净资产	R_2
解释变量	资产负债率	总负债/总资产	R_1
	独立董事占比	独立董事人数/所有董事会人数	I_D
	监事会的会议召开次数	监事会每年会议召开次数	S_B
	高管持股比例	高管持股数/总股数	J_L
	审计委员会设置	没设置为 0,有设置为 1	A_U
	股权集中度	前十大股东持股比例的平方	C_R
控制变量	公司规模	总资产账面价值自然对数	S
	行业属性	非制造业企业为 0,制造业企业为 1	C

(四)模型构建

采用多元线性回归模型对贵州上市公司财务绩效影响因素进行研究,为验证假设,构建如下回归模型:

$$R_2 = \beta_0 + \beta_1 R_1 + \beta_2 I_D + \beta_3 S_B + \beta_4 J_L + \beta_5 A_U + \beta_6 C_R + \beta_7 S + \beta_8 C + \varepsilon$$

式中,β_0 为截距项,β_i 为模型回归系数,ε 为随机干扰项。

四、实证分析

(一)描述性统计分析

在进行回归分析前,首先对相关变量进行描述性统计分析,如表 5-20 所示。

表 5-20　各变量描述性统计分析

变量	样本量	最大值	最小值	平均值	标准差
E_P	150	2.31	-1.28	0.344	1.751
R_2	150	0.85	-1.54	0.039	2.441
R_1	150	1.294	0.076	0.396	0.357
I_D	150	0.5	0	0.297	0.064
S_B	150	14	0	4.28	1.767
J_L	150	35.770	0	1.036	2.94
A_U	150	1	0	0.69	0.516
C_R	150	100%	12.35%	48.334%	3.121%
S	150	22.548	17.357	22.617	0.229
C	150	1	0	0.651	0.316

从统计分析中可以了解到,在 150 个样本公司数据中,每股收益的均值是 0.344,与最小

第五章　西南五省上市公司财务绩效影响因素研究

值-1.28 和最大值 2.31 具有明显差异。净资产收益率平均值是 0.039，这个数据和我国的平均水平差异很大。资产负债率最大值为 1.294，最小值为 0.076，这意味着贵州上市公司在使用财务杠杆时差异非常明显。贵州上市公司的股权集中度的平均值为 48.334%，最大值为 100%，这表明贵州上市公司有着非常集中的股权结构，公司决策中大股东有着非常明显的主导效果。贵州上市公司中有 22 家设置了审计委员会，这表明多数公司都很重视审计委员会。当前贵州上市公司中有很多公司都使用了独立董事会，其中独立董事占比的均值为 29.7%，标准偏差为 6.4%，这表明上市公司在治理中，独立董事会作用突出。此外，贵州上市公司的高管持股比例最小值为 0，和最大值 35.77 差距很大，表明各个上市公司之间高管持股比例的差异非常明显。从公司规模来看，其均值为 22.617，该数据证明贵州大多数上市公司没有较大的规模。

(二) 相关性检验

相关性分析用于衡量两个变量因素的密切程度。本节选取的变量之间的相关性结果如表 5-21 所示。

表 5-21　Pearson 相关系数

变量	E_P	R_2	R_1	I_D	S_B	J_L	A_U	C_R
E_P	1							
R_2	-0.131	1						
R_1	0.185	0.28*	1					
I_D	-0.118	0.131*	-0.026	1				
S_B	0.186	0.16	0.172	0.015	1			
J_L	0.1321	0.158	-1.112	-0.45	0.151	1		
A_U	0.11	0.12**	0.0854	0.03	0.15	-0.1515	1	
C_R	0.155	-0.15**	0.151	0.161	-0.36	-0.131	-0.163	1

注：** 表示 1% 显著相关，* 表示 5% 显著相关。

从表 5-21 可以了解到，上市公司财务绩效和资产负债率为正相关关系，这意味着当前贵州上市公司有必要适当提高自身的资产负债率，以提升财务绩效。

财务绩效和独立董事占比在 5% 的水平上为显著相关，这表明提高独立董事占比也能提高公司财务绩效水平。

上市公司中的审计委员会有无设置与财务绩效在 1% 的水平上为显著相关，说明贵州上市公司中审计委员会的设置可以提高公司的财务绩效水平。

高管激励方面，高管持股比例没有表现出和财务绩效的明显关系，意味着持股比例并不会明显影响财务绩效。

公司绩效和股权集中度为负相关关系，说明提高股权集中度，公司的财务绩效将会降低。

在控制变量方面，财务绩效和公司规模为正相关，但效果不明显，公司规模扩大只能微弱地提高公司绩效；同时，行业属性与财务绩效不存在明显关联。

(三) 回归结果及分析

贵州上市公司财务绩效影响因素的多元线性回归结果如表 5-22、表 5-23 所示。

表 5-22　净资产收益率的多元回归分析

变量名称	非标准系数 β	非标准系数 标准误差	T	P	VIF
常量数据	1.323	7.819	2.1736	0.045	
R_1	−0.038	0.517	−2.817	0.033	1.118
I_D	1.241	1.117	2.315	0.041	1.203
S_B	0.854	0.715	4.381	0.046	1.114
J_L	0.003	2.162	0.753	0.048	1.003
A_U	0.124	0.951	1.843	0.051	1.121
C_R	−0.783	0.368	−2.164	0.041	1.384
S	0.047	3.231	0.886	0.127	1.148
C	0.015	2.271	1.862	0.261	1.715

表 5-23　相关参数

R	R^2	调整后 R^2	标准估计误差
0.615	0.358	0.362	9.337

由分析结果可以了解到，$R^2=0.358$，调整后 R^2 为 0.362，可见本次模型有着很高的显著性以及很好的拟合度，且变量方差膨胀率（即 VIF）并不高，这意味着本次分析没有明显共性问题，模型具有解释力。具体分析结果如下：

当资产负债率为 0 以下，且 P 不到 0.05 时，T 绝对值比 2 大，表明净资产收益率和资产负债率有着显著关系。不过在债务水平超过一定范围后，绩效将会开始下降，即假设 1 不成立。

分析结果中，独立董事占比超过 0，表明贵州上市公司在独立董事人数增加的同时，公司有着很好的财务绩效水平。且 P 不到 0.05，T 绝对值比 2 大，意味着独立董事占比和净资产收益率有着显著关系。因此，贵州上市公司设置并提高独立董事在董事会中的占比可以提高公司价值与绩效，即假设 2 成立。

本次回归分析结果中，监事会的会议召开次数为 0.854，P 比 0.05 小，T 值超过 2，这表明每股收益和监事会的会议次数有明显关联，且和 Pearson 的相关检验结果吻合。即召开的监事会会议次数越多，越有利于提高公司监管水平，保障公司经营效率和财务收益，即假设 3 成立。

从高管持股比例来看，其只有 0.003，并且 T 值比较小，表明公司绩效和高管持股比例没有联系，即假设 4 不成立。可见，高管持股在贵州上市公司中属于福利制度，并不具备激励效果。

本次回归分析结果中，审计委员会的设置结果为正数，不过没有明显的 T 值，即审计委员会的设置能够提高绩效，不过效果并不明显，即假设 5 成立。

股权集中度为 −0.783，P 小于 0.05，T 绝对值超过 2，这意味着净资产收益率和股权集中度有着显著关系。这表明适当控制股权集中度，可以提高上市公司的财务绩效水平，当然，过度集中后也会降低财务绩效。超过安全阈值以后，当大股东有了绝对控制权时，就会影响一些小股东的收益。因此，假设 6 不成立。

在控制变量中,行业属性与公司规模都和财务绩效有直接联系,但关联不密切,和相关性分析结果基本相同。

(四)稳健性检验

通过查阅大量文献,发现多数学者选择被解释变量替换方法对结果展开稳健性检验,故在此将净资产收益率替换为每股收益,以 2017—2021 年的数据进行稳健性检验,结果如表 5-24 和表 5-25 所示。

表 5-24 被解释变量为每股收益情况下的多元回归分析结果

变量名称	非标准系数		T	P	VIF
	β	标准误差			
常量数据	1.293	7.923	2.2536	0.034	
R_1	−0.029	0.482	−2.725	0.029	1.121
I_D	1.191	1.125	2.423	0.039	1.191
S_B	0.796	0.825	4.471	0.037	1.122
J_L	0.002	2.153	0.741	0.039	1.005
A_U	0.131	0.899	1.753	0.042	1.121
C_R	−0.813	0.348	−2.174	0.032	1.384
S	0.039	3.181	0.796	0.147	1.139
C	0.011	2.271	1.792	0.271	1.723

表 5-25 相关参数

R	R^2	调整后 R^2	标准估计误差
0.631	0.315	0.344	8.986

从分析结果可以了解到,$R^2=0.315$,调整后 R^2 为 0.344,可见本次模型有着很高的显著性以及很好的拟合度,且变量方差膨胀率(即 VIF)并不高,这意味着本次分析没有明显共性问题,模型具有解释力。具体分析结果如下:

当资产负债率为 0 以下,且 P 不到 0.05 时,T 绝对值比 2 大,表明净资产收益率和资产负债率有着显著关系。不过在债务水平超过一定范围后,绩效将会开始下降,即假设 1 不成立。

本次同归分析结果中,独立董事占比超过 0,表明贵州上市公司在独立董事人数增加的同时,公司有着很好的财务绩效水平。且 P 不到 0.05,T 绝对值比 2 大,意味着独立董事占比和净资产收益率有着显著关系。因此,贵州上市公司设置并提高独立董事在董事会中的占比可以提高公司价值与绩效,即假设 2 成立。

本次回归分析结果中,监事会的会议召开次数为 0.796,P 比 0.05 小,T 值超过 2,这表明每股收益和监事会的会议次数有明显关联,且和 Pearson 的相关检验结果吻合。即召开的监事会会议次数越多,越有利于提高公司监管水平,保障公司经营效率和财务收益,即假设 3 成立。

从高管持股比例来看,其只有 0.002,并且 T 值比较小,表明公司绩效和高管持股比例没有联系,即假设4不成立。可见,高管持股在贵州上市公司中属于福利制度,并不具备激励效果。

本次回归分析结果中,审计委员会的设置结果为正数,不过没有明显的 T 值,即审计委员会的设置能够提高绩效,不过效果并不明显,即假设5成立。

股权集中度为 -0.813,P 小于 0.05,T 绝对值超过 2,这意味着净资产收益率和股权集中度有着显著关系。这表明适当控制股权集中度,可以提高上市公司的财务绩效水平,当然,过度集中后也会降低财务绩效。超过安全阈值以后,当大股东有了绝对控制权时,就会影响一些小股东的收益。因此,假设6不成立。

综上,本次研究结果具有稳健性。

五、研究结论与对策建议

(一)研究结论

根据实证分析结果可知:①贵州上市公司的财务绩效与资产负债率为显著负相关,但在债务水平超过一定范围后,绩效将会开始下降,即假设1不成立。②贵州上市公司的独立董事占比与财务绩效为显著正相关关系,提升独立董事占比可以提高财务绩效,即假设2成立。③监事会的会议召开次数与公司财务绩效呈显著正相关,即假设3成立。④高管持股在贵州上市公司中属于福利制度,并不具备激励效果,即假设4不成立。⑤审计委员会的设置能够提高绩效,不过相关性并不显著,即假设5成立。⑥股权集中度超过安全阈值之后财务绩效会降低,即假设6不成立。

(二)对策建议

1. 调整上市公司资本结构

上市公司的财务绩效受资产负债率影响,相关结果为先升高后下降,所以为了避免资产负债率过高而影响财务绩效,可以采用多元化的融资方式、以优先股与普通股间的互换交易来进行资本结构调整;同时,可以提升企业融资能力,利用债务重组缓解债务压力,拓宽企业融资渠道。

2. 完善上市公司治理结构

上市公司必须设置审计委员会,以此加强监督管理,保障财务透明度。同时,发挥独立董事作用,让企业财务绩效水平稳定增长。另外,要定期召开监事会会议,确保财务绩效管理有效性。独立董事必须同时满足独立性与能力要求,掌握各种经济管理与法律知识,了解公司发展趋势与动态。监事会同样要有独立地位,要按照独立董事制度情况设置相匹配的监事制度。

3. 优化上市公司股权结构

从前文回归分析和相关检验中可以了解到,当前贵州上市公司存在股权过度集中问题,而一家独大的结构不利于公司发展。贵州上市公司中,很多产业有着非常激烈的市场竞争环境。因此,贵州上市公司应处理好股权集中度问题,平衡股权关系,将其作为刺激公司成员提升业务能力的方式。同时,为了推动上市公司有序发展,需要采用分批次转股、减持股份的方式,让股权比例回归正常,形成以法人股为主导的结构模式。在验证分析中得知,贵州上市公司在股权集中度提高的过程中呈现出先升后降的情况,对此需要合理优化上市公司的股权结构,创建多元管理结构,实现股权相互制衡的目的。

第五节　云南省上市公司财务绩效影响因素研究

一、绪论

(一)研究背景及意义

1. 研究背景

经济发展新态势下,经济全球化进程日益深化。在我国资本市场中,上市公司是资本市场发展以及国民经济增长的主要推动力量,在市场经济的发展中起到了关键作用。伴随着我国经济体制的持续深化,当前金融机构、证券市场都在逐渐成长和完善,且上市公司的发展也越来越成熟。财务绩效与股东、债权人、债务人等有着密切的利益关联,因此财务绩效成为各方关注的焦点。

云南省自1993年云南白药在深圳证券交易所挂牌上市以来,其上市公司经历了30年的快速成长,到2021年末,已经有几十家上市公司成了云南省经济增长的主要动力,这对解决当地就业、经济结构调整、提高地方财政和人民生活水平具有重要意义。但是,从当前的形势来看,云南省的上市公司不论是在规模上,还是在绩效上,与国内其他地区相比,都存在着较大的差距,大部分公司依然没有摆脱"高投入,低产出,低效益"的窘境,且公司治理结构不完善、内部控制体系不完善等问题仍未解决。此外,云南省的上市公司在政策、法律、科技和文化等方面也不同于其他的一些经济发达地区,所以本节选择了云南省上市公司作为研究对象。

2. 研究意义

在查阅了国内外关于财务绩效影响因素研究的有关文献后,可以看到,许多学者在对财务绩效影响因素的研究方面已经获得了不小的成果。但是,由于各地区的经济水平存在差异,造成对财务绩效产生影响的相关因素也存在差异。本节对云南省上市公司财务绩效的影响因素进行了详细的分析,以期对云南省上市公司改善其财务绩效提供一定的借鉴,从而为云南省的经济发展提供一点帮助,以缩小云南省与我国发达省份的差距。

(二)研究综述

1. 国外研究现状

在国外,企业绩效的相关理论已有相当长的研究历程。1932年,Berle等(1932)曾建议,如果股权过于分散,不利于股东对经营管理者进行监督,会造成公司的财务业绩下降,从而减少了股东的红利,损害了企业的权益。之后,国外的专家学者开始了高管薪酬、企业规模与企业绩效的研究。Haslindar等(2009)对上市公司进行了研究,认为企业规模与企业财务绩效有显著的负向关系,企业规模越小,会导致财务绩效越好。Ueng(2016)选取上千家公司进行研究,得出了与Haslindar等(2009)相反的研究结论,认为企业规模越大,企业的财务绩效越好。

2. 国内研究现状

自企业相关制度建立以来,与公司财务绩效产生直接作用的因素日益受到国内外研究学者的重视。影响上市公司财务绩效的因素其实有很多,一是宏观方面,比如市场的状况、国家发布的一些政策等;二是微观方面,比如高管激励——股权激励和薪酬激励、企业的规模、企业的资本结构等,都会或多或少地影响企业的财务绩效。对于这些因素为何会对企业的财务业绩产生影响,不管是国内的企业管理者、国外公司的 CEO,或者是国内外的学者,都对此展开了深入的研究,并且也获得了不少收获,尤其是国内的学者。

比如,王云平(2011)从公司治理的视角,以中国各大航运和港口企业 2010 年的数据作为研究对象进行实证分析,研究发现第一大股东持股比例、董事会规模、高管薪酬激励三项指标均对公司的财务绩效产生了正面的作用,且在这些因素中,公司的第一大股东持股比例对公司的业绩产生的作用最大。吴昉等三位学者(2013)的研究表明,供应链绩效对财务绩效的影响作用最大。郭瑛等(2018)进行信息技术行业财务绩效的影响因素研究,得出结论:股权结构如果高度集中,则对企业的财务绩效是不利的;保持在合理范围内的资产负债率会促进企业的财务绩效;国有企业作为后盾,能够提供非常好的资源;如果信息技术企业可以进行多样化的经营,则会提高企业的财务绩效。

3. 研究述评

综上所述,无论是国内学者还是国外学者,都进行了不少有关财务绩效影响因素的研究,也得出了不少结论,但是通过研究得出的相关结论有些却相同,有些却不同,造成这样的现状可能有以下几个方面的原因:首先,国内和国外的环境是不同的,比如,地理环境、消费对象、国家经济水平等都会导致数据不同,进而得出不同的结论;其次,研究对象不同,不同行业的发展前景不同,消费市场也不同,这样就会导致同一指标对一些企业是积极影响,对另一些企业是消极影响;最后,每一年国家出台的不同相关政策会导致大环境的不同,所以就有可能导致不同年份同一指标对企业的影响是不同的。但是,这些结论都为后来的学者提供了参考,从而进一步完善了上市公司财务绩效影响因子的分析方法,并为后续对上市公司财务绩效影响因子进行分析和探讨奠定了基础。

(三)研究内容与方法

1. 研究内容

本节在搜集云南省上市公司年度报告资料的基础上,对云南省上市公司绩效产生影响的因素进行了剖析,并根据相关研究结论,为提高公司绩效提供了相应的对策。本节研究的主要工作包括以下几个方面:

(1)绪论:主要阐述了本节的研究背景和意义,并对目前的研究现状和研究思路进行了概述。

(2)财务绩效相关概念及云南省上市公司基本情况:首先解释财务绩效的相关概念,其次介绍云南省上市公司的基本情况。

(3)云南省上市公司财务绩效影响因素研究设计:首先展开研究数据的筛选,对数据的来源进行说明,同时展开变量设计,然后进行模型设计。

(4)云南省上市公司财务绩效影响因素实证分析:首先对各因素进行描述性统计分析,再对其相关性进行验证,接着对所得的数据展开分析,并在此基础上进行稳健性检验。

(5)研究结论与对策建议:对前文的研究结果进行总结,并提出建议。

2. 研究方法

(1)文献调查法。根据研究的目的与内容,通过知网搜集、查阅国内外有关财务绩效影响因素研究的文献等相关资料,同时进行归纳总结,为本节研究提供良好的理论基础。

(2)回归分析法。回归分析法是一种数学上的分析方法。本节通过假设,建立相关因素对云南省上市公司财务绩效影响的关系模型,且对主要数据分别进行了描述性统计分析、相关性分析、回归分析和稳健性检验。

(3)图表分析法。本节研究利用图文表格来进行数据的表达,可以直观地展示数据的变化,便于对数据进行分析,从而让结论具有更强的说服力。

二、财务绩效相关概念及云南省上市公司基本情况

(一)财务绩效相关概念

绩效是管理学概念,是一定时期内个人和组织在工作中的行为和结果,是对目标和执行结果的考量。绩效,从字面含义分成"绩"和"效"两部分。"绩"是指业绩或成绩,是企业为获取利润而制定目标,通过制定目标为个人和组织在职能层面指明了工作的目标;而"效"则表示一种行动的方法和效果,体现公司管理的有效性和成熟性,包括企业的规章制度和各项规范,以及个人行为所产生的结果。从经济管理角度来说,绩效描述的是投入与产出情况,通过主体在生产经营中投入人力、物力等物质资源,获得一定数量和质量的产出结果的完成情况,体现目标实现程度和效率。

财务绩效是企业绩效的一个重要方面,指企业在生产经营活动中制造的经济效益在财务指标上的体现,反映出企业财务目标的制定和执行效果,是企业发展状况的重要判断依据。财务绩效水平的高低直接代表着企业的经营状况和获利能力,决定着未来公司能否持续经营、能否实现利润增长、能否保持良好的资产结构等。

(二)云南省上市公司基本情况

1. 行业分布

截至2021年底,云南省共有41家上市公司,分布在多个行业领域,集中在有色金属和医药制造业(见表5-26)。

表5-26 2021年云南省41家上市公司行业分布

行业	公司数量/家	公司名称
有色金属	7	云铝股份、云南铜业、锡业股份、罗平锌电、云南锗业、贵研铂业、驰宏锌锗
医药制造业	6	云南白药、龙津药业、沃森生物、昆药集团、大理药业、生物谷
化工	3	川金诺、贝泰妮、云天化
房地产	3	我爱我家、美好置业、ST云城
食品制造业	1	云南能投
汽车制造业	1	西仪股份
金融	2	太平洋、红塔证券
电力、热力、燃气及水生产和供应业	2	华能水电、南网储能
批发和零售业	3	一心堂、华致酒行、健之佳
农、林、牧、渔业	3	ST交投、ST景谷、神农集团
其他(设备、公共设施、石油、非金属、旅游)	10	云内动力、南天信息、丽江股份、云南旅游、恩捷股份、震安科技、云维股份、云煤能源、博闻科技、昆工科技

2. 股本结构和控股结构

2021 年云南省上市公司股本结构如表 5-27 所示。

表 5-27　2021 年云南省上市公司股本结构

证券简称	股份总数 股/股	前十大股东持股比例/%	已流通股份 /股	未流通股份 /股
云南白药	1282715242	25.04	605722264	676992978
我爱我家	2355500851	17.45	2249943066	105557785
美好置业	2466988633	16.17	2439311281	27677352
云铝股份	3467957405	32.00	2814108314	653849091
云南铜业	1699678560	37.51	1641874705	57803855
云内动力	1970800857	32.99	1970800857	0
南天信息	381165677	41.98	334502585	46663092
锡业股份	1668776379	32.52	1668776379	0
丽江股份	549490711	15.73	549480181	10530
云南能投	760978566	31.63	558329336	202649230
云南旅游	1012434813	35.74	730792576	281642237
罗平锌电	323395267	27.40	323390823	4444
西仪股份	318566172	39.43	318566172	0
云南锗业	653120000	13.72	641407749	11712251
一心堂	596180525	30.51	397163933	199016592
龙津药业	400500000	41.30	398173701	2326299
恩捷股份	892406822	14.14	742019714	150387108
沃森生物	1601344884	4.71	1543259096	58085788
川金诺	149794066	32.21	108187331	41606735
云天化	1837396147	38.06	1683347067	154049080
昆药集团	758255769	30.98	755695746	2560023
贵研铂业	591156780	38.16	569020415	22136365
驰宏锌锗	5091291568	38.19	5091291568	0
云维股份	1232470000	28.99	1232470000	0
云煤能源	989923600	60.19	989923600	0
博闻科技	236088000	17.15	236088000	0
南网储能	478526400	30.66	478526400	0
太平洋	6816316370	10.92	6816316370	0

截至 2021 年底,云南省 41 家上市公司总股本 719.22 亿股,全部都是 A 股上市。总股本在 5 亿股以上的有 27 家,占据全部上市公司的 65.85%。在云南省的所有上市公司中,25 家

在深圳证券交易所主板上市,14家在上海证券交易所上市,2家在北京证券交易所挂牌。从股权构成来看,国有或国有企业持股8家,私营企业持股23家。

三、云南省上市公司财务绩效影响因素研究设计

(一)研究假设

1. 商业信用对财务绩效的影响

商业信用,就是在产品或者服务的买卖过程中,通过延迟支付或者预支款项的形式,来开展买卖双方的买卖,从而产生的一种借贷关系,它是两家公司之间的一种直接的信贷行为。商业信用是银行信用的基础,可以作为企业与银行之间的支付手段,它可以反映客户之间的友好关系以及企业的声誉信用。由此,提出假设:

假设1:云南省上市公司商业信用负向显著影响财务绩效。

2. 资产利用率对财务绩效的影响

关于资产利用率,本节选取流动资产周转率来衡量。如果资产利用率越低,说明该资产没有被充分高效地使用,不仅会造成资源浪费,而且会降低企业的经营效益,故而会进一步影响企业财务绩效。由此,提出假设:

假设2:云南省上市公司资产利用率正向显著影响财务绩效。

3. 经营效率对财务绩效的影响

经营效率是营业成本占营业收入的比例,反映了本期发生的全部成本投入所带来的收益水平,也反映了企业对成本的控制能力和经营管理水平。公司的营业费用,涵盖了营业费用、研发费用以及其他的费用,费用支出越多,经营效率则会越高,会导致企业的收益减少,进而影响企业财务绩效。由此,提出假设:

假设3:云南省上市公司经营效率负向显著影响财务绩效。

4. 管理层股权激励对财务绩效的影响

股权激励是企业为了激励和留住人才而推行的激励机制,主要是为了使员工具有主人翁意识,这样的话,员工就会学会换位思考,站在企业的角度替企业考虑,做出为企业好的决定与决策,进而促进企业与员工共同进步。由此可以看出,股权激励对企业财务绩效有着积极的影响。由此,提出假设:

假设4:云南省上市公司股权激励正向显著影响财务绩效。

(二)变量设计

1. 被解释变量

为便于进一步分析各个因素对财务绩效的影响情况,选取净资产收益率(R_2)来度量公司的财务绩效。

2. 解释变量

解释变量选取了4个,分别是商业信用(C_{RT})、流动资产周转率(C_{AT})、营业成本率(C_{OR})、高管股权激励(M_S)。

3. 控制变量

控制变量的加入可以提高数据分析的准确性,减小误差。因此,本节选择2个控制变量,分别是企业规模(S)、杠杆率(L)。

综上,本节选取的模型变量如表5-28所示。

表5-28 模型变量定义

指标	变量名称	符号	变量定义
被解释变量	净资产收益率	R_2	净利润/净资产
	资产收益率	R_1	净利润/总资产
解释变量	商业信用	C_{RT}	(应付账款+应付票据+预收账款)/总资产
	流动资产周转率	C_{AT}	营业收入/(流动资产本期期末值-上年同期期末值)/2
	营业成本率	C_{OR}	营业成本/营业收入
	高管持股数占比	M_S	高管持股数量占公司年末总股数的比值
控制变量	企业规模	S	期末总资产的自然对数值
	杠杆率	L	总负债/总资产

(三)模型构建

本节选取了2017—2021年各个企业的净资产收益率的数据,建立多元回归模型,研究流动资产周转率、商业信用、营业成本率、高管持股数占比对净资产收益率的影响,此外,选取了企业规模、杠杆率作为本节研究的控制变量。根据选取的变量,本节建立以下多元回归模型:

$$R_2 = \beta_0 + \beta_1 C_{RT} + \beta_2 C_{AT} + \beta_3 C_{OR} + \beta_4 M_S + \beta_5 S + \beta_6 L + \varepsilon$$

式中,R_2代表的是净资产收益率,C_{RT}表示商业信用,C_{AT}表示的是流动资产周转率,C_{OR}表示的是营业成本率,M_S表示的是高管持股数占比,S表示企业规模,L表示杠杆率。

(四)样本选取与数据来源

1. 样本选取

样本选取的范围为云南省上市公司,通过剔除2017年以后上市的公司以及2017—2021年被ST、*ST标记即财务异常的上市公司后,共选取28家公司,总计140个样本。本节选取各公司2017—2021年五年的相关财务数据作为研究样本进行数据研究。

2. 数据来源

数据主要来源于巨潮资讯、同花顺财经、东方财富网以及国泰安数据库中的云南省上市公司的财务数据,数据具有一定的代表性和准确性。数据的基本处理使用Excel,数据分析使用SPSS软件。

四、云南省上市公司财务绩效影响因素实证分析

(一)描述性统计分析

对各变量的数据进行描述性统计分析,得出其最大值、最小值、平均值与标准差的具体情况(见表5-29)。

第五章 西南五省上市公司财务绩效影响因素研究

表 5-29 描述性统计分析

变量	N	最小值	最大值	平均值	标准差
R_2	140	−0.750	0.289	0.043	0.096
C_{RT}	140	0.000	0.489	0.119	0.103
C_{AT}	140	0.000	7.660	1.837	1.659
C_{OR}	140	0.000	1.959	0.741	0.411
M_S	140	0.000	0.564	0.041	0.111
S	140	19.622	24.940	22.666	1.388
L	140	0.048	1.781	0.452	0.239

由表 5-29 可知,我国上市公司的平均净资产收益率和标准差分别为 0.043 和 0.096,说明云南省上市公司的净资产回报率没有明显的差别;商业信用的均值为 0.119,标准差为 0.103,即各企业的商业信用差异性不大;流动资产周转率的均值为 1.837,标准差为 1.659,即各企业的流动资产周转率具有较大差异;营业成本率的均值为 0.741,标准差为 0.411,即各企业的营业成本率差异性不大;云南省上市公司高管持股数占比的均值和标准差分别为 0.041 和 0.111,表明云南省上市公司之间的高管股权激励情况存在的差异较小。

(二)相关性分析

对商业信用、流动资产周转率、营业成本率、高管持股数占比与财务绩效进行相关性分析,具体的结果如表 5-30 所示。

表 5-30 相关分析结果

变量	R_2	C_{RT}	C_{AT}	C_{OR}	M_S	S	L
R_2	1						
C_{RT}	−0.183*	1					
C_{AT}	0.193*	−0.075	1				
C_{OR}	−0.184*	0.020	0.382**	1			
M_S	0.211*	−0.096	−0.058	−0.106	1		
S	−0.021	0.232**	0.092	−0.039	−0.027	1	
L	−0.115	0.320**	0.091	0.085	−0.069	0.000	1

注:**、* 分别表示 5%、10% 的显著性水平。

从表 5-30 中可以看出,商业信用与净资产收益率之间的相关系数为 −0.183,并且在 10% 的水平上进行了相关检验,说明两者之间存在着显著负相关关系;上市公司的净资产回报率与上市公司的总资产周转率之间的相关系数为 0.193,两者之间的相关性在 10% 的水平上达到了显著的正相关;上市公司营业成本率与净资产回报率之间的相关性为 −0.184,二者之间存在着显著的负相关关系;高管持股数占比与净资产收益率之间的相关系数为 0.211,且在 10% 水平上进行了相关检验,表明高管持股数占比与净资产收益率之间表现为显著正相关。

(三)回归结果及分析

通过回归分析,可以得出各个解释变量对被解释变量净资产收益率的影响情况,具体回归分析结果如表 5-31 所示。

表 5-31 回归分析结果

模型	未标准化系数 B	标准错误	标准系数 Beta	t	显著性	共线性统计 容差	VIF
（常量）	0.043	0.148		0.288	0.774		
C_{RT}	−0.109	0.079	−0.116	−1.382	0.169	0.876	1.142
C_{AT}	0.018***	0.005	0.303	3.513	0.001	0.830	1.205
C_{OR}	−0.063***	0.020	−0.270	−3.122	0.002	0.827	1.209
M_S	0.159**	0.069	0.184	2.311	0.022	0.978	1.022
S	0.002	0.007	0.023	0.235	0.815	0.623	1.604
L	−0.034	0.041	−0.084	−0.823	0.412	0.594	1.684
R^2			0.177				
调整后 R^2			0.140				
F			4.780				
显著性			0.001				

注：***、**、* 分别表示 1%、5%的显著性水平。

通过对模型的回归分析，我们可以发现，调整后的 R^2 为 0.140，这表明了商业信用、流动资产周转率、营业成本率、高管持股数占比、企业规模、杠杆率对净资产收益率有 14%的解释。经 F 检验，其显著性值为 0.001，达到了 1%的标准，表明该模型的总体回归效果良好。所有因素的 VIF 值都低于 10，说明各因素之间没有显著的多元共线性关系。由回归系数结果可得模型回归方程：

$$R_2 = 0.043 - 0.109 C_{RT} + 0.018 C_{AT} - 0.063 C_{OR} + 0.159 M_S + 0.002 S - 0.034 L$$

商业信用与净资产收益率的回归系数为−0.109，但不能通过 T 检验，表明商业信用与企业的净资产收益率之间存在着微弱的相关关系，也表明两者之间不存在明显的作用。

流动资产周转率与净资产收益率的回归系数为 0.018，在 1%水平上通过 T 检验，表明两者之间存在着显著的正相关关系，即流动资产周转率每增长 1 个单位，净资产收益率也增长 0.018 个单位，流动资产周转率的增长对净资产收益率起到积极作用。

营业成本率与净资产收益率的回归系数为−0.063，在 1%水平上通过 T 检验，表明营业成本率与净资产收益率呈负相关，也就是营业成本率每增加 1 个单位，净资产收益率就会减少 0.063 个单位，因此，营业成本率的增加会对净资产收益率产生抑制作用。

高管持股数占比与净资产收益率的回归系数是 0.159，在 5%的水平上通过 T 检验，表明高管持股数占比与净资产收益率呈正相关关系，换言之，在我国上市公司中，高管持股数占比每提高 1 个单位，净资产收益率就会增加 0.159 个单位，高管持股数占比的增长能够进一步推动净资产收益率提升。

在控制变量中，企业规模的回归系数是正的，而杠杆率的回归系数是负的，且均没有通过 T 检验，也就是说，企业规模和杠杆率对净资产收益率的影响不明显。

（四）稳健性检验

为验证回归分析结果的准确性，使用资产收益率来取代净资产收益率，对模型进行稳健性检验,表 5-32 为分析结果。

表 5-32 稳健性检验结果

模型	未标准化系数		标准系数	t	显著性	共线性统计	
	B	标准错误	Beta			容差	VIF
(常量)	0.008	0.063		0.131	0.896		
C_{RT}	-0.040	0.033	-0.102	-1.206	0.230	0.876	1.142
C_{AT}	0.006**	0.002	0.229	2.643	0.009	0.830	1.205
C_{OR}	-0.023**	0.009	-0.229	-2.632	0.009	0.827	1.209
M_S	0.102***	0.029	0.280	3.512	0.001	0.978	1.022
S	0.001	0.003	0.037	0.366	0.715	0.623	1.604
L	0.004	0.017	0.023	0.221	0.825	0.594	1.684
R^2				0.168			
调整后 R^2				0.143			
F				4.549			
显著性				0.001			

注:***、**、* 分别表示 1%、5%、10%的显著性水平。

由稳健性检验结果可知,流动资产周转率、高管持股数占比与公司整体资产收益率之间存在显著的正相关关系,并在 T 检验中得到验证。营业成本率的回归系数值为负值,且通过了 T 检验,即营业成本率对资产收益率起到了抑制影响;商业信用、企业规模、杠杆率的回归系数未通过 T 检验,即商业信用、企业规模、杠杆率对资产收益率没有显著影响。上述结果与前文结果一致,说明回归结果具有稳健性。

五、研究结论与对策建议

(一)研究结论

本节从企业的财务绩效出发,对云南省 28 个上市公司 2017—2021 年的财务资料进行了研究分析,并对这些资料进行了描述性统计分析、相关性分析和回归分析,之后进行了稳健性检验,最后得到以下结论:

第一,云南省上市公司商业信用与财务绩效相关性不显著,与假设 1 不符。通过查看数据结果可以得知,云南省上市公司商业信用对财务绩效是有影响的,呈负向相关关系,但是并不显著,所以云南省的上市公司可以减少赊购行为,减少企业的欠款,这样会降低企业因为欠款所承担的风险。

第二,云南省上市公司流动资产周转率与财务绩效呈正相关,与假设 2 相符。这说明就云南省而言,公司的流动资产周转率仍然对公司的财务绩效存在较为直接的作用,这也表明公司的流动资产周转率高,公司的财务绩效也会相应增加。

第三,云南省上市公司营业成本率与财务绩效呈负相关,与假设 3 相符。这说明企业的营业成本率与财务绩效是挂钩的,营业成本率愈高,云南省上市公司的财务绩效会呈现出愈差的水平。

第四，云南省的上市公司中，财务绩效与高管持股数占比之间存在着显著的正向关联，验证了假设4。这说明高管持股数占比对公司的财务绩效具有正向作用，同时也表明，展开股权激励是一个很好的选择。

(二) 对策建议

1. 提高资产使用效率

为了更好地提高企业的财务绩效，企业需要有效地提高资产使用效率。其目的是为了提高企业的生产效率，控制好企业的生产成本，进而提高企业的销售收入，减少流动资金的占比，这就需要企业把控好经营的每一步。首先，企业需要制定完善的经营流程制度，从原材料的购买到产品的市场投放，都要进行市场调查，然后制定方案，有效地规划好每一笔费用的支出，进而提高生产效率，同时，有效地控制生产成本，减少不必要的直接或者间接费用的支出，减少产品的生产和研发费用。其次，企业的发展不在于员工的多少，而在于员工的能力，尤其是市场销售部的员工，更加看重员工的素质以及才能，这样才能更好地销售产品，提高销售收入，进而提高企业的资产利用率。

2. 完善存货管理制度

完善企业有关存货的相关制度的目的是为了加强企业生产资金的周转，进而提高企业流动资金周转率。这就要求企业要加强市场调查，开辟和扩大产品市场，进而减少产品的销售时间，使产品尽快销售出去；缩短产品的生产时间，原材料就近安排，这样可以减少原材料的在途损耗以及在途费用的支出，快速地进行产成品的检验、包装、入库等流程，从而提高流动资金的周转率。

3. 降低企业运营成本

为了提高企业的财务绩效，企业需要降低营业成本率。首先，企业可以降低采购成本。在采购原材料时，尽量货比三家，选择性价比最高的商家进行合作；同时，采购人员也是非常重要的，尽量派有诚信、有议价能力的人员去负责采购。其次，企业可以降低时间成本。时间成本属于不可再生能源，是不可以重来的，所以企业需要有效地使用时间成本，而不是做事拖拖拉拉、浪费时间，导致时间成本的增加。最后，企业可以降低经营成本。有了知识才能更好地实践，所以企业需要知识型员工。企业可以定期安排员工去培训学习，学习更先进、更有效的问题处理方法，这样可以有效地降低企业的经营成本。

4. 更新企业生产设备

企业应该紧跟时代潮流，对生产上的高耗能、低效率、污染重的设备及时淘汰，同时引进低耗能、高效率、无污染的新型设备。老旧的设备不仅效率低，耗费时间周期也长，这样严重增加了企业的生产成本，而且还容易出现故障。时代不停进步，企业要想好好发展下去，就要与时俱进，时刻关注行业的动态，发现自身的不足，并及时修改，及时更新设备，更快地生产出产品，减少资源的浪费。

5. 推行股权激励措施

高管持股数占比的提高可以提高企业的财务绩效，因此，为了提升企业的财务绩效，企业可以推行股权激励制度。首先，企业需要有明确且透明的股权激励标准，合适的股权激励模式，以此来鼓励员工积极参加，形成员工的主人翁意识，保持企业人才的稳定性，留住人才。其次,企业也要有明确的约束机制。"有赏也有罚""赏罚分明",除了给员工好的奖励,也要让员工知道惩罚,以此来约束员工的行为,防止员工做出有损公司发展的决定,让员工明白获得奖励的途径必须是合法合规的才可以。

第六节 西藏自治区上市公司财务绩效影响因素研究

一、绪论

(一)研究背景

1995年,西藏拥有了第一家上市公司,此后,西藏地区的企业开始不断发展,到目前为止,西藏地区已经拥有了20余家上市公司,其中有西藏药业、奇正藏药、易明医药、海思科、康灵药业等8家医药制造类企业,其他企业则多为资源型企业,如矿产和水利企业。这些企业在推动地方经济增长、促进区域产业结构升级和调整上发挥着重要作用。在过去几十年中,中央对西藏实施了一系列金融优惠政策,其中包括在满足基本条件的前提下安排上市,这些政策对西藏的经济和社会发展产生了积极的影响。然而,西藏上市公司在其发展过程中也面临着诸多问题,包括但不限于资本限制不足、市场不够完善以及地理位置不佳等。西藏的上市公司由于自身的优势没有得到很好的利用,表现出了较差的经营业绩,从而造成了其拉动区域经济增长的效果不明显。

西藏是一个政治、经济、文化、资源、环境等都比较特殊的区域。西藏上市公司的财务绩效水平并不尽如人意,这主要归因于其核心能力不足,具体表现为品牌知名度不高、产品竞争力不足、市场份额不足以及盈利能力相对薄弱。无论是从知识观还是资源观的角度来看,企业的核心能力始终取决于其所拥有的技术和人力资本。企业之间的财务绩效差异源于其核心能力的不同,这种差异在不同行业中表现得尤为明显。西藏上市公司在财务方面的可持续发展能力相对较弱,缺乏中高级财务管理人员,内部控制体系不够完善,财务管理水平有待提高。西藏上市公司融资能力较弱,受西藏区域金融环境和自身融资策略的影响,导致其资金使用效率不尽如人意。所以,本节选取西藏上市公司为研究对象,对其财务绩效影响因素进行研究。

(二)研究意义

西藏的上市公司具有浓厚的地域性,其财务绩效表现与其他地区上市公司相比也存在着明显的差异。本节通过查阅相关资料了解西藏上市公司的经济发展状况,对西藏上市公司财务绩效的影响因素进行多方面的分析,丰富西藏上市公司财务绩效的研究案例,为西藏上市公司的财务绩效相关问题提供一定的理论参考,并针对所得结论提出科学的改进思路和建议,从而达到提高西藏上市公司财务绩效,缩小西藏上市公司与其他地区上市公司之间差距的目的,为西藏上市公司的发展提供有效的帮助。

(三)国内外研究现状

1. 国外研究现状

Hussein(2020)的研究是以在埃及境内上市的168家非金融企业为研究对象,选取2012—2016年五年的数据,主要采用多元线性回归法,对埃及上市公司资本结构与财务绩效之间的关系进行了深度分析。研究结果表明,上市公司的资本结构和公司的财务绩效之间呈现出非常明显的负相关关系。Ramli 等人(2019)的研究选取了马来西亚与印度尼西亚两个国家的企业 1990—2010 年 20 年的数据作为样本,用于研究两个国家的资本结构与企业财务绩效之间的关系。对所得出结果进行对比分析后发现,在控制了其他变量后,仅马来西亚企业的资本结构与企业财务绩效之间存在正向关系,而印度尼西亚的企业则没有得出此结论。Kirimi 等人(2021)研究董事性别对企业财务绩效的影响,选取 153 家企业 2009—2012 年四年的数据进行调查研究,结果发现很少有女性董事对改善企业财务绩效有帮助。Ahmadi 等人(2018)认为,如果独立董事没有实权,那么他就可以更好地对企业进行监督,从而更加公正地反映实际情况,这样就可以有效防止企业内部管理者的贪欲,还可以给企业带来更多资源,这对企业的发展是有利的。

2. 国内研究现状

在企业管理上,汪丽等(2021)以西藏上市公司为研究对象,通过文本分析、问卷调查、大样本数据等方法,对西藏企业在 ERP 中的应用进行实证研究。结果表明,西藏地区企业的 ERP 使用率较西部 12 个省份的平均使用率稍高;采用了 ERP 的公司与没有采用 ERP 的公司相比,其企业绩效有了明显的提高;但 ERP 实施前和实施后相比,并无显著进步。在股利分配和股权运作上,贾光宁等学者(2021)以西藏医药制造行业为案例,对在西藏地区上市的公司,对其所有权结构和绩效之间的关系进行了深入的实证分析,结果表明,在西藏医药制造行业中,所有权结构和绩效之间呈显著正相关,也就是说,所有权的相对集中有助于企业做出有效的决策,从而提升企业业绩。西藏上市公司的股权制衡程度对西藏医药制造类企业的经营绩效具有正向作用,适度增加股权制衡程度将有助于提升西藏医药制造类企业的经营绩效。Aziz 等人(2019)选择台湾上市公司的有关数据作为研究样本,从股权结构和股东性质两个角度与财务绩效进行分析,通过分析,他们发现不同类型股东的股权集中度的增加都会对公司的财务绩效产生积极的影响。在发展能力上,卢佳慧(2019)以医药制造行业为背景,以易明药业为例,提取易明药业 2013—2017 年的财务报告及有关资料,运用对比等方法,对易明药业的各项发展能力进行了单独和综合的分析,且对其发展能力进行了全面、系统的分析,并给出了提高其发展能力的具体路径和方法。

3. 文献述评

学者对西藏上市公司财务绩效的研究起步稍晚,相关研究更多的局限于理论层次,缺乏实证研究,没有形成完整的方法体系。一方面,上市公司在国家经济建设中起着举足轻重的作用,利用证券市场进行融资,不仅能降低资本费用,还能优化资源配置,促进企业的成长,进而带动区域经济的发展;另一方面,随着西藏经济不断走向市场、地方经济不断发展,上市公司对西藏经济发展和资源配置的作用日益显现。在新时代和"双循环"的背景下,西藏自治区上市公司如何脱颖而出、发挥优势,并且通过提升财务绩效推动地方经济的高质量发展,逐渐成为政府和企业重点思考的问题。因此,本节选取西藏地区 13 家上市公司 2017—2021 年的财务数据作为样本,进行实证分析,并构建模型,选取 5 个自变量以及 2 个控制变量,采用多元线性回归分析法,将其与因变量财务绩效进行分析,从而研究各变量对财务绩效的影响。

(四)研究方法

本节的研究目标是通过对西藏上市公司总体财务绩效的分析和评估,识别出对该地区上市公司财务绩效有重要影响的因素。本节研究采取了文献调查法、回归分析法和比较分析法。

1. 文献调查法

根据本节的研究目的,通过知网搜集并查阅与财务绩效影响因素有关的文献,然后进行相关资料的整理,为后续的研究提供一定的理论基础,保障研究的顺利进行。

2. 回归分析法

在得到了大量所需要的数据之后,运用数理统计的方法,构建自变量和因变量之间的相关回归函数模型,对西藏地区上市公司的财务绩效影响因素进行分析和研究,最后得出结论。

3. 比较分析法

选择西藏地区13家上市公司财务指标数据,通过回归分析方法所得出的结论比较分析西藏上市公司的财务绩效影响因素,动态分析公司经营过程中的优缺点,并结合行业现状给出优化策略。

二、财务绩效理论概述与西藏上市公司发展现状

(一)财务绩效理论概述

1. 财务绩效相关概念

企业的财务绩效反映的是企业的战略选择、实施、执行对企业经营业绩的影响。财务绩效能够很好地体现出一个企业,包括资产运用管理、资金来源调配及股东权益报酬率等成本控制方面所取得的成效,主要通过盈利、营运、偿债以及抗风险四大能力来反映。

2. 财务绩效理论基础

(1)风险评估理论。在金融领域中,风险会引起金融收益的不确定。从理论上来看,风险和回报是成正比的,所以,激进的投资者倾向于高风险,因为他们想要得到更高的收益,而稳健型的投资者则将重点放在了安全性上。

(2)现金流量理论。现金流量理论是财务管理中最基本的理论之一。现金是衡量现金流量的基础,也是度量现金流量的基石。现金流量是由现金流入、现金流出、现金净流动三个主要要素组成的。

(二)西藏上市公司发展现状

随着上海证券交易所和深圳证券交易所的成立,中国的上市公司规模不断扩大,但西藏地区地处偏远,发展相对落后。截至2022年8月,西藏辖区共有A股上市公司21家(主板上市16家、创业板上市5家),总市值共计2447.52亿元,其中,在上交所上市的公司有9家,在深交所上市的公司有12家。

西藏上市公司行业分布情况见表5-33。

表5-33 西藏上市公司行业分布统计表

行业	公司数量/家	占比/%
采矿业	3	14.30
制造业	12	57.14
金融业	1	4.76
科学研究和技术服务业	1	4.76

续表

行业	公司数量/家	占比/%
信息传输、软件和信息技术服务业	2	9.52
水利、环境和公共设施管理业	1	4.76
房地产业	1	4.76
合计	21	100.00

从西藏地区上市公司行业分布来看,涵盖7个行业,其中制造业的企业占比最多(12家),占西藏地区A股上市公司数量的57.14%;接下来是采矿业,有3家上市公司(见图5-3)。

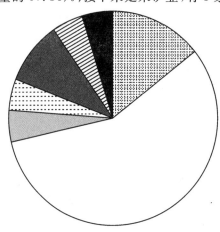

图5-3 西藏上市公司行业分布饼图

从地区分布来看(见表5-34),西藏上市公司主要分布在拉萨市,有16家,拉萨市A股上市企业总市值、总流通市值均为最高;山南市和昌都市均各有2家;林芝市有1家(见图5-4)。

表5-34 西藏上市公司地区分布统计表

地区	公司数量/家	占比/%
拉萨市	16	76.20
林芝市	1	4.76
山南市	2	9.52
昌都市	2	9.52
合计	21	100.00

由此可见,西藏地区的上市公司大多位于经济较发达的区域,近几年产业聚集效应明显增强,不断推动拉萨市的经济向着高质量发展。同时,近年来拉萨市着力培育了一批具有特色的产业,促进了其产业化的发展。目前,拉萨已逐渐形成了"文化旅游""净土养生""绿色工业""现代服务业"和"数字经济"等五大产业并驾齐驱的局面,并已成为推动城市经济发展的主要力量。

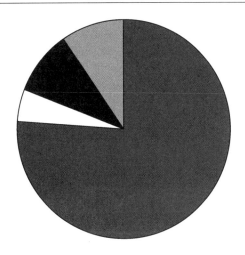

■拉萨市 ■林芝市 ■山南市 □昌都市

图 5-4 西藏上市公司地区分布饼图

三、研究设计与模型构建

(一)研究假设

1. 资本结构对西藏上市公司财务绩效的影响

资本结构是指企业的负债与资产总额之比。资本结构对公司财务绩效有一定的影响,公司负债的占比越高,对企业经营业绩的影响就越大。本节以资产负债率为自变量,考察了资产负债率与企业财务绩效的相关性。通过对有关文献的阅读发现,公司的债务比率越高,其反映出的财务绩效就越差。由此,提出假设:

假设1:资产负债率与公司财务绩效呈负相关关系。

2. 企业规模对西藏上市公司财务绩效的影响

企业规模就是企业的总资产,只要企业有足够的资产,就能够扩大生产经营规模,进而形成规模经济。企业规模的大小关系到企业的发展,尤其在西藏这样一个地理、文化、经济都特殊的地区,这些因素都会影响着企业的发展。在经济相对欠发达的西藏地区,作者认为企业的规模越大,公司的财务绩效会越差。由此,提出假设:

假设2:公司规模与公司财务绩效呈负相关关系。

3. 经营效率对西藏上市公司财务绩效的影响

企业的营业成本与营业收入的比值构成了企业的经营效率。讨论西藏地区上市公司财务绩效影响因素时,考虑到西藏地区上市公司可能落后于国内其他地区,所以作者认为西藏地区企业的营业成本可能更高而营业收入低,这方面因素可能会影响到财务绩效。由此,提出假设:

假设3:营业成本率与公司财务绩效呈正相关关系。

4. 董事会情况对西藏上市公司财务绩效的影响

董事会的成员是企业管理层的核心人物,企业高管的能力直接影响到企业整体的运营,进而会影响企业的财务绩效。西藏地区上市公司建立独立董事的时间较短,其制度还不够健全,通过查阅有关资料,了解到在一定限度内,适度增加独立董事的比例将会对企业的财务绩效产生积极影响。由此,提出假设:

假设4:独立董事比例与公司财务绩效呈正相关关系。

5. 股权结构对西藏上市公司财务绩效的影响

影响上市公司财务绩效的因素有多种,其中股权结构是主要因素之一。本节选取的自变量为上市公司前十大股东持股占比。相关研究发现,上市公司前十大股东较为集中且持股比例不常变化。因此认为,股权的集中度会对企业的财务绩效产生积极影响。由此,提出假设:

假设5:股权集中度与公司财务绩效呈正相关关系。

(二)变量设计与说明

为保证指标体系的完整性和客观性,本节从资本结构、企业规模、经营效率、股权结构、董事会状况等五个角度来建立西藏上市公司财务绩效影响因素的指标体系。具体指标如表5-35所示。

表5-35 模型变量定义

指标	项目名称	变量名称	符号	变量定义
因变量	综合绩效	财务绩效	R_2	净利润/净资产
		资产收益率	R_1	净利润/总资产
自变量	资本结构	资产负债率	D_O	总负债/总资产
	企业规模	总资产	S	期末总资产的自然对数值
	经营效率	营业成本率	C_{OR}	营业成本/营业收入
	董事会情况	独立董事比例	I_{ND}	独立董事人数/董事会人数
	股权结构	股权集中度	C_R	前十大股东持股比例之和
控制变量	股东	每股收益	E_P	净利润/发行在外普通股加权平均数
	产权性质	股权性质	S_O	国有企业取值为1,否则为0

(三)构建模型

以财务绩效为因变量构建检验模型:

$$R_2 = \beta_0 + \beta_1 D_O + \beta_2 S + \beta_3 C_{OR} + \beta_4 I_{ND} + \beta_5 C_R + \beta_6 E_P + \beta_7 S_O + \varepsilon$$

式中,R_2为上市公司财务绩效;D_O为资产负债率;S为资产总数;C_{OR}为营业成本率;I_{ND}为独立董事比例;C_R为前十大股东持股比例之和;E_P为每股收益;S_O为股权性质;ε为随机误差项。

(四)样本选择与数据来源

本节以西藏上市公司为研究对象,西藏地区现有上市公司21家,剔除通过ST和*ST特殊处理的西藏上市公司以及2017年以后上市的公司,共计8家,选取西藏地区的西藏矿业、奇正藏药、海思科、易明医药、高争民爆、西藏药业、西藏天路、西藏珠峰、西藏旅游、西藏城投、梅花生物、华钰矿业、灵康药业等共计13家上市公司(见表5-36),选择其2017—2021年五年的年报数据构建财务绩效影响因素回归分析模型。本节研究的财务数据来自巨潮资讯、同花顺财经以及东方财富网。

表 5-36 西藏上市公司分布

序号	公司简称	城市	行业
1	西藏矿业	拉萨市	采矿业
2	奇正藏药	林芝市	制造业
3	海思科	山南市	制造业
4	易明医药	拉萨市	制造业
5	高争民爆	拉萨市	制造业
6	西藏药业	拉萨市	制造业
7	西藏天路	拉萨市	制造业
8	西藏珠峰	拉萨市	采矿业
9	西藏旅游	拉萨市	水利、环境和公共设施管理业
10	西藏城投	拉萨市	房地产业
11	梅花生物	拉萨市	制造业
12	华钰矿业	拉萨市	采矿业
13	灵康药业	山南市	制造业

四、西藏上市公司财务绩效影响因素的实证分析

(一)描述性统计分析

各变量的描述性统计特征如表 5-37 所示。财务绩效 R_2 最小值为 -0.17,最大值达到 0.65,标准差为 0.11,说明西藏地区上市公司财务绩效水平较低;资本结构(D_O)的最小值为 0.08,最大值为 0.75,标准差为 0.18,表明西藏地区部分上市公司的资产较少,而负债较多;企业规模(S)的最小值是 11.20,最大值是 14.68,均值为 12.80,标准差是 0.94,可以看出,在西藏地区的上市公司中,企业规模的差异是很大的,可能是因为有的企业上市时间较短,而有的企业上市时间则长达二十多年;经营效率(C_{OR})的最大值为 1.57,最小值为 0.29,均值为 0.81,标准差为 0.21,说明西藏地区上市公司营业成本与营业收入差距不大;独立董事比例(I_{ND})的最小值为 0,最大值为 0.56,均值为 0.06,表明各公司间差距较大,这是因为在西藏上市公司中很多家企业是没有独立董事的;前十大股东持股比例之和(C_R)最小值为 0.29,最大值为 0.91,说明西藏上市公司的股权集中度相差较大。

表 5-37 描述性统计分析

变量	N	最小值	最大值	均值	标准偏差	方差
R_2	65	-0.17	0.65	0.10	0.11	0.01
D_O	65	0.08	0.75	0.36	0.18	0.03
S	65	11.20	14.68	12.80	0.94	0.88
C_{OR}	65	0.29	1.57	0.81	0.21	0.05

续表

变量	N	最小值	最大值	均值	标准偏差	方差
I_{ND}	65	0.00	0.56	0.06	0.14	0.02
C_R	65	0.29	0.91	0.63	0.18	0.03
E_P	65	-0.42	1.75	0.43	0.46	0.21
S_O	65	0.00	1.00	0.54	0.50	0.25

(二)相关性分析

经过对各因素的相关分析,得到了表 5-38 的结果,并没有发现各因素间的多元共线性问题。经营效率(C_{OR})与财务绩效(R_2)的相关系数为-0.458,并且通过了1%水平下的显著性检验,说明经营效率与财务绩效呈明显的负相关关系;股权结构(C_R)与财务绩效(R_2)之间的系数为0.467,并且也通过了1%水平下的显著性检验,表明前十大股东持股比例之和与西藏上市公司财务绩效的正相关关系十分明显;资本结构(D_O)、企业规模(S)和董事会情况(I_{ND})与财务绩效(R_2)之间都存在正相关关系,但是这三个自变量与财务绩效之间的相关关系都不显著。

表 5-38 相关系数矩阵

变量	R_2	D_O	S	C_{OR}	I_{ND}	C_R	E_P	S_O
R_2	1							
D_O	0.034	1						
S	0.089	0.695***	1					
C_{OR}	-0.458***	0.250**	0.240*	1				
I_{ND}	0.003	-0.025	-0.031	-0.056	1			
C_R	0.467***	-0.071	-0.339***	-0.259**	-0.121	1		
E_P	0.750***	-0.199	-0.064	-0.409***	-0.082	0.354***	1	
S_O	-0.374***	-0.401***	-0.439***	-0.067	0.066	-0.198	-0.338***	1

注:***、**、*分别表示在1%、5%、10%水平上显著。

(三)回归分析

回归分析结果(见表 5-39)中显示 R 为 0.827^a,R^2 为 0.683,调整后的 R^2 为 0.644,多元线性回归分析的估算标准差为 0.06551。由上述数据可以得到,调整后的 R^2 说明在回归分析中有 64.4%的数据是可以被解释的,整个线性模型也具有较高的拟合度。从表 5-39 中可以看出,德宾-沃森值为 0.963,该值小于 1,表明序列可能存在正自相关。

表 5-39 模型摘要

模型	R	R^2	调整后 R^2	标准估算的错误	德宾-沃森
	0.827^a	0.683	0.644	0.06551	0.963

方差分析表的结果(见表 5-40)表明,用回归分析得到的平方和数是 0.528,残差的平方和数是 0.245,加总得到的平方和数是 0.773。多元线性回归均方值是 0.075,残差均方值是 0.004,F 检验值为 17.562,显著性值为 0.000^b。其中,0.000^b 显著值低于 0.05,表明了该方法的有效性。西藏上市公司的 5 个自变量与因变量财务绩效呈现出比较明显的线性关系,通

过建立线性回归模型,同时用 SPSS 处理相关数据,得到了回归分析的结果,如表 5-41 所示。

表 5-40 方差分析表

模型	平方和	自由度	均方	F	显著性
回归	0.528	7	0.075	17.562	0.000^b
残差	0.245	57	0.004		
总计	0.773	64			

表 5-41 回归分析结果

模型	未标准化系数		标准化系数	t	显著性
	β	标准错误	β		
(常量)	−0.023	0.209		−0.111	0.912
D_O	0.112	0.075	0.189	1.507	0.137
S	0.002	0.016	0.015	0.113	0.910
C_{OR}	−0.104	0.045	0.203	−2.338	0.023
I_{ND}	0.061	0.060	0.077	1.014	0.315
C_R	0.129	0.060	0.213	2.144	0.036
E_P	0.148	0.026	0.613	5.778	0.000
S_O	−0.013	0.021	−0.061	−0.634	0.529

具体的回归分析结果如下:

在资本结构方面:$t=1.507$,$P=0.137$,资产负债率对财务绩效的影响与假设不同,并未通过显著性水平的检验,说明资产负债率对财务绩效影响是正向的,但不显著。

在企业规模方面:$t=0.113$,$P=0.910$,总资产对财务绩效的影响与假设相反,且未通过显著性水平的检验,表明公司的发展对西藏上市公司的财务绩效有积极的影响。

在经营效率方面:$t=-2.338$,$P=0.023$,表明营业成本率对财务绩效有显著的负向影响,并且通过了 5% 水平上的显著性检验,但是结论与假设不相同,说明西藏上市公司的营业成本率可能会对财务绩效产生负面的影响。

在董事会情况方面:$t=1.014$,$P=0.315$,表明独立董事比例对西藏上市公司财务绩效有积极影响,但是两者间的相互作用不是很明显,并没有通过显著性检验,结论与假设不同,因此独立董事比例对企业的财务绩效影响不明显。

在股权结构方面:$t=2.144$,$P=0.036$,表明股权集中度对财务绩效有正向的显著影响,且通过 5% 的显著性水平的检验,这表明,在西藏上市公司控股股东所占比重较大的情况下,其对企业财务绩效有较大的促进作用。

(四)稳健性检验

为了保证研究结论的可靠性,本节用资产收益率(R_1)替代了财务绩效净资产收益率(R_2),并对所提出的有关假设进行了验证(见表 5-42),得到了同样的结论。由此可以看出,研究结论已经通过了稳健性检验。

表 5-42 稳健性检验

模型	未标准化系数		标准化系数	t	显著性
	β	标准错误	β		
(常量)	0.033	0.100		0.334	0.739
D_O	0.011	0.036	0.033	0.313	0.756
S	−0.001	0.008	−0.022	−0.191	0.849
C_{OR}	−0.055	0.021	−0.188	−2.585	0.012
I_{ND}	0.038	0.029	0.085	1.339	0.186
C_R	0.081	0.029	0.233	2.800	0.007
E_P	0.090	0.012	0.657	7.388	0.000
S_O	−0.008	0.010	−0.065	−0.813	0.420

五、研究结论与建议

(一)研究结论

本节以公司财务绩效为依据进行实证分析,通过对西藏自治区共计 13 家上市公司 2017—2021 年财务指标数据进行分析,运用 5 个变量指标作为自变量,与财务绩效这一因变量进行线性回归分析,研究影响财务绩效的因素,得出如下结论:

第一,资产负债率对于西藏上市公司财务绩效影响正相关但不显著,结论与假设不符。本节的研究结果显示,较高的资产负债率会极大地增加西藏上市公司财务绩效。

第二,企业规模与西藏上市公司财务绩效影响正相关但不显著,结论与假设不符。企业规模的扩大对西藏上市公司财务绩效影响是正向的,但并不显著,所以西藏地区上市公司应根据自身的情况有计划地进行扩张,这样才能更有利于企业财务绩效提高。

第三,营业成本率与西藏上市公司财务绩效影响呈显著负相关关系,结论与假设不符。营业成本率对财务绩效有显著的负向影响,说明上市公司的营业成本越高,其财务绩效则越小。

第四,独立董事比例对西藏上市公司财务绩效影响正相关但不显著,结论与假设不符。这表明,随着独立董事比例的提高,这将会给西藏地区的上市公司带来积极的影响,但是,由于西藏地区的独立董事是在最近几年中才开始出现的,因此,独立董事并没有发挥出最大的作用。

第五,股权集中度对西藏上市公司财务绩效影响显著且呈正相关关系,结论与假设相符。西藏企业的股权集中程度总体很高,在西藏上市公司中,股权集中程度对企业的财务绩效产生了明显的影响。根据这些数据发现,前十大股东持股比例对公司财务绩效有积极影响,这在某种意义上也显示出了股权结构的制衡度,进一步表明了适度分权对上市公司的发展会产生重要的影响。

(二)建议

1. 优化企业资本结构

一方面,在筹资时,多角度考虑金额、期限和利率水平等因素,要对借债方式进行合理的选择,要增强公司抵御外部风险的能力,要提升公司的经营管理水平,优化企业的资本结构,减少企业的负债比率;另一方面,应合理使用财务杠杆,构建财务风险与杠杆运用之间的相对平衡,优化财务结构,最大限度获得财务杠杆利益,且对于少数资产负债率偏高的上市公司,要防范财务杠杆使用过度的问题。同时,要建立财务风险防控体系,提升公司信用水平,选择融资成本相对较低的方式筹集资金,保持资产负债率在合理的区间波动,从微观层面改进公司资本结构。

2. 合理扩大企业规模

首先,要防止盲目扩大企业规模,通过确定合理的生产规模最大化实现经济性,实现资产增值效率的提升,从而提高企业的盈利能力;同时要选择合适的融资方式,这样才能保证企业的投资质量,保证企业的正常运行。其次,西藏上市公司应紧紧抓住政策红利,促进各个行业发展水平的同步提升,积极引进高新技术,与国内外顶尖大学、专业研究机构合作,实施"互联网+""5G+"等战略,对传统工业进行改造,并在新兴工业领域培养出新的发展空间。最后,要强化对标准化生产技术的研究与开发,对产品与服务的质量进行严格控制,减少一些非主营业务产品的生产,从而降低生产成本,以期提高企业财务绩效。

3. 适当降低营业成本

一方面,在经营活动、投资活动和筹资活动环节中,重点关注现金流量这一指标,建立风险预警机制,防控坏账信用风险,缩短资金运转周期,避免出现有较高的营业收入但现金流依然不足的问题,且为公司保有较强资金流动性,也会相应保障营运水平,为公司的整体资金运转注入活力;另一方面,优化和完善生产流程,为企业制定合适的生产、销售、存货管理体系,建立一套关联各部门的信息共享系统,实现仓储部、生产部、采购部和销售部等各部门之间的信息互享和沟通,降低营业成本,从而提高企业财务绩效,推动企业高质量发展。

4. 完善独立董事制度

科学地选取独立董事人员,建立公平公正的独立董事人员选拔制度,选择专业知识和能力都过硬且能为企业带来更好发展的人才担任独立董事,同时还要完善独立董事激励制度,做到赏罚分明,在保障独立董事利益的同时,也应该加强对其的管理和监督,从而使企业朝着更好的方向发展。

5. 提升股权集中度

强化企业的内部管理并健全上市公司的管理激励制度,对企业内部管理人员通过各自优势进行合理分工,让他们都可以权责分明、各司其职,并且各管理层之间可以互相监督,从而为企业做出正确的决策,进一步提高企业的财务绩效。

参考文献

白敬清,2019.我国医药制造业财务绩效影响因素研究[J].安徽工业大学学报(社会科学版),36(4):13-16.

陈宏明,刘欣婷,2017.内部控制、社会责任和财务绩效的关系实证:以医药制造业为例[J].长沙理工大学学报(社会科学版),32(2):97-101.

陈亮,田亚茹,2019.基于偏序集理论的食品制造业上市公司财务绩效评价[J].辽宁工程技术大学学报（社会科学版），21(2)：134-142.

陈雪，2023.政府补贴对新能源上市公司财务绩效的影响[J].投资与创业，34(4)：28-30.

陈雅倩，2022.浅析实施员工持股计划对上市公司财务绩效的影响：以新华制药为例[J].经营管理者(7)：80-81.

陈影，2021.市场竞争压力、企业社会责任与财务绩效交互性关系：基于流通企业发展现状及趋势的分析[J].商业经济研究(8)：119-122.

丁珮琪，2017.陕西制造业上市公司技术创新对财务绩效影响的实证分析[J].西安财经学院学报，30(1)：67-74.

杜梦茹，2019.企业规模、企业社会责任与财务绩效[J].广西质量监督导报，226(10)：34.

方寒雪，2018.中国制造业跨国并购财务绩效的影响因素研究[D].武汉：中南财经政法大学.

付丹丹，王向前，2023.企业ESG信息披露对财务绩效的影响研究：以垃圾焚烧发电行业为例[J].荆楚理工学院学报，38(2)：75-81.

顾海英，2016.股权结构对农业上市公司财务绩效的影响[J].统计与决策(9)：174-176.

关静怡，刘娥平，2022.对赌协议是兴奋剂抑或长效药：基于标的公司财务绩效的时间结构检验[J].山西财经大学学报，44(6)：113-126.

郭谦，2021.创新投入与企业绩效的关系研究[J].广西质量监督导报(2)：185-186.

郭瑛，王玉，2018.信息技术行业财务绩效影响因素分析[J].现代经济信息(7)：281.

韩先锋，董明放，2018.研发投入对企业绩效影响的门槛效应[J].北京理工大学学报（社会科学版），20(2)：95-101.

韩雪婷，2022.现金持有、研发投入与财务绩效的关系研究：基于软件和信息服务业[J].河北企业，396(7)：100-102.

何为，2019.基于因子分析法的仓储物流行业财务绩效评价研究[J].物流工程与管理，41(12)：34-37.

胡爱平，张春艳，2022.地区社会信任、企业社会责任与财务绩效[J].商业会计(14)：55-62.

黄大禹，谢获宝，2021.非金融企业金融化后的财务绩效分析：来自中国制造业企业的实证研究[J].技术经济，40(7)：103-112.

贾光宁，易晴英，2021.西藏上市公司股权结构对经营绩效的影响探究：以医药行业上市公司为例[J].西藏科技(6)：39-42.

贾明琪，张宇璐，2017.软件信息业研发投入、研发费用加计扣除与企业绩效实证研发[J].科技进步与对策，34(18)：51-58.

贾雨桐，白冰，2022.基于因子分析法的家电企业财务绩效评价研究[J].改革与开放(10)：11-18.

蒋冠宏，2021.并购如何提升企业市场势力：来自中国企业的证据[J].中国工业经济(5)：170-188.

金铭，2020.研发投入与企业绩效关系的实证研究：基于内蒙古上市企业的面板数据[J].内蒙古科技与经济(23)：61-63.

金鑫，李宜，2015.医药制造业研发支出对财务绩效影响研究[J].现代营销（下旬刊）(10)：116.

金阳，2021.私募股权投资基金对创业板企业财务绩效的影响[J].中国注册会计师，270(11)：78-82.

金英伟，张敏，2019.上市出版企业财务绩效评价研究[J].现代出版(2)：31-34.

劳莹莹，2020.公司治理视角下企业财务绩效影响因素分析[J].现代商贸工业，41(29)：128-129.

第五章 西南五省上市公司财务绩效影响因素研究

李怀建,耿晓晗,2021.研发投入、高管激励与企业绩效:基于我国上市公司的实证研究[J].哈尔滨商业大学学报(社会科学版)(6):36-48.

李惠蓉,张飞霞,2020.股权集中度、技术创新与财务绩效的关系研究:基于我国创业板制造业上市公司的经验证据[J].财会研究,533(11):40-46.

李慧,2022.基于因子分析法的饮料行业上市公司财务绩效评价[J].河北企业(7):97-99.

李清,党正磊,2019.上市公司财务绩效指数影响因素研究[J].数量经济研究,10(1):114-128.

李武威,郝孟雨,古啸,2023.高管团队断裂带对企业绩效的影响:基于Meta分析的检验[J].管理工程师,28(2):28-35.

李霞,2022.企业绩效会影响社会责任履行吗?:基于不同性质企业的考察[J].财会通讯(12):62-66.

李永明,陈晶,2022.多重不利因素影响下的高校财务绩效管理创新路径研究[J].教育财会研究,33(4):89-95.

李运梅,2018.出版公司财务绩效评价分析及对策[J].中国总会计师(9):136-138.

李正旺,方祎旻,2022.首次股权激励对上市公司财务绩效的影响[J].合作经济与科技(23):98-101.

李子萍,范丽进,2021.企业社会绩效对财务绩效的影响研究:基于国有企业、民营企业和外资企业的比较分析[J].绿色财会(6):22-25.

梁可可,李洋,周佩璇,2019.股权结构对财务绩效的影响研究:基于概率投票模型下股权控制度的实证[J].财会通讯,811(11):20-24.

林霜,2018.知识产权保护、技术创新与企业财务绩效[J].财会通讯(33):107-112.

刘斌,陈虹,2017.股权结构、业绩增长与财务绩效研究:基于《财富》500强制造业的样本分析[J].当代经济(4):50-54.

刘佳,2018.西藏上市公司内部控制信息披露现状分析[J].西藏科技(2):23-27.

刘肖,陈海燕,朱龙,2018.公司治理、内部控制与财务绩效:基于房地产上市公司的数据分析[J].黑龙江工业学院学报(综合版),18(11):61-66.

刘亚娟.基于AHP-DEA模型的T传媒公司财务绩效评价研究[D].西安:西安石油大学,2021.

刘雨萱,2022.互联网上市公司社会责任履行对财务绩效的影响研究[D].景德镇:景德镇陶瓷大学.

刘媛,2019.商业银行财务绩效评价及指标设计的探讨[J].财会学习(28):192-193.

刘振,2015.董事会特征、研发投资强度与公司财务绩效[J].财会月刊(24):3-9.

刘紫燕,2023.近五年我国零售业上市公司业绩评价研究[J].中小企业管理与科技(3):49-51.

卢佳慧,2019.西藏上市公司发展能力分析:以易明为例[J].商场现代化(6):80-81.

陆志刚,2019.财务绩效与环境绩效关系研究:以重污染企业为研究对象[J].全国流通经济(14):64-66.

罗宇峰,2019.企业应付账款存在的问题及控制措施[J].管理观察(26):9-10.

马锦,乔鹏程,2018.内部控制与西藏上市公司可持续发展[J].财会通讯(14):101-105.

马俊辉,杜文意,2023.股权激励对医药制造上市企业财务绩效影响研究:基于因子分析法的实证分析[J].经营与管理,14(4):1-10.

马卓亚,李文华,2021.基于聚类分析的房企财务绩效与市值影响因素的实证研究:以房地产上市公司为例[J].工程经济,31(3):73-76.

孟岩,魏桐桐,朱志红,2021.制造业服务化、联盟组合多样性与企业绩效关系研究[J].哈尔滨商业大学学报(社会科学版)(4):47-62.

牟必燕,2023.上市公司绩效管理与区域经济发展的财务互动研究[J].现代营销(下旬刊)(2):70-72.

聂军,2023.社会责任履行、市场分割与企业财务绩效[J].技术经济与管理研究,321(4):44-50.

潘景,吴继忠,2022.股权激励与公司绩效实证研究:基于沪深A股上市公司数据[J].经济研究导刊(2):100-102.

裘应萍,刘梅娟,2020.上市公司环境信息披露影响因素研究:基于新能源产业的经验数据[J].绿色财会(10):45-51.

全晨,2015.企业社会责任与财务绩效相关性研究:基于医药制造业上市公司的数据研究[J].商业经济(5):123-125.

沈萍,刘子嘉,2020.市场化水平、诉讼风险与企业绩效[J].投资研究,39(12):136-153.

孙景蔚,吴学强,2020.研发投资对企业绩效的影响分析[J].杭州电子科技大学学报(社会科学版),16(3):20-25.

孙云鹏,姜宏,2022.企业社会责任、融资约束对中国房地产上市公司财务绩效的影响[J].天津商业大学学报,42(4):53-60.

汪健,张玉蒙,2023.政府补助对绩效改进的影响:基于机构投资者异质性的调节作用[J].长春大学学报,33(3):7-16.

汪丽,唐亚军,2021.西藏上市公司ERP实施研究[J].西藏大学学报(社会科学版),36(4):158-166.

王爱娜,2019.现金持有水平、存货管理效率与企业绩效[J].财会通讯,821(21):52-56.

王丹,彭晨宸,2018.股权集中度、投资者保护与财务绩效:基于国家层面创新型企业的经验证据[J].财会通讯,776(12):35-40.

王聃,2017.我国零售业上市公司财务绩效评价及影响因素研究[D].西安:西安理工大学.

王宏新,姜楠,2022.内部控制质量、研发投入与公司财务绩效:基于A股医疗制造业上市公司的实证研究[J].辽宁工程技术大学学报(社会科学版),24(1):28-35.

王佳,杨文锦,2021.看不见的特质:高管法律背景影响了企业财务绩效?:基于内部控制质量的调节效应[J].财会通讯(12):28-32.

王丽,上官鸣,2020.上市公司财务绩效评价和影响因素研究[J].大众投资指南(6):142-143.

王利军,陈梦冬,2021.湖北省制造业企业研发投入对财务绩效的影响:来自53个上市公司的数据[J].湖北社会科学,413(5):75-82.

王鹏,张婕,2016.股权结构、企业环保投资与财务绩效[J].武汉理工大学学报(信息与管理工程版),38(6):735-739.

王琦琪,2020.低碳经济下电力企业财务绩效评价体系构建[J].中国农业会计(1):38-40.

王雅琴,2022.上市公司治理能力、信息披露质量对财务绩效影响研究[J].价格理论与实践(3):106-109.

王颖娟,2022.基于因子分析法的食品制造业上市公司财务绩效评价[J].中国乡镇企业会计

(10):7-10.

王云平,2011.公司治理对财务绩效影响的实证研究:基于港行企业2010年的数据分析[J].辽宁科技学院学报,13(4):35-38.

吴昉,顾锋,张佳懿,2013.上市公司财务绩效影响因素[J].系统管理学报,22(5):715-719.

武迪,2020.基于因子分析法的农村商业银行财务绩效及影响因素研究[D].泰安:山东农业大学.

武慧娟,徐瑞红,赵钰萱,2022.电子商务上市公司财务绩效影响因素研究[J].投资与创业,33(6):72-74.

武婷,黄亚平,2022.定向增发对上市公司财务绩效的影响研究[J].中国注册会计师(7):58-63.

向晖,2019.网络游戏上市公司财务绩效评价研究[D].西安:西安理工大学.

谢婉云,郭雪飞,2022.零售业上市公司财务绩效研究:基于因子分析法分析[J].中国集体经济(34):143-146.

熊琳,2022.医药制造业上市公司财务绩效及影响因素研究[D].镇江:江苏科技大学.

徐斌,2019.技术创新、生命周期与企业财务绩效[J].江海学刊(2):109-114.

徐欣杰,2019.我国批发零售业上市公司财务绩效评价及影响因素研究[D].上海:华东政法大学.

许慧,张悦,2020.企业环境绩效对财务绩效的互动性检验:基于生命周期视角[J].财会通讯(17):75-78.

许兰飞,2020.财务绩效的影响因素的研究热点与趋势分析[J].财富生活(6):4-6.

许润国,李政建,2022.区域创新能力差异、营运资金融资策略与企业财务绩效[J].财会通讯,15(18):79-85.

许文静,成雯昱,杜牧丛,2022.碳信息披露、融资成本与企业财务绩效关系研究[J].价格理论与实践(6):156-160.

薛倩玉,吴智洋,朱家明,2019.基于因子分析对新零售业上市公司财务绩效的综合评价[J].高师理科学刊,39(7):34-39.

闫丝雨,2021.食品零售企业财务分析:以良品铺子公司为例[J].中国管理信息化,24(19):11-13.

羊照云,李昌辉,徐学荣,2016.林业上市公司股权结构对经营绩效影响的实证分析[J].林业经济问题,36(4):380-384.

杨富,2016.企业绩效研究评述比较与展望[J].会计之友(3):18-21.

杨洁,王梦翔,陈媛媛,等,2019."大智移云"时代医药企业成本管理优化[J].财会月刊(23):15-22.

杨犬埍,徐江,2023.基于因子分析法的中国农业上市公司财务绩效评价[J].山西农经(2):126-129.

杨徐馨,谢永强,刘飞跃,2023.我国新能源上市公司财务绩效评价研究[J].商业观察,9(3):45-49.

杨亚坤,2019.上市公司财务绩效评价及其影响因素微探[J].大众投资指南(22):22-24.

叶子昱,2022.辽宁省制造业上市公司财务绩效评价研究[D].沈阳:沈阳师范大学.

宜章,唐辛宜,吴菁琳,2022.环境信息披露对企业财务绩效的影响:基于沪深A股化工行业上市公司的经验分析[J].湖南农业大学学报(社会科学版),23(4):115-124.

易文丰,龚思益,2020.股权激励、内部控制质量与上市公司业绩[J].财会通讯(14):60-63.

殷小舟,2023.物流企业高管激励与财务绩效的关系实证研究[J].物流工程与管理,45(3):

150-158.

余小莉,彭英,李桢宇,2022.政府补助对财务绩效影响的滞后效应:基于软件业上市公司面板数据的实证分析[J].生产力研究(12):140-144.

袁子惠,2021.制造业碳信息披露水平对财务绩效的影响研究[J].科技经济市场(1):40-41.

张丹,2022.农林牧渔上市公司社会责任与财务绩效关系研究[J].会计师(23):10-12.

张浩然,2017.我国制造业公司IPO前后财务绩效变化及影响因素研究[D].柳州:广西科技大学.

张良,马永强,2016.商业信用能提升企业绩效吗?:基于非效率投资中介效应与组织冗余调节效应的实证[J].投资研究,35(2):59-77.

张其明,路望琦,2022.矿山机械制造业上市公司财务绩效评价研究[J].辽宁工程技术大学学报(社会科学版),24(5):363-370.

张世兴,刘旭原,2022.企业创新绩效对财务绩效的驱动性探究:来自中国A股上市公司的经验证据[J].湖南人文科技学院学报,39(3):54-62.

张完定,崔承杰,王珍,2021.基于治理机制调节效应的技术创新与企业绩效关系研究:来自上市高新技术企业的经验数据[J].统计与信息论坛,36(3):107-118.

张伟锋,吕靖烨,殷琪荔,2022.火力发电上市公司碳绩效和财务绩效关系的实证研究[J].煤炭经济研究,42(5):20-25.

张彦明,程泽川,刘铎,2015.石油企业董事会特征与财务绩效实证分析[J].哈尔滨商业大学学报(社会科学版)(4):53-60.

张莹,2018.农村信用社财务绩效评价及影响因素研究[D].西安:西安石油大学.

张玉兰,强春侠,高路遥,等,2021.融资约束、商业信用与民营企业财务绩效[J].会计之友(10):67-73.

张志花,袁苏东,2023.旅游业上市公司财务绩效问题研究[J].北方经贸(2):78-80.

赵丹妮,2022.电子设备制造业高管激励对财务绩效的影响研究[D].哈尔滨:哈尔滨理工大学.

赵宇,黄冰冰,邓元慧,2022.基于倾向评分匹配的国家双创示范基地内上市公司财务绩效分析[J].中国管理科学(5):1-13.

郑贵华,陈蕾莉,2021.股权激励、R&D投入对上市企业财务绩效的影响[J].哈尔滨商业大学学报(社会科学版)(6):27-35.

郑莉莉,刘晨,2021.新冠肺炎疫情冲击、内部控制质量与企业绩效[J].审计研究(5):120-128.

郑培,李亦修,何延焕,2020.企业社会责任对财务绩效影响研究:基于中国上市公司的经验证据[J].财经理论与实践,41(6):64-71.

钟鹏,吴涛,李晓渝,2021.上市公司企业社会责任报告、社会责任缺失与财务绩效关系的实证研究[J].预测,40(1):17-23.

周爱君,李燕,2019.财务绩效的影响因素的研究热点与趋势分析[J].商业经济(12):143-144.

周训娥,徐娟,2021.旅游上市公司内部控制对财务绩效的影响研究[J].当代会计(6):58-59.

朱骊禧,李明贤,2020.西藏上市公司股权制衡与智力资本价值关系实证研究[J].西藏大学学报(社会科学版),35(2):167-171.

邹函,邓满,2018.声誉资本、创新水平与企业财务绩效[J].财会通讯(6):56-59.

AHMADI A, NAKAA N, BOURI A, 2018. Chief executive officer attributes, board structures, gender diversity and firm performance among French CAC 40 listed firms[J]. Research in International Business and Finance, 44(1):54-57.

AMAL Y A, SAMEER A A, YAHYA Z A, 2012. Factors affecting the financial performance of Jordanian insurance companies listed at Amman Stock Exchange[J]. Journal of Management Research, 4(2):35-38.

APAN M, ALP H, ZTEL A, 2019. Determination of the efficiencies of textile firms listed in Borsa stanbul by using DEA-window analysis[J]. Socioeconomic Journal, 27(42):102-108.

AZIZ J, LYnn H, KAO M F, 2019. Ownership structure, board of directors and firm performance: Evidence from Taiwan[J]. Corporate Governance, 2(4):112-134.

BERLE A, MEANS G C, 1932. The modern corporation and private property[M]. New York: MacMillan.

BIABANI M, YAGHOOBNEZHAD A, LAS H A Z, et al, 2021. Disclosure and firm ranking based on the the Vigeo model of social responsibility and its relationship with financial performance criteria[J]. International Journal of Managerial Finance, 6(20):169-181.

BOOLTINK L W, SAKA-HELMHOUT A, 2018. The effects of R&D intensity and internationalization on the performance of non-high-tech SMEs[J]. International Small Business Journal: Researching Entrepreneurship, 36(1):81-103.

GU J W, 2022. An empirical study on the relationship between corporate internal control and financial performance of listed companies[J]. SHS Web of Conferences, 151(16):89-95.

HAMIDEH, 2018. Financial competitiveness analysis in the Hungarian dairy industry[J]. Competitiveness Review, 25(4):426-447.

HASLINDAR I, SAMAD M, ABDUL F, et al, 2009. Board structure and corporate performance evidence from public-listed family-ownership in Malaysia[J]. Global Review of Business and Economic Research, 5(5):185-204.

HIEU M V, HIEU T C, 2022. The factors of financial performance of SMEs (Case of Vietnam)[J]. Contemporary Economics, 16(3):34-36.

HUNADY J, PISAR P, DURCEKOVA I, 2020. R&D investments in the European ICT sector: Implications for business performance[J]. Business Systems Research Journal, 11(3):179-185.

HUSSEIN A, 2020. The influence of capital structure on company performance: Evidence from Egypt[J]. Corporate Ownership and Control, 18(1):8-21.

KIRIMI P N, KARIUKI S N, OCHARO K N, 2021. Moderating effect of bank size on the relationship between financial soundness and financial performance[J]. African Journal of Economic and Management Studies, 13(1):62-75.

KUMARI P, PATTANAYAK J K, 2017. Linking earnings management practices and corporate governance system with the firms' financial performance: A study of Indian commercial banks[J]. Journal of Financial Crime, 24(2):223-241.

MAHINDA W,JACOB Y,MIICHELE M,2016. Performance of microfinance institutions in achieving the poverty outreach and financial sustainability: When age and size matter[J]. Munich Personal RePEc Archive(4):12-16.

MALAGUEÑO R, LOPEZ-VALEIRAS E, GOMEZ-CONDE J, 2018. Balanced scorecard in SMEs: Effects on innovation and financial performance[J]. Small Business Economics, 51(1): 221-244.

MBAMA C I, EZEPUE P O,2018. Digital banking, customer experience and bank financial performance[J]. International Journal of Bank Marketing,12(4):432-451.

NUHIU A,HOTI A,BEKTASHI M, 2017. Determinants of commercial banks profitability through analysis of financial performance indicators: Evidence from Kosovo[J]. Business: Theory and Practice,18: 160-170.

RAMLI N A,LATAN E,SOLOVIDA G T,2019. Determinants of capital structure and firm financial performance-A PLS-SEM approach: Evidence from Malaysia and Indonesia[J]. The Quarterly Review of Economics and Finance,71(2):148-160.

ROMANO G,D'INVERNO G, CAROSI L,2020 . Environmental sustainability and service quality beyond economic and financial indicators: A performance evaluation of Italian water utilities[J]. Socio-Economic Planning Sciences, 13(2): 1-14.

SHUVASHISH R, DAS ARUBDAM D,2018. Application of TOPSIS method for financial performance evaluation: A study of selected scheduled banks in Bangladesh[J]. Journal of Commerce & Accounting Research,7(1):24-29.

SUTRISNO F A P, RAHMAN A F,2018. Analyzing factors that influence syariah commercial bank financial performance in Indonesia based on syariah Enterprise theory (set) perspective[J]. Journal Akuntansi,22(2):64-66.

SUTTIPUN M,LAKKANAWANIT P,SWATDIKUN T, et al,2021. The impact of corporate social responsibility on the financial performance of listed companies in Thailand[J]. Sustainability,13(16):7-14.

TATIANA F,NATALYA K, 2018. R&D investment decisions of IPO firms and long-term future performance[J]. Review of Accounting and Finance,17(1):50-56

UENG C J, 2016. The analysis of corporate governance policy and corporate financial performance[J]. Journal of Economics and Finance,40(3):514-523.

VINTILĂ G, NENU E A, GHERGHINA Ş C,2014. Empirical research towards the factors influencing corporate financial performance on the Bucharest Stock Exchange[J]. Annals of the Alexandru Ioan Cuza University-Economics,61(2):43-45.

WANG X N,GUO X N,XUE R,et al,2020. Evaluation of the financial performance of China's agricultural listed companies based on factor analysis[J]. Journal of Agriculture and Horticulture,2(6):235-259.

ZHAO Y,2020. Analysis of financial performance evaluation method based on applicability [J]. Academic Journal of Business&Management,2(3):68-74.

ZHENG F J, ZHAO Z Y, SUN Y P, et al, 2021. Financial performance of China's listed firms in presence of coronavirus: Evidence from corporate culture and corporate social responsibility[J]. Current Psychology, 18(6): 1 - 22.

ZHOU P, 2021. Financial performance evaluation of listed pharmaceutical and biological companies in China based on entropy multi-layer TOPSIS[J]. Journal of Global Economy, Business and Finance, 3(7): 45 - 51.

第六章 西北五省上市公司财务绩效影响因素研究

第一节 财务绩效影响因素研究——以西北五省上市公司为例

一、绪论

(一)研究背景

西北五省指中国的陕西、甘肃、宁夏、青海和新疆五个省份,是中国重要的矿产、能源、粮棉基地。西部大开发战略的实施,不仅优化了西部地区产业结构,促进了东西部地区协调发展,而且极大地推动了全国经济的持续健康发展。同时,随着中国经济的快速发展,西北五省的上市公司也越来越多,研究其财务绩效可以帮助我们了解西北五省经济发展的情况以及上市公司在经济发展中所扮演的角色与做出的贡献。但目前来看,西北地区的发展和经济条件与东部沿海地区相比,仍然存在较大差距,且缩小东西部地区差距是新时代西部大开发新格局的主要目标,因此对西北五省上市公司财务绩效的研究可以为制定区域经济政策提供参考和依据。

(二)研究目的及意义

1. 研究目的

在我国上市公司市场中,目前还没有一套系统且完整的适合西北五省的上市公司的运营模式,这些区域内的公司或平台并没有可以参考的标准去运营和发展,只能参照其他地区之前的经验。然而,不同地区之间的实际情况不同,发展规划不同,对于经济稍微落后的西北五省上市公司而言,参考的价值并不高。在对西北五省上市公司的有关财务指标以及它们的财务绩效的状况进行了调查之后,对其财务绩效的影响因素展开详细分析,并提出可以提高西北五省上市公司财务绩效的措施和建议,可最终使上市公司稳步发展,提升其在市场中的核心竞争力。

2. 研究意义

西北五省是中国经济比较欠发达的地区,但也是中国国家战略中重点发展的地区之一,对我国西北五省上市公司进行财务绩效分析,其主要意义如下。

首先,在我国,关于财务绩效影响因素的研究比较缺乏,所以,对西北五省上市公司财务绩效的影响因素进行研究,有助于丰富该领域的研究文献;其次,通过分析上市公司的财务绩效,可以了解西北五省上市公司的财务状况和经营状况,掌握该地区的经济发展情况;再次,通过分析上市公司的财务绩效,能够发现西北五省上市公司所面临的问题与挑战,为企业管理者和决策者提供参考和思路,使企业能够灵活应对不同市场环境,提升企业对抗危机状况的能力;

第六章 西北五省上市公司财务绩效影响因素研究

最后,基于西北五省上市公司的相关财务指标,分析影响上市公司财务绩效的相关指标和因素,可帮助上市公司更好地认识自身在发展中存在的困难和问题,这为西北五省的区域经济发展提供了重要的参考和借鉴意义。总之,研究西北五省上市公司的财务绩效影响因素具有重要的意义,研究结果可以为西北五省各行业的发展提供有益的参考。

(三)国内外研究现状

1. 国外研究现状

随着经济全球化的发展,关于财务绩效的研究在国外也得到了更多的关注。最早的财务绩效研究可以追溯到20世纪50年代的美国,学者们将各种财务指标,如投资回报率、收益率、投资回报比等综合起来,研究企业的财务绩效。此后,欧洲的学者也开始研究财务绩效,并在20世纪80年代提出了"财务绩效模型",从而奠定了财务绩效研究的基础。此外,国外学者还对财务绩效及其影响因素进行了深入研究,包括研究其与经济发展之间的关系,探讨财务绩效影响因素,以及研究不同行业的财务绩效。

Aleksandra等(2017)选择了欧洲几家大公司的有关数据作为研究样本,通过对它们的研究可以看到,当管理层的奖金和财务绩效结合起来时,企业内部的财务绩效会得到显著的改善,所以管理层人员的薪酬与财务绩效之间存在着明显的正向关系。

2. 国内研究现状

财务绩效理论体系在国内的发展及成形时间较晚,主要借鉴了国外的许多经验,但是其实用性较强,主要运用回归分析、因子分析法、实证分析等多种统计学方式分析财务绩效指标,同时,还从多个方面分析了相关因素对企业财务业绩的影响。立足于研究内容而言,已经有了分析财税政策、企业融资结构和股权结构对财务绩效影响的前例,如韩兴国等(2020)选取了新能源汽车产业的3年上市公司数据,对其数据进行实证分析并探究财税政策与财务绩效之间的关系,研究得出,财政补贴和税收优惠对财务绩效会有负面影响。Aziz等(2019)以台湾上市公司的有关资料作为研究的样本数据,并以股权结构、股权持有人等作为解释变量,进行实证分析,研究发现股权集中度的提高对企业财务绩效起正向促进作用。但从长期来看,财税政策力度的增加对企业财务绩效的抑制作用会减弱,甚至在滞后一段时间后,财税政策对企业财务绩效起到了正向影响。刘力萌(2021)选择了100家零售产业领域的上市企业作为研究主体,对此类企业在5年间所显示的财务数据指标展开研究,最终得到债务融资、短期债务融资率和公积金融资率与财务绩效之间均存在反向相关,但企业资本金与财务绩效呈现出正向相关性。李元庆(2019)在探讨股权结构对财务绩效的影响因素时,根据其分析的结论能够发现,股权集中度与财务绩效呈现出正相关,然而,股权性质与财务绩效呈现显著的负相关,最后得到的结论是:股权结构与企业财务绩效之间存在明显的相关性。

3. 国内外研究述评

总体来说,财务绩效研究涉及的行业、范围和应用领域比较广泛,加上随着全球信息化的发展,财务绩效研究将更多应用于跨境贸易、企业并购与重组等领域。同时,财务绩效研究也面临一些问题与挑战,如财务绩效指标的选择、财务信息披露的问题等,这些问题还需要进一步的探索和解决。基于此,本节构建西北五省上市公司财务绩效评价指标体系,找到影响西部地区财务绩效的主要因素,为西部地区企业的高质量发展提供理论支撑。

(四)研究内容与方法

1. 研究内容

采用理论与实证相结合的方式,通过对与公司绩效有关的文献与理论的整理与剖析,为研究提供了一定的理论依据。在实证上,首先选择了2017—2021年111个西北五省的上市公司的有关数据,并对其进行了初步的分析;然后利用SPSS软件,对我国西部地区五个省份的上市公司的各项指标进行了多元统计;在此基础上,还给出了相应的对策和建议。本节具体内容可以分为以下五个层面:

第一部分:绪论。该部分首先对研究背景展开阐述,阐明研究目的及意义,然后对研究内容和研究方法进行介绍。

第二部分:财务绩效理论概述及西北五省上市公司发展状况。这部分先解释财务绩效的相关概念及理论基础,再对我国西北地区五个省份的企业发展情况进行研究。

第三部分:西北五省上市公司财务绩效影响因素研究设计。本部分先进行分析假设,然后对变量进行适当的筛选,建立回归模型。

第四部分:西北五省上市公司财务绩效影响因素实证析。利用SPSS进行统计分析,筛选出各因素的典型指标,得出相关指标与财务绩效之间存在的相关性,之后进行了回归分析。

第五部分:研究结论与建议。通过对第四部分的实证分析,得到了本节研究的结论,并对如何进一步提升财务绩效提出建议。

2. 研究方法

(1)文献研究法:通过收集、整理、分析已有的财务绩效文献资料来探究某一问题。它是科学研究中常用的一种方法,可以帮助研究者了解财务绩效的研究现状、发展趋势和研究成果,从而为自己的研究提供参考思路。其优点是可以节省时间和成本,避免重复研究,同时也可以提高研究的可靠性和科学性。

(2)回归分析法:一种统计学方法,用于研究两个或多个变量之间的关系。本节研究了西北五省上市公司各项变量对财务绩效的影响,它的基本步骤是先找到一个数学模型,运用SPSS软件对西北五省上市公司五年内相关指标进行回归,分析找到解释变量与被解释变量之间的关系。

(3)实证分析法:通过公司年报选取2017—2021年五年间数据,计算相关指标,接着进行基本假设并进行模型构建,然后利用SPSS软件,对数据进行描述性统计和相关性分析,得出相关指标与财务绩效之间的关联性,进而发现公司财务绩效的影响因素。

二、财务绩效理论概述及西北五省上市公司发展状况

(一)财务绩效理论概述

1. 财务绩效概念

一般来说,绩效中的"绩"指业绩或成绩,是企业制定一定的目标,然后为了这个目标而做出的努力;"效",通俗来讲,指效率或速度,是企业某个目标完成度的有效性和完整性。企业财务绩效是指企业在成本控制、资产管理以及股东权益报酬率等方面的表现,这些表现直接影响企业带给市场的价值和效率。分析上市公司财务绩效,一般会挑选相关财务指标去体现公司

在一段经营期间的业绩,这样可以了解自身的财务状况,制定合理的财务策略和决策,进而提高公司的盈利能力和竞争力。因此,财务绩效通常被作为了解上市公司经营状况等综合实力的重要因素。

2. 财务绩效理论基础

(1)委托代理理论。此理论是一种管理理论,主要研究上下级之间的关系,确定上下级之间可靠的关系,以及改进上级的管理方式。委托代理理论指的是股东委托经理投资资本来控制公司,除非经理滥用职权或拒绝股东指示,否则股东不会干涉经理的管理。

(2)激励理论。此理论指的是如何有效地驱动员工行动的经验原理。它主要的原则是,给予员工合理的激励,可以有效地提高员工绩效。激励理论指出,合理的激励能够调动员工的工作积极性,使企业绩效得到有效提升。它强调,经理有责任把股东的利益放在第一位,而且股东应该有合理的激励机制来约束经理,以保证他们把企业价值提升到最高水平。

(二)西北五省上市公司发展状况分析

1. 西北五省上市公司基本情况

截至2021年底,西北五省的上市公司共有180家,只占全国上市公司总数的3.83%。其中,65家位于陕西省,34家位于甘肃省,11家位于青海省,15家位于宁夏回族自治区,55家位于新疆维吾尔自治区。

由图6-1可以看出,西北五省中,陕西和新疆两个省份的上市公司数量较多,相对来讲,甘肃等其他三省上市公司数量就较少,五个省份上市公司的数量有着较大的差异性。上市公司数量较少的省份相对于其他省份,经济发展也相对落后。

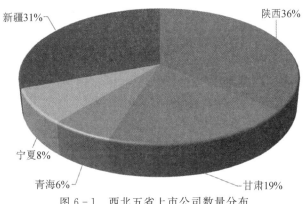

图6-1 西北五省上市公司数量分布

2. 行业分布

西北五省的180家上市公司涉及农林牧渔业和采矿业等17个行业,排名较前的是制造业、采矿业、农林牧渔业。西北五省上市公司经营的行业门类较为齐全,体现了西北五省各行业的经济发展状况。其中,资本密集型的制造业占据着主导地位,总共有82家,制造类企业在生产过程中需要投入资金较多,是工业化进程中的重要企业类型。此外,如住宿和餐饮业、租赁和商务服务业等企业数量较少,仍有进步空间。

3. 发展状况

随着改革开放和西部大开发的推进,西北地区经济迅速发展。同时,各个行业也随之蓬勃发展,上市公司提供的产品及服务也更加多样化。事实上,国家尤其重视西北地区企业的发展,甚至制定了相关政策,这一切都是为了支持产业的发展。据相关资料,截至 2021 年,整个西北五省人均 GDP 均低于全国平均水平,但上市公司的业绩整体呈现稳中向好的趋势,特别是在陕西和新疆两个省份,上市公司的业绩实现了正增长。

三、西北五省上市公司财务绩效影响因素研究设计

(一)样本选取与数据来源

1. 样本选取

选择陕、甘、宁、青、新五个省份的上市公司,获取它们 2017—2021 年的财务数据,然后进行相关处理。首先剔除经营不正常的 ST 和 *ST 类上市公司;其次剔除财务指标不完整、缺少以及未披露数据的上市公司;最后剔除 2017 年以后上市的公司。

经过对财务数据进行筛选后,最后共挑选出了 111 家上市公司 2017—2021 年的财务数据,其中陕西 38 家,新疆 33 家,甘肃 25 家,青海 7 家,宁夏 8 家。西北五省上市公司及其股票代码如表 6-1 所示。

表 6-1 西北五省样本上市公司及其股票代码

股票代码	上市公司	股票代码	上市公司	股票代码	上市公司
000159	国际实业	002644	佛慈制药	600419	天润乳业
000415	渤海金控	002646	青青稞酒	600449	宁夏建材
000516	国际医学	002665	首航节能	600455	博通股份
000552	靖远煤电	002772	众兴菌业	600456	宝钛股份
000557	西部创业	002799	环球印务	600509	天富能源
000561	烽火电子	002800	天顺股份	600516	方大炭素
000610	西安旅游	002828	贝肯能源	600543	莫高股份
000617	中油资本	300021	大禹节水	600545	卓郎智能
000633	合金投资	300084	海默科技	600581	八一钢铁
000635	英力特	300093	金刚玻璃	600665	天地源
000672	上峰水泥	300103	达刚路机	600706	曲江文旅
000691	亚太实业	300106	西部牧业	600707	彩虹股份
000697	炼石有色	300114	中航电测	600714	金瑞矿业
000721	西安饮食	300116	坚瑞沃能	600720	祁连山
000768	中航飞机	300140	中环装备	600737	中粮糖业
000779	三毛派神	300164	通源石油	600738	兰州民百
000791	甘肃电投	300397	天和防务	600785	新华百货

续表

股票代码	上市公司	股票代码	上市公司	股票代码	上市公司
000812	陕西金叶	300487	蓝晓科技	600831	广电网络
000813	德展健康	300534	陇神戎发	600869	智慧能源
000815	美利云	300581	晨曦航空	600888	新疆众和
000862	银星能源	600075	新疆天业	600893	航发动力
000877	天山股份	600089	特变电工	600984	建设机械
000929	兰州黄河	600108	亚盛集团	601012	隆基股份
000962	东方钽业	600117	西宁特钢	601015	陕西黑猫
002092	中泰化学	600192	长城电工	601069	西部黄金
002100	天康生物	600197	伊力特	601168	西部矿业
002109	兴化股份	600217	中再资环	601179	中国西电
002145	中核钛白	600248	延长化建	601225	陕西煤业
002149	西部材料	600251	冠农股份	601369	陕鼓动力
002185	华天科技	600256	广汇能源	601958	金钼股份
002202	金风科技	600302	标准股份	603101	汇嘉时代
002205	国统股份	600307	酒钢宏兴	603169	兰石重装
002267	陕天然气	600339	中油工程	603227	雪峰科技
002302	西部建设	600343	航天动力	603393	新天然气
002307	北新路桥	600359	新农开发	603843	正平股份
002457	青龙管业	600379	宝光股份	603919	金徽酒
002524	光正集团	600381	青海春天	603999	读者传媒

2. 数据来源

公司的年度报告以巨潮资讯网为主体,公司的重要业绩指数以东方财经网及国泰安数据库为主体。此外,少量数据来自百度、小红书、知乎和B站等。通过以上途径得到的相关数据,使用数据分析软件对其进行整合处理,同时借助 SPSS 软件,对其展开实证分析,以及对数据之间是否具有相关性等进行分析。

(二)研究假设

1. 股权集中度与财务绩效

一般来讲,如果股权大多数都掌握在极少数人手里,表明了公司的持股集中程度较高。而大股东与公司的重要决策有着很大的关系,甚至可能起着决定性的作用。进一步说,控制权掌握在少数人手里,其他股东为了公司长远发展和自身利益,会积极发挥监督作用或者会加强研发力度,提升公司的核心竞争力,这有利于提升公司的财务绩效,有利于公司的长远发展。因此,基于西北五省上市公司股权集中度,选用公司规模和独立董事占比作为控制变量,提出假设:

假设 1:西北五省上市公司股权集中度与财务绩效呈正相关关系。

2. 管理层薪酬与财务绩效

管理层甚至是高级管理层,一般是被委托来代理经营公司的人才。委托人委托代理人代理公司各项事务有利于获取期望收益,而管理层薪酬往往可以激励高级管理层更好地努力工作,以获取更高的薪酬工资。在这种情况下,管理层薪酬应当与企业财务绩效呈正相关。在上述分析的基础上,提出假设:

假设2:西北五省上市公司管理层薪酬与财务绩效呈正相关关系。

3. 资产负债率与财务绩效

资产负债率是总负债与总资产的比值,反映公司资产保障债权人利益的程度,通俗来讲就是公司的所有资产有多少是属于别人的。公司负债率越高,说明企业所有资产中占用别人的资产就越多,将来偿还能力就越弱,且无法偿还债务的危险也会越大。根据上述相关分析,基本可以得出,公司的资产负债率越大,偿还能力和融资能力就越弱,从而使得公司的财务绩效不好,故提出假设:

假设3:西北五省上市公司资产负债率与财务绩效呈负相关关系。

4. 研发投入与财务绩效

一般来说,研发新技术或者新产品往往具有风险高和周期长的特征,从提出到最终为公司创造价值要经过较长的时间,同时,资金回笼慢,试错成本也较高,会对企业的偿债能力和经营业绩产生直接作用,进而对企业的财务绩效产生影响。基于此,提出假设:

假设4:西北五省上市公司研发投入与财务绩效呈负相关关系。

(三) 变量选择

1. 被解释变量

如表6-2所示,从财务绩效、稳健性检验两方面选取净资产收益率和资产收益率作为实证分析的被解释变量。结合相关文献及理论知识,充分考虑指标数据的可获得性,以及指标选取的全面性、相关性和准确性,最终选择了净资产收益率作为实证分析的被解释变量指标。

表6-2 被解释变量指标

被解释变量	变量名称	变量符号	变量定义
财务绩效	净资产收益率	R_2	净利润/净资产
稳健性检验	资产收益率	R_1	净利润/总资产

2. 解释变量

如表6-3所示,从股权结构、管理层激励程度、资本结构和研发投入四方面分别选取了股权集中度、管理层薪酬、资产负债率和研发投入占比四个财务指标作为实证分析的解释变量。其中,第一大股东通常掌握着公司的实际控制权,随着其持股比例的增大,公司的股份集中程度也随之增大,所以在此选择了第一大股东持股比例作为公司股份集中程度的指标;管理层前三名薪资总额均值表明了公司对管理层的激励程度;资产负债率用来表示上市公司的资本结构;上市公司的研发投入情况用研发投入与营业收入之比来表示。

表 6-3 解释变量指标

解释变量	变量名称	变量符号	变量定义
股权结构	股权集中度	T_1	第一大股东持股比例
管理层激励程度	管理层薪酬	$\ln(P_{AY})$	管理层前三名薪资总额平均值的对数值
资本结构	资产负债率	L	总负债/总资产
研发投入	研发投入占比	R_D	研发投入/营业收入

3. 控制变量

一般情况下,很多变量和指标都会对上市公司的财务绩效造成影响,因此,要设定相关的控制变量,并尽可能地将某些对结果造成不良影响的因素剔除出去。本节根据相关文献以及西北五省上市公司数据的实际情况,选取公司规模和董事会情况作为控制变量。如表 6-4 所示,总资产作为衡量公司规模的指标,用来反映企业资产规模大小,以进一步消除不同规模的公司对财务绩效的影响;独立董事人数与董事会人数之比反映了公司的董事会情况,以进一步消除董事会情况对财务绩效的影响。

表 6-4 控制变量指标

控制变量	变量名称	变量符号	变量定义
公司规模	总资产	S	总资产的自然对数
董事会情况	独立董事占比	I_{ND}	独立董事人数/董事会人数

(四) 模型构建

本节选取西北五省上市公司 2017—2021 年净资产收益率的相关数据,用净资产收益率来表示财务绩效,研究股权集中度、管理层薪酬、资产负债率和研发投入占比对财务绩效的影响。同时,以公司规模和董事会情况作为控制变量。为了对假设进行验证,设计下列多元线性回归模型进行回归分析:

$$R_2 = \beta_0 + \beta_1 T_1 + \beta_2 \ln(P_{AY}) + \beta_3 L + \beta_4 R_D + \beta_5 S + \beta_6 I_{ND} + \varepsilon$$

上述模型中,T_1 指的是第一大股东持股比例,以此来衡量股权的集中程度;$\ln(P_{AY})$ 指的是管理层前三名薪酬总额平均值的对数值,用来代表管理层薪酬;L 指的是资产负债率,用来表示资本结构;R_D 是研发投入占比,用来表示研发投入;S 为企业总资产的自然对数,用以代表企业规模;I_{ND} 指的是独立董事占比,用于描述董事会情况;β_0 和 ε 分别表示常数项和误差项。

四、西北五省上市公司财务绩效影响因素实证分析

(一) 描述性统计分析

首先,对样本企业的关键变量进行描述性的统计,如表 6-5 所示。

表 6-5 描述性统计表

变量	N	最小值	最大值	平均值	标准差
R_2	555	−1.84	0.73	0.04	0.16
T_1	555	9.90%	87.70%	36.14%	15.64%
$\ln(P_{AY})$	555	2.08	6.52	4.15	0.70
L	555	0.01	0.99	0.48	0.21
R_D	555	0.00	33.55%	2.80%	3.23%
S	555	19.11	27.62	22.62	1.46
I_{ND}	555	30.00	66.67	37.14	5.32

由表 6-5 可以得知，R_2 均值小于 0.1，说明样本公司整体水平较差；在股权结构方面，第一大股东所持有的股份的最小值是 9.90%，最大值是 87.7%，而其标准差是 15.64%，这表明了样本公司的股份集中度存在着很大的差异，同时，均值为 36.14%，表明了股权集中度水平较高；在管理层薪酬方面，管理层前三名平均薪酬对数值的标准差为 0.70，说明行业之间差距不大；在资本结构方面，资产负债率的平均水平是 48%，这意味着资产负债率在 40% 到 60% 的正常范围内，但最大值超过了 70%，说明有个别样本的资产负债率过高，可能会导致公司偿债能力水平较低；在研发投入方面，研发投入占营业收入的平均比值是 2.80%，说明公司基本不会面临生存危险，但竞争力偏弱；在公司规模和独立董事占比方面，不同样本之间虽然存在明显差异，但整体状况较好。

(二) 相关性分析

在进行多元线性回归之前，首先利用 SPSS 对回归模型中的所有变量展开相关性检测，分析结果见表 6-6。

表 6-6 相关系数矩阵

变量	R_2	T_1	$\ln(P_{AY})$	L	R_D	S	I_{ND}
R_2	1						
T_1	0.141**	1					
$\ln(P_{AY})$	0.148**	−0.077	1				
L	−0.165**	0.021	0.124**	1			
R_D	−0.101*	−0.140**	0.118*	−0.140**	1		
S	0.118**	0.252**	0.400**	0.461**	−0.145**	1	
I_{ND}	−0.046	0.085*	−0.018	−0.021	−0.004	−0.089*	1

注：**、* 分别表示 1%、5% 的显著性水平。

由分析结果可以得出，在解释变量对被解释变量的检测过程中，股权集中度与财务绩效两者之间的相关系数为 0.141，且在 1% 水平下具有明显的正相关关系，换言之，公司股权集中度不断提高时，财务绩效水平也能随之提升；管理层前三名薪酬与财务业绩的相关系数为 0.148，且在 1% 水平下呈现出明显的正相关关系，这意味着管理者激励程度高，可以推动财务绩效水平的提高；财务绩效以及资产负债率两者之间的相关系数是 −0.165，且在 1% 水平下通过了显著性检验,这也能进一步表明,资产负债率与财务绩效之间存在着明显的负相关,因此,资产负债率不断升高时,财务绩效水平会随之呈现下降的趋势;研发投入占比与财务绩效的相关系数为-0.101,并且在5%水平下,研发投入占比与财务绩效之间存在着明显的负相关关系,换言之,随着研发投入的增加,企业的财务绩效会受到影响。同时,公司规模与公司财务绩效呈现出正相关,并且十分明显,而独立董事占比与财务绩效呈现出负相关,且未通过显著性检测。

(三)回归结果及分析

为了对上述假设进行验证,对各变量间的相关关系作了回归分析,结果如表6-7所示。由表6-7可知,F值为9.059,R^2为0.105,调整后的R^2为0.094,且通过1%水平下显著性检验,充分说明了模型和数据之间的契合度对总体回归的影响是很好的。该模型的回归公式如下:

$$R_2 = -0.390 + 0.001T_1 + 0.032\ln(P_{AY}) - 0.215L - 0.006R_D + 0.019S - 0.001I_{ND} + \varepsilon$$

表6-7 回归结果

模型	未标准化系数		标准系数			共线性统计	
	β	标准错误	β	t	P	容差	VIF
(常量)	-0.390	0.157		-2.482	0.013		
T_1	0.001^*	0.001	0.096	2.039	0.042	0.876	1.142
$\ln(P_{AY})$	0.032^{**}	0.012	0.131	2.603	0.010	0.765	1.307
L	-0.215^{**}	0.042	-0.263	-5.109	0.000	0.734	1.362
R_D	-0.006^{**}	0.002	-0.118	-2.582	0.010	0.928	1.077
S	0.019^{**}	0.007	0.150	2.588	0.010	0.576	1.737
I_{ND}	-0.001	0.001	-0.047	-1.054	0.293	0.965	1.036
R^2			0.105				
调整后的R^2			0.094				
F			9.059				
显著性			0.000				

注:**、*分别表示1%、5%的显著性水平。

回归分析结果表明,在解释变量中,股权集中度与财务绩效之间存在着显著的相关性,且相关系数为0.001,与前文提出的假设1相符合;管理层薪酬与财务绩效相关系数为0.032,P为0.010,说明管理层薪酬与财务绩效通过了1%水平下的显著性检验,且呈现出正相关,这与假设2相符合;资产负债率和研发投入占比与财务绩效的相关系数分别为-0.215和-0.006,表明指标的相关性都通过了1%水平下的显著性检验,并且都与公司绩效呈极显著的负相关,假设3及假设4得以验证。

在所有的控制变量中,总资产与财务绩效的回归系数是0.019,并且在1%水平下通过了显著性检验,说明公司规模对财务绩效起到了促进作用。而独立董事占比未通过显著性检验,与财务绩效之间是负相关关系。

(四)稳健性检验

如表6-8所示,将回归分析的被解释变量净资产收益率替换为总资产收益率,进行稳健性检验,结果发现,R^2为0.148,调整后的R^2为0.137,表明所选取的解释变量的解释能力较强,具有统计学意义。

表6-8 稳健性检验

模型	未标准化系数		标准系数	t	P	共线性统计	
	β	标准错误	β			容差	VIF
(常量)	−0.189	0.064		−2.952	0.003		
T_1	0.001*	0.000	0.117	2.552	0.011	0.876	1.142
$\ln(P_{AY})$	0.015**	0.005	0.143	2.920	0.004	0.765	1.307
L	−0.107**	0.017	−0.315	−6.270	0.000	0.734	1.362
R_D	−0.004**	0.001	−0.170	−3.811	0.000	0.928	1.077
S	0.009**	0.003	0.166	2.926	0.004	0.576	1.737
I_{ND}	−0.0002	0.001	−0.015	−0.338	0.736	0.965	1.036
R^2			0.148				
调整后的R^2			0.137				
F			13.352				
显著性			0.000				

注:**、*分别表示1%、5%的显著性水平。

从上述结果可知,股权集中度、管理层薪酬、资产负债率和研发投入四个解释变量与财务绩效之间的相关关系未发生改变,与回归分析结果基本一致,通过了稳健性检验。

五、研究结论与建议

(一)研究结论

本节选取2017—2021年西北五省上市公司相关指标及数据,分析其对财务绩效的影响。其中,从股权结构、管理层激励程度、资本结构和研发投入层面上选择了解释变量指标,并将公司规模和董事会情况当作一个控制变量,运用SPSS对其进行了相关性分析和回归分析,结果表明,这些假设都是成立的,并且通过了稳健性检验。本节主要的研究结论如下:

第一,股权结构与财务绩效有明显的正向关系。随着第一大股东持股比例的增加,上市公司的财务绩效将会改善。股权的相对集中使股东与公司利益挂钩,会加强大股东对管理层的监控力度,使管理层更有动力去经营公司并提高公司业绩。因此,为了提高财务绩效,股权集中度不可过度分散,应尽可能提升股权集中度。

第二,管理层薪酬与财务绩效之间存在着显著的正向关系。通过对西北五省上市公司高管薪酬水平进行分析,发现高管薪酬水平越高,越能提高企业的财务绩效。此外,公司对管理层的薪酬激励是长期的过程,并不是能够直接一步到位的。所以,应当适当地提升管理层薪酬,这有助于提高管理者的积极性,从而提高企业的财务绩效。

第三,资产负债率与财务绩效呈负相关关系。根据前文描述性分析,西北五省上市公司的平均资产负债率为48%,说明西北五省上市公司发展较为稳定。当资产负债率越高时,代表公司面临着更大的财务风险,且由于债务压力大,偿债能力弱,可能会降低公司的财务绩效。

第四,研发投入与财务绩效呈显著负相关关系。以研发投入与营业收入之比作为西北五省上市公司表示研发投入的指标,实证研究得出,研发投入的增加能显著降低公司的财务绩效。这是因为,由于周期较长,研发投入不能很快为公司带来良好的收益,所以研发投入在短期内会影响公司资金流,从而对短期内的财务绩效产生不好的影响。

(二)优化建议

针对以上实证分析结论,本节分别从股权结构、管理层激励程度、资本结构和研发投入四个层面提出以下相关建议。

1. 合理提升股权集中度

由描述性结果可知,西北地区不同上市公司之间的第一大股东持股比例相差较大,其中,最小值为9.90%,说明部分上市公司第一大股东持股比例较低。因此,应该提高西北五省上市公司的股权集中度,且提升股权集中度能够使股东与公司的目标和利益一致,有助于股东与股东、股东与管理层之间相互监督,并做出正确的重要决策,进一步提升上市公司的财务绩效。

2. 完善管理层激励制度

由研究结果可知,管理层薪酬与财务绩效有极强的相关性,且管理层薪酬对公司的财务绩效有积极的正向影响。因此,公司要提高财务绩效,可以适当提升管理层薪酬,以提升管理层积极性和鼓励管理层努力为公司创造价值。同时,公司也可以建立一套适合于公司绩效与其高管绩效相结合的体系,即公司绩效越好,其高管薪酬也就会更高。

3. 适当调整资本结构

由研究结果可知,个别样本的资产负债率指标超出正常范围,相应来说,它们的财务绩效水平也较低。因此,公司要提高财务绩效,应根据自身发展情况,尽可能调整公司的资本结构。同时,公司应该建立完善的融资机制,用最小的投入获得最大的投资回报,以降低企业资产负债率,从而提升企业的财务绩效。

4. 加强研发资金管理

由研究结论可知,研发投入可能会导致公司的现金流量减少,进而降低企业的财务绩效。因此,企业需要确保研发投入的合理性和有效性,并加强财务管理力度,提升资金运用效率,减少不必要的费用支出。同时,企业可以建立完善的财务管理制度,加强对财务人员的培训和管理,尽量做到研发投入得到有效收益。

第二节 陕西省上市公司财务绩效影响因素研究

一、绪论

(一)选题背景与意义

随着经济不断发展,陕西省上市公司的不断增加,陕西省上市公司的财务绩效对该地区经济发展的影响作用也越来越大。本节对陕西省上市公司财务绩效的影响因素进行了研究,并在此基础上提出了改善陕西省上市公司财务绩效的对策建议,这对于促进陕西省的经济发展具有十分重大的现实意义。

首先,从理论方面来说,通过其他学者对上市公司财务绩效影响因素的研究发现,由于选取的变量不同,其结果也不尽相同,所以不同指标对上市公司财务绩效影响的研究没有形成定论。因此,本节以陕西省为研究区域,通过实证研究,识别影响区域内上市公司绩效的主要因素,以丰富和发展已有的研究成果,为区域内上市公司绩效的提升提供科学依据。

其次,在实践层面上,根据分析结果给陕西省上市公司提出对策建议,对陕西省上市公司可持续性发展有一定的参考价值。除此之外,上市公司是推动我国经济发展的重要力量,上市公司的可持续发展对我国国民经济发展也有一定的正向作用,所以,对陕西省上市公司财务绩效进行实证分析,可以为相关管理者提供一定的参考依据。

(二)国内外研究现状

1. 国外研究现状

Obeidat 等(2021)以 5 家化工企业 2010—2019 年的数据为研究对象,以每股收益作为指标,发现每股收益对财务绩效有显著影响。Jaleleddine 等(2019)选用 22 家公司为样本,以 2006—2015 年的数据进行研究,得出每股收益对财务绩效具有显著影响。Chinedu 等(2020)随机抽取 40 家制造业上市公司,借助 SPSS 进行分析,研究结果显示,每股收益与财务绩效呈显著正相关。Trisni 等(2021)选取 12 家公司进行 5 年观察,采用描述分析法和多元线性回归分析,得出每股收益对财务绩效具有显著影响。Alti(2003)通过研究发现,现金持有量显著负向影响财务绩效。Bulan(2008)研究发现,现金持有量显著正向影响企业的财务绩效。

2. 国内研究现状

张月武等(2018)以 2012—2016 年的数据为研究对象,研究 1991 家沪深制造业上市公司,运用实证分析方法,研究得出,固定资产占比与企业绩效呈现负相关。张晓艺(2022)认为无形资产占比对财务绩效有正向促进作用,且其对财务绩效的贡献程度大于其他无形资产。同时,无形资产创造的超额收益能显著提升企业的财务绩效水平,更能为企业带来超过行业平均水平的经济效益。王卓等(2019)通过研究发现得出,无形资产对财务绩效有正向影响。马慧敏等(2019)通过研究 2013—2015 年存续的高新技术产业上市公司得出,无形资产显著正向影响财务绩效。邱冬雪(2021)以顺丰控股为研究样本进行实证分析,以非流动资产占比、无形资产占比等为自变量,资产周转率作为因变量进行研究,研究得出,重视无形资产投入,可以提高公司的营业效率。曹广帅(2022)以 192 家制造业公司为研究样本进行实证分析,使用 2011—2020 年公司财务报表进行研究,得出固定资产与无形资产的占比正向影响财务绩效。朱晓丹等(2023)以 2017—2021 年安徽省上市公司为样本,通过构建多元线性回归模型实证分析现金持有量对财务绩效的影响,研究结果表明,现金持有量对财务绩效具有交互促进作用。王璟蓉(2021)基于融资约束理论实证检验 A 股上市企业管理层现金持有量与创新绩效的关系,得出管理层现金持有量与创新绩效呈现显著正相关。韩雪婷(2022)以 2017—2020 年软件和信息服务业的数据为样本,研究结果表明,现金持有量对财务绩效具有促进作用。黎精明等(2020)通过研究 2011—2017 年深沪两市 A 股制造业上市公司,得出结论,企业持有现金对财务绩效具有正面影响。杨松令等(2021)对我国 A 股上市公司现金持有水平与企业创新投入的关系进行分析,发现现金持有水平正向影响财务绩效。肖土盛等(2020)通过研究发现,现金持有量能够正向影响财务绩效。娄祝坤等(2019)研究发现,现金持有量显著正向影响财务绩效。文刚(2020)通过研究25家中国上市商业银行1999—2019年数据,研究得出,董事会规模对净资产收益率有显著的正向影响。刘承枫等(2017)通过研究稀土上市公司2008—2015年的数据,研究发现,稀土前固定资产占比不显著影响财务绩效,稀土后固定资产占比显著负向影响财务绩效。李光炎(2021)对2012—2017年重污染行业的350家上市公司进行实证分析,结果表明,主营业务收入显著正向影响财务绩效,每股收益显著负向影响财务绩效。满龙龙(2021)通过研究2013—2020年中国白酒行业股票得出,财务指标与股票收益率呈显著正相关。何紫荆等(2021)实证结果表明,每股收益能够显著影响商业银行财务绩效。

3. 研究述评

通过对现有文献进行整理归纳,比较国内外研究现状可以发现,国内外学者对财务绩效影响因素的研究主要包括每股收益、无形资产占比、固定资产占比等财务指标。除此之外,由于国内外学者使用的研究方法不同和选取的财务绩效指标不同,而且所选择的行业或者地区存在差异,所以对财务绩效影响因素进行研究,所得到的结论也存在差异。目前,国内外学者侧重于对一个财务指标进行研究,对于多个或者综合财务绩效影响因素研究很少。而且,对于陕西省财务绩效影响因素研究的相关文献较少。因此,本节选取现金持有水平、营业成本率、固定资产占比等财务指标对陕西省上市公司财务绩效影响因素进行研究。

(三)研究方法

(1)文献研究法。以CNKI、维普、学校图书馆等为参考,收集与财务绩效影响因素有关的文献资料,并对现有的研究成果进行归纳与总结,为陕西省上市公司财务绩效影响因素的研究奠定一定的理论基础。

(2)实证分析法。通过研究陕西省上市公司2017—2021年的财务数据,构建计量经济学模型,使用SPSS进行多元回归分析,研究所选变量对上市公司财务绩效的影响,并使用资产收益率进行稳健性检验。

二、财务绩效概述及陕西省上市公司基本情况

(一)财务绩效概念

财务绩效主要是对公司战略计划的实施与执行的结果展示,主要表现在盈利、经营、偿债、抗风险等方面。财务绩效可以反映出企业的成本控制的效果、资产运用管理的效果、资金来源调配的效果和股东权益报酬率等。

(二)财务绩效管理理论基础

(1)现金流量理论:会计领域的一个重要理论,它强调企业的经营活动应该以现金流量为核心,而不是以会计利润为核心。

(2)价值评估理论:一种用于评估资产或企业价值的理论。其核心思想是将资产或企业的未来现金流折现到当前,以此来确定其价值。

(3)风险评估理论:一种用于评估保险公司的财务稳健性和风险承受能力的理论。其核心思想是通过对保险公司的资产、负债和业务进行分析,确定其面临的风险和能够承受的风险压力。

（三）陕西省上市公司基本情况

截至 2022 年 9 月 30 日,陕西上市企业的股票总数达到了 1086.96 亿股,市场规模达到了 14041 亿元,在全国排名第十二,西部排名第三。

陕西省是一个科技和教育重地,煤炭大省,军工强省。陕西省的上市公司可以很好地代表陕西省的先进制造业、能源化工行业和新兴行业,在产业集合的打造中起到了拉动、感召和凝聚的作用。

陕西省 A 股上市公司的平均财务指标都很好,经营风格温和,合规情况也很好,但是,除了第二、三产业产品的分布不平衡之外,公司的整体规模较小,地区分布不均,公司的梯队结构也较差,高管薪资低,研发投入低,资本运作意识不强,国际化运作少,资本市场关注度偏低。

三、研究设计

（一）基本假设

现金持有水平为期末货币资金与期末总资产的比值。现金是最易流动的资产之一,持有一定量的现金可以提高公司资金的流动性,保证公司在面临短期资金需求时有足够的现金储存,避免流动性风险,而且公司持有一定的现金可以降低公司的财务风险,使公司在面临不确定的风险时能够更好地应对,另外,还可以提高公司的信用评级,使公司在融资时获得更好的融资条件,以利于公司的发展。所以,现金持有水平显著正向影响财务绩效。据此,提出假设:

假设 1:现金持有水平显著正向影响财务绩效。

营业成本率是营业成本与营业收入的比值,用来衡量企业在生产经营过程中所需的成本占收入的比重。营业成本率降低,企业在同等条件下可以提供更低的价格,从而吸引更多的客户和占据更多的市场份额,使企业生产经营效益提高。一个公司的营业成本率越大,表明营业成本越高,利润也相对越低,财务绩效就越低。因此,营业成本率对企业财务绩效会产生消极影响。据此,提出假设:

假设 2:营业成本率显著负向影响财务绩效。

固定资产占比为固定资产与资产总额之比。当一个公司的固定资产比例较高时,它的流动资产将会减少,流动资产的流动性也将会降低。这将使公司在运作过程中面临着资金不足的危险,不利于公司的发展,因此,固定资产占比对公司财务绩效具有负面影响。据此,提出假设:

假设 3:固定资产占比显著负向影响财务绩效。

（二）模型构建

为了对前面的有关假设进行更深一步的检验,本节以陕西省的上市公司为例,运用多元线性回归的方法,建立计量模型,并对影响企业财务绩效的因素进行了分析。构建的模型如下:

$$R_2 = \beta_0 + \beta_1 C_A + \beta_2 C_{OR} + \beta_3 F_{IX} + \beta_4 S + \beta_5 S_O + \varepsilon$$

其中,R_2 为被解释变量,为财务绩效;C_A 表示现金持有水平,C_{OR} 表示营业成本率,F_{IX} 表示固定资产占比,S 表示企业规模,S_O 表示产权性质,它们为解释变量;β_0 为常量,ε 为随机误差量。

(三)样本选取与数据来源

1. 样本选取

选取陕西省制造、餐饮、水利、教育等行业上市公司作为研究对象,整理其 2017—2021 年的相关财务数据。为了保证研究结果的可信度,对研究数据进行相应处理,在剔除 ST、*ST 和数据不完整的样本后,最终选择 37 家上市公司作为实证研究的样本。

2. 数据来源

本节研究主要选取东方财富网中陕西省上市公司的相关数据,并用巨潮资讯网、同花顺财经来补充缺失的数据。其中,营业成本率由财务报表原始数据中的营业成本、营业收入指标计算得来;固定资产占比由财务报表原始数据中的固定资产、资产总额等指标计算得来;其他指标由财务报表直接得来。

(四)变量选择

研究涉及的变量包括被解释变量、解释变量、控制变量,各变量的设计与说明见表 6-9。

表 6-9 陕西省上市公司财务绩效影响因素的相关变量说明

变量	变量名称	变量符号	变量说明
被解释变量	净资产收益率	R_2	净利润/净资产
	资产收益率	R_1	净利润/总资产
解释变量	现金持有水平	C_A	期末货币资金/期末总资产
	营业成本率	C_{OR}	营业成本/营业收入
	固定资产占比	F_{IX}	固定资产/资产总额
控制变量	企业规模	S	期末总资产的自然对数值
	产权性质	S_O	国有企业取值为1,否则为0

1. 被解释变量

采用净资产收益率来反映企业的财务绩效,稳健性检验使用的是资产收益率作为被解释变量。

(1)净资产收益率是税后利润除以净资产所得的比率,反映公司的盈利能力。这个指数越高,公司获得的回报也就越大。同时,这一指数可以反映出公司利用资金实现净利润的能力。

(2)资产收益率是净利润与总资产的比率,可以用来表示公司现有的资产能够产生营业利润的能力。该指标越高,说明企业资产的利用效果越好,为企业所创造的价值也越高。

2. 解释变量

选用的解释变量为现金持有水平、营业成本率、固定资产占比。

(1)韩雪婷(2022)、黎精明等(2020)、杨松令等(2021)、肖土盛等(2020)研究认为,现金持有量正向显著影响财务绩效,在此选取现金持有水平作为陕西省上市公司财务绩效的影响因素。现金持有水平指企业总资产中所持有的现金和现金等价物,通常以现金和现金等价物的总额除以总资产来计算。

(2)刘雨萱(2022)研究认为,营业成本率显著影响财务绩效,在此选取营业成本率作为陕西省上市公司财务绩效的影响因素。营业成本率是表示公司收入和成本之间关系的指标,它表示企业为完成目标而需要付出的成本额占其收入额的百分比。

(3)张月武等(2018)、刘承枫等(2017)研究认为,固定资产占比负向显著影响财务绩效,在此选取固定资产占比作为陕西省上市公司财务绩效的影响因素。固定资产占比的计算公式是固定资产/资产总额。

3. 控制变量

以徐润国等学者(2022)在研究区域创新能力差异、营运资金融资策略与企业财务绩效文章中的结论为参考,选取企业规模和产权性质作为本节研究中的控制变量。其中,企业规模用期末总资产的自然对数值来计算;在产权性质方面,国有企业取值为1,否则为0。

四、实证分析

(一)描述性统计分析

根据描述性统计结果(见表6-10),可以看出,37家上市公司有效的样本数据中,其净资产收益率的平均值是0.0605,远低于全国平均水平,其最小值为-0.73,最大值为0.46,标准差为0.11119。现金持有水平的标准差为0.09897,平均值为0.1767,与极大值(0.58)有一些差距,与极小值(0.03)也存在一定的距离,表明陕西省上市公司在现金持有水平上存在一定的差异性。营业成本率的平均值为0.0969,与极大值(1.59)有一定的差距,与极小值(-0.62)也存在一定的差距。固定资产占比的平均水平是24.51%,其最大值是100%,最小值是78%,标准差是17.076%,说明陕西省各上市公司的固定资产占比较高。企业规模的最小值为10.2,最大值为15.31,这说明陕西省上市公司在总资产方面比较接近,且陕西省上市公司的规模也差距不大。另外,产权性质的最大值为1,最小值为0。

表6-10 陕西省上市公司财务绩效影响因素描述性统计分析

变量符号	样本量	极小值	极大值	均值	标准差
R_2	185	-0.73	0.46	0.0605	0.11119
C_A	185	0.03	0.58	0.1767	0.09897
C_{OR}	185	-0.62	1.59	0.0969	0.19271
F_{IX}	185	78%	100%	24.51%	17.076%
S	185	10.2	15.31	12.762	1.10836
S_O	185	0	1	0.5676	0.49676

(二)相关性检验

在进行多元回归前,先对回归模型中的主要变量进行相关性分析,运用SPSS得出变量之间的相关系数,见表6-11。

表6-11 陕西省上市公司财务绩效影响因素的相关性分析

变量	R_2	C_A	C_{OR}	F_{IX}
R_2	1			
C_A	0.850**	1		

续表

变量	R_2	C_A	C_{OR}	F_{IX}
C_{OR}	-0.640**	-0.01	1	
F_{IX}	-0.005*	0.01	-0.055*	1

注:** 表示1%显著性水平,* 表示5%显著性水平。

从表6-11中可以得出:现金持有水平与净资产收益率之间存在着显著的正向关系,且在1%的水平上存在着显著性;企业营业成本率与净资产收益率之间存在着显著的负相关关系,且在1%水平上存在着显著性;固定资产占比与净资产收益率之间存在负相关关系,且在5%的水平上存在着显著性,表明各变量之间符合本节提出的假设。

(三)回归结果及分析

为了检验所研究指标对陕西省上市公司财务绩效的影响,选取净资产收益率作为被解释变量对样本数据进行多元线性回归,研究结果如表6-12所示。

从回归结果中可以看出,R^2 为0.759,F 为93.237。因此,本节研究选择的数据是合理的,符合研究要求。现金持有水平回归系数为0.177,t 值为15.116,显著性值为0.000,小于0.01,说明现金持有水平在1%的显著性水平下正向影响陕西省上市公司财务绩效,假设1成立。营业成本率的回归系数是-0.129,其显著性值是0.000,小于0.01,这意味着在1%的显著性水平下,营业成本率对陕西省上市公司的财务绩效有负向影响,假设2成立。固定资产占比的回归系数为-0.014,t 值为-0.576,显著性值为0.565,大于0.1,说明固定资产占比不能对上市公司财务绩效产生显著性影响,假设3不成立。这与已有学者的观点不一致,可能是由于与已有学者研究的区域不同,以及所研究时间与研究数据不同。

因此,现金持有水平能够对陕西省上市公司的财务绩效产生显著正向性影响,营业成本率能够对陕西省上市公司的财务绩效产生显著负向性影响,固定资产占比不能对陕西省上市公司的财务绩效产生显著性影响。

表6-12 陕西省上市公司财务绩效影响因素回归结果

变量	回归系数	t 值	P 值
C_A	0.177	15.116	0.000
C_{OR}	-0.129	-4.899	0.000
F_{IX}	-0.014	-0.576	0.565
S	-0.005	-0.114	0.909
S_O	0.024	0.389	0.698
(常量)	0.011	0.927	0.355
F		93.237	
R^2		0.759	

注:$P<0.01$ 表示1%显著性水平,$0.01<P<0.05$ 表示5%显著性水平,$0.05<P<0.1$ 表示10%显著性水平。

(四)稳健性检验

为了保证研究结果的准确性,在此使用资产收益率替代净资产收益率进行稳健性检验。

陕西省上市公司财务绩效影响因素稳健性检验结果如表 6-13 所示。通过对上述结果的比较可以发现，对陕西省上市公司财务绩效影响因素的研究与前面的研究基本一致，因此，多元回归分析的结果是稳健的。

表 6-13 陕西省上市公司财务绩效影响因素稳健性检验

变量	回归系数	t 值	P 值
C_A	9.249	13.201	0.000
C_{OR}	−9.527	−6.012	0.000
F_{IX}	−0.265	−0.180	0.857
S	−0.601	−0.230	0.818
S_{OE}	−1.579	−0.434	0.665
（常量）	−0.067	−0.096	0.924
F		86.017	
R^2		0.744	

注：$P<0.01$ 表示 1% 显著性水平，$0.01<P<0.05$ 表示 5% 显著性水平，$0.05<P<0.1$ 表示 10% 显著性水平。

五、研究结论与对策建议

（一）研究结论

本节以 2017—2021 年陕西省深交所和上交所的 37 家 A 股上市公司数据为研究样本，实证研究现金持有水平、营业成本率、固定资产占比对上市公司财务绩效的影响，得到以下结论。

1. 现金持有水平显著正向影响财务绩效

通过回归分析结果可知，现金持有水平显著正向影响财务绩效，这就说明现金持有水平的提高对财务绩效有积极作用。持有一定量的现金可以提高公司资金的流动性，保证公司在面临短期资金需求时有足够的现金储存，避免流动性风险，而且公司持有一定的资金可以降低公司的财务风险，使公司在面临不确定的风险时能够更好地应对，另外还可以提高公司的信用评级，使公司在融资时获得更好的融资条件，以利于公司的发展，从而提高财务绩效。

2. 营业成本率显著负向影响财务绩效

通过回归分析结果可知，营业成本率显著负向影响财务绩效，营业成本率的提高对财务绩效提高有消极作用。营业成本率降低，企业在同等条件下可以提供更低的价格，从而吸引更多的客户和占据更多的市场份额，使企业生产经营效益越好。可见，企业的成本管理能力越强，越有利于公司的财务绩效提升。

3. 固定资产占比不显著影响财务绩效

通过回归分析结果可知，固定资产占比没有显著影响陕西省上市公司财务绩效，这与张月武等学者（2018）的研究结论不一致，这可能是因为选取的研究区域、研究时间与研究数据的不同，正是因为这些原因，导致陕西省上市公司固定资产占比的作用没有发挥出来，固定资产占比没有发挥应有的对财务绩效的影响作用。

(二)对策建议

通过对陕西省上市公司绩效影响因素的研究,结合陕西省实际情况,本节就如何提高企业绩效,提出了相应的政策和建议。

1. 增加现金持有水平,加强财务管理

现金持有水平显著正向影响陕西省上市公司财务绩效,即陕西省上市公司可以从把握市场机遇和提高公司信用评价等方面下功夫;可以通过改善经营管理,以减少公司经营风险;可以通过增加自有资金来增加公司现金持有水平;可以通过减少资本支出和减少应付账款来增加公司现金持有水平,从而加强公司财务管理,最终达到提高公司财务绩效的目的。

2. 降低营业成本率,提高资产利用率

营业成本率显著负向影响财务绩效,故陕西省上市公司应该加强市场营销,提高生产效率。对于陕西省上市公司而言,制造业企业相对占比较高,所以企业应更加注意制造产品的成本。如果没有合理的成本管理规划,会使资源得不到合理利用,致使成本增加,利润减少。因此,陕西省上市公司应加强营业成本的管理,加强供应链管理,提高产品质量。除此之外,企业还应该加强人才管理,从而提高企业核心竞争力,增加销售额和利润。因此,可以通过降低营业成本率,提高陕西省上市公司的财务绩效。

3. 减少固定资产占比,优化资产结构

企业要强化对资产的管理,提高资产的利用水平,充分发挥资产的效益。同时,企业需要对闲置资产进行清理,相应减少对固定资产的投资,以提高资产的流动性和灵活性。此外,企业还应该优化生产流程,减少对固定资产的需求,通过合作、并购等方式拓展业务范围,提高资产的多元化利用,由此达到优化资产结构,并最终提高上市公司财务绩效的目的。

第三节 甘肃省上市公司财务绩效影响因素研究

一、绪论

(一)研究背景

甘肃省上市公司在过去 20 年中获得了快速的发展,增强了综合实力,在甘肃的经济社会发展中扮演着至关重要的角色。自改革开放以来,甘肃省的经济已经取得了显著的增长。近年来,国家西部大开发战略和"一带一路"倡议的双重推进,为甘肃省发展带来了机遇。甘肃省的上市企业在推动本省经济发展方面扮演着重要角色,因此应该认真研究上市公司的现状,以推动甘肃经济持续健康发展。

(二)研究意义

到目前为止,关于中国上市公司整体财务绩效影响因素的研究相对成熟,并产生了大量的研究成果,但对各省上市公司财务绩效影响因素的研究还相对较少。尽管研究所有上市公司有助于国家宏观调控和宏观政策制定,但是中国东部与西部地区、沿海与内陆各省经济发展水平不一、环境千差万别,所以从其自身特点出发,对各省上市公司进行研究,将会促进地方资本主义市场发展,具有直接的现实意义。本节对甘肃省 30 家上市公司的数据,通过因子分析、多元线性回归分析等方法,发现对公司财务绩效有显著影响的因素,并对改善甘肃省上市公司财务绩效提出了一些可行性建议,研究结论既可以促使投资者对甘肃省上市公司绩效状况有一定的认识,又避免了盲目投资,也更利于管理者对企业进行监督和管理,以促进其整体水平的提升,充分发挥上市公司在甘肃经济发展中的作用。

(三)文献综述

影响财务绩效的诸多因素,往往是相互联系而又彼此独立的整体,因此需要先通过实证分析来反映上市公司的财务状况。在研究上市公司财务绩效影响因素方面,国内外学者早已积累了丰富的经验,并取得了一系列令人瞩目的研究成果。

1. 股权结构与财务绩效

关于股权结构和公司绩效的研究很早就引起了国外研究者的关注。Berle 等(1932)发现,股东分散会削弱股东对经营的控制,对公司财务绩效产生负面影响,并稀释股东权利;Thomsen 等(2000)对 435 个欧洲企业进行了调查,结果表明,股权集中度与企业绩效呈正向关联。如果考虑到股份的内生性,这种关系就变得非常不显著。张亮等(2010)研究了沪深两市 1135 家上市公司,发现大股东持股与公司业绩呈负相关,而股份控制和平衡程度与公司业绩呈正相关。武历倩(2016)利用上市公司的财务数据,对企业指标是否影响上市公司及其管理层的财务绩效水平进行了实证研究,结果显示,第一大股东持股比例对公司的财务绩效水平有显著的相关影响。

2. 董事会情况与财务绩效

Haslindar 等人(2009)对马来西亚的公司进行研究,得出董事会规模与财务绩效呈负相关关系。Heenetigala(2011)把托宾 Q 值作为识别董事会规模和财务绩效之间关系的桥梁,发现董事会规模和独立董事比例与财务绩效都呈正相关关系。Ueng(2015)以 3000 多家公司的数据为样本,发现董事会规模与财务业绩之间呈正向关系。郝云宏等(2010)对 509 家上市公司进行研究得出,短期内董事会独立性与财务业绩为负向关系,长期下去却存在正向关系。卞卉(2014)的研究认为,独立董事的比例和公司的财务业绩之间没有显著的相关性。张彦明等人(2015)以石油行业七年的数据为样本,研究发现,董事会的规模与财务绩效之间呈正相关关系,且在回归分析中意义良好。另外,独立董事的比例与财务绩效呈负相关,但在回归分析中的意义不大。

3. 管理层激励与财务绩效

Barzel(1989)选取 149 家公司进行研究,得出 CEO 现金薪酬与企业财务绩效显著正相关。赵飞等(2015)通过对 A 股上市公司的 5 年数据进行分析,发现高管激励与企业绩效的相关性因所有权基础的不同而不同,表明了管理层激励具有增强作用。朱慧(2013)以吉林省上市公司为研究对象,得出结论,接受特定股票激励的管理人员不能直接影响公司业绩。但是,她强调了通过实施股票激励的相应措施。

4. 企业规模与财务绩效

Wernerfelt 等(1988)对 246 家上市公司进行了实证分析,结果表明,公司规模和业绩之间存在着明显的负相关。常寅仲(2010)通过对中国 25 个主要的钢铁上市公司的数据进行分析,得出的结论是,企业的规模和业绩没有显著的相关关系。石建中(2014)则分类型分析深沪上市公司,研究得出,企业规模与企业绩效呈正相关关系但不显著,但是公司规模指数对公司业绩的影响却是不一样的。

(四)研究内容和研究方法

1. 研究内容

通过利用因子分析的方法对企业进行了财务绩效评价,并且对其研究结果进行了实证分析。运用 SPSS 软件对甘肃省 30 家上市公司 2017—2021 年的财务指标进行相关检验、线性回归等,得到了影响财务绩效的因素。同时,在实证分析的基础上,为提升甘肃省上市公司的财务绩效提出了政策建议。

2. 研究方法

(1)文献研究法:搜集、整理和总结与公司绩效评价和影响因素相关的文献资料,为后续研究奠定理论基础。

(2)实证分析法:选取 30 家甘肃省上市公司为研究对象,基于甘肃省上市公司 2017—2021 年的财务资料,采用因子分析法,以财务绩效综合得分为被解释变量,再从股权结构等 5 个层面选取 5 个财务指标为解释变量,进行回归分析。

二、相关概念及基础理论

(一)相关概念界定

1. 财务绩效

关于财务绩效的概念,学者们各持己见,目前还没有定论。通常意义上来说,业绩是绩的体现,效率为效的外在。根据管理学的定义,绩效是指实现既定目标的过程中出现的实际结果的总和,并构成一个组织的预期结果,既包括个体表现,也包括组织表现。财务绩效充分体现为公司对其成本的管理、对资源使用的管理、对资本资源的使用以及对股权的回报。

2. 财务绩效评价

从通常层面上来看,财务绩效评价就是财务绩效评估,它是指运用财务指标进行相关数据分析,从而对企业经营管理的效率进行评估。本节中的财务绩效评价指的是从盈利能力、偿债能力、运营能力和发展能力四个维度建立体系,进行对比和判断,并根据结果提出相应的措施。

(二)基础理论

1. 利益相关者理论

弗里曼提出的"利益相关者"概念,即"所有对企业有影响的人,包括股东、债权人、供应商、员工和客户等群体,以及政府部门、自然环境和媒体公共利益团体"。从这一定义中可以看出,这一概念涵盖了整个企业,不仅涉及公司的股东,也涉及公司的债权人、雇员、顾客,还有政府机构。利益相关者扮演着非常重要的角色,他们可以为企业创造出有价值的东西,但与此同时,他们也会对公司产生影响,从而让公司可以平稳发展。在这一理论的基础上,对公司的活动进行管理,以实现对所有利益相关者利益的平衡,即应该追求所有利益相关者的利益,而不只是股东或特定群体的利益。根据"利益相关者"理论,可以为企业选择合适的业绩评价对象,并将其纳入业绩评价指标体系。

2. 激励理论

早期的激励理论主要研究"需要"的含义,由阿尔德弗的成就激励理论产出。行为学的基础是动机理论,它提到了需要、动机、目标和行为的相互联系。从行为学角度来看,人们把需要看作是人的一切动因和行为目的的源泉,把人的内在活动表现为动机,从而激发并加强人的行为。现代商业系统在组织时考虑到了激励和约束,使得对商业绩效的评估更加符合逻辑。在企业中,有显性激励,如工资和股票红利,也有隐性激励,如个人价值和公司信用。无论激励是显性的还是隐性的,都必须在科学的、可信的框架上确定,根据这个框架来评估员工的相关绩效。

3. 委托代理理论

委托代理理论出现在 20 世纪 30 年代,是生产力逐步提高、大规模生产的出现和社会分工不断加强的结果。企业的拥有者有一些资产,如厂房、机器和专利,但没有能力、知识或精力来控制企业。同时,一批有能力、有精力的人正在出现,他们受雇于企业主,成为高级管理人员。委托人和代理人也不是完全相同的实体,这可能导致他们之间的信息出现不对称。因此,有必要引入能够同时满足委托人和代理人需求的强有力的公司治理机制,机制的出现能满足两者的需求差异,并可约束和激励代理人最大限度地提高企业的绩效。

三、甘肃省上市公司财务绩效评价

(一)样本选取与数据来源

截至 2022 年末,甘肃省上市公司有 36 家。为确保数据的准确性,对有异常数据的公司进行了剔除,最终选择靖远煤电等 30 家上市公司作为研究对象,选取 2017—2021 年的相关财务资料为研究样本。所选的甘肃省 30 家上市公司如表 6-14 所示。

表 6-14 甘肃省上市公司代码及名称汇总表

公司代码	公司简称	公司代码	公司简称	公司代码	公司简称
000552	靖远煤电	002665	首航高科	600354	敦煌种业
000672	上峰水泥	002772	众兴菌业	600516	方大炭素
000691	亚太实业	002910	庄园牧场	600543	莫高股份
000779	甘咨询	300021	大禹节水	600720	祁连山
000791	甘肃电投	300084	海默科技	600738	丽尚国潮
000929	兰州黄河	300093	金刚光伏	601086	国芳集团
002145	中核钛白	300534	陇神戎发	601798	蓝科高新
002185	华天科技	600108	亚盛集团	603169	兰石重装
002219	新里程	600192	长城电工	603919	金徽酒
002644	佛慈制药	600307	酒钢宏业	603999	读者传媒

(二)甘肃省上市公司财务绩效评价指标体系的建立

根据甘肃省上市公司的实际情况,在查阅了大量文献资料后,建立包含盈利能力、偿债能力、营运能力、发展能力四个维度的评价指标体系,共有 12 项指标。具体的评价指标体系如表

6-15 所示。

表 6-15 甘肃省上市公司财务绩效评价指标体系

指标分类	名称	公式
盈利能力	资产报酬率 净资产收益率 每股收益	(利润总额＋财务费用)/平均资产总额 净利润/股东权益平均余额 净利润/年末普通股股数
偿债能力	速动比率 资产负债率 流动比率	净利润/股东权益平均余额 负债总额/资产总额 期末流动资产/期末流动负债
营运能力	应收账款周转率 总资产周转率 存货周转率	营业收入/应收账款平均占用额 营业收入/平均资产总额 营业成本/存货平均占用额
发展能力	营业利润增长率 总资产增长率 营业收入增长率	(本年营业利润－上年营业利润)/上年营业利润 (总资产年末值－总资产年初值)/(总资产年初值) (本年总营业收入－上年总营业收入)/上年总营业收入

(三) 基于因子分析的甘肃省上市公司财务绩效评价

1. KMO 和 Bartlett 球形检验

根据因子分析法原理可知,样本数据之间的相关性是是否适合采用该方法进行财务绩效评价的前提。在此进行 KMO 与 Bartlett 球形检验,检测结果如表 6-16 所示。

表 6-16 KMO 和 Bartlett 检验

KMO 取样适切性量数		0.615
Bartlett 球形检验	近似卡方	881.243
	自由度	66
	显著性	0.000

从表 6-16 中的数据可以清楚地看出,KMO 检验的数值是 0.615,比 0.5 大,Bartlett 球形检验的 sig 值是 0.000,比 0.05 小,这就表明,所建立的甘肃省上市公司财务业绩指标体系是适用于因子分析的。

2. 提取公因子

为了得到公因子,采用主成分分析法,得到公因子的特征值和累计贡献率,并根据所有公因子的累计贡献率对原变量的解释能力进行估算。解释的总方差如表 6-17 所示。

表 6-17 解释的总方差

成分	初始特征值			提取载荷平方和		
	总计	方差百分比/%	累积/%	总计	方差百分比/%	累计/%
1	3.017	25.144	25.144	3.017	25.144	25.144
2	2.241	18.670	43.814	2.241	18.670	43.814
3	1.167	9.728	53.542	1.167	9.728	53.542
4	1.039	8.655	62.197	1.039	8.655	62.197
5	1.001	8.338	70.535	1.001	8.338	70.535
6	0.989	8.244	78.778			
7	0.815	6.785	85.563			
8	0.772	6.434	91.997			
9	0.517	4.309	96.307			
10	0.297	2.481	98.787			
11	0.122	1.021	99.808			
12	0.023	0.192	100.000			

提取方法：主成分分析法。

从表 6-17 中可以看出，根据提取公因子的约束条件，特征值大于 1 的公因子有 5 个，方差贡献率分别为 25.144%、18.670%、9.728%、8.655%、8.338%，累计贡献率为 70.535%，说明这些公因子可以反映 70.535% 的原始数据信息。因此，将这 5 个公因子作为甘肃省上市公司绩效评价的主因子。

3. 因子综合得分

通过对原始数据的操作，因子分析的公共因子个数为 5。把公共因子和各公共因子的方差贡献率作为基准，利用公式计算得到 30 家上市公司各年的因子综合得分。

具体的计算过程如下：

$$F = (25.144\% F_1 + 18.670\% F_2 + 9.728\% F_3 + 8.655\% F_4 + 8.338\% F_5)/70.535\%$$

以 2021 年为例，甘肃省 30 家上市公司的各因子得分和因子综合得分见附录 6-1。

4. 评价结果分析

基于因子分析法对甘肃省 30 家上市公司 2017—2021 年的绩效进行实证分析，从结果可以看出，综合绩效排名前两名的企业是上峰水泥、长城电工，排名最靠后的是新里程。

总的来说，一些上市公司综合绩效得分排名虽然靠前，但这些企业的 5 个公共因子的得分并不都靠前。此外，公共因子的分数在不同企业中存在较大差异，反映了不同公司四大维度的侧重点不一样。

四、甘肃省上市公司财务绩效影响因素的实证分析

(一)研究假设

股权结构可以通过前十大股东持股比例相加来体现，同时它也可以衡量企业的稳定程度。大部分公司的大股东人数占总人数的少部分，小股东的人数占得较多。大股东们有机会、有控制力地开展各项企业管理活动，其对个人和公司都有极大的好处。大股东在持股比例较大的

情况下,有更大的动机参与公司的活动,控制和激励管理层。因此认为,公司的前十大股东持股比例之和对公司的财务业绩有积极影响,并提出以下假设:

假设1:前十大股东持股比例之和显著正向影响公司财务绩效。

董事会在对公司管理活动进行监督的前提下,必须参加公司的各项重要决策。监督的义务在董事会中由独立董事承担,相对于不具有独立性的董事,独立董事在不受公司股东和管理人员约束的情况下行使表决权和控制权,这使得公司内部的决策更加客观,进而提高公司的业绩。因此,文献资料里普遍认为,在一个好的董事会中,更多的独立董事可以带来更好的财务业绩。由此,提出以下假设:

假设2:独立董事比例显著正向影响公司财务绩效。

经理层的激励方式以薪酬与股票激励为主。薪酬以固定薪水、业绩奖金和福利为主。公司的收益影响着高管的薪酬,高管薪酬一般与公司的收益同向增长。高管薪酬的增加,有助于提升公司的财务业绩,进而使管理层和公司实现双赢局面。薪酬激励直接、有效地鼓励高层全身心投入工作,使得财务业绩得到提高。由此,提出以下假设:

假设3:前三位高管薪酬显著正向影响公司财务绩效。

审计委员会是公司内部组织成立的一个委员会,由董事会中的人组成,其职能是监督财务报表质量,阻止大股东和管理层滥用职权,使财务和运营得到有效控制,能最大限度地提高公司的价值。再者,内部及外部审计员的独立性也受其监督,包括法律的遵守、公司风险的管理,以及商业环境的优化。由此,提出以下假设:

假设4:审计委员会的设立显著正向影响公司财务绩效。

监事会是被授予部分监督权的机制,监督董事会和管理层,使之各司其职,不滥用职权,有效保护股东的权益。它行使的监督权力的大小,由监事会规模的大小来决定。当然,权力越大,监事会越能及时和适当地提出建议。其中,监事会监督权力行使情况的一个反映指标为监事会会议次数,频繁的会议让监事会成员之间能及时和有效地进行沟通。由此,提出以下假设:

假设5:监事会会议召开次数显著正向影响公司财务绩效。

(二)变量设计

1. 被解释变量

选取财务绩效综合得分作为实证分析中的被解释变量。

2. 解释变量

从股权结构等五个层面选取了前十大股东持股比例之和、独立董事比例、前三位高管薪酬、审计委员会的设立和监事会会议召开次数作为解释变量。具体如表6-18所示。

表6-18 解释变量说明及定义

指标分类	具体指标	变量符号	计算公式或说明
股权结构	前十大股东持股比例之和	X_1	前十大股东的持股比例相加
董事会情况	独立董事比例	X_2	独立董事人数/董事会人数
管理层激励	前三位高管薪酬	X_3	前三位高管人员薪酬之和
审计委员会	审计委员会的设立	X_4	有审计委员会,则取值1,否则取0
监事会情况	监事会会议召开次数	X_5	每年召开的监事会会议次数

3. 控制变量

根据现有的研究成果、回归分析的相关性等,在此选择了两个控制变量,即公司规模和行业属性。

(1) 公司规模。公司规模和业绩之间有很强的相关性,大公司有更大的规模效应,即它们比小公司更发达,有更多的资产和增长能力,财务业绩更好。公司规模被用作控制变量,用上市公司所有资产的账面价值的自然对数来衡量。

(2) 行业属性。上市公司的行业属性会对其业绩产生重大影响。不同的行业有不同程度的政治支持,这会影响公司的产出和业绩,行业因素也可能影响公司的资本结构。出于这个原因,在此使用部门特征作为控制变量来考察它们对公司业绩的影响。在本节实证研究中,制造业企业取值1,非制造业取值0。

(三) 实证分析

1. 相关性检验

用 SPSS 软件对所有变量间的相关程度进行分析,具体如表 6-19 所示。

表 6-19 相关性分析结果

变量	财务绩效综合得分	前十大股东持股比例之和	独立董事比例	前三位高管薪酬	审计委员会的设立	监事会会议召开次数	公司规模	行业属性
财务绩效综合得分	1							
前十大股东持股比例之和	0.200*	1						
独立董事比例	−0.118	0.082	1					
前三位高管薪酬	0.218**	−0.057	−0.074	1				
审计委员会的设立	−0.128	−0.124	−0.115	0.036	1			
监事会会议召开次数	0.205*	−0.011	−0.042	−0.031	0.062	1		
公司规模	0.188*	0.126	−0.143	0.357**	0.038	0.142	1	
行业属性	0.066	−0.141	−0.149	0.045	0.108	−0.119	−0.050	1

注:**、* 分别在 99% 和 95% (双尾) 置信区间显著相关。

从表 6-19 可以得到,首先,前十大股东持股比例之和与企业财务绩效在 5% 水平上呈显著正相关。其次,前三位高管薪酬与公司绩效通过了显著性水平 1% 的检验,监事会会议召开次数与公司绩效也呈现出正相关关系。最后,其他变量的相关系数绝对值均小于 0.15,说明该模型可用。

2. 线性回归分析

分析结果的 R 为 0.750,R^2 为 0.562,调整后的 R^2 为 0.541,标准估计的误差为 0.40156,这表示得出的 5 个公因子的拟合优度较好。德宾-沃森值为 1.541,与 2.0 接近,表明残差没有相关性。具体如表 6-20 所示。

表 6-20 模型摘要

模型	R	R^2	调整后 R^2	标准估计的误差	德宾-沃森
1	0.750	0.562	0.541	0.40156	1.541

显著性检验的 P 为 0.001，$P<0.05$，说明模型得到了比较理想的回归分析结果。明显的线性关系存在于两种变量之间，因此线性回归分析模型可以被构建起来。具体如表 6-21 所示。

表 6-21 方差分析表

模型		平方和	自由度	均方	F	显著性
1	回归	8.141	7	1.163	3.640	0.001
	残差	45.371	142	0.320		
	总计	53.512	149			

多元线性回归是对几个变量的效应关系等进行检测，用来验证研究假设是否成立，如表 6-22 所示。

表 6-22 回归分析结果

模型	变量	未标准化系数		标准化系数	T	P 值
		β	标准错误	β		
1	（常量）	−1.488	1.285		−1.158	0.249
	前十大股东持股比例之和	0.007	0.003	0.187	2.344	0.020
	独立董事比例	−0.011	0.010	−0.090	−1.126	0.262
	前三位高管薪酬	0.001	0.000	0.161	1.929	0.043
	审计委员会的设立	−1.006	0.578	−0.137	−1.740	0.084
	监事会会议召开次数	0.102	0.049	0.178	2.077	0.040
	公司规模	0.007	0.014	0.041	0.519	0.605
	行业属性	0.086	0.099	0.070	0.871	0.385

由表 6-22 中数据可知：

(1)前十大股东持股比例之和回归分析的 P 值为 0.020，T 值为 2.344，表明前十大股东持股比例之和显著正向影响财务绩效综合得分，假设 1 得到了验证。那么，甘肃省上市公司财务绩效的提高可从前十大股东持股比例之和入手。

(2)独立董事比例回归分析的 P 值为 0.262，大于 0.05，因此独立董事会比例没有通过显著性水平为 5% 的检验，表明两者相关性不大。T 值为 −1.126，表明独立董事比例与财务绩效呈负相关关系，独立董事比例的上升并不会增加公司的业绩表现，故对假设 2 予以否决。

(3)前三位高管薪酬回归分析的 P 值为 0.043，小于 0.05，T 值为 1.929，接近于 2，说明其显著正向影响上市公司财务绩效综合得分，完全符合相关性检验，假设 3 得到了验证。结果表明，公司适当提高经理层薪资对公司绩效具有正面作用。

(4)审计委员会的设立标准化系数为 −0.137，未标准化系数的标准错误为 0.578，P 值为 0.084，大于 0.05，且 T 值为 −1.740，表明审计委员会的设立没有通过显著性水平为 5% 的检验,与企业财务绩效之间呈负相关,故拒绝假设4。这说明甘肃省上市公司中审计委员会的组建和运行体制可能还不够健全。

(5)监事会会议召开次数的未标准化系数为0.102,标准化系数为0.178,未标准化系数的标准错误为0.049,P值0.040,小于0.05,且T值为2.077,故监事会会议召开次数通过显著性水平为5%的检验,其显著正向影响企业财务绩效,假设5得到了验证。

(四)小结

基于对财务绩效影响因素的实证分析,可以得到,前十大股东持股比例之和、前三位高管薪酬、监事会会议召开次数与财务业绩呈现出明显的正相关关系,这三大变量的改善有助于公司财务业绩的改善。独立董事比例和审计委员会的设立与公司财务绩效呈负相关关系,拒绝了原假设2和原假设4,说明增加独立董事比例和审计委员会的设立并没有提升公司财务绩效。

五、结论与建议

(一)研究结论

实证研究表明,不同的变量对财务绩效有不同的影响。其中,独立董事比例和审计委员会的设立对财务业绩没有明显的影响,而明显影响财务业绩的因素有前十大股东持股比例之和、前三位高管薪酬和监事会会议召开次数。实证分析结果表明,5个假设中有3个得到了验证,拒绝了其余2个假设。具体结果可以归纳为表6-23。

表6-23 研究结论

研究假设	实证分析结果
假设1:前十大股东持股比例之和与公司财务绩效正相关	实证结果表明,前十大股东持股比例之和正向影响财务绩效,并通过了显著性检验,因此假设1是成立的。可见,在甘肃省上市公司中,前十大股东充分发挥了大股东参与管理的作用,继续优化股权结构,可以有效提高公司的财务绩效
假设2:独立董事比例与公司财务绩效正相关	实证结果显示,独立董事比例与财务绩效之间呈负相关关系,所以第2个假设没有得到验证。这说明所选取的甘肃省上市公司的独立董事制度存在一定的缺陷,以独立和专业为特征的独立董事没有起到提高企业绩效的作用,相反,带来了负面影响
假设3:前三位高管薪酬与公司财务绩效正相关	回归分析的结果显示,高层激励方面,前三位高管薪酬正向影响财务绩效,且显著性较好。因此,第3个假设成立。可见,高管激励在甘肃省上市公司中是有效的。这一发现意味着给予高管更高的薪酬,可以提高其工作的积极性,可以提高公司的财务业绩
假设4:审计委员会的设立与公司财务绩效正相关	实证结果显示,审计委员会的设立与公司财务绩效之间的关系为负相关。所研究的甘肃省上市公司设立或不设立审计委员会不能起影响企业的财务绩效积极发展的正面作用。所以,第4个假设不成立。这一结果可能意味着甘肃省被调查的上市公司设立审计委员会暂时不能成为影响企业财务绩效的因素
假设5:监事会会议召开次数与公司财务绩效正相关	实证结果显示,甘肃省上市公司的监事会会议召开次数正向影响财务绩效,且回归分析的显著性良好。因此,假设5得到了检验。监事会规模能够提高公司的财务绩效水平,故企业应该重视监事会的监督职能,且对研究的公司应该增加其每年召开的监事会会议次数

(二)对策建议

1. 平衡股权结构

对于大多数上市企业的高层管理人员来说,他们在公司经营过程中的角色仅是一名普通员工,但上市公司持股的前十大股东与公司的经营发展却息息相关。研究表明,在所研究的甘肃省上市公司中,前十大股东发挥的监管作用非常明显,大股东的利益关联着公司的利益,公司业绩的提高得到了重视,会进一步长期稳定地发展公司。在现阶段,大股东可以发挥积极作用,积极有效地推动公司治理,且适度的资本集中,可以改善和提高公司的财务绩效。

2. 完善独立董事制度

本节研究中,以独立董事比例来体现董事会情况对财务绩效的影响作用。独立董事的角色为公司经营和发展过程中的咨询者,其存在的作用是为了给上市企业提供更加全面、更加专业的服务。同时,企业外部监督的形式之一就是独立董事的存在,发挥完善公司监督机制的作用。进而,让公司所做的决策更加的公平公正和更加的民主。即使前文的研究结论为独立董事比例与财务绩效的关系为负相关,但从以往的研究结论中可以得出,董事会情况与财务绩效有正相关关系,基于此,甘肃省上市公司应该完善董事会结构。

3. 健全管理层激励

在所研究的甘肃省上市公司中,不难发现,前三位高管薪酬的差别非常大。薪酬激励对于管理层来说,是最直接、最有效的激励方法。实证研究表明,适度增加高管的薪酬可以提高企业业绩效水平。如有些在证券交易所上市的公司以期权的形式反映部分高管的薪酬,并将收入的实现直接与市场挂钩,从而将高管自身的利益与公司的整体利益挂钩,提高高管对公司长期发展的兴趣。上市公司还可以将高管的业绩与职业规划挂钩,以提供精神激励,充分调动高管在工作中的积极性、主动性和创造性。

4. 强化监事会监督职能

在上市公司中,召开监事会会议是很有必要的,但是也要避免形式主义。在一些上市公司中,监事会的监督职能没有发挥出来,造成了大量的人力、物力的浪费。为此,在甘肃省上市公司中,要确保其监事会会议的质量与数量,不能让人产生一种"走过场"的错觉。

第四节 青海省上市公司财务绩效影响因素研究

一、绪论

(一)研究背景及意义

1. 研究背景

青海省是我国小微企业和民族经济比较集中的地区之一,也是西部大开发的重要地区之一。随着经济全球化和市场化进程的加快,青海省上市公司的财务绩效受到越来越多的关注。青海省上市公司的财务绩效受到内部和外部多种因素的影响,因此,深入研究青海省上市公司财务绩效影响因素,有助于更好地认识青海省上市公司的实际情况和发展趋势,据此提出可行的问题解决方案,也能为企业的发展提供有效的参考和支撑。同时,财务绩效不仅关系到上市公司经营状况,还与地区经济发展和国家宏观政策的实施密切相关。所以,针对青海省上市公司财务绩效影响因素的研究,对于促进地区和国家经济的稳定和发展也具有重要的现实意义。目前,青海省已有十几家上市公司。上市公司通过股票市场融资,为青海省的经济发展提供了充足的资金,有力地带动了青海省地区经济的发展。青海省上市公司的经营范围涵盖了铁路、化工、电池、白酒、锂矿、新能源等众多领域,对解决就业、提高财政和居民收入、调整经济结构等发挥了十分重要的作用。

2. 研究意义

青海省上市公司作为推动青海经济发展的重要力量,其经营情况直接关系到青海经济的发展和社会的稳定。所以,对影响青海省上市公司财务绩效的因素进行分析就显得尤为重要。在此基础上,本节以青海省上市公司为研究对象,构建一套基于研发投入力度、股权集中度以及营业成本率等多个因素对企业财务绩效影响的指标体系,采用多元线性回归模型对其进行实证研究,并根据研究结果,为投资者投资决策提供参考,降低投资风险,保障投资收益;同时,深入了解青海省上市公司的现状和问题,针对性地制定改善财务管理的措施,促进财务绩效管理的优化。另外,研究结论也可以为其他地区上市公司的财务绩效研究提供借鉴和参考。

(二)国内外研究现状

1. 国外研究现状

Nandy(2020)通过研究40家制药上市公司,认为研发投入力度对公司业绩起促进作用。同样,Davcik等(2021)选取意大利中小型企业为样本进行研究,认为研发投入能够促进企业绩效的提升。Noreen(2019)认为,较为分散的股权反而能促进企业财务绩效的提升。Pekovic等(2020)选取了17500个样本进行分析研究,研究认为股权集中度越高,最终对企业财务绩效更容易产生负面影响。

2. 国内研究现状

Zhang等(2020)以中国科技行业的数据为依据,通过研究发现,研发投入对中国科技企业的业绩具有正向作用。杜雯秦等(2021)采用我国沪深A股上市公司作为样本进行研发投入与企业创新绩效的分析研究,认为其关系特征为先促进后抑制再促进。陈晶璞等(2017)以医药行业上市公司为研究样本认为,不论企业处于成熟期还是成长期,其研发投入都会对公司业绩产生促进作用。王凯等(2020)指出,在经过一段时间之后,研发投入与产出之间存在着的正向关系才会显现出来。王楠等(2021)的研究结果表明,R&D投资与公司业绩之间是一种非线性的关系,并且R&D投资强度存在一个适当的区间。岳宇君等(2021)选取了36家上海、深圳两个城市的大数据公司为样本,对它们进行了实证分析,认为研发人员的投资与研发费用的投资对公司的偿债、运营、盈利、发展能力的影响是不一样的,研发费用的投资对公司的经营业绩有显著的促进作用。孙夫祥(2021)基于C公司这一案例认为,研发投入与财务绩效呈现U形关系。莫梓钊(2022)以G公司为例,认为研发投入正面影响企业财务绩效。朱宇龙(2022)认为,从短期来看,研发投入会对公司的财务业绩造成消极的影响,而从长期来看,研发投入会对公司的财务业绩造成积极的影响,同样,徐述月(2021)也这样认为。许安娜(2021)基于中国全部A股上市公司进行回归分析,并用总资产营业收益率作为企业财务绩效的衡量指标,同样得出股权集中度可以促进企业绩效增长的结论。高若瑜等(2019)通过对50家创业板上市公司进行分析,认为股权集中度对企业绩效的增长具有抑制作用。黄嘉妮(2023)提出,股权集中程度不同会对财务绩效产生复杂的影响。陆旸等(2021)认为,研发费用投入对公司的财务业绩有积极的影响,而股权集中度对其有消极的影响。何海洋等(2021)认为,股权集中度对企业业绩有着积极的影响。叶陈刚等(2020)提出,股权集中度与不同董事会治理特征的交互效应会对财务绩效有影响。常丹(2018)将营业成本中的人工成本与财务绩效的影响进行研究分析,认为人工成本会对企业财务绩效产生负面影响。

3. 研究述评

通过对已有学者的研究成果进行梳理发现,研发费用投入力度、股权集中度以及营业成本率等在国内外都已经存在较成熟的研究结论。对现有的研究结论进行归纳,结果显示,对企业财务绩效影响因素的研究较多,但由于每位学者的出发点和研究角度不同,得出的结论并不相同。总体上看,大多数学者认为研发费用投入力度、股权集中度以及营业成本率正向影响财务绩效。同时,通过查阅大量文献发现,很少有学者以青海省上市公司作为背景进行分析研究,并且将多个指标综合起来作为影响财务绩效的因素进行实证研究的学者也较少。例如,大部分学者将研发投入细分为研发费用投入与研发人员投入,共同作为影响财务绩效的因素;股权集中度与股权激励制度共同作为影响财务绩效的因素进行分析等。

(三)研究内容与方法

1. 研究内容

第一部分是绪论,主要介绍了研究背景及意义,对国内外相关文献进行文献述评,提出研究内容及方法。

第二部分为相关概念及青海省上市公司基本情况介绍,介绍财务绩效相关概念,并搜集青海省上市公司发展现状相关资料,对青海省上市公司基本情况进行介绍。

第三部分为青海省上市公司财务绩效影响因素研究设计,通过对研究内容的界定,进行变量选取,提出了相关的假设,并建立计量模型。

第四部分为实证分析,以青海省的上市公司为研究对象,运用描述性统计、相关性检验和多元回归分析等方法对样本数据进行分析,并对结果进行稳健性检验。

第五部分为研究结论与对策建议,在以上研究结果的基础上,归纳出研究结论,并针对青海省上市公司的经营绩效提出相应的对策建议。

2. 研究方法

(1)文献研究法。本节研究的前两个部分,主要是对公司财务绩效的相关文献进行综合和分析,对青海省上市公司的基本情况、影响因素等方面的研究结果进行整理和分析,并对其发展状况进行回顾,从而为本节的研究选取相关变量及研究设计奠定基础。

(2)实证分析法。实证分析法是研究人员通过对数据进行收集、整理、分析和解释,来验证或否定研究假设的一种研究方法。本节通过采用描述性统计、回归分析以及相关性检验等方法进行研究,并根据研究结论,为青海省上市公司提高财务绩效提出对策建议。

二、财务绩效概述及青海省上市公司基本情况

(一)财务绩效相关概念

财务绩效通常是指企业在财务管理方面所取得的成绩和表现,主要通过财务指标和财务

报表来衡量和评价。常见的财务指标包括营业收入、资产利润率、净资产收益率、总资产周转率等。财务绩效直接关系到企业的盈利能力、资产利用效率、偿债能力等方面,既反映了企业的运营状况,也反映了公司经营决策的有效性和合理性。对于企业而言,维持良好的财务绩效对于生产经营和长期发展都至关重要。

对于投资者而言,财务绩效也是评价一家公司投资风险和收益的主要指标之一。财务绩效越好的公司,其股票价格也会更高。因此,投资者通常会关注一家公司的财务绩效状况,以做出理性决策。

(二)财务绩效管理理论基础

1. 委托代理理论

委托代理理论主要描述代理人与委托人之间的关系。例如,通过奖励代理人达到某个目标,或者惩罚代理人未能达到某个目标,来激励代理人为委托人谋取最大的利益。代理人可以利用这种信息不对称,从而获取自己的利益,而不是为委托人谋取最大的利益。因此,委托代理理论关注的是如何通过设计合适的激励机制来解决代理人和委托人之间的利益冲突问题。

2. 利益相关者理论

利益相关者理论是一种组织管理理论,它强调组织应该关注股东之外的人、群体和机构,其中包括股东、员工、客户、供应商、社会大众、政府机构等。利益相关者理论认为,组织必须平衡不同利益之间的矛盾和竞争,以实现企业的可持续发展。这需要组织针对不同的利益相关者制定不同的策略,并设立特定的责任部门与其沟通和协商。并且,与股东的利益直接相关的经营绩效也不再是唯一的评价标准,企业还需重考虑其他方面的影响和社会责任。综上所述,利益相关者理论是必须要重视的组织管理理论,可以帮助组织更全面地认识和应对来自周围环境的影响和挑战,实现可持续发展和共赢局面。

(三)青海省上市公司基本情况

截至2021年,青海省上市公司数量为12家,市值达946.80亿。其中,非国有企业为8家,市值526.29亿;数量占比66.67%,市值占比55.59%。从区域来看,青海省上市公司主要分布在青海省西宁市和海东市等地区。西宁市的上市公司包括青海华鼎信用评估有限公司、青海春光乳业股份有限公司等,海东市的上市公司主要有青海华银股份有限公司和青海春晖智控科技股份有限公司等。从行业来看,青海省上市公司涉及的行业比较多元化,包括化工、计算机、食品饮料、钢铁、机械设备、传媒、医药生物、电气设备、有色金属、建筑装饰。各行业具体数量分布见表6-24。

表6-24 青海省上市公司行业分布统计表

行业	上市公司数量/家
化工	3
计算机	1
食品饮料	1
钢铁	1
机械设备	1

续表

行业	上市公司数量/家
传媒	1
医药生物	1
电气设备	1
有色金属	1
建筑装饰	1

三、青海省上市公司财务绩效影响因素研究设计

(一)样本选取与数据来源

1. 样本选取

本节的主要研究对象是青海省上市公司,选取2017—2021年青海省上市公司的相关财务数据进行研究分析。根据研究需求,先对样本数据中被冠以 *ST 符号的上市公司进行剔除,这是由于此类公司具有特殊性,可能会对实证研究造成负面影响。通过调整,最终保留了10个上市公司,将其作为研究样本进行实证分析。

2. 数据来源

样本数据主要来自百度股市通、东方财富网和巨潮资讯网等多个数据网站,并根据营业收入、营业成本、流动资产、流动负债、研发费用、净利润、利润总额、货币资金总额等原始数据计算得出研发费用投入力度、营业成本率、流动比率等研究所需要的财务数据。

(二)变量选择

1. 因变量

参考王茜等(2022)关于财务绩效研究中因变量的选取,使用净资产收益率(R_2)作为财务绩效的衡量指标。也有学者,如晏小锋(2021)选取总资产报酬率(R_1)作为财务绩效的衡量指标,在此将其作为财务绩效影响因素稳健性检验中净资产收益率的替换变量。总资产报酬率指企业一定时期内获得的报酬率与资产平均总额的比率。

2. 自变量

通过借鉴相关文献,选取研发费用投入力度、股权集中度以及营业成本率三个指标作为影响财务绩效变动的主要因素。

(1)研发投入是企业持续发展和竞争力的重要保障,也是推动技术进步和产业升级的重要途径。参考杜雯秦等(2021)、陈晶璞等(2017)、王凯等(2020)学者的研究,本节选取研发投入作为自变量。

(2)参考黄嘉妮(2023)关于财务绩效研究中自变量的选取,本节使用股权集中度作为财务绩效的影响因素指标。股权集中度通常被用来反映企业的股权结构,在此使用第一大股东的持股比例来反映股权集中度。

(3)营运成本是一家公司在制造、出售一种商品或提供一项服务时,所发生的直接或间接有关的费用。营业成本率指的是企业的经营费用和营业收益之比,它经常被用来反映一家公

司为了获取经营收益所需要的费用和费用所占的比重。

3. 控制变量

结合以往财务绩效影响因素相关研究成果,将流动比率、现金持有水平及资产负债率作为控制变量。

(1)流动比率是指流动资产与流动负债之间的比率,用以衡量一家公司使用现金来偿付其债务的能力。通常情况下,流动比率越高,其短期偿债能力越强。

(2)现金持有水平是指一个人、公司、机构或国家手中持有的现金数量。现金持有水平通常用来衡量一个人、公司、机构或国家资金的短期流动性,以及其可以用来支付应急费用或购买资产的能力。

(3)资产负债率是一种评价公司财务状况的指标,反映公司的负债状况。企业资产负债率越高,财务风险越大。

综上,本节研究选择的相关变量指标如表 6 - 25 所示。

表 6 - 25 本节研究选择的相关变量指标

变量类型	变量名称	变量符号	变量定义
因变量	净资产收益率	R_2	净利润/净资产
	总资产报酬率	R_1	利润总额/资产总额
自变量	研发费用投入力度	R_D	研发费用/营业收入
	股权集中度	T_1	第一大股东持股比例
	营业成本率	C_{OR}	营业成本/营业收入
控制变量	流动比率	C_R	流动资产/流动负债
	现金持有水平	C_A	净现金流量/总资产
	资产负债率	L	负债总额/资产总额

(三)基本假设

随着市场的不断发展,企业日益面临着激烈的市场竞争,尤其是在科技领域,技术更新的速度越来越快。为了在市场中保持竞争力,很多企业会通过不断地投入研发费用,加强创新,提高产品质量和研发速度。然而,研发费用是否对企业的财务绩效有所影响,一直是研究者们关注的问题。大量的实证研究验证了研发费用投入与公司业绩的正相关关系。唐文杰等(2021)在对 A 公司研发投入对企业绩效的影响进行了研究之后发现,研发投入对提高企业财务绩效和可持续发展有利。因此,提出如下假设:

假设 1:企业研发费用投入力度显著正向影响财务绩效。

股权集中度是衡量公司股权集中程度的指标,通常被用来反映企业的股权结构和管理层级。股权集中度越高,意味着少数股东掌握了公司的主导权,他们对公司经营决策和未来发展方向的影响力也将越大。因此,股权集中度越高,公司决策的风险和不确定性也会增加,这可能会影响公司的财务表现和业绩。因此,提出如下假设:

假设 2:企业股权集中度显著负向影响财务绩效。

营业成本率指的是企业的经营费用和营业收益之比,过高的营业成本率说明企业营业过程中的费用支出过高,获利水平低,从而会对企业财务绩效产生消极影响。因此,公司的营业

成本率越高,其财务绩效可能越差。因此,提出如下假设:

假设3:营业成本率显著负向影响财务绩效。

(四)模型构建

为了进一步验证上述相关假设,构建如下计量模型对青海省上市公司财务绩效的影响因素进行多元回归分析:

$$R_2 = \beta_0 + \beta_1 R_D + \beta_2 T_1 + \beta_3 C_{OR} + \beta_4 C_R + \beta_5 C_A + \beta_6 L + \varepsilon$$

其中,R_2为净资产收益率;R_D表示研发费用投入力度;T_1表示股权集中度;C_{OR}表示营业成本率;C_R、C_A、L表示控制变量,分别为流动比率、现金持有量水平以及资产负债率;β_0为常数,β_i为各影响因素的系数,ε是随机误差量。

四、青海省上市公司财务绩效影响因素实证分析

(一)描述性统计分析

本节首先对2017—2021年青海省上市公司的财务绩效进行了描述性统计分析,然后再进行了回归分析,见表6-26。

表6-26 青海省上市公司财务绩效相关指标描述性统计分析

变量	样本量	最小值	最大值	均值	标准差
R_2	50	−96.87%	892.13%	16.1432%	127.98387%
R_D	50	−1.62%	9.92%	1.6353%	1.98842%
T_1	50	11.00%	55.00%	34.50%	12.343%
C_{OR}	50	16.64%	136.15%	74.6139%	24.05949%
C_R	50	0.31	80.63	6.6254	14.88974
C_A	50	0.01	0.60	0.1480	0.13971
L	50	0.84	229.01	49.5555	40.74451

其中,净资产收益率(R_2)均值达到了16.1432%,标准差达到了127.98387%,最大值为892.13%,最小值为−96.87%,最大值与最小值相差较大,表明研究样本公司的财务业绩水平有较大差异,数据具有一定的代表性;研发费用投入强度的最小值为−1.62%,最大值为9.92%,平均为1.6353%,显示出青海省企业研发费用投资的总体水平很低,其标准偏差为1.98842%,显示出青海省企业研发费用投资强度仍有不同程度的差别;平均股权集中度是34.50%,最小值是11.00%,最大值是55.00%,差别很大,这表明青海省一些上市公司的股权太分散了,不利于决策效率的提高;营业成本率均值为74.6139%,标准差为24.05949%,均值明显较高,这表明公司的盈利能力不高,对公司目前的发展状况有一定的影响;平均流动比率为6.6254,显著大于1,表明企业的短期偿债能力较强。

(二)相关性检验

如表6-27所示,使用SPSS软件对青海省上市公司财务绩效影响因素研究的指标数据进行相关性分析,从中我们可以看到,研发费用投入与公司的财务绩效具有极高的相关性,相关系数为0.309,显著性水平为5%;股权集中度与企业财务绩效之间呈现出显著的负相关,相关系数为−0.267,显著性水平为5%;同时,营业成本率指标与财务绩效之间呈现负相关,其

相关系数为 -0.593，显著性水平为 1%，表明营业成本率指标对财务绩效可能具有抑制作用。

表 6-27　青海省上市公司财务绩效影响因素的相关性分析

变量	R_2	R_1	R_D	T_1	C_{OR}
R_2	1				
R_D	0.309*	0.302*	1		
T_1	-0.267*	-0.256*	-0.450**	1	
C_{OR}	-0.593**	-0.395**	0.212	-0.403**	1

注：** 表示 1% 显著相关，* 表示 5% 显著相关。

（三）回归结果及分析

使用 SPSS 软件的回归分析结果显示，R^2 为 0.775，F 统计量的检测数值为 25.078，具体见表 6-28。

表 6-28　青海省上市公司财务绩效影响因素回归结果

变量	系数	t 值	P 值
R_D	12.418	2.294	0.027
T_1	-154.482	-1.811	0.077
C_{OR}	-1.841	-4.259	0.000
C_R	0.973	1.403	0.168
C_A	96.874	1.406	0.167
L	0.468	1.220	0.229
（常量）	176.336	3.436	0.001
R^2		0.775	
F		25.078	

注：$P<0.01$ 表示 1% 显著性水平，$0.01<P<0.05$ 表示 5% 显著性水平，$0.05<P<0.1$ 表示 10% 显著性水平。

由表 6-28 可知，研发费用投入力度回归分析的回归系数为 12.418，t 统计量的观测数值为 2.294，显著性为 0.027 且小于 0.05，说明研发费用投入力度在 5% 的显著性水平下正向影响上市公司财务绩效，假设 1 成立。在对股权集中度进行回归分析的时候，得出的回归系数为 -154.482，t 统计的观察值为 -1.811，显著性为 0.077 且小于 0.1，说明股权集中度在 10% 的显著性水平下负向影响上市公司财务绩效，假设 2 成立。营业成本率回归分析的回归系数为 -1.841，t 统计量的观测数值为 -4.259，显著性为 0.000 且小于 0.01，说明营业成本率在 1% 的显著性水平下负向影响上市公司财务绩效，假设 3 成立。因此，研发费用投入力度、股权集中度以及营业成本率三个指标均显著影响青海省上市公司财务绩效。

（四）稳健性检验

首先，使用总资产报酬率来替换净资产收益率，将替换后的因变量代入回归分析模型，以此来验证其稳健性。如表 6-29 所示，模型 R^2 为 0.856，F 值为 54.764，表明拟合度良好，选取的研发费用投入力度、股权集中度以及营业成本率指标与财务绩效的衡量指标总资产报酬率之间的回归效果显著,所得出结论与前文结论基本一致。因此,关于青海省上市公司财务绩效影响因素的研究结论是稳健的。

表6-29 青海省上市公司财务绩效影响因素的稳健性检验

变量	系数	t值	P值
R_D	0.591	2.127	0.039
T_1	−8.809	−1.943	0.059
C_{OR}	−0.135	−5.544	0.000
C_R	0.044	1.165	0.250
C_A	10.001	2.729	0.009
L	0.027	1.222	0.228
(常量)	11.880	4.572	0.000
R^2		0.856	
F		54.764	

注:$P<0.01$表示1%显著性水平,$0.01<P<0.05$表示5%显著性水平,$0.05<P<0.1$表示10%显著性水平。

五、研究结论与对策建议

(一)研究结论

本节选用净资产收益率衡量青海省上市公司财务绩效,通过对选取的青海省10个上市公司样本的财务绩效影响因素进行多元回归分析,得出以下结论。

1. 研发费用投入力度显著正向影响财务绩效

选取的影响财务绩效的指标中,研发费用投入力度采用研发费用与营业收入的比例进行表示,通过实证分析得出,研发费用投入力度正向影响青海省上市公司财务绩效,且两者的显著性较高,这表明,公司的研发费用投入程度对公司的财务业绩有很大的影响,而且是正向的。因此,青海省上市公司可以通过政策调整来影响研发费用投入力度,进而对企业财务绩效产生影响。

2. 股权集中度显著负向影响财务绩效

以第一大股东所持股份的占比作为反映股权集中度的指标,对青海省上市公司的财务绩效进行了评价,并对其进行了实证研究,通过分析得出,股权集中度负面影响青海省上市公司财务绩效。可见,较高的股权集中度并不利于企业财务绩效的提升。股权集中度越高,意味着少数股东掌握了公司的主导权,他们对公司经营决策和未来发展方向的影响力也将越大。因此,股权集中度越高,公司决策的风险和不确定性也会增加,说明股权集中度的提高可能会对公司的财务表现和业绩产生不利影响。

3. 营业成本率显著负向影响财务绩效

回归分析结果发现,营业成本率显著负向影响青海省上市公司财务绩效,即营业成本率对企业财务绩效具有抑制作用。营业成本率通常用来反映企业获得营业收入所需的成本支出占营业收入的比例。营业成本率越高,说明公司在获得营业收入的过程中需要承担更高的成本,这会给公司的利润带来负面的影响。由此可以看出,企业可以通过控制经营成本来影响企业财务绩效。

(二)对策建议

在已有学者研究的基础上,本节选取青海省10个上市公司2017—2021年相关财务指标,对青海省上市公司财务绩效的影响因素进行了分析和研究。基于此,本节提出如下相应的对策。

1. 加大研发投入力度,提高企业盈利能力

实证分析得出,研发费用投入力度显著正向影响企业财务绩效,因此,青海省上市公司应加大研发投入力度,提高科技创新能力,通过提高财务绩效来实现效益最大化。首先,青海省上市公司应增加研发投入,注重技术创新,提高研发效益,提高产品质量以及市场竞争力,从而进一步提高企业经济效益。其次,青海省上市公司应注重人才培养,通过提高人才素质和能力,提高企业创新能力和研发效率,进一步提高企业经济效益。最后,青海省上市公司应加强与高校、研究机构的合作,拓宽研发渠道,提高研发效益。

2. 降低股权集中度,提高企业发展能力

股权集中度过高可能会导致公司决策不够灵活,管理不够科学,创新能力不足,这将会对企业的财务业绩造成不利的影响。首先,青海省上市公司可以通过提高股权的分散性,减少股权的集中度,提高公司的经营灵活性。其次,青海省上市公司应建立健全公司治理结构,加强各管理层之间的协作,建立科学的决策机制,制定规范的管理流程,确保公司经营管理的科学性和有效性。再次,青海省上市公司应通过透明、规范的信息披露,提高投资者对公司的信心,稳定股价,以降低股权集中度,提高公司财务绩效。最后,青海省上市公司可以启动股权回购计划,收回一定比例的股权,以降低股权集中度,提高公司的控制权和决策权,增加公司的财务绩效。

3. 控制营业成本率,提高企业营运能力

营业成本率过高会对公司财务绩效产生负面影响,因此,青海省上市公司首先可以通过优化采购管理,降低采购成本,减少原材料浪费,从而降低营业成本率,提高企业财务绩效;其次通过提高生产工艺、技术水平,提高生产效率和产品质量,减少生产成本,降低成本率,提高企业财务绩效;最后通过加强人力资源管理,控制人力成本,提高员工效能,增加企业生产效益,从而降低成本率,提升利润水平。

第五节 宁夏回族自治区上市公司财务绩效影响因素研究

一、绪论

(一)研究背景及意义

1. 研究背景

受宏观经济政策和行业结构调整的影响,近年来我国各个产业的年均增长速度明显变慢。

从产业布局来看,能源、电力、化工等行业对宁夏经济发展起着促进作用。要实现企业的可持续发展,需要企业正确认识财务绩效与各影响因素之间的关系。在此背景下,通过对宁夏上市公司财务绩效影响因素进行研究,有助于宁夏上市公司的管理者了解企业整体经营情况,发现短板并优化经营管理战略,且有助于企业的长远发展,并以此带动宁夏地区的经济发展。

2. 研究意义

由于宁夏上市公司的总数一直比较稳定,且上市公司治理结构不够完善,企业管理水平有待提高,因此,为了宁夏上市公司更加长远的发展,保障公司利益最大化,有必要研究宁夏上市公司财务绩效的影响因素。研究财务绩效影响因素,对宁夏上市公司的经济发展有着非常重要的现实意义。同时,在此基础上,可以帮助政府了解宁夏的经济状况和发展趋势,为政府制定宁夏经济政策提供参考,也可以为促进宁夏的经济发展提供帮助。

(二)国内外研究现状

1. 国外研究现状

Albart 等(2020)通过多元回归模型对印度尼西亚公司的财务数据进行分析,结果显示,资产负债率与净资产收益率之间存在负向且不显著的关系。Mugisha 等(2021)通过对乌干达布干达的财务绩效进行研究得出,资本结构对财务绩效有调节作用。Karlina(2021)研究了2014—2018 年期间相关公司的财务数据,认为资本结构与公司财务绩效之间存在负相关关系。Liu 等(2017)通过 2005—2011 年期间在德黑兰证券交易所上市的 93 家公司的数据,得出股权集中度与财务绩效呈显著正相关关系。

2. 国内研究现状

梁可可等(2019)对 A 股上市公司的实证研究得出,股权集中度与财务绩效之间呈现显著的倒"U"形关系。李惠蓉等(2020)研究创业板企业,得出股权集中度与财务绩效存在负相关关系。郭娜红(2016)基于制造业公司的实证研究发现,股权集中度对公司业绩存在显著正相关关系。王华巍等(2022)以云南白药集团股份有限公司为例,得出云南白药集团股权结构改革正向影响短期市场反应。邱黎茹等(2022)用 2018—2020 年沪深两市主板市场上的半导体行业上市公司的数据,发现股权集中度负向影响财务绩效。张力月(2021)以沪深股票为例,通过对新能源企业的实证研究得出,财务绩效与资产负债率存在显著负相关关系。张正平等(2021)以 2009—2015 年全球 1660 家金融机构数据为基础,认为资产负债率越高,其财务绩效越差。张佳丽等(2019)用 2014—2017 年 A 股互联网产业 109 家上市公司的数据,发现资产负债率正向影响财务绩效。田贵兵等(2019)对 529 家 A 股上市的公司数据进行研究得出,资产负债率对财务绩效有抑制作用。

李海玲(2018)通过研究发现,资产负债率对财务绩效有抑制作用。陈一鸣等人(2017)研究汽车制造业上市公司得出,资产负债率与财务绩效之间没有显著负相关影响。黑爱月(2022)通过数据分析得出,资产负债率较低的年份,其财务绩效普遍较高;反之,亦然。因此,资产负债率对财务绩效有抑制作用。殷文璐等(2022)选用 39 家道路运输行业上市公司进行研究得出,股权集中度与财务绩效存在正相关关系。刘建芸等(2022)对于地方国有制造企业进行研究后得出,资产负债率对财务绩效有负影响。朱晓丹等(2023)的研究选取安徽省2017—2021 年上证 A 股上市公司数据为研究对象,发现企业现金持有量与财务绩效具有显著的正相关关系。齐琳子等(2016)通过对 2012—2014 年 39 家上市公司样本进行研究后发现,流动负债和总负债对财务绩效有显著负影响,股权的相对集中对企业绩效是有利的。

3. 文献述评

结合已有学者的研究结论,由于研究变量的指标和对象等的选取有所区别,故得出的研究结论也存在差异。通过对现有文献整理发现,目前国内外的研究多集中在以制造业为代表的上市公司上。然而,在现有的研究中,大部分都是以单一的财务业绩为核心,对一个行业的一个指标进行了研究,而对于一个省份整体财务业绩的影响因素的研究却非常少见。因此,本节通过资产负债率、营业成本率和股权集中度等对宁夏上市公司财务绩效进行研究。

(三)研究内容与方法

1. 研究内容

(1)绪论:介绍研究背景和意义、国内外研究现状,以及研究内容和方法。

(2)介绍相关概念和上市公司的基本情况:主要介绍财务绩效概念和宁夏上市公司的基本情况。

(3)研究设计:通过定义变量来假设本节的研究并构建计量模型,介绍研究对象的选取和资料来源等。

(4)实证分析:首先,利用SPSS统计软件,分析宁夏上市公司的样本数据,采用描述性统计、回归分析等方法,对宁夏上市公司的资产负债率、营业费用率等指标进行了实证分析;其次,将宁夏上市公司财务绩效指标进行替换,进行稳健性检验;最后,在上述研究的基础上,结合前人的研究成果,提出了提高宁夏上市公司财务绩效的政策建议。

(5)研究结论与建议:根据研究结论及实证分析结果,为宁夏上市公司提出建议。

2. 研究方法

(1)文献研究法。通过对收集的大量文献资料进行整理,探讨所选取的变量是否显著影响宁夏上市公司财务绩效。基于所选取的文献与理论并将其作为研究基础,借鉴其研究经验,分析论证并得出结论。

(2)实证分析法。通过研究宁夏上市公司2017—2021年的财务数据,构建计量经济学模型,且通过多元回归分析实证检验方法,研究所选变量与财务绩效之间的关系。

二、财务绩效概述及宁夏上市公司基本情况

(一)财务绩效相关概念

财务绩效是反映公司整体经营情况的重要指标,也是企业长期战略的重要组成部分。财务绩效指标可以根据不同企业的需要进行设置,但一般都涉及收入、资产等指标,它可以帮助企业评估在实现期望的盈利和目标上是否有显著变化。财务绩效指标反映企业整体和各部门的经营绩效,可以帮助管理者找出优化经营绩效的空间,从而调整经营战略,最终实现经营目标。

(二)财务绩效管理理论基础

1. 利益相关者理论

利益相关者理论是企业管理中的一种理论,强调企业不仅要考虑股东的利益,还要考虑其他利益相关者的利益。它认为,企业的经营活动会对各种利益相关者产生影响,而这些利益相关者对企业的生存和发展都有着重要的作用。因此,企业应该在经营决策中,考虑到所有利益

相关者的利益,以期实现"多赢"的局面。

2. 风险评估理论

风险评估理论是一种用于评估公司的财务稳健性和风险承受能力的理论。其核心思想是通过对公司的资产、负债和业务进行分析,确定其面临的风险和能够承受的风险水平。

(三)宁夏上市公司基本情况

当前,宁夏上市公司整体实力较弱,数量与质量参差不齐。按照所属行业进行分类,总市值排名前三的行业分别是基础化工、公用事业和纺织服装,这些行业主要集中在传统行业。虽然有2家上市公司从事风力发电行业,但是产业规模比较小,所以宁夏上市公司整体的产业发展并不平衡。因此,宁夏在"十四五"规划中,提出了以九大工业为核心,建立现代工业系统,并对宁夏上市公司的高质量发展提出了新的要求,以改善宁夏上市公司的财务绩效。

总体来说,宁夏上市公司的财务表现还比较平稳,但也存在一定的经营压力和挑战。

三、宁夏上市公司财务绩效影响因素研究设计

(一)基本假设

当企业需要大量借款来支持运营和扩张时,资产负债率就会增加,债务成本也会随之上升。这会导致企业的利润率下降,会进一步影响企业的财务绩效。较高的资产负债率意味着企业承担了更高的债务风险,一旦企业无法偿还债务,就会面临破产风险。这会对企业的信誉会产生负面影响,会进一步削弱企业的财务绩效。因此,企业应该控制好债务水平,尽量降低资产负债率,提高自身的财务健康水平。由以上分析,提出如下假设:

假设1:资产负债率显著负向影响财务绩效。

营业成本率是指企业在营业收入中所使用的成本比例,营业成本率高表示企业在经营过程中所使用的成本较大,这将会对企业的净利润产生较大的影响。营业成本率高也会导致企业的毛利率降低,从而使企业的盈利能力也受到影响。另外,营业成本率高表示企业的成本较高,这将使企业在市场竞争中处于不利地位。因此,企业应该通过降低营业成本率来提高企业的财务绩效。由以上分析,提出如下假设:

假设2:营业成本率显著负向影响财务绩效。

股权集中度高的公司,决策效率较高,能够更快地做出决策,更好地把握市场机会。此外,少数股东对公司的控制能力较强,能够更好地监督公司管理层,保障公司的经营稳定性。这些因素都有助于提高公司的财务绩效。因此,企业应该提高股权集中度来增加财务绩效。由以上分析,提出如下假设:

假设3:股权集中度显著正向影响财务绩效。

(二)模型构建

为了对假设进行更进一步的检验,本节通过多元回归分析模型,对宁夏上市公司财务绩效的影响因素进行实证分析,并构建如下计量模型:

$$R_2 = \beta_0 + \beta_1 L + \beta_2 C_{OR} + \beta_3 T_1 + \beta_4 S + \beta_5 I_{ND} + \beta_6 C_A + \varepsilon$$

其中,R_2 表示财务绩效;L 表示资产负债率;C_{OR} 表示营业成本率;T_1 表示股权集中度;S 表示企业规模;I_{ND} 表示独立董事比例;C_A 表示现金持有水平;β_0 为常数;β_i 为各影响因素的系数;ε 是随机误差量。

(三)样本选取与数据来源

1. 样本选取

选取 2017—2021 年宁夏上市公司财务绩效相关指标,分析其对财务绩效的影响。为避免特殊样本影响实证分析的准确性,剔除 ST、*ST 公司和财务数据缺失的公司。最后,经过对宁夏上市公司进行筛选,保留 15 个研究样本。

2. 数据来源

宁夏上市公司基本信息和财务信息的数据来自巨潮资讯、东方财富网和企查查。其中,上市公司财务报表中可直接使用的数据有净资产收益率;股权集中度和独立董事比例通过财务报表披露和企查查辅助得到;资产负债率、营业成本率、企业规模以及现金持有水平指标通过财务报表中的原始数据计算得出。

(四)变量选择

1. 因变量

在查阅了以往学者的研究成果后,发现现有关于企业财务绩效的研究中,企业的经营绩效多采用净资产回报率、总资产回报率等指标进行衡量。结合前文分析,本节选用净资产收益率(R_2)衡量宁夏上市公司财务绩效,且通过使用资产收益率(R_1)来检验稳健性。

2. 自变量

借鉴已有文献,选取资产负债率、营业成本率、股权集中度这三个变量作为自变量,探究其对财务绩效的影响。

(1)通过查阅并归纳整理张正平等(2021)、张力月(2021)的相关文献,资产负债率会显著影响财务绩效。因此,选用资产负债率作为宁夏上市公司财务绩效影响因素的自变量。

(2)营业成本率指的是企业的营业利润与营业成本的占比。通过查阅并归纳整理刘雨萱(2022)的相关文献,营业成本率会显著影响财务绩效。因此,选用营业成本率作为宁夏上市公司财务绩效影响因素的自变量。

(3)股权集中度是指公司股份归属于少数股东的程度,它可以反映出企业的稳定性。通过查阅并归纳整理郭娜红(2016)、王华巍等(2022)、王茜等人(2022)的相关文献,股权集中度会显著影响财务绩效。因此,选用股权集中度作为宁夏上市公司财务绩效影响因素的自变量。

3. 控制变量

为了对主要变量关系进行更好的解释,本节选取企业规模、独立董事比例、现金持有水平作为控制变量。其中,企业规模通过期末总资产的自然对数值表示,独立董事比例通过独立董事人数占董事会人数比例表示;现金持有水平通过期末货币资金占期末总资产的比例表示。

综上,宁夏上市公司财务绩效影响因素研究的变量如表 6-30 所示。

表 6-30 宁夏上市公司财务绩效影响因素研究的变量解释

变量类型	变量名称	变量符号	变量定义
因变量	净资产收益率	R_2	净利润/净资产
	资产收益率	R_1	净利润/总资产
自变量	资产负债率	L	负债总额/资产总额
	营业成本率	C_{OR}	营业成本/营业收入
	股权集中度	T_1	第一大股东持股比例
控制变量	企业规模	S	期末总资产的自然对数值
	独立董事比例	I_{ND}	独立董事人数/董事会人数
	现金持有水平	C_A	期末货币资金/期末总资产

四、宁夏上市公司财务绩效影响因素实证分析

(一) 描述性统计分析

在进行回归分析之前,以 2017—2021 年宁夏上市公司的数据为基础,对本节选取的相关变量进行了描述性统计分析,见表 6-31。

表 6-31 宁夏上市公司财务绩效影响因素的描述性统计分析

变量	样本量	极小值	极大值	均值	标准差
R_2	75	−718.00%	27.00%	−6.83%	85.25%
L	75	6.00%	113.00%	41.16%	22.42%
C_{OR}	75	40.00%	112.00%	78.05%	15.19%
T_1	75	6.00%	51.00%	31.24%	12.99%
S	75	10.20	15.31	12.76	1.11
I_{ND}	75	0.30	0.60	0.37	0.07
C_A	75	0.01	1.10	0.14	0.18

从表 6-31 可以看出,净资产收益率的平均值是 −6.83%,标准差是 85.25%,可见宁夏各上市公司的盈利能力有明显差异,并且净资产收益率的最大值是 27.00%,这表明宁夏各上市公司的主营业务具有较强的盈利能力;变量资产负债率的均值为 41.16%,说明企业的偿还能力普遍可以;营业成本率的均值为 78.05%,由此得出宁夏上市公司的总体营业成本率普遍不错;股权集中度(T_1)的平均值为 31.24%,说明在宁夏上市公司中,大股东在各企业中的占比相差不大。

此外,通过对控制变量分析,企业规模的最小值是 10.20,最大值是 15.31,这说明宁夏上市公司在总资产方面比较接近,而且宁夏上市公司的规模也没有太大的差异;独立董事比例的均值为 0.37,最小值为 0.30,表明现阶段宁夏上市公司在独立董事机制构建中符合国家相关规定,但以形式为主。现金持有量的均值为 0.14,从整体来看,货币资金占总资产的比重在合理范围内。

(二)相关性检验

对所有变量进行相关性分析,从表 6-32 中可以发现,资产负债率和营业成本率与财务绩效的相关系数分别为 -0.366 和 -0.257,两者与财务绩效存在明显的负相关关系;此外,股权集中度的相关性系数为 0.247,与企业财务绩效是正相关关系,且通过了 5% 显著性水平检验。这说明本节选择的自变量与财务绩效之间存在相关性,可以进一步借助多元线性回归模型,检验自变量是否显著影响财务绩效。

表 6-32 宁夏上市公司财务绩效影响因素的相关性分析

变量	R_2	L	C_{OR}	T_1
R_2	1			
L	-0.366^{**}	1		
C_{OR}	-0.257^{*}	-0.136	1	
T_1	0.247^{*}	-0.166	0.129	1

注:** 表示 1% 显著相关,* 表示 5% 显著相关。

(三)回归结果及分析

由表 6-33 可知,资产负债率回归系数是 -1.218,t 值是 -2.892,显著性水平 P 值为 0.005,说明资产负债率显著负影响财务绩效,假设 1 成立。这表明随着上市公司的负债增加,宁夏上市公司的财务绩效会降低。营业成本率的回归系数为 -3.008,t 统计量的观测值为 -3.980,显著性水平 $P<0.01$,说明营业成本率显著负向影响财务绩效,假设 2 成立。可以看出,营业成本的增加会对宁夏上市公司的财务绩效有抑制作用。股权集中度的回归系数为 1.757,P 值为 0.015,表明股权集中度显著正向影响财务绩效,假设 3 成立。这说明,股权集中度提高,会增加宁夏上市公司财务绩效。同时,由表 6-33 可以得出企业规模、独立董事比例、现金持有水平三个指标的显著性 P 值均大于 0.1,没有通过显著性水平的检验。因此,选取的控制变量并不能对宁夏上市公司财务绩效产生影响。

表 6-33 宁夏上市公司财务绩效影响因素的回归分析

变量	回归系数	t 值	P 值
L	-1.218	-2.892	0.005
C_{OR}	-3.008	-3.980	0.000
T_1	1.757	2.497	0.015
S	-0.173	-1.554	0.125
I_{ND}	1.070	0.801	0.426
C_A	0.251	0.432	0.667
常量	4.003	2.109	0.039
F 值		18.633	
R^2		0.532	

注:$P<0.01$ 表示 1% 显著性水平,$0.01<P<0.05$ 表示 5% 显著性水平,$0.05<P<0.1$ 表示 10% 显著性水平。

(四)稳健性检验

参考已有学者研究,本节采用替换变量的方法进行稳健性检验,用资产收益率(R_1)代替净资产收益率(R_2),对宁夏上市公司财务绩效影响因素进行稳健性检验。利用 2017—2021 年宁夏上市公司的数据为样本,对其进行多元回归分析,结果如表 6-34 所示。可见,与采用净资产收益率为因变量所论证的结果基本一致,说明关于宁夏上市公司财务绩效影响因素的研究结果具有稳健性。

表 6-34 宁夏上市公司财务绩效影响因素的稳健性检验

变量符号	系数	t 值	P 值
L	−1.627	−4.723	0.000
C_{OR}	−3.86	−1.391	0.169
T_1	1.921	2.990	0.004
S	−0.198	−1.078	0.285
I_{ND}	1.445	1.324	0.190
C_A	0.543	1.141	0.258
常量	4.344	0.222	0.825
F 值	21.495		
R^2	0.627		

注:$P<0.01$ 表示 1% 显著性水平,$0.01<P<0.05$ 表示 5% 显著性水平,$0.05<P<0.1$ 表示 10% 显著性水平。

五、研究结论与对策建议

(一)研究结论

本节选取宁夏 2017—2021 年 15 家上市公司作为研究对象,通过对宁夏上市公司的资产负债率、营业成本率及股权集中度对财务绩效的影响进行研究,得出如下结论。

1. 资产负债率显著负向影响财务绩效

通过回归分析得出,资产负债率对企业的财务绩效起到了一定的抑制作用。资产负债率越大的企业,它的负债越多且自有资产会越少,这就意味着企业需要承担更多的债务风险。相反,资产负债率越小,企业的债务成本也会下降,这会导致企业营业利润上升。资产负债比例越小,表明上市公司的偿债能力比较强,从而会影响上市公司财务绩效。因此,降低资产负债率,有助于提高公司的财务绩效。

2. 营业成本率显著负向影响财务绩效

通过回归分析得出,宁夏上市公司的营业成本率负向影响公司的财务绩效,即营业成本率对财务绩效有抑制作用。过高的营业成本率,会使企业营业成本较高,也会降低上市公司的盈利水平,因而会对上市公司的财务绩效起到抑制作用。因此,降低营业成本率有助于提高上市公司的财务绩效。

3. 股权集中度显著正向影响财务绩效

通过回归分析得出,宁夏上市公司的股权集中度与财务绩效有显著正相关关系。大股东在企业中有更多的决策权,所以大股东较高的持股比例不仅可以为自己获取更多的利益,也可以改善企业的财务绩效,并且适度的股权集中有利于企业的长远发展。因此,对宁夏上市公司来说,提升股权集中度有利于企业整体绩效的提升。

(二)对策建议

通过对财务绩效影响因素的实证分析,结合已有学者研究结论,对宁夏上市公司提高财务绩效提出以下建议。

1.降低资产负债率,提高公司偿债能力

资产负债率反映公司资产状况和经营情况,会影响上市公司的财务绩效。因此,宁夏上市公司可以通过处置多余且闲置不用的资产,分散资金,不能把所有的资金紧密聚集在一起,要提高各项资产的有效使用,增加上市公司现金流量,提高公司的偿债能力。同时,提高公司的营业收入,增加应收账款,增加总资产,促使宁夏上市公司提高财务绩效。

2.把控营业成本率,提升公司营运能力

上市公司可以通过提高自身的营业收入和降低营业成本,来提高公司的获利能力,从而提高上市公司的财务绩效。因此,宁夏上市公司应该扩大原有主营业务、提高市场占有率,进一步提高营业收入。同时,宁夏上市公司要实行责任成本制,想方设法调动企业各部门以及每个职员的积极性,把降低生产经营成本的责任落实到每个职员身上,以此提高企业获利能力,提高宁夏上市公司的财务绩效。

3.增加股权集中度,增强公司发展能力

通过实证分析得出,宁夏上市公司的股权集中度与企业的财务绩效存在明显正相关关系。由于大股东是企业的主要投资人,与企业利益紧密相连,因此,可以适当增加宁夏上市公司股权集中度,这将有助于宁夏上市公司财务绩效的改善。企业还可以建立独立董事制度,形成透明的工作绩效评价标准,完善企业信息披露的范围等。同时,企业也需要合理控制股权集中度,因为股东集权较高容易导致大股东的不当或者短视行为。

第六节 新疆维吾尔自治区上市公司财务绩效影响因素研究

一、绪论

(一)研究背景及意义

1.研究背景

新疆上市公司在数量和规模上都落后于其他经济发达地区,但随着国家相关政策的落实,新疆上市公司的发展空间将更加广阔。我们通常用财务绩效来衡量该公司的整体盈利能力及发展前景,并对一个公司的经营业绩进行综合评价。同时,财务绩效不仅影响上市公司的短期利益,还关系到公司今后的长期发展。且当前上市公司面临的市场经济情况复杂多变,再加上新疆正处在产业转型升级较慢、投资与消费的比重严重失调以及外贸拉动受限的主要阶段,要让处于这样一个关键时期的新疆上市企业沿着既定轨道健康成长,如何切实提升财务绩效就显得非常重要。良好的公司治理结构是影响当今企业财务绩效的关键因素。在此基础上,本节对新疆上市公司财务绩效的影响因素,从公司治理角度进行分析研究。

2. 研究意义

中国的上市公司比国外起步晚,但通过不断学习国外经验,国内上市公司已经成为促进经济发展至关重要的对象。上市公司的财务绩效影响着公众投资决策,同时其他外部利益相关者也会使用财务绩效结果。所以,影响上市公司财务绩效的因素值得被研究。

本节从新疆地区出发,构建对新疆上市公司的经营状况有重要影响的指标,并通过 SPSS 软件,利用因子分析和回归分析方法,对其展开了一系列的研究。同时,对影响新疆上市公司的财务绩效指标进行了详细剖析,为提高公司财务绩效提出了有效的建议。本节的研究也有助于企业发现经营管理等问题,帮助公司管理者进行科学管理。

(二)国内外研究现状

1. 国外研究现状

Shahzad 等(2021)研究发现,高管股权激励有利于企业创新水平和绩效的提升。Tosun(2020)通过对美国上市公司的研究得出,董事会独立性可以提升企业财务绩效。Chabachib 等(2020)通过使用管理层持股、独立董事占比、董事会人员规模、机构投资者持股比例这几个指标来衡量公司的董事会治理,研究董事会治理、企业绩效与股权结构的关系。Chendra 等(2020)发现,在高价格股票市场中,股权激励可以起到积极的作用,但是它的激励作用并没有显著改变企业财务绩效。Surya 等(2019)发现,股权集中度可以正向影响财务绩效。Santore 等(2017)发现,当企业根据管理层业绩给予公司部分股权时,对比激励前后的绩效会出现欺骗行为,非但没有改善企业财务绩效,而且财务绩效有所下降。Malik 等(2016)通过对世界 500 强企业进行研究得出,独立董事数量增多的同时表决透明度提高,对公司财务绩效水平有促进作用。

2. 国内研究现状

(1)股权结构对财务绩效的影响。刘瑞阳等学者(2022)研究发现,第一大股东持股比例越高,财务绩效越低,但前五大股东持股比例对财务绩效有促进作用。任姿霖(2022)的研究发现,股权结构对内部治理有决定性作用。股权集中度越高的企业,会出现大股东为了自身利益而减少社会责任的投入,从而不利于财务绩效的提升;合理的股权制衡度可以保证各类股东之间相互监督相互制衡,且愿意承担更多社会责任,进而促进财务绩效的提升。文刚(2020)对 25 家上市商业银行的实证研究发现,股权集中度增加,每股收益反而会降低;董事会规模越大,净资产收益率也会增加。王丹等(2018)选择国内具有代表性的 216 家创新型企业作为具体研究对象,研究结果显示,较为集中的股权可以促进财务绩效提高。

(2)管理层激励对财务绩效的影响。王海菲等(2021)通过研究表明,在 2014 年至 2018 年期间,国有上市公司高管股权比例的提升和薪酬制度的完善,均对其财务绩效产生了积极的推动作用。林常青等学者(2020)的研究表明,高管股权激励可以正向影响财务绩效。邱玉兴等人(2017)通过对 2015 年国有上市公司的研究得出,管理层激励正向推动财务绩效提升。

(3)董事会情况对财务绩效的影响。武慧娟等人(2022)认为,独立董事的独立性对管理电子商务上市公司发挥着积极的监督作用,可以有效提升财务绩效。温恒等(2020)认为,独立董事的比例对公司业绩的影响是显著的。赵弘扬等(2020)认为,随着公司董事会的独立性的增高,其资产净利润率随之降低。

(4)监事会情况对财务绩效的影响。张珺(2021)发现,监事会规模对财务绩效无显著影响作用。赵美辰(2017)对2010—2016年国有企业展开对比分析,研究结果显示,企业中监事会召开会议的频率与企业收益存在负相关的关系,监事会成员人数与成员持股份额等与每股收益正相关但不显著。

3. 国内外文献述评

基于上述研究成果发现,国内外学者对股权结构、董事会的状况、监事会情况、管理层激励的研究较多,考察这几个方面对于财务绩效产生的影响。由于所选样本数据不一样,研究方法各不相同,绩效衡量指标各不相同,故产生的研究结论有正负相关的,也有无明显相关性的。同时,不同地区的公司管理制度也呈现出不同的形态。由于新疆企业的治理结构对企业的财务绩效有着非凡的影响,所以对企业财务绩效的分析就显得尤为必要。本节从公司治理的角度出发,系统地研究了对新疆上市公司财务绩效产生影响的因素,目的是提高公司的财务业绩,推动新疆上市公司的成长和壮大,这对于新疆经济的全面发展具有独特而重要的意义。

(三)研究内容及方法

1. 研究内容

第一部分绪论的主要内容是介绍研究背景与意义,对国内外相关文献研究结果进行阐述,同时介绍主要内容与研究方法。

在第二部分对基本理论的阐述中,首先对财务绩效与公司治理进行了探讨,接着对财务绩效的评价方法进行了分析。

第三部分首先阐述了新疆上市公司在数量、区域和行业方面的整体情况,并在此基础上,选取并构建了上市公司的财务绩效评价指标。

第四部分的主要内容是设计实证研究,并对样本选取、相关数据来源,以及研究所使用的工具与方法进行了解释说明。

第五部分为实证分析。通过因子分析,获得130家新疆上市公司的财务绩效综合得分,然后对公司治理结构层次的6个解释变量进行因子分析,接着与财务绩效综合评分相结合进行回归分析,最终获得二者的回归分析结果。

第六部分对研究结论进行总结并提出建议。在前文基础上,结合已有学者研究结论,对上市公司的财务绩效进行分析,同时对可能导致上市公司财务绩效降低的因素进行分析,并提出相应的政策建议。

2. 研究方法

(1)参考文献法。通过中国知网等多种渠道,查阅国内外关于上市公司财务绩效的影响因素的相关文献,并对研究所需的相关理论、概念进行全面了解、认真整理和仔细分类,为探究财务绩效的影响因素提供一定的理论基础。

(2)分析归纳法。对各种影响因素的有关数据进行梳理,然后根据实证研究的结果,对企业财务绩效的影响因素进行分析,并针对这些因素,提出相应的策略和建议。

(3)实证研究法。首先,对公司治理层面与公司财务绩效的关系进行了分析和假设,接着进行实证研究。其次,运用SPSS软件,进行因子分析与回归分析操作。最后,基于研究结果,得出结论并提出加强与改进新疆上市公司在财务绩效管理方面的相关建议。

二、财务绩效相关概念及评价方法

(一) 财务绩效相关概念

1. 财务绩效概念

财务绩效,通俗来说就是在财务方面对公司发展经营的贡献。财务绩效可以回答非财务主管最关心的四个方面的问题:钱来自哪里,企业能否继续经营下去,经营者是否可以管理好公司,公司有无利润。

2. 公司治理概念

公司治理结构,是一种对公司进行管理和控制的体系,是指为实现资源配置的有效性,公司治理中的股东监督和制约制度。其目的既是使股东的利益最大化,同时也是保证所有的利益相关者都能获得最大程度的保护。公司的治理,简言之,是一套用来解决公司中各类关系问题的系统。

(二) 财务绩效评价方法

1. 沃尔评价指标体系

沃尔评分法是由亚历山大·沃尔提出的,它是对 7 个固定的财务比率进行评分,从而对企业的财务状况进行全面评估的一种方法。此方法存在的问题在于未能证明为什么只能选择流动比率、产权比率、固定资产比率、存货周转率、应收账款周转率、固定资产周转率和自有资产周转率这 7 个指标,且这个问题至今仍没有从理论上得到解决。

2. EVA[①] 评价体系

EVA 是指税后净利润减去资本成本后的剩余利益。EVA 评价方法与其他评价方法的不同是其全面考虑了企业所需的资金成本,包括债权资本成本和股权资本成本。EVA 与其他常见的财务管理目标相比:优化了资本结构,有利于企业的可持续发展;考虑了企业所有投入资本的成本,资金利用率有所提高;调动了经营管理者的积极性,使股东财富保值增值。它的缺点是人们对 EVA 的相关概念、计算公式等未形成统一的标准,需要根据对不同企业的具体分析来选取、调整项目。

3. 平衡计分卡评价体系

平衡计分卡是把公司的所有资源都纳入一个统一的平台上进行管理,从而使企业能更全面地考虑自己与环境之间的关系。平衡计分卡涵盖了以下内容:在财务方面,旨在解决股东对企业的态度问题;在客户层面,目标是探究客户对企业的态度和看法;在内部运营的层面上,目标是针对企业所擅长的领域进行优化;在战略层面,目标是从哪些方面来改善和提高企业的能力;在学习和成长的层面上,目标在于解决企业是否正在迈向进步的问题。平衡计分卡可以明确公司的战略目标,在不同水平上识别出关键成功因素,同时,以关键成功因素为切入点,设计了针对性强的关键绩效指标及目标值。

4. 财务指标法

财务指标法是以公司财务报告中的各个指标为基础,对其进行综合的分析与评价,并对其

---

① EVA 即经济增加值,英文翻译为 economic value added。

进行深度发掘与分析,从而对公司的财务情况进行全方位的评价与优化的方法。财务指标法从财务角度出发,将财务指标作为一个整体来研究企业经营情况,以反映企业财务活动状况及未来发展变化趋势,并为企业决策提供依据。对企业的财务结构、偿付能力、盈利能力以及投资价值等多个方面的指标进行量化分析,是该方法的核心内容。但是,该方法指标的选取较为随意,无法避免各个指标之间的相互作用,同时其更适宜于短期的财务绩效评价。

三、新疆上市公司财务绩效评价指标构建

(一)新疆上市公司的基本情况

20世纪80年代,我国的股份制改革开始萌芽。我国证券市场历经四十多年发展后,开始逐渐壮大,上市公司数量与市值也随之增加。到2021年底,新疆维吾尔自治区已有58家境内上市公司,占全国境内上市公司的1.26%。新疆58家境内上市公司中,有31家在上交所上市,27家在深交所上市,共有61只股票挂牌交易,A股58只,H股3只。

1. 地域分布

新疆维吾尔自治区上市公司分布在13个地级市(州、地区),其中,乌鲁木齐市32家,昌吉回族自治州6家,克拉玛依市4家,石河子市和巴音郭楞蒙古自治州均有3家,阿克苏地区和塔城地区均有2家,和田地区、伊犁哈萨克自治州、阿拉尔市、博尔塔拉蒙古自治州、喀什地区及自治区直辖县级行政区均有1家上市公司,如表6-35所示。上市公司数量前3名的乌鲁木齐市、昌吉回族自治州和克拉玛依市占全省上市公司总数的72.41%,可以看出新疆经济发展的不平衡。

表6-35 新疆上市公司地域分布统计表

地区	上市公司数量/家
乌鲁木齐市	32
昌吉回族自治州	6
克拉玛依市	4
石河子市	3
巴音郭楞蒙古自治州	3
阿克苏地区	2
塔城地区	2
和田地区	1
伊犁哈萨克自治州	1
阿拉尔市	1
博尔塔拉蒙古自治州	1
喀什地区	1
自治区直辖县级行政区	1
总计	58

2. 行业分布

根据《上市公司行业分类指引》，新疆58家上市公司所涉及的行业门类数量为13个。如表6-36所示，制造业是58家上市公司中的主导产业，占据了总数的46.55%，共计27家；从事电力、热力、燃气及水生产和供应业的上市公司有6家，占新疆上市公司总数的10.34%；采矿行业有5家企业，农林牧渔业也有5家上市公司；从事批发和零售业的企业占6.90%；金融、建筑及信息传输等技术服务业，各占总数的3.45%；其余5个行业各1家，各占总数的1.72%。可以看出，新疆上市公司多集中在传统的制造业，其他行业相对较少，也反映出新疆的经济发展对传统行业较为依赖。

表6-36 新疆上市公司行业分布统计表

行业	公司数量/家
制造业	27
电力、热力、燃气及水生产和供应业	6
采矿业	5
农林牧渔业	5
批发和零售业	4
金融业	2
建筑业	2
信息传输、软件和信息技术服务业	2
租赁和商务服务业	1
卫生和社会工作	1
交通运输、仓储和邮政业	1
水利、环境和公共设施管理业	1
科学研究和技术服务业	1
总计	58

根据表6-37新疆上市公司三大产业分类情况所显示的结果来看，58家新疆上市公司仅有5家从事第一产业的企业；从事第二产业的企业为40家；从事第三产业的有13家，第二、三产业分别占总数的68.97%和22.41%。其中，第二产业中的制造业占比最大。

表6-37 新疆上市公司产业分类情况

行业分类	行业	数量/家	总数/家	占比/%
第一产业	农林牧渔业	5	5	8.62
第二产业	采矿业	5	40	68.97
	制造业	27		
	电力、热力、燃气及水生产和供应业	6		
	建筑业	2		

续表

行业分类	行业	数量/家	总数/家	占比/%
第三产业	批发和零售业	4	13	22.41
	金融业	2		
	信息传输、软件和信息技术服务业	2		
	租赁和商务服务业	1		
	卫生和社会工作	1		
	交通运输、仓储和邮政业	1		
	水利、环境和公共设施管理业	1		
	科学研究和技术服务业	1		
总计		58	58	100

（二）构建财务绩效评价指标体系和影响因素指标体系

1. 财务绩效评价指标体系

在选择财务绩效衡量指标的时候，本节充分考虑财务绩效包含的四大能力（偿债能力、经营能力、盈利能力、发展能力），涉及指标较多。因此，遵循相似指标最优原则，从四大能力中分别选择了两个指标，对58家新疆上市公司的财务绩效进行评价，以此来避免单一指标无法全面反映财务绩效这一缺陷，同时也避免了多指标间的信息交叉使实证结果失真的问题。如表6-38所示。

表6-38 新疆上市公司财务绩效评价指标体系表

指标分类	名称	公式
偿债能力	资产负债率	负债合计/资产总计
	产权比率	负债合计/股东权益
经营能力	总资产周转率	营业收入/平均资产总额
	应收账款周转率	营业收入/应收账款平均占用额
盈利能力	总资产净利润率	净利润/总资产平均余额
	资产报酬率	（利息总额＋利息支出）/总资产平均余额
发展能力	总资产增长率	（资产总计本期期末值－资产总计本期期初值）/（资产总计本期期初值）
	营业总收入增长率	（营业总收入本年期末值－营业总收入本年期初值）/（营业总收入本年期初值）

2. 财务绩效影响因素指标体系

通过阅读相关参考文献，本节构建财务绩效影响因素指标体系，在对新疆上市公司的治理结构进行评价时，从股权结构、董事会情况、监事会情况、管理层激励四个角度，选取第一大股东持股比例、前五大股东持股比例之和、前十大股东持股比例之和、高管前三名薪酬总额、独立董事人数以及监事会规模等指标，对财务绩效影响因素进行评价，如表6-39所示。

表 6-39　新疆上市公司财务绩效影响因素指标体系表

指标分类	名称	公式
股权结构	第一大股东持股比例	第一大股东持股数/公司总股数
	前五大股东持股比例之和	前五大股东持股比例之和
	前十大股东持股比例之和	前十大股东持股比例之和
管理层激励	高管前三名薪酬总额	高管前三名薪酬之和
董事会情况	独立董事人数	独立董事人数
监事会情况	监事会规模	监事会总人数

四、研究设计

(一)研究假设

股权结构代表股东对公司剩余利益的索取权或者对公司利益的分配权。索成瑞(2021)研究发现,对于我国上市公司而言,实现股权的适度集中和股东之间的相互制衡,将有助于提升其财务绩效水平。张婧等(2021)对国内房地产上市公司的研究发现,股权集中度可以提升决策的科学性,从而影响财务绩效。因此,提出假设1:

假设1:企业的股权结构与企业的绩效存在显著的正向影响关系。

管理层股权激励旨在为高级管理人员提供激励和支持,以推动其持续发展。管理层绩效奖金多挂钩企业利润,通常都是正向影响企业盈利。鄢伟波等(2018)在对我国国有上市公司进行研究时发现,高管持股比例高达27%时,对公司的财务绩效产生了积极的影响,继续增加高管的持股比例,反而会减少公司的财务绩效。由此,提出假设2:

假设2:管理层激励与企业的财务绩效存在显著的负向影响关系。

董事会可以参与公司的重要决策,监督管理层的各项业务和管理行为。独立董事在上市公司中承担着诚信、监督等责任。独立董事是一个特殊群体,他们具有不同于一般企业员工的特征。与企业的其他董事相比,独立董事可以维护自身的独立性,排除了公司所有人和经理人对公司的掌控,独立行使表决权与监督权,使得企业在决策时更具有客观性,进而改善公司绩效。同时,独立董事也是一种职业,具有专业技术知识。根据特定的法律法规和公司章程,独立董事有责任维护公司和股东之间的权益,并确保中小股东的权益不受侵犯。周泽将等(2021)的研究表明,通过激发独立董事的积极性,可以有效地避免在经营管理中出现问题,从而提高企业的运营效率。由此,提出假设3:

假设3:董事会结构与企业的财务绩效存在正向影响关系。

监事会代替了股东对董事会和经理层的监督责任,对公司的会计账册和财务状况进行检查,以让他们各尽所能,切实维护股东权益。由上述情况可以看出,监事会制度对财务绩效没有显著作用。然而,张瑞君(2019)通过对皖江城市带上市公司的研究认为,监事会人员过多会带来一系列负面影响,数据显示监事会规模与财务绩效呈负相关关系,但负相关程度并不高。由此,提出假设4:

假设4:监事会的具体状况与企业的财务绩效存在负向影响关系。

(二)样本选取与数据来源

在国泰安数据库选取新疆上市公司2019—2021年3年的相关数据作为研究样本,对其进行深入探究,同时通过因子分析提取主成分因子并构造综合得分公式。为满足本节研究分析的需求,对初选样本及样本数据进行了如下筛选:

(1)剔除了 11 家上市公司的数据,这些公司在 3 年内被冠以 ST 或 *ST 符号,因此存在退市风险,这可能会对实证研究造成不利影响。

(2)去掉 1 家在 2021 年上市的公司,该公司的年度数据不全。

(3)剔除 2019—2021 年数据缺失的公司。

经过筛选,最终保留了 130 个样本,以确保本节研究数据来源的准确性和可靠性。

(三)变量设计

1. 被解释变量

本节探究影响上市公司财务绩效的多种因素,将财务绩效视为可解释的变量(见表 6-40),并在分析国内外学者研究成果和相关理论的基础上提出了对公司财务绩效的研究设计。首先构建一组企业的财务业绩评价体系,利用 SPSS 软件中的因子分析方法,对八个指标进行了处理,并将处理后的结果,即因子分析综合得分用来代表企业的财务绩效,接着在此基础上进行回归分析。

表 6-40 被解释变量定义表

变量名称	变量符号	变量定义
财务绩效综合得分	Y	因子分析综合评分结果

2. 解释变量

在公司治理结构层面构建的财务绩效影响因素指标体系中,选取六项指标,在回归分析中,这六项指标为回归分析的解释变量。具体解释变量的定义如表 6-41 所示。

表 6-41 解释变量定义表

变量类型	变量名称	变量符号	变量定义
股权结构	第一大股东持股比例	X_1	第一大股东持股数/公司总股数
股权结构	前五大股东持股比例之和	X_2	前五大股东持股比例之和
股权结构	前十大股东持股比例之和	X_3	前十大股东持股比例之和
管理层激励	高管前三名薪酬总额	X_4	高管前三名薪酬之和
董事会情况	独立董事人数	X_5	独立董事人数
监事会情况	监事会规模	X_6	监事会总人数

3. 控制变量

根据已有的研究成果,选取企业规模和市值作为控制变量。一般来说,企业规模越大,产生的效益会越多,公司的财务绩效会越好,会更具有发展优势。在本节中,以公司总资产的自然对数来衡量企业规模,市值是每股股票的市场价与发行总股数的乘积。

(四)模型构建

在此采用多元线性回归方程的实证模型,将治理结构相关指标作为自变量,以财务绩效为因变量进行分析。构建的模型如下:

$$Y = \beta_0 + \beta_1 X_1 + \beta_2 X_2 + \beta_3 X_3 + \beta_4 X_4 + \beta_5 X_5 + \beta_6 X_6 + \beta_7 S + \beta_8 C_{AP} + \varepsilon$$

其中，Y 是财务绩效综合得分；β_i 是回归分析中解释变量，$i=1,2,\cdots,8$；ε 为随机误差变量。

（五）分析工具与方法

首先在国泰安数据库及新浪财经中收集研究所需的 2019—2021 年新疆上市公司财务数据，接着使用 Excel 整理数据，再通过 SPSS 软件，采用因子分析法、无量纲化——Z-score 标准化法和多元线性回归分析对新疆财务绩效的影响因素进行研究。

五、新疆上市公司财务绩效影响因素的实证分析

（一）财务绩效评价指标因子分析

1. KMO 和 Bartlett 球形检验

为了对八个财务绩效评价指标进行因子分析，先对财务绩效评价指标体系是否适合采用因子分析法进行了效度检验，分析结果如表 6-42 所示。

表 6-42 KMO 和 Bartlett 球形检验

KMO 取样适切性量数		0.510
Bartlett 球形检验	近似卡方	1015.517
	自由度	28
	显著性	0.000

通常情况下，若 KMO 检验值大于 0.5，说明选取的数据资料可以进行因子分析；否则，不能进行因子分析。若 Bartlett 球形检验值小于 0.05，则所选取的有关数据满足因子分析的要求。结果显示，KMO 检验值为 0.510，大于 0.5，Bartlett 球形检验的 sig 显著性为 0.000，小于 0.05，因此，新疆上市公司的财务绩效评价指标体系可以做因子分析。

2. 提取公因子

利用主成分分析方法，对代表新疆上市公司 2019—2021 年财务绩效的八个关键指标进行因子分析，四个公因子被提取出来。经过因子分析，发现这四个公因子能够有效地描述原变量的比例高达 90.821%，说明本节的因子分析有效。

表 6-43 解释的总方差

成分	初始特征值			提取载荷平方和		
	总计	方差百分比/%	累积/%	总计	方差百分比/%	累积/%
1	2.783	34.789	34.789	2.783	34.789	34.789
2	1.992	24.903	59.692	1.992	24.903	59.692
3	1.353	16.909	76.601	1.353	16.909	76.601
4	1.138	14.220	90.821	1.138	14.220	90.821
5	0.574	7.173	97.995			
6	0.113	1.417	99.412			
7	0.025	0.313	99.725			
8	0.022	0.275	100.000			

提取方法：主成分分析法。

3. 因子综合得分

将各公共因子的分值与各公共因子的贡献值相乘,再除以总的贡献率,即得出财务绩效评价综合得分。计算公式如下:

$$F = 34.798\% F_1 + 24.903\% F_2 + 16.909\% F_3 + 14.220\% F_4$$

(二)描述性统计

1. 描述性统计分析

利用 SPSS 软件对本节所涉及的六个解释变量和两个控制变量进行了描述性统计分析,以探究其相关性和特征,得到的各变量结果如表 6-44 所示。

表 6-44 解释变量的描述统计量

变量	N	最小值	最大值	均值	标准偏差
前十大股东持股比例之和	130	26.667%	94.013%	55.557%	14.710%
前五大股东持股比例之和	130	24.327%	91.433%	51.363%	14.460%
第一大股东持股比率	130	11.798%	87.705%	36.974%	14.156%
高管前三名薪酬总额	130	38.490 万元	2043.010 万元	354.385 万元	363.959 万元
独立董事人数	130	101.000 人	501.000 人	328.640 人	61.316 人
监事会规模	130	3.000 人	8.000 人	4.154 人	1.236 人

根据表 6-44,可以得出以下结论:

(1)前十大股东持股比例之和。2019—2021 年的均值为 55.557%,最小值为 26.667%,最大值为 94.013%。可见,新疆上市公司前十大股东所持股份变动幅度大,公司情况不一,有一定的可研究性。

(2)前五大股东持股比例之和。2019—2021 年的均值为 51.363%,最小值为 24.327%,最大值为 91.433%。

(3)第一大股东持股比例。2019—2021 年的均值为 36.974%,最小值为特变电工的 11.798%,最大值是 2021 年天山股份的 87.705%,标准差为 14.156%,说明各样本公司第一大股东持股比例的差距较大。

(4)前三名高管薪酬总额。2019—2021 年前三名高管薪酬总额最低为 38.490 万元,最高为 2043.010 万元。可见,在各大企业中,前三位高管的薪酬总额存在的差异很大。

(5)独立董事数量方面。2019—2021 年,最小值为 101 人,最大值为 501 人。中国证券监督管理委员会的相关文件曾对上市公司的独立董事比率提出过要超过 1/3 的要求。130 个样本中,除 2021 年新疆交建外,其他公司均符合要求,独立董事人数的均值为 61.316 人。

(6)监事会规模。2019—2021 年,公司监事会最多 8 人,最少 3 人,平均人数 4.154 人,标准差 1.236 人。可见,各个公司的监事会规模存在差异,呈现出多样性。

由表 6-45 可以得出以下结论:

表 6-45 控制变量描述统计量

变量	N	最小值	最大值	均值	标准偏差
企业规模	130	19.290	27.620	22.918	1.814
市值	130	16.779 亿元	8896.920 亿元	595.369 亿元	1562.256 亿元

(1)企业规模。2019—2021年企业规模最小值为19.290,企业规模最大值为27.620,均值为22.918。

(2)市值。2019—2021年的市值最小值为16.779亿元,最大值为8896.920亿元,平均值为595.369亿元。

2. 无量纲化——Z-score 标准化

由于本节所选取的解释变量和控制变量单位不统一,不能直接进行比较,也不能直接进行回归分析,为了消除它们之间的差异,现对这些指标进行 Z-score 标准化操作。在实证研究中,本节对130个样本的数据均已进行标准化操作,在此仅展示5个样本的标准化结果(见表6-46)。

表6-46 无量纲化结果表(部分)

样本	1	2	3	4	5
$Z_{前十大股东持股比例}$	−1.794	−1.949	−1.964	1.411	1.386
$Z_{前五大股东持股比例}$	−1.609	−1.781	−1.812	0.993	0.993
$Z_{第一大股东持股比例}$	−0.869	−0.940	−1.000	−0.751	−0.751
$Z_{高管前三名薪酬总额}$	0.215	1.106	1.639	1.716	1.774
$Z_{独立董事人数}$	−0.467	−0.467	−0.467	1.164	1.164
$Z_{监事会规模}$	0.685	0.685	0.685	3.113	3.113
$Z_{企业规模}$	−0.638	−0.666	−0.489	2.079	2.206
$Z_{市值}$	−0.360	−0.362	−0.352	2.384	3.032

(三)财务绩效影响因素因子分析

1. KMO 和 Bartlett 球形检验

若解释变量间彼此有很强的相关程度,要对因子分析进行降维运算。本研究采用效度检验判断解释变量能否进行因子分析,检测结果见表6-47。

表6-47 KMO 和 Bartlett 球形检验

KMO 取样适切性量数		0.577
Bartlett 球形检验	近似卡方	535.564
	自由度	15
	显著性	0.000

如表6-47所示,KMO 检验值为0.577,大于0.5,表示解释变量可以进行因子分析。在进行因子分析时,若 Bartlett 球形检验显著性为0.000,小于0.005,则可得出解释变量适宜的结论。综上所述,新疆上市公司的财务绩效影响因素指标体系是可以进行因子分析的。

2. 提取公因子

经过因子分析操作,所得结果见表6-48。从六个解释变量中提取出四个公因子,它们的平方和分别为2.617、1.425、0.864、0.762,四个公共因子对原始变量的贡献率累计达到94.471%。结果表明,这四个公因子能够较为全面地解释六个自变量的信息,因此所选变量非常适合进行因子分析操作。

表 6-48 解释的总方差

成分	初始特征值			提取载荷平方和			旋转载荷平方和		
	总计	方差百分比/%	累积/%	总计	方差百分比/%	累积/%	总计	方差百分比/%	累积/%
1	2.617	43.614	43.614	2.617	43.614	43.614	2.585	43.077	43.077
2	1.425	23.753	67.367	1.425	23.753	67.367	1.081	18.013	61.090
3	0.864	14.399	81.765	0.864	14.399	81.765	1.002	16.707	77.797
4	0.762	12.705	94.471	0.762	12.705	94.471	1.000	16.674	94.471
5	0.313	5.219	99.689						
6	0.019	0.311	100.000						

提取方法：主成分分析法。

3. 公因子命名

因子分析的目的不仅在于寻找主导因素，更在于揭示其所蕴含的深层含义。通过研究因子分析方法在经济领域中的应用，本节提出了利用主成分分析法来提取公因子的思路，并给出了相应的计算公式。为了确保公共因子的命名和解释结果的准确性，同时方便进一步的实证分析，我们需要采取相应的措施。在此采用最大差值法，对因子载荷矩阵进行旋转操作，结果如表 6-49 所示。

表 6-49 旋转后因子载荷系数

样本	成分			
	1	2	3	4
$Z_{前十大股东持股比例之和}$	0.952	0.163	-0.027	-0.012
$Z_{前五大股东持股比例之和}$	0.976	0.095	-0.065	-0.001
$Z_{第一大股东持股比例}$	0.848	-0.285	-0.058	-0.014
$Z_{高管前三名薪酬总额}$	0.020	0.973	0.073	0.115
$Z_{独立董事人数}$	-0.078	0.073	0.989	0.105
$Z_{监事会规模}$	-0.012	0.113	0.105	0.988

从主要成分矩阵中得出的结果表明：$Z_{前十大股东持股比例之和}$ 为 0.952，$Z_{前五大股东持股比例之和}$ 为 0.976，$Z_{第一大股东持股比例}$ 为 0.848，其载荷都大于 0.5。通过对六个指标的因子分析发现，公司治理因素对财务绩效有着较大影响，股权集中度与公司绩效存在显著的相关性。可以得出结论，这三个解释变量在 F_1 这个第一因子中所承受的负荷较为显著。因此，F_1 这个公因子可以被归类为代表股权结构的因子 F_1。$Z_{高管前三名薪酬总额}$ 为 0.973，这个解释变量的载荷值超过 0.5。可以得出结论，该解释变量在第二个因子 F_2 上表现出较高的负载能力，所以可以将公因子 F_2 归类为管理层激励因子。$Z_{独立董事人数}$ 为 0.989，该解释变量的载荷高于 0.5。在第三个因子 F_3 中，该解释变量表现出了相当高的负载水平，故公因子 F_3 可以命名为董事会因子。$Z_{监事会规模}$ 为 0.988，所承受的载荷超过 0.5，说明该解释变量对第四个公因子贡献较大，故可以将其命名

为监事会因子。公因子命名如表 6-50 所示。

表 6-50　公因子命名

公因子	解释变量
股权结构因子 F_1	$Z_{前十大股东持股比例之和}X_1$ $Z_{前五大股东持股比例之和}X_2$ $Z_{第一大股东持股比例}X_3$
管理层激励因子 F_2	$Z_{高管前三名薪酬总额}X_4$
董事会因子 F_3	$Z_{独立董事人数}X_5$
监事会因子 F_4	$Z_{监事会规模}X_6$

4. 因子得分系数矩阵

成分得分系数矩阵如表 6-51 所示。

表 6-51　成分得分系数矩阵

变量	成分			
	1	2	3	4
$Z_{前十大股东持股比例之和}$	0.370	0.147	0.037	-0.039
$Z_{前五大股东持股比例之和}$	0.377	0.082	0.004	-0.005
$Z_{第一大股东持股比例}$	0.335	-0.289	0.048	0.057
$Z_{高管前三名薪酬总额}$	-0.005	0.928	-0.058	-0.088
$Z_{独立董事人数}$	0.055	-0.065	1.031	-0.102
$Z_{监事会规模}$	0.004	-0.103	-0.102	1.034

4 个公因子的具体表达公式：

$F_1 = 0.370X_1 + 0.377X_2 + 0.335X_3 - 0.005X_4 + 0.055X_5 + 0.004X_6$

$F_2 = 0.147X_1 + 0.082X_2 - 0.289X_3 + 0.928X_4 - 0.065X_5 - 0.103X_6$

$F_3 = 0.037X_1 + 0.004X_2 + 0.048X_3 - 0.058X_4 + 1.031X_5 - 0.102X_6$

$F_4 = -0.039X_1 - 0.005X_2 + 0.057X_3 - 0.088X_4 - 0.102X_5 + 1.034X_6$

结果发现，前十大股东持有股份的总和 X_1，前五大股东持有股份的总和 X_2，第一大股东持有股份的总和 X_3，对 F_1 的持股结构因子有正面的作用；公司高管前三名的薪酬总额 X_4 与管理层激励因子 F_2 呈现正向影响关系；独立董事人数 X_5 对董事会因子 F_3 产生了积极的影响；监事会因子 F_4 受到监事会规模 X_6 的积极影响。

（四）财务绩效影响因素回归分析

回归分析结果显示（见表 6-52），经过调整后，R^2 为 0.201，对应的 R^2 为 0.162，多元线性回归分析的估计标准差为 0.397。同时，R 为 0.488。

表 6-52　模型摘要

R	R^2	调整后的 R^2	估计的标准差	德宾-沃森
0.448	0.201	0.162	0.397	1.421

根据方差分析表(见表6-53),回归分析的平方和值为4.876,而残差的平方和值则为19.398,平方和值总计为24.274。多元线性回归的均方值是0.813,残差均方值0.158,F统计量检测数值为5.153,显著值为0.000。在检验了所有变量后发现,回归系数都达到显著性水平。在回归分析中,当显著性水平小于0.05时,我们可以得出结论:回归分析结果表现出了理想的效果。因此,本节研究建立线性回归分析模型,探究代表财务绩效影响因素的四个公因子与综合财务绩效得分之间的显著线性关系,并利用SPSS运行相关数据获取回归分析结果,具体见表6-54。

表 6-53　方差分析表

模型	平方和	df	均方	F	显著性
回归	4.876	6	0.813	5.153	0.000***
残差	19.398	123	0.158		
总计	24.274	129			

表 6-54　回归分析结果

变量	未标准化系数		标准化系数	t	显著性
	β	标准错误	β		
(常量)		0.035		0.000	1.000
股权结构因子 F_1	0.109	0.041	0.252	2.701	0.008
管理层激励因子 F_2	-0.102	0.039	-0.235	-2.581	0.011
董事会因子 F_3	-0.024	0.037	-0.054	-0.642	0.522
监事会因子 F_4	0.046	0.037	0.106	1.236	0.219

在进行股权结构因子 F_1 的回归分析操作后,发现其回归分析的非标准化系数为0.109,标准化系数为0.252,该系数的标准错误为0.041。观测到的 t 统计量数值为2.701,股权结构因子的显著性水平达到了0.008,小于0.05。因此,公因子 F_1 成功通过显著性水平检验。所以,以股权结构因子 F_1 为代表的指标能对综合财务绩效起到比较重要的作用。因此,对新疆的上市公司而言,不同股权结构能较显著地影响公司财务绩效。

对管理层激励因子 F_2 进行回归分析操作后,其回归分析非标准化系数达到-0.102,标准化系数为-0.235,非标准化系数标准错误为0.039,说明该检验结果是稳健、有效和可靠的。t 统计量观测值为-2.581,显著性0.011,低于0.05,因此,公因子 F_2 成功地通过了显著性水平的检验,且管理层激励因子对财务绩效产生显著负向影响。所以,以管理层激励因子 F_2 为代表的指标能对解释变量综合财务绩效起到比较重要的作用。因此,在新疆上市公司中,高级管理人员的激励方式对公司的经营业绩有较大的影响。特别地,上市公司中前三名高级管理人员的薪酬总和会对公司绩效产生明显的影响。

通过对董事会因子 F_3 进行回归分析,得出了其非标准化系数为 -0.024,标准化系数为 -0.054,而非标准化系数的标准错误为 0.037,这一结果表明了回归分析的准确性和可靠性。t 统计量所观测到的数值为 -0.642,其显著性水平为 0.522,高于 0.05,因此公因子 F_3 未能通过显著性水平的检验。同时,其 β 系数小于 0,说明董事会因子会对财务绩效有反向影响。该结果表明,在公司治理中,董事会因子对财务绩效的反向影响并不显著。其呈现负相关的原因可能是,新疆地区上市公司董事会独立董事比例的设置不够合理。独立董事较多,可能导致他们不能合理地完成工作,浪费资源,反而会降低财务绩效。所以,对于新疆上市公司来说,不同的董事会结构对于公司财务绩效有正相关影响的假设是不成立的。

在进行了回归分析后,发现监事会因子 F_4 的非标准化系数为 0.046,标准化系数为 0.106,非标准化系数的标准错误为 0.037,t 统计量的观察结果为 1.236,其显著性为 0.219。鉴于监事会因子 F_4 的显著水平为 0.219,大于 0.05,所以,对于新疆上市公司而言,监事会因子对企业财务绩效的影响并不明显。

六、研究结论与建议

(一)研究结论

结合我国新疆上市公司的实际情况,监事会与董事会具体状况在财务绩效的好坏方面并没有产生比较明显的效果,而股权结构和管理者激励状况可以对公司的财务绩效产生明显的影响。总体而言,从公司治理的角度来考察上市公司的财务绩效,无论在理论上还是在实际中,都是非常有价值的。具体结论可归纳为以下四个方面:

股权结构因子的研究结果与假设 1 相符。研究结果发现,我国上市公司的股权结构对上市公司的财务绩效具有较强的影响,并且上市公司的股权结构对其财务绩效产生正向影响。该研究结果表明,对于新疆上市公司来说,合理的股权结构可以提升财务绩效。

管理层激励程度的研究结果与假设 2 相符。通过对新疆上市公司的实证研究,我们可以得出结论:在 130 个样本中,对管理人员的激励与公司财务绩效之间存在显著的负向影响关系。因此,假设 2 是成立的。需要注意的是,过分地赋予高级管理人员激励,不可以促进财务绩效提升。

董事会因子的研究结果与假设 3 不相符。实证分析发现,新疆上市公司中的独立董事人数与他们的财务绩效会产生反向影响作用,但其影响作用的表现并不明显。所以,假设 3 不成立。这一结论说明,独立董事比例增加无法提高财务绩效。

监事会因子的研究结果与假设 4 不相符。监事会作为一种公司治理机制,对完善我国公司治理结构具有一定的积极意义。监事会在我国上市公司中扮演着至关重要的角色,是一个不可或缺的组织机构,具有不可替代的地位。通过对新疆上市公司进行实证研究,结果表明,监事会的运作状况与财务绩效之间并未呈现出显著的相关性。可能的原因是监事会大多代替了股东对董事会和高级管理层的监督责任,对公司的会计账册和财务状况进行了检查。让他们各尽所能,切实维护股东权益,并不会对财务绩效产生具体影响。

从多元线性回归的结果可以看出,董事会与监事会情况的相关指标对财务绩效产生显著影响的假设并不成立。然而,我们并不能以此为根据,来判定所有上市公司的董事会情况与监事会情况对公司的财务绩效无明显的影响,不能将研究结果一概而论。

（二）建议

本节选择新疆上市公司2019—2021年的财务数据作为样本，对影响财务绩效的因素进行了深入剖析，并在此基础上给出了一些具体的对策和改进建议，具体如下。

1. 优化股权结构

为了优化股权结构，需要实现股权的分权，降低大股东的持股比例，以实现从绝对持股向相对持股的转变。为了实现股权的相对控制和分散，我们应当对某些股份进行适度的削减，同时增加公司中的其他法人或个人的股份，从而形成股东之间的有效制衡机制。引入战略性投资，也是企业优化股权的方法。另外，企业也可以实行转股，通过产权转移，实现股份的多元化。而且，产权变革是我国上市企业必须解决的问题之一。为了实现产权变革，必须对公司和产业的各个方面进行明确的定位，并进行全面的横向和垂直整合。

2. 健全高管激励政策

公司要重视高级管理层的工作并给予必要且适度的奖励，但要避免过分的奖励，以免对企业的经营绩效产生消极影响。因此，新疆上市公司应构建一个科学完备的绩效评估体系，发挥绩效评估体系对企业管理层的有效激励，从而实现企业绩效的真实提高。在激励方式方面，公司要注重对激励方式的优化，将物质、精神、文化、情感等各种激励方式有机地融合在一起，以物质为基础，开展精神激励，这样才能让激励方式一直都是多样化的、有效的。同时，公司要根据企业的实际情况设计不同类型的激励机制，使之发挥最大的作用。另外，公司要加强对财务绩效考核的监督和检查，确保公司经营业绩能够持续健康增长。为了确保公司财务绩效管理的灵活性和全面性，企业应该对其财务绩效考核内容进行精细化，包括但不限于资金支出、回收利润和财务绩效目标的综合评价和管理，尽量避免考核工作中的偏差和失误。

3. 完善董事会结构

对董事会的构成和工作程序进行完善，对管理委员会的性质和地位进行明确，可以消除权力混淆问题。为了充分发挥公司董事会的作用，不仅需要确保公司的独立性，还需要加强董事会的运作方式，特别是在上市公司中，研究制度的重要性不可忽视。因此，新疆上市公司可以借鉴国外的经验，从董事会结构、董事会遴选制度、激励和保留制度等方面对董事会的运行制度进行精心设计。

4. 强化监事会职责

新疆上市公司应强化监事会的监管责任，保障股东合法权益，并设立对董事会及高管的问责制，使其更好地发挥监管功能。在公司治理结构中，保证监事会充分发挥其对公司的监管作用，是对公司进行有效监管的关键环节。另外，监事会的知情权可以保证董事会处理公司事务的公正性。监事会亦可充分发挥其独立的监管权力，严密监察公司的运作，保证预警能适时作出，进一步保护公司和股东的利益。

参考文献

卞卉,2014.董事会构成对企业绩效的影响[J].企业改革与管理(18):55-56.
曹广帅,2022.制造业上市公司资产结构对财务绩效的影响研究[D].拉萨:西藏大学.

第六章 西北五省上市公司财务绩效影响因素研究

常丹,2018.职工薪酬准则变动对企业财务绩效的影响研究[D].长春:长春工业大学.

常寅仲,2010.国内大型钢铁企业规模与绩效的实证研究[J].消费刊(4):78-79.

陈晶璞,苏冠初,李小青,2017.融资约束条件下研发投入对财务绩效的影响:基于医药行业上市公司的经验证据[J].财会月刊(24):12-17.

陈一鸣,龚文斌,贺正楚,2017.汽车制造业上市公司资本结构与财务绩效关系研究[J].经济数学,34(3):14-20.

杜梦茹,2019.企业规模、企业社会责任与财务绩效[J].广西质量监督导报,226(10):34.

杜雯秦,郭淑娟,2021.企业异质性、研发投入与创新绩效:基于GPS的实证研究[J].科技管理研究,41(23):124-132.

高若瑜,贾德铮,2019.关于股权结构对创业板上市公司绩效影响的计量分析[J].价值工程,38(1):68-72.

郭娜红,2016.中国煤炭上市公司经营绩效的影响因素分析[D].石家庄:河北地质大学.

韩兴国,许鑫,2020.财税政策对企业财务绩效的影响研究:基于新能源客车产业链行业上市公司证据[J].会计之友(7):137-144.

韩雪婷,2022.现金持有、研发投入与财务绩效的关系研究:基于软件和信息服务业[J].河北企业,396(7):100-102.

郝云宏,周翼翔,2010.董事会结构、公司治理与绩效:基于动态内生性视角的经验证据[J].中国工业经济(5):110-120.

何海洋,王文娇,2021.股权集中度对企业绩效的影响:基于代理成本的中介效应[J].商讯,242(16):85-87.

何紫荆,赵玉,2021.商业银行财务绩效评价研究:基于熵权-TOPSIS-RSR模型[J].区域金融研究,582(1):73-78.

黑爱月,2022.L房地产上市公司债务融资对财务绩效的影响研究[D].沈阳:沈阳大学.

黄嘉妮,2023.股权集中度和公司战略与财务绩效的关系研究[J].中国市场,1141(6):16-18.

黎精明,胡婷婷,张玮琪,2020.现金持有量、产权属性与财务绩效[J].财会通讯,842(6):38-43.

李光炎,2021.重污染企业创新能力对财务绩效影响的研究[J].现代营销(下旬刊),196(4):144-145.

李海玲,2018.服装制造业资本结构与财务绩效相关性研究[J].北方经贸(9):55-58.

李惠蓉,张飞霞,2020.股权集中度、技术创新与财务绩效的关系研究:基于我国创业板制造业上市公司的经验证据[J].财会研究,533(11):40-46.

李元庆,2019.股权结构对企业财务绩效的影响研究:内部控制的中介效应[D].兰州:甘肃政法学院.

梁可可,李洋,周佩璇,2019.股权结构对财务绩效的影响研究:基于概率投票模型下股权控制度的实证[J].财会通讯,811(11):20-24.

林常青,贾悦,2020.研发投入、高管股权激励与企业绩效研究:基于A股上市企业的实证分析[J].洛阳理工学院学报(社会科学版),35(6):17-25.

刘承枫,赖丹,2017.产业链视角下的我国稀土企业资产结构对财务绩效的影响研究[J].江西理工大学学报,38(4):52-58.

刘建芸,马佳毓,2022.制造业企业资本结构与财务绩效实证分析[J].合作经济与科技,695

(24):108-110.

刘力萌,2021.中国零售业上市企业融资结构和财务绩效的关系[J].投资与创业,32(22):10-12.

刘瑞阳,王玉婕,韩默如,2022.股权结构对企业财务绩效的影响:以水上运输业上市公司为例[J].中国水运(3):11-14.

刘雨萱,2022.互联网上市公司社会责任履行对财务绩效的影响研究[D].景德镇:景德镇陶瓷大学.

娄祝坤,黄妍杰,陈思雨,2019.集团现金分布、治理机制与创新绩效[J].科研管理,40(12):202-212.

陆旸,董忱忱,2021.股权集中度对企业财务绩效的影响研究:基于研发投入和企业社会责任的调节中介效应[J].中国商论(17):151-156.

马慧敏,辛慧慧,史震阳,2019.高新技术企业无形资产与财务绩效相关性研究[J].财会通讯(2):49-53.

满龙龙,2021.上市公司财务指标与股票收益率之间的关系研究[D].贵阳:贵州财经大学.

莫梓钊,2022.研发投入对企业财务绩效影响分析:以G公司为例[J].投资与创业,33(15):170-172.

齐琳子,刘建,2016.中国环保上市公司资本结构对财务绩效影响的实证研究[J].齐鲁师范学院学报,31(6):110-117.

邱冬雪,2021.物流行业资产结构对财务绩效的影响研究:以顺丰控股为例[D].江苏:南京信息工程大学.

邱黎茹,李东昊,2022.半导体行业上市公司股权结构对财务绩效的影响[J].投资与创业,33(11):145-147.

邱玉兴,于溪洋,姚玉莹,2017.管理层激励、R&D投入与企业绩效:基于国有上市公司的实证分析[J].会计之友(12):85-89.

任姿霖,2022.股权结构、企业社会责任与公司财务绩效实证研究[J].今日财富(15):52-54.

石建中,2014.关于企业规模与企业绩效关系的实证研究[J].中国海洋大学学报(社会科学版)(5):85-92.

孙夫祥,2021.基于研发投入的C汽车上市公司财务绩效研究[D].沈阳:沈阳大学.

索成瑞,2021.上市公司股权结构与企业财务绩效[J].商场现代化(22):186-188.

唐文杰,刘愿好,2021.研发投入对企业财务绩效影响的研究:以A公司为例[J].当代会计,124(16):10-12.

田贵兵,马静,2019.资本结构与财务绩效相关性研究:以A股机械、设备、仪表制造业为例[J].价值工程,38(14):189-191.

王丹,彭晨宸,2018.股权集中度、投资者保护与财务绩效:基于国家层面创新型企业的经验证据[J].财会通讯(12):35-40.

王海菲,王法严,2021.国有企业高管薪酬会影响财务绩效吗?[J].国际商务财会(18):6-10.

王华巍,刘亚男,2022.国企混改中股权结构选择与财务绩效研究:以云南白药集团股份有限公司为例[J].哈尔滨学院学报,43(8):58-61.

王璟蓉,2021.融资约束、管理层现金持有偏好与创新绩效:基于A股高新技术企业的实证研究[J].河北企业,380(3):69-70.

王凯,陈卓尔,2020.研发投入、创新产出与经营绩效:基于企业创新产出中介作用的实证研究

[J].江苏商论(9):101-103.

王楠,赵毅,丛继坤,等,2021.科创企业研发投入对企业成长的双门槛效应研究[J].科技管理研究,41(11):131-138.

王茜,张盼,朱家明,2022.环保企业股权集中度、投资效率与财务绩效关系的实证研究[J].哈尔滨师范大学自然科学学报,38(4):51-57.

王卓,郭怡,2019.农民经济合作社无形资产对其财务绩效的影响研究[J].农业经济,382(2):66-68.

温恒,陈思婷,2020.股权集中度、董事会特征对企业价值的影响研究:基于债务融资的调节效果[J].中国商论(15):51-52.

文刚,2020.中国上市商业银行公司治理结构与财务绩效关系的实证研究[J].营销界(34):132-135.

武慧娟,徐瑞红,赵钰萱,2022.电子商务上市公司财务绩效影响因素研究[J].投资与创业,33(6):72-74.

武历倩,2016.公司治理视角下企业财务绩效的影响因素研究[D].鞍山:辽宁科技大学.

肖土盛,孙瑞琦,袁淳,2020.新冠肺炎疫情冲击下企业现金持有的预防价值研究[J].经济管理,42(4):175-191.

徐润国,李政建,2022.区域创新能力差异、营运资金融资策略与企业财务绩效[J].财会通讯,902(18):79-85.

徐述月,2021.内部控制、研发投入对财务绩效的影响研究:基于中国医药制造业的实证分析[J].无锡商业职业技术学院学报,21(1):36-43.

许安娜,2021.股权集中度与企业绩效的相关性研究[J].商业会计(18):74-77.

鄢伟波,邓晓兰,2018.国有企业高管薪酬管制效应研究:对高管四类反应的实证检验[J].经济管理,40(7):56-71.

晏小锋,2021.员工持股计划对企业绩效的影响研究[D].武汉:中南财经政法大学.

杨松令,倪蓝天,刘亭立,等,2021.企业现金持有水平对创新投入的影响研究:基于现金保障天数的实证检验[J].科技促进发展,17(12):2131-2137.

叶陈刚,吴永民,杨晶,2020.上市公司董事会治理、股权集中度与财务绩效[J].商学研究,27(5):14-26.

殷文璐,刘俊,2022.道路运输上市公司资本结构对财务绩效的影响研究[J].中国水运(下半月),22(12):15-17.

岳宇君,孟渺,2021.研发投入、技术积累和大数据企业经营绩效[J].投资研究,40(1):42-55.

张佳丽,田丽娜,2019.轻资产企业资本结构对财务绩效影响的实证研究[J].商业会计(12):47-49.

张婧,曹慧,2021.股权结构与内部控制有效性的案例分析[J].河北工业科技,38(2):97-103.

张珺,2021.公司治理结构、内部控制对财务绩效的影响研究[J].老字号品牌营销(13):143-145.

张力月,2021.新能源企业融资结构与财务绩效关系研究[D].西安:西安石油大学.

张亮,王平,毛道伟,2010.股权集中度、股权制衡度对企业绩效的影响统计[J].统计与决策(7):152-153.

张瑞君,2019.皖江城市带公司治理对财务绩效的影响[J].合作经济与科技(5):110-113.

张晓艺,2022.无形资产质量对企业财务绩效的影响研究[D].济南:济南大学.

张彦明,程泽川,刘铎,2015.石油企业董事会特征与财务绩效实证分析[J].哈尔滨商业大学学报(社会科学版),4:53-60.

张月武,刘斌,2018.企业资产结构对企业绩效影响分析:基于制造业上市公司视角[J].河北企业,352(11):100-101.

张正平,张俊美,王琼,等,2021.微型金融机构的资本结构影响财务绩效吗?:基于全球非平衡面板数据的实证检验[J].武汉金融(4):15-24.

赵飞,于美香,胡治平,2015.管理层激励与企业绩效的相关性研究[J].改革与战略,3:60-62.

赵弘扬,王珊珊,2020.高科技企业CEO两职合一对企业绩效的影响研究[J].企业改革与管理(8):13-14.

赵美辰,2017.国有上市公司监事会监督效果的实证研究[J].商业会计(19):29-31.

周泽将,卢倩楠,雷玲,2021.独立董事薪酬激励抑制了企业违规行为吗?[J].中央财经大学学报(2):102-117.

朱慧,2013.管理层股权激励对企业绩效影响的实证分析:以吉林省上市公司为例[J].全国商情(理论研究),11:20-22.

朱晓丹,黄斯斯,2023.管理层能力、现金持有量对企业财务绩效的影响:基于安徽省上市公司数据实证分析[J].投资与创业,34(4):140-142.

朱宇龙,2022.企业研发投入与财务绩效的关系研究[D].上海:上海外国语大学.

ALBART N, SANTOSA P W, ANDATI T, 2020. Finance & banking studies the controlling role of ownership on financial performance and capital structure in Indonesia[J]. International Journal of Finance & Banking Studies, 9(3):2147-4486.

ALEKSANDRA S S, MARINA A Z, 2017. Which came first, CEO compensation or firm performance: The causality dilemma in European companies[J]. Research in International Business and Finance(12):658-673.

ALTI A, 2003. How sensitive is investment to cash flow when financing is frictionless? [J]. The Journal of Finance, 58(2):707-722.

AZIZ J, LYNN H, KAO M F, 2019. Ownership structure, board of directors and firm performance: Evidence from Taiwan[J]. Corporate Governance, 2(4):112-134.

BARZEL Y, 1989. Economic analysis of property rights[M]. New York: Cambridge University Press.

BERLE A, MEANS G, 1932. The modern corporation and private property[M]. New York: MacMillan.

BULAN S N, 2008. A closer look at dividend omissions: Payout policy, investment and financial flexibility[R]. Boston: Working Paper of Brandeis University.

CHABACHIB M, IRAWAN B P, HERSUGONDO H, et al, 2020. Corporate governance, firm performance and capital structure: Evidence from Indonesia[J]. Research in World Economy, 11(1):48.

CHENDRA E, KUNTJORO A S, 2020. An improved of Hull - White model for valuing Employee Stock Options (ESOs)[J]. Review of Quantitative Finance and Accounting(2):651-669.

CHINEDU E N, OGOCHUKWU O G, 2020. Relationship between environmental accounting disclosures and financial performance of manufacturing firms in Nigeria[J]. International Journal in Management & Social Science,8(2):171-193.

DAVCIK N S, CARDINALI S, SHARMA P, et al,2021 Exploring the role of international R&D activities in the impact of technological and marketing capabilities on SMEs' performance[J]. Journal of Business Research, 128:650-660.

HASLINDAR I, SAMAD M, ABDUL F, et al,2009. Board structure and corporate performance evidence from public-listed family-ownership in Malaysia[J]. Global Review of Business and Economic Research,5(5):185-204.

HEENETIGALA K, 2011. Corporate governance practices and firm performance of listed companies in Sri Lanka[D]. Melbourne:Victoria University Melbourne.

JALELEDDINE B R, IBTISSEM M,2019. Corporate governance and firm performance: The case of Tunisian[J]. Journal of Business & Financial Affairs,8(1):1-7.

KARLINA B,2021. The analysis of financial performance to capital structure[J]. International Journal of Business Studies,5(1):9-17.

LIU M T, WONG I A, TSENG T H, et al,2017. Applying consumer based brand equity in Luxury Hotel Branding[J]. Journal of Business Research, 81:192-202.

MALIK M S, MAKHDOOM D D,2016. Does corporate governance beget firm performance in fortune global 500 companies? [J]. Corporate Governance,16(4):59-68.

MUGISHA H, OMAGWA J, KILIKA J, 2021. Capital structure, market conditions and financial performance of small and medium enterprises in Buganda Region, Uganda[J]. International Journal of Research in Business and Social Science,10(3):276-288.

NANDY M, 2020. Is there any impact of R&D on financial performance? Evidence from Indian pharmaceutical companies[J]. FIIB Business Review, 9(4):319-334.

NOREEN S,2019. Ownership structure and financial performance of Islamic Banks in Pakistan, does bank ownership structure matter? [J]. International Journal of Economics and Finance , 8(8):212-221.

OBEIDAT M I S, ALMOMANI T M, ALMOMANI M A,2021. Analyzing the cash conversion cycle relationship with the financial performance of chemical firms: Evidence from Amman Stock Exchange[J]. Accounting,7(6):1339-1346.

PEKOVIC S, VOGT S, 2020. The fit between corporate social responsibility and corporate governance: The impact on a firm's financial performance[J]. Review of Managerial Science,21(3):199-229.

SANTORE R, TACKIE M,2017. Equity-based incentive contracts and behavior: Experimental evidence[J]. Managerial and Decision Economics,38(8):1194-1200.

SHAHZAD U, LUO F K, PANG T Y, et al,2021. Managerial equity incentives portfolio and the moral hazard of technology investment[J]. Technology Analysis & Strategic Management,33(12):1435-1449.

SURYA B G C, RAVINDRA P B,2019. The effect of corporate governance and ownership structure on financial performance of listed companies in Nepal[J]. Journal of Nepalese

Business Studies,12(1):1-18.

THOMSEN S,PEDERSEN T,2000. Ownership structure and economic performance in the largest European companies[J]. Strategic Management Journal(21):689-705.

TOSUN O K,2020. Changes in corporate governance: Externally dictated vs voluntarily determined[J]. International Review of Financial Analysis,73:159-165.

TRISNI S,BADINGATUS S,WIJANG S,2021. Analysis of factors affecting stocks holding period based on financial performance [C]. Semarang:Proceedings of the 4th International Conference on Economics, Business and Economic Education Science, ICE-BEES 2021.

UENG C J,2015. The analysis of corporate governance policy and corporate financial performance[J]. Journal of Economics and Finance(3):1-10.

WERNERFELT B,MONTGOMERY C A,1988. Tobin's Q and the importance of focus in firm performance[J]. The American Economic Review,78:246-250.

ZHANG X,FENG J,2020. Research on the impact of innovation investment on the performance of Chinese high-tech enterprises-regulatory effect based on debt financing[J]. Journal of Innovation and Social Science Research,7(2):85-89.

第六章 西北五省上市公司财务绩效影响因素研究

附录 6-1 2021 年甘肃省上市公司各因子得分和因子综合得分

公司简称	F_1	F_2	F_3	F_4	F_5	因子综合得分
靖远煤电	−0.31	0.71	0.63	−0.12	−0.09	0.14
上峰水泥	0.97	1.51	−0.35	−0.25	0.07	0.67
亚太实业	−0.53	0.85	0.28	−0.18	0.02	0.05
甘咨询	0.35	0.53	−0.15	−0.24	0.07	0.22
甘肃电投	−0.52	0.09	−0.36	0.38	−0.59	−0.24
兰州黄河	0.84	−1.13	0.12	0.04	−0.28	−0.01
中核钛白	0.37	0.45	0.10	−0.02	−0.16	0.24
华天科技	0.07	0.46	0.09	−0.03	−0.11	0.14
新里程	−3.21	−1.52	1.09	−1.54	1.68	−1.39
佛慈制药	0.29	−0.33	0.04	−0.03	−0.26	−0.01
首航高科	−0.48	−0.19	0.18	0.09	−0.63	−0.26
众兴菌业	0.08	−0.50	0.03	0.26	−0.02	−0.07
庄园牧场	−0.36	0.42	0.08	0.03	−0.38	−0.04
大禹节水	−0.46	0.41	0.42	−0.17	0.10	−0.01
海默科技	−1.15	−0.75	0.34	−0.16	−0.15	−0.60
金刚光伏	−2.05	−0.56	0.58	−0.05	0.06	−0.80
陇神戎发	0.75	−1.50	−0.10	−0.18	0.00	−0.17
亚盛集团	−0.34	0.00	0.13	−0.06	−0.18	−0.13
长城电工	0.86	1.14	−0.01	−2.12	2.72	0.67
酒钢宏兴	−0.56	1.1	−0.08	−0.27	0.82	0.15
敦煌种业	−0.56	0.33	−0.01	−0.13	0.02	−0.13
方大炭素	1.52	−1.38	0.43	0.02	−0.31	0.20
莫高股份	−0.08	−1.88	−0.66	−0.14	0.04	−0.63
祁连山	0.59	0.71	−0.47	−0.30	0.08	0.30
丽尚国潮	−0.55	0.60	−0.18	0.27	−0.56	−0.10
国芳集团	−0.25	0.39	−0.94	0.90	0.19	0.02
蓝科高新	−0.8	−0.68	−0.15	−0.05	−0.14	−0.51
兰石重装	−0.78	0.54	0.35	0.05	−0.23	−0.11
金徽酒	0.56	0.26	−0.61	0.26	0.04	0.22
读者传媒	1.01	−1.08	0.13	−0.21	0.13	0.08

第七章　内蒙古自治区、广西壮族自治区上市公司财务绩效影响因素研究

第一节　内蒙古自治区上市公司财务绩效影响因素研究

一、绪论

(一)研究背景

随着社会经济的快速发展,上市公司在促进区域经济发展和经济结构优化方面发挥了非常重要的作用,上市公司的存在可以有效化解资本市场的风险,进一步提升资源配置能力,从而提升国民经济的整体竞争力。根据中国上市公司协会数据,截至2021年底,内蒙古共有27家上市公司。这些上市公司在股票市场上募集了大量企业运营所需资金,极大地促进了当地经济的发展,对内蒙古地区的区域经济发展起到了极大的推动作用。这些上市公司的业务范围涉及采矿业和制造业,以及水利、环境和公共设施管理业等多个行业,在缓解就业困难、调整社会经济结构、提高政府财政和居民收入等诸多方面也起到了巨大的作用。

随着西部大开发战略的实施,内蒙古迎来发展机遇,内蒙古上市公司也从中受益,取得了快速发展。结合调查研究和分析报告发现,截至2022年1月31日,内蒙古上市公司的数量仅占全国上市公司总量的0.57%,内蒙古上市公司的总市值仅占全国上市公司总市值的0.98%。就目前情况来看,内蒙古上市公司虽然在西部大开发战略的实施下得到了迅速发展,但与全国其他省份上市公司相比,大多数企业仍未摆脱高投入、低产出、低效益的不良局面。针对此问题,本书主要探究影响内蒙古上市公司财务绩效的因素,揭示其影响机理,并提出相应对策及建议,以提高内蒙古上市公司的财务绩效,促进内蒙古上市公司的长远发展。

(二)研究意义

1. 理论意义

目前,关于我国上市公司财务绩效影响因素的研究已经积累了较多的理论成果,但对具体省份进行研究的案例还很少。因此,在前人理论的基础上,本节通过实证分析研究影响内蒙古上市公司财务绩效的因素,为今后具体省份上市公司财务绩效影响因素的研究提供一定的参考。

2. 实践意义

从股权结构、董事会特征、薪酬激励、资本结构和企业规模等方面构建内蒙古上市公司的财务绩效影响因素指标,采用SPSS软件对其进行实证分析,得出影响内蒙古上市公司财务绩效的显著因素并提出合理化的建议,促进内蒙古上市公司财务绩效的提高,为内蒙古上市公司适应生存环境、提高盈利能力提供实践指导。

(三)文献综述

1. 财务绩效影响因素的研究综述

(1)股权结构与财务绩效。Demsetz等(1985)提出股权结构是公司在谋求资源优化过程中形成的一种内生决策结果,股权结构不会对公司的财务绩效产生影响。Sanghoon(2008)的研究结果表明,股权集中度与财务绩效之间存在驼峰形关系,财务绩效在股权集中度的中间水平出现峰值。Ezekiel(2022)以2008—2016年在巴基斯坦证券交易所上市的32家公司为研究对象,发现股权集中度与财务绩效存在显著负相关关系。

安蕾(2021)选取的样本为我国沪深A股的1720家高新技术企业上市公司,得出股权制衡度和股权集中度与财务绩效有正向关系。陆鑫(2022)以我国2014年575家高新技术企业为研究样本,最终得出股权集中度与财务绩效呈显著的倒U形关系。

(2)董事会特征与财务绩效。Alaryan(2017)以非金融公司2011—2016年的数据为研究样本,发现董事会组成、董事会领导结构和董事会规模对提高财务绩效有积极作用,而董事会任期对财务绩效没有重要作用。Assenga等人(2018)的研究发现,董事会规模不会对财务绩效产生显著影响。Chien等(2023)选取2006—2020年52家建筑和房地产上市公司为研究对象,发现董事会规模、女性董事、董事会会议次数、董事会成员学历对财务绩效有正向影响。

陈婷婷(2020)选取的样本为2018年的657家上市公司,得出独立董事比例与财务绩效存在正相关关系,董事会规模与财务绩效存在负相关关系。范文君(2022)选取了2015—2020年167家混合所有制企业进行研究,发现独立董事比例对财务绩效有反向影响。

(3)薪酬激励与财务绩效。Chakraborty等(2009)的研究结果表明,高管薪酬的较高激励可以促进公司财务绩效的提高。Subekti等(2015)选取的样本为303家印尼上市公司,发现高管薪酬对企业财务绩效有正向影响。而Marimuthu等(2019)却得出完全相反的结论,提出高管薪酬对财务绩效有反向影响的结论。

黄万丽(2021)选取的样本为我国2010—2019年79家房地产上市公司,发现高管薪酬对企业财务绩效产生显著的正向影响。张璐(2022)选取的样本为我国2013—2020年340家装备制造业的上市公司,发现完善高管激励机制能够有效提高公司的财务绩效。

(4)资本结构与财务绩效。Hussein(2020)对埃及2012—2016年的168家上市公司进行研究,研究结果表明资本结构与企业财务绩效呈显著负相关关系。Renato等(2023)对2011—2020年尼日利亚五家油气公司进行研究,用长期债务占总资产比重、短期债务占总资产比重和总债务占总股本比重表示资本结构,发现长期债务占总资产比重对财务绩效有负向显著影响,短期债务占总资产比重和总债务占总股本比重对财务绩效有正向不显著影响。

拓惠雯(2021)对我国食品行业的上市公司进行研究,发现资本结构与财务绩效有正向关系。殷文璐等(2022)选用39家道路运输行业上市公司8年数据作为样本,研究结果表明财务绩效随着资产负债率的增加呈先上升后下降的趋势。

(5)企业规模与财务绩效。Sin等(2016)随机选取2009—2013年马来西亚100家上市公司为研究对象,发现企业规模与财务绩效无显著关系。Adriansyah等(2023)选取的样本为23家制造业上市公司,发现企业规模显著影响企业财务绩效。

王聃(2017)选取沪深A股主板市场的97家零售业上市公司进行研究,用总资产对数、固定资产占比和主营业务收入对比表示企业规模,发现总资产对数、固定资产占比和主营业务收入对比与财务绩效均存在显著的正相关关系,这表明扩大企业规模可以提高企业财务绩效。王萍等(1998)提出,我国企业应该优先发展规模经济并不断扩大范围。

(6)其他方面与财务绩效。目前关于上市公司财务绩效影响因素的研究中,大都是围绕着上述五个方面展开的,但也有一些学者从其他角度进行了研究,如 Lonwabo 等(2023)分析2021年南非前40家约翰内斯堡证券交易所(JSE)上市公司首席执行官(CEO)声明中使用的语调对财务绩效的影响,研究结果表明前40家 JSE 上市公司的 CEO 声明语调对财务绩效具有正向影响。Sayed(2023)研究了沙特证券交易所上市企业的可持续性报告与财务绩效之间的关系,结果表明企业财务业绩与可持续性报告之间存在积极的关系,这种积极的关系在统计上并不显著。谢云生(2022)分析了煤炭企业环境绩效对财务绩效的影响,将财务绩效分解为盈利能力与外部市场价值两个维度,发现企业环境绩效的提升不仅会对盈利能力产生正向影响,同时也会促进企业市场价值的提升。

2. 文献述评

综上所述,当前国内外学者对财务绩效影响因素的分析大多都集中于公司内部,重点从股权结构、董事会特征、薪酬激励、资本结构和公司规模等角度展开研究。然而,学者们得出的研究结果却不尽相同,部分结果甚至截然相反,其原因在于样本选取、研究方法,以及不同国家和区域资本市场发展程度的不同。目前较为常见用于衡量企业财务绩效的指标有每股收益、净资产收益率和托宾 Q 值等,因此被解释变量的选择不同也会造成研究结论的巨大差异。基于此,本节选取内蒙古上市公司 2017—2021 年的财务数据,以净资产收益率作为衡量财务绩效的指标,从股权结构、董事会特征、薪酬激励、资本结构和企业规模等企业自身角度分析影响内蒙古上市公司财务绩效的因素,得出有针对性的结论,为今后的相关研究提供一定的参考。

(四)研究目的与方法

1. 研究目的

在现有基础上以内蒙古上市公司为研究对象,通过对搜集的 22 家上市公司(见附录 7-1) 2017—2021 年的面板数据进行分析,找到影响内蒙古上市公司财务绩效的主要因素,并据此有针对性地提出促进内蒙古上市公司财务绩效增长的对策。

2. 研究方法

(1)文献综述法。首先借助知网、维普网等数据库查阅大量国内外专家、学者有关上市公司财务绩效影响因素研究的文献,学习各位专家、学者的研究思路和方法,理解其研究的逻辑,为后续研究提供理论支撑。

(2)实证分析法。运用 Excel 统计软件对选取的内蒙古 22 家上市公司 2017—2021 年的财务数据进行处理,再运用 SPSS 软件进行实证分析,得出影响内蒙古上市公司财务绩效的显著因素,促进内蒙古上市公司财务绩效的提高。

二、相关概念及理论基础

(一)相关概念

1. 财务绩效的概念

从字面上看,绩效可以分为业绩和效率。业绩,通常是指公司取得的利润。效率,是指企业为取得收益而花费的人力、物力和时间资源。因此,绩效是指公司在特定时间里的运营效率与效果的综合,是公司营运目标实现程度的重要衡量标准。

财务绩效是企业战略及其实施和执行为最终的经营业绩作出的贡献。财务绩效可以反映一个企业健康和繁荣的程度。

2. 财务绩效的评价

目前国内外用于评价企业财务绩效的方法主要有以下三种。

(1)EVA评价法。EVA的含义是扣除全部要素成本后公司运营收入的剩余价值。即只有公司的税后净营业利润扣除了投入资本成本(包括股权和债务)仍有剩余的情况下,才能为所有者创造价值。

EVA评价法的计算方法虽然十分简单,但其内容却非常充实,它把"创造价值"的宣传口号转变为企业能够切实体现的财务指标,将资本预算、绩效评估和薪酬计划相结合,将企业的经营策略与企业的发展策略相统一。然而,EVA评价方法也有局限性:首先,企业EVA依赖于收入实现与费用确定的会计管理方式,这可能会造成其他人操纵该数值的可能性;其次,如果EVA过于注重实际成果,则公司很可能会盲目追求EVA的提高,而不愿投入新产品开发工作,这将不利于公司的长远发展。

(2)杜邦分析法。杜邦分析法以净资产收益率为出发点,根据计算方法可以将其拆分为资产净利率和平均权益乘数,然后根据资产净利率的计算方法再进行拆分,直到拆分为不可分解的单独因素。由杜邦分析法所建立的绩效分析和评价指标体系将资产负债表和利润表紧密联系起来,可以整体体现公司的经营绩效和财务状况。

杜邦分析法使用的计算方法相对简单,其分析层次清晰、条理明显,可以轻松获取所需的财务指标数据,有利于财务报表分析人员全面掌握公司的运行状况和获利水平。但杜邦分析法着重于财务指标和短期财务成果评估,这不利于公司创造长期价值。杜邦分析法目前无法很好地解决无形资产评估问题,所以该方法不适用于高新技术行业和高附加值的产业。杜邦分析法是一种静态分析方法,反映了公司过去的业务情况,其存在很大的局限性,无法满足企业财务预测的要求。

(3)多元统计分析法。多元统计分析法是建立在概率论、数理统计学和经济统计学等基础之上的一种综合研究方法,是一种将多个变量间的相关关系进行综合分析的方法。本节主要采用多元统计分析法中的相关性分析和多元线性回归分析方法对选取的指标进行实证分析,为获取的相关研究结论提供有力支持。

(二)基础理论

1. 委托代理理论

委托代理理论是一种关于委托代理关系的理论,也被称为激励理论。委托代理理论起源于美国,是西方经济学中的一个重要分支。在现代西方经济学中,委托代理关系被认为是一切经济活动的基本关系,甚至被认为是经济制度的基础。在现实经济生活中,委托人和代理人之间存在着复杂的利益冲突,其实质就是委托人与代理人之间存在着信息不对称。在这种情形下,委托人就必须构建可以有效激励代理人并对其实施有效监管与约束的机制,以此来减少代理成本,从而达到对公司绩效的优化。

2. 利益相关者理论

利益相关者理论是 20 世纪 80 年代由美国学者弗里曼提出的,并得到了广泛认同的一种关于企业与企业所有者之间关系的理论。弗里曼认为,企业的存在和发展不能仅仅依靠股东这一单一的资本所有者,而应该由各利益相关方共同参与其中,并通过企业的各种活动来实现。在现代市场经济条件下,企业不只是股东所有的一种经济组织,而是一种为满足社会需要而由各种不同利益群体共同参与经营管理的组织。企业活动不仅是股东个人利益追求的过程,也是其他利益相关方利益追求的过程。所以,在企业活动中不能仅仅考虑股东所获得的经济利益,而应该把其他利益相关者的利益也考虑在内,使企业价值最大化。

三、研究设计

(一)研究假设

根据国内外现有的研究成果,本节从股权结构、董事会特征、薪酬激励、资本结构和企业规模等五个方面来分析内蒙古上市公司的财务绩效影响因素,并提出以下假设。

股权制衡度指的是在公司内部,各大股东之间存在的一种制衡关系,这种制衡的目的是为了防止一些大股东利用其对公司的绝对控制或影响力,对公司的重大决策造成不合理的影响。这样不仅能使公司的股份更具有集中性,而且能很好地限制大股东侵害公司的权益,还能起到相互监督的作用。所以,股权制衡度高的股权结构可以提高公司的财务绩效。由此,提出以下假设:

假设 1:股权制衡度正向显著影响公司财务绩效。

在我国,董事会是公司最高权力机构。它以全体股东为决策主体,以维护股东利益为宗旨,通过对公司经营活动的决策和监督,实现公司的经营目标。董事会是在国家法律和政策的规范下,以法人治理结构为基础而建立起来的组织机构,它不仅是股东利益的代言人,也是全体股东意志的执行者。董事会成员较多,可以更好地协调公司中各个利益相关者之间的矛盾,同时还可以促进董事会做出决策。由此,提出以下假设:

假设 2:董事会规模正向显著影响公司财务绩效。

独立董事是指在公司内部治理结构中,独立于公司股东大会、董事会和经理层的外部董事群体,即除公司股东以外,在公司内部享有与其他内部人不同的权利和地位,并对公司的发展方向、经营管理等重大问题做出独立决策的董事群体。独立董事的存在能够使公司做出的决策更加准确和客观,从而提高公司的财务绩效。由此,提出以下假设:

假设 3:独立董事比例正向显著影响公司财务绩效。

从委托-代理角度来看,对管理层的薪酬激励也是一种处理委托-代理问题的有效手段,因为管理层的工作水平和工作热情对公司的生产和运营有着重要的作用,因此,为了使企业的财务绩效能够得到提高,就必须对管理层进行有效的激励,促使其不断地提高自己的工作能力,激发自己的工作热情,增强自己对公司的忠诚度,为公司带来更大的利益,进而提升公司的财务绩效。由此,提出以下假设:

假设 4:前三名高管薪酬正向显著影响公司财务绩效。

基于 MM 理论①和代理成本理论的基本原理,当企业的债务处于某一程度时,可以采取减税措施来降低股权代理费用,但是,如果债务超出这个程度,公司就会面临运营风险,从而引起公司的财务危机。当公司产生了财务风险信号时,银行等金融机构将会行使债权人的权益,减少对公司的注资,对公司的投资进行约束,进而对公司的发展造成负面影响,从而导致公司的财务绩效下降。由此,提出以下假设:

假设 5:资产负债率负向显著影响公司财务绩效。

从总体上看,企业的大小和资金雄厚程度决定了企业的整体实力。当企业经济实力强劲时,企业可以通过扩大生产,实现规模经济,从而降低单个产品的成本,增加其市场份额来提高企业财务绩效。由此,提出以下假设:

假设 6:企业规模正向显著影响公司财务绩效。

(二)样本选择与数据来源

1.样本选择

截至 2021 年底,内蒙古上市公司共有 27 家,剔除 2021 年被冠以*ST 符号的华资实业股份有限公司和财务数据缺失的 4 家公司,最终选取内蒙古 22 家上市公司为研究对象(如表 7-1 所示),选取其 2017—2021 年共 110 个财务数据作为实证研究样本。

表 7-1 选取的样本企业列表

股票代码	企业简称	股票代码	企业简称
000426	兴业矿业	600262	北方股份
000683	远兴能源	600277	亿利洁能
000975	银泰黄金	600295	鄂尔多斯
002128	电投能源	600328	中盐化工
002688	金河生物	600863	内蒙华电
300049	福瑞股份	600887	伊利股份
300239	东宝生物	600967	内蒙一机
300355	蒙草生态	600988	赤峰黄金
600010	包钢股份	601216	君正集团
600111	北方稀土	900936	鄂资B股
600201	生物股份	900948	伊泰B股

2.数据来源

样本数据主要来源于国泰安数据库、东方财富网、巨潮资讯网和搜狐证券等多家数据统计网站,净资产收益率、总资产收益率、董事会规模、独立董事比例、资产负债率、行业属性等数据可直接查阅并使用,股权制衡度、前三名高管薪酬、期末资产总额的对数和上市公司年龄等是通过原始财务指标和公司公告计算得出的。在此运用 Excel 软件进行样本数据的收集与处理,并计算财务数据。

---

① MM 理论是莫迪格利安尼(Modigliani)和米勒(Miller)所建立的公司资本结构与市场价值不相干模型的简称。

(三)变量设计

1. 被解释变量

从企业内部视角出发,结合现有研究成果,本节选择使用净资产收益率(R_2)作为被解释变量来反映内蒙古上市公司的财务绩效,另外选用总资产收益率(R_1)作为衡量企业财务绩效的替代变量,以进行稳健性检验。

2. 解释变量

本节主要选取股权制衡度、董事会规模、独立董事比例、前三名高管薪酬、资产负债率、期末资产总额的对数这六个指标作为回归分析中的解释变量。

3. 控制变量

为了提高实证分析的准确性,需要设置一些控制变量以避免相关变量的影响,本节选取上市公司年龄(A_{ge})和行业属性(C)进行控制。

(1)上市公司年龄。公司的上市年龄越久,表示公司进入市场相关领域越早,有利于形成更多的市场占有率,使公司的"品牌效益"变强,且消费者可能已经对该企业的产品产生了依赖。从供应链的角度考虑,老牌企业和年轻企业相比,通常会建立更加稳定的供应链,使其具有更强的竞争力。上述情况均会影响企业的财务绩效,所以在此将上市公司的年龄作为控制变量。

(2)行业属性。行业属性会对上市公司的财务绩效产生很大的影响。从行业生命周期的角度来看,一个正处于经济成长期的行业与一个正处于经济萧条期的行业,两者在市场增长和获利能力等方面会有很大的不同。同时,各行业所能得到的资本扶持程度不尽相同,这也会对各行业的运作产生一定的影响。因此,为了便于分析,本节将内蒙古上市公司的行业性质大致分成制造业和非制造业两大类。如果样本企业是制造企业,那么$C=1$;如果样本企业不是制造企业,则$C=0$。

本节研究选取的变量如表7-2所示。

表7-2 各变量定义表

变量类型	变量名称	变量名称	变量符号	计算公式
被解释变量	财务绩效	净资产收益率	R_2	净利润/净资产
		总资产收益率	R_1	净资产/总资产
解释变量	股权结构	股权制衡度	X_1	第二至第五大股东持股比例之和与第一大股东持股比例之比
	董事会特征	董事会规模	X_2	董事会的成员人数
		独立董事比例	X_3	独立董事人数/董事会人数
	薪酬激励	前三名高管薪酬	X_4	高管前三名薪酬之和
	资本结构	资产负债率	X_5	总负债/总资产
	企业规模	期末资产总额的对数	X_6	期末资产总额的对数
控制变量	上市公司年龄		A_{ge}	当前年份-上市年份
	行业属性		C	制造业企业取值1,否则0

(四)模型构建

为了研究影响内蒙古上市公司财务绩效的因素,本节建立的多元线性回归模型如下:

$$R_2 = \beta_0 + \beta_1 X_1 + \beta_2 X_2 + \beta_3 X_3 + \beta_4 X_4 + \beta_5 X_5 + \beta_6 X_6 + \beta_7 A_{ge} + \beta_8 C + \varepsilon$$

其中,净资产收益率(R_2)是被解释变量;β_0是截距项;β_i是回归系数,$i=1,2,3,\cdots,8$;X_i是被解释变量,$i=1,2,3,\cdots,6$;ε为随机误差量。

四、实证结果与分析

(一)描述性统计分析

首先使用SPSS软件对选取的变量进行描述性统计分析,以了解数据的整体性情况,结果如表7-3所示。

表7-3 各变量描述性统计分析

变量	最小值	最大值	均值	标准偏差
净资产收益率/%	−3.50	39.10	10.53	8.76
股权制衡度	0.04	2.11	0.67	0.56
董事会规模/人	6	15	9.61	2.13
独立董事比例	0.25	0.63	0.37	0.06
前三名高管薪酬/元	102400	39780342	4452883.06	7017749.23
资产负债率/%	6.73	71.23	45.87	15.83
期末资产总额的对数	11.48	16.52	14.31	1.25
上市公司年龄/年	5	27	17.00	6.02
行业属性	0	1	0.68	0.47

由表7-3可知,110个有效样本公司净资产收益率均值为10.53%,最小值为−3.50%,最大值为39.10%,跨度比较大,表明内蒙古各公司之间的盈利能力差异较大;从股权结构来看,股权制衡度最小值为0.04,最大值为2.11,标准偏差为0.56,说明各公司第二至第五大股东持股比例之和与第一大股东持股比例之比具有一定差异,股权制衡度的程度不同;从董事会特征方面分析,各公司的董事会成员最多为15人,最少为6人,平均9.61人,表明各公司的董事会人数虽有一定的差异性,但均符合我国公司法中关于董事会人数的规定,且独立董事比例的均值为37%,标准偏差为0.06,说明内蒙古各公司的独立董事比例差异不大;薪酬激励方面,前三名高管薪酬的最小值为102400元,最大值为39780342元,标准偏差为7017749.23元,说明内蒙古上市公司的前三名高管薪酬存在一定的差异;资本结构方面,资产负债率最小值为6.73%,最大值为71.23%,标准偏差为15.83%,表明内蒙古上市公司的资本结构之间存在较大差异;公司规模方面,期末资产总额的对数为11.48~16.52,均值为14.31,标准偏差为1.25,说明内蒙古上市公司的公司规模具有一定的差异。

(二)相关性分析

相关性分析能够得出各解释变量与被解释变量之间的相关性程度及相关性方向,研究得出的相关性结果如表7-4所示,其中,** 表示在1%水平上相关性显著,* 表示在5%水平上相关性显著。

表 7-4 相关性分析

变量	净资产收益率	股权制衡度	董事会成员人数	独立董事比例	前三名高管薪酬	资产负债率	期末资产总额的对数	上市公司年龄	行业属性
净资产收益率	1								
股权制衡度	0.044	1							
董事会规模	0.109	-0.143	1						
独立董事比例	-0.167	0.004	-0.401**	1					
前三名高管薪酬	0.459**	0.326**	0.128	-0.065	1				
资产负债率	-0.220**	-0.568**	0.232*	-0.053	0.038	1			
期末资产总额的对数	0.271**	-0.320**	0.414**	-0.048	0.282**	0.537**	1		
上市公司年龄	0.164	-0.106	0.227*	-0.142	0.243*	0.211*	0.492**	1	
行业属性	0.094	-0.032	-0.080	0.315**	0.060	0.010	-0.093	-0.065	1

通过表 7-4 可以看出，独立董事比例与财务绩效具有一定的负相关，但相关关系并不显著；股权制衡度、董事会规模与财务绩效具有一定的正相关，但相关关系也并不显著；前三名高管薪酬和期末资产总额的对数与财务绩效在 1% 的水平上均呈正相关关系，这表明提高管理层薪酬和扩大公司规模均有利于上市公司财务绩效的提升；资产负债率与财务绩效在 1% 的水平上呈负相关关系，这表明当企业的负债比率超过一定范围的负债水平区间时，上市公司的财务绩效会随着负债比例的增加而下降。在控制变量方面，上市公司年龄和行业属性与财务绩效均存在一定的正相关，但相关性并不显著。

相关性分析对相关程度的估计过于粗糙，没有考虑变量之间可能存在的交互作用，因此，为了能够获取更为精准的结论，还必须进行多元线性回归分析。

（三）多元线性回归分析

为了验证股权制衡度、董事会规模、独立董事比例、前三名高管薪酬、资产负债率和期末资产总额的对数这 6 个指标对内蒙古上市公司财务绩效的影响，在此以净资产收益率（R_2）作为被解释变量进行多元线性回归，回归分析结果如表 7-5 至表 7-7 所示。

表 7-5 解释变量回归模型拟合程度及德宾-沃森检验

模型	R	R^2	调整后的 R^2	标准估算的错误	德宾-沃森
1	0.557a	0.310	0.256	7.55284	1.559

一般而言，通过 R 和 R^2 来判断模型的拟合度。由表 7-5 可知，该回归模型的判定系数 R 为 0.557，R^2 为 0.310，调整后的 R^2 为 0.256，说明模型的拟合程度一般；德宾-沃森值为 1.559，在 1.5 至 2.5 之间，说明残值不具有相关性；又因为对企业财务绩效产生影响的因素是多种多样和复杂的，因此本节认为该回归模型的拟合程度是可以接受的。

第七章　内蒙古自治区、广西壮族自治区上市公司财务绩效影响因素研究

表 7-6　回归方差分析表

模型	平方和	自由度	均方	F	显著性
回归	2593.581	8	324.198	5.683	0.000^b
残差	5761.580	101	57.045		
总计	8355.161	109			

从表 7-6 可以了解到，F 值为 5.683，显著性为 0.000，小于 0.01，说明选取的被解释变量与解释变量之间存在明显的线性关系，所选取的解释变量能够诠释被解释变量的情况。

表 7-7　线性回归分析表

变量名称	未标准化系数		标准化系数	t	显著性	共线性统计	
	β	标准错误	β			容差	VIF
（常量）	1.985	11.480		0.173	0.863		
股权制衡度	−2.451	1.762	−0.157	−1.391	0.167	0.534	1.872
董事会规模	−0.446	0.414	−0.108	−1.076	0.284	0.675	1.482
独立董事比例	−35.472	14.635	−0.237	−2.424	0.017	0.715	1.399
前三名高管薪酬	5.436E−07	0.000	0.436	4.387	0.000	0.692	1.445
资产负债率	−0.139	0.063	−0.251	−2.203	0.030	0.526	1.901
期末资产总额的对数	2.168	0.870	0.309	2.491	0.014	0.445	2.249
上市公司年龄	−0.082	0.141	−0.056	−0.582	0.562	0.729	1.371
行业属性	2.924	1.669	0.156	1.752	0.083	0.858	1.166

由表 7-7 可知，解释变量之间的容差最小值为 0.445，大于 0.1，解释变量之间的 VIF 最大值为 2.249，小于 10，说明本节研究的解释变量之间不存在多重共线性。

通过回归结果发现，股权制衡度的显著性为 0.167，大于 0.05，说明股权制衡度没有通过显著性检验，股权制衡度并不能够对被解释变量净资产收益率造成比较重要的影响，所以，对内蒙古上市公司而言，股权结构的相互牵制并不能够对企业的财务绩效造成重要的影响，因此假设 1 不成立。

董事会规模的显著性为 0.284，远远大于 0.05，未通过显著性检验，且 t 值为 −1.067，这表明董事会人数的增加并没有促进企业财务绩效的提高，董事会人数虽然相对较多，但并没有发挥出其实质性的作用，因此假设 2 不成立。

独立董事比例的显著性为 0.017，小于 0.05，通过了显著性检验，但其 t 值为 −2.424，说明独立董事比例与企业财务绩效呈显著负相关。随着独立董事比例的提高，企业的财务绩效反而会降低，因此假设 3 不成立。可见，企业的独立董事并未发挥应有的作用，独立董事的增加仅仅是为了符合国家的相关规定，并非是为了企业本身的发展。

前三名高管薪酬的显著性为 0.000，小于 0.05，且 t 值为 4.387，说明前三名高管薪酬对公司的财务绩效具有明显的促进作用，验证了假设 4，且与相关性结果也一致，表明在内蒙古上市公司中，增加高管薪酬可以有效激励管理层，使其更加勤勉工作，进而有利于公司财务绩效的提升。

资产负债率的显著性为 0.030，小于 0.05，通过了显著性检验，且 t 值为 −2.203，验证了

假设5,且与相关性结果也一致,这意味着内蒙古上市公司的债务比例在一定的负债水平区间内能够有效降低股权融资的代理成本,缓解股东和经理层面的代理冲突,这有利于提高内蒙古上市公司的财务绩效。但是,当债务比例超过一定范围的负债水平区间时,上市公司的财务绩效会随着负债比例的增加而下降。

期末资产总额的对数的显著性为0.014,小于0.05,且t值为2.491,这表明企业规模与被解释变量净资产收益率呈显著的正相关关系,验证了假设6,且与相关性结果也一致,说明增加企业规模可以产生规模效应,从而降低单位生产成本,提高公司的财务绩效。

控制变量方面,上市公司年龄的显著性为0.562,行业属性的显著性为0.083,均大于0.05,这说明上市公司年龄、行业属性并不能对企业财务绩效产生影响。

(四)稳健性检验

为了检验实证分析结果的可靠性,采取替换被解释变量的测算方式进行稳健性检验,将财务绩效净资产收益率(R_2)替换为总资产收益率(R_1),以此来验证模型的稳健性,回归分析结果如表7-8所示。

表7-8 线性回归分析表

变量名称	未标准化系数		标准化系数	t	显著性
	β	标准错误	β		
(常量)	1.966	6.088		0.323	0.747
股权制衡度	-0.863	0.934	-0.102	-0.924	0.358
董事会规模	-0.196	0.220	-0.088	-0.893	0.374
独立董事比例	-16.709	7.761	-0.205	-2.153	0.034
前三名高管薪酬	2.417E-07	0.000	0.357	3.678	0.000
资产负债率	-0.160	0.033	-0.534	-4.804	0.000
期末资产总额的对数	1.319	0.462	0.346	2.858	0.005
上市公司年龄	-0.071	0.075	-0.090	-0.952	0.344
行业属性	1.422	0.885	0.140	1.606	0.111

注:R^2为0.343;调整后R^2为0.290;德宾-沃森值为1.567;F值为6.578,显著性为0.000[b]。

从表7-8可以看出,股权制衡度、董事会规模未通过显著性检验,不会对企业财务绩效产生重要影响。前三名高管薪酬的显著性为0.000,小于0.05,t值为3.678,这表明前三名高管薪酬对公司的财务绩效具有明显的促进作用;资产负债率的显著性为0.000,小于0.05,t值为-4.804,这说明当债务比例超过一定范围的水平区间时,上市公司的财务绩效会随着负债比例的增加而下降;期末资产总额的对数的显著性为0.005,小于0.05,t值为2.858,这表明企业规模的扩大可以促进企业财务绩效的提高;独立董事比例的显著性为0.034,小于0.05,t值为-2.153,这表明独立董事比例与企业财务绩效负相关,假设3不成立;控制变量方面,上市公司年龄、行业属性的显著性均大于0.05,这说明上市公司年龄、行业属性并不能对企业财务绩效产生影响。因此,通过将净资产收益率替换为总资产收益率的检验,发现回归结果与前文一致,表明实证研究结果存在一定的稳定性。

五、结论与建议

(一)研究结论

根据实证分析结果得出以下几点结论,如表 7-9 所示。

表 7-9 研究假设结果归纳

研究假设	实证分析结果
假设 1:股权制衡度正向显著影响公司财务绩效	假设 1 不成立
假设 2:董事会规模正向显著影响公司财务绩效	假设 2 不成立
假设 3:独立董事比例正向显著影响公司财务绩效	假设 3 不成立
假设 4:前三名高管薪酬正向显著影响公司财务绩效	假设 4 成立
假设 5:资产负债率负向显著影响公司财务绩效	假设 5 成立
假设 6:企业规模正向显著影响公司财务绩效	假设 6 成立

(1)股权制衡度与财务绩效没有显著相关性,内蒙古上市公司的前五大股东未能有效地调动其对公司的参与热情,也未能对公司的管理层人员进行有效监管和激励,不能给企业带来更大的绩效。

(2)董事会规模与财务绩效没有显著相关性,内蒙古上市公司的董事会人数虽然相对较多,但并没有对企业绩效起到实质性的作用。

(3)独立董事比例与财务绩效呈显著负相关,这说明了我国独立董事制度的缺陷,独立董事并不是完全独立的,独立董事比例的增加只是为了符合国家的相关规定,而不是为了发展公司本身,企业并没有让独立董事发挥应有的作用。

(4)前三名高管薪酬与财务绩效呈显著正相关关系,这表明适量提高高管薪酬水平可以有效提高企业的财务绩效。

(5)资产负债率与财务绩效呈显著负相关关系,这说明内蒙古上市公司可以通过在一定程度上加强对债务比率的控制来提高企业的财务绩效。

(6)期末资产总额的对数与财务绩效呈显著正相关关系,这说明扩大企业规模,可以提高企业财务绩效。

综上所述,独立董事比例、前三名高管薪酬、企业规模和资产负债率四个指标对内蒙古上市公司的财务绩效具有显著影响,所以为了提高内蒙古上市公司的财务绩效,可以从完善独立董事结构、健全管理者薪酬体系、控制企业规模和优化资本结构等方面提出对策建议。

(二)对策建议

1. 完善独立董事结构

内蒙古上市公司的独立董事制度并不健全,较高的独立董事比例对改善企业财务绩效没有起到作用,反而给企业经营产生了负面影响,因此内蒙古上市公司需要进一步完善独立董事制度。首先,要完善我国上市公司的独立董事选拔和聘任制度,为了避免公司内部人士对独立董事任用和解聘进行操作,应由提名委员会进行人员推荐。其次,在现有公司法的指导下,结合公司实际情况和独立董事的职责,按照独立董事的表现来决定独立董事的报酬,从而对独董事形成有效激励。

2. 健全管理层薪酬体系

实证结果表明,适度提升高管薪酬水平可以有效提高公司的财务绩效水平,因此内蒙古上市公司应加强、改进和监督管理层激励与约束机制,且关于管理层的激励措施,应在企业的短期利益与长期发展之间取得平衡。内蒙古上市公司可以以期权的形式提供管理层的部分薪酬,使管理层人员的收益与企业整体的收益紧密地结合在一起,从而使管理层人员对企业的长远发展有更多的重视。同时,上市公司还可以将管理层的运营绩效与其个人的生涯发展计划有机地联系起来,以激励管理层,激发其工作的热情与创造性。

3. 控制企业规模

实证结果表明,随着公司规模的增加,公司内部更容易实现规模经济,从而降低生产成本并提高公司绩效。因此,内蒙古上市公司应根据实际情况确定与自己相契合的公司规模,充分利用规模经济,提高公司的财务绩效。

4. 优化资本结构

实证结果表明,较高的资产负债率不会促进财务绩效的提高,因此内蒙古上市公司需要重视对资产负债的管理,加强资本控制和提高偿还债务的能力,以此促进企业绩效的提高。具体来说,企业在对其资产和负债进行经营的过程中,要谨慎地选择筹资的方法,对其债务与融资的结构进行科学的规划。同时,为了获取更好的融资机会,企业应该加强资本运作把控,提高资产的利用效率。在此基础上,企业还需要注重对自有资金的管理,提高自有资金在资本运作中的支持能力,促使企业健康发展。

第二节 广西壮族自治区上市公司财务绩效影响因素研究

一、绪论

(一)研究背景与研究意义

1. 研究背景

近年来,广西企业在改革开放的大背景下,逐步走向世界。为使广西上市公司能争夺更大的市场份额和获得更大的经济效益,使其在国内的影响力越来越大,需要对广西上市公司财务绩效的影响要素进行深入的研究。

2. 研究意义

上市公司的财务质量问题已成为影响股票市场健康发展的一个重要因素,对股票市场的研究与监管,都需要对上市公司的财务状况有一个全面的认识。

随着资讯科技的持续进步,资讯的传递速度也愈来愈快,人们在获得了资讯之后,能够更快地进行反应。因此,各个利益相关方对上市公司业绩评价极其重视。同时,市场也会在业绩评价的指引下,快速反应并做出相应的调整,从而促进整个市场健康、有序地发展。

(二)研究内容与研究方法

1. 研究内容

(1)绪论:首先,简要说明了选题的背景和意义,重点强调基于该主题所采用的方法和研究思路。接着,从多个方面详细阐述了研究的主要内容和目标,如问题的提出、研究的重要性、数据来源和分析方法等。并且,选取相应的研究方法,包括文献综述、实证分析等,以探究该主题下的问题,为后面的研究提供严谨可靠的依据。

(2)相关概念与理论基础:综述国内外有关财务绩效评价及公司绩效影响因素的研究理论与成果,并以此来确定研究方法。

(3)财务绩效评价:运用因子分析法,建立上市公司财务绩效评价指标体系,并以广西34家上市公司为例进行实证检验,对其进行总体绩效评价并排名。

(4)实证分析:分析影响广西上市公司财务绩效的相关因素。

(5)研究结论及建议:对研究结果进行总结。

2. 研究方法

(1)文献分析法。通过查找相关文献并进行研究,在前人的基础上进行相关探索。

(2)实证分析法。通过对34个企业的会计资料进行实证分析,采用因素分析的方法,构建了企业绩效考核的指标体系。之后,从公司治理、资本结构、董事会特征等方面,对公司绩效的影响因素展开了一系列的线性回归,并对其进行了分析和评价。

(三)国内外关于公司绩效影响因素的研究

企业经营绩效与国家政策、经济状况和行业环境等客观条件有关,与企业的股权结构和资本结构等主观条件有关。长期以来,国内外学者从多个角度,对公司绩效影响因素进行了大量的调研,在此从公司治理、资本结构两个方面进行综述。

1. 公司治理与企业绩效

1996年,罗伯特·J.拉纳(Robert J. Larner)指出,公司治理是指为保护股东利益而采取的措施。简单来说,公司治理就是确保公司能够以合理、公正的方式运作,保护投资者的利益。Giannetti教授(2017)认为,在一些公司治理结构较弱的国家,股东权力较大的公司更倾向于使用与股东利益相关的激励机制,并实现更好的财务绩效。这主要得益于具有相对较大股东权力的股东能够更有效地控制公司管理层的行为并制定更优化的激励政策。Khalifa等(2015)发现,企业负债水平和流动性在一定程度上会影响公司股权回报。具体来说,企业负债水平和流动性对股权回报的影响,在不同的公司类型(如大型企业和小型企业)和不同的经济体系(如发达国家和发展中国家)中是不同的。科斯提出,在一定程度上,公司代理和客户的冲突,可以用一定的机制加以制约,以提高公司的营运绩效。

许小年等(1997)进行了一项研究,实证结果表明,这些公司的股权集中度与绩效之间正相关,也就是说,公司股权归属集中的情况下,公司的绩效会更好。陈小悦等(2001)的研究采用了实证分析的方法,通过收集和分析大量的公司数据,进一步探究股东类型、公司规模对股权结构的影响,可以为上市公司股权管理提供更加科学和有效的依据,从而提高公司治理水平和市场竞争力。

刘运国等于2007年开展了一项重要的研究,旨在探讨股权制衡对企业绩效的影响。研究结果表明,相对于股权分散的公司,股权结构平衡的公司拥有更好的企业绩效。这可能是由于股权结构平衡可以减少内部利益冲突,引导企业高效运转和长远规划。此外,研究也发现,公司规模和资产负债比率等因素对企业绩效也有着重要的影响。总体而言,这项研究为我们深入理解股权结构管理的关键性质,以及如何科学合理地进行股权设计提供了有益的启示。尹飘扬(2011)的研究结果表明,第一大股东持股比例与公司绩效呈现正相关关系,这一结论对于投资者和企业管理者在制定治理策略、选择股东合作伙伴等方面具有现实参考意义。为了深入探究高管薪酬对企业业绩的影响,林浚清等学者(2003)进行了一项研究,研究表明,高管薪酬与企业业绩之间存在着显著的正相关性,即高管薪酬的提高会刺激经理人更加积极地投入工作中,从而提高了企业的经营业绩。这一研究结果表明,高管薪酬不仅是一种利益的体现,更是一种有效的激励手段,可以帮助企业吸引和留住具有经验和能力的高级管理人员,为企业的长远发展提供有力支持。这一结果表明,在公司治理中合理制定和实施高管薪酬政策,对增强企业的生产经营能力和提高市场竞争力具有重要的作用。

陈德萍等(2011)利用面板数据进行了分析,结果表明,在中小企业板块中,股权制衡在公司治理中有着非常重要的地位,它是保障股东权益,促进企业稳定发展的关键之一。研究发现,股权制衡程度的提高对企业业绩有着积极的作用,这表明优化公司治理结构、提高股权制衡程度可以促进企业发展并提高企业竞争力。同时,随着股权制衡程度的提高,企业也能更好地应对外部环境,维护自身利益,增强市场竞争力,且企业的价值也会随之提高。

2. 资本结构与企业绩效

(1)资本结构与企业绩效负相关。企业的资本结构是影响企业获利能力的一个关键因素,这一问题引起了学者们的广泛关注。陆正飞等(1998)的研究表明,获利能力与资本结构之间呈现出明显的负相关关系。这意味着,过高的资本结构可能会对企业的盈利能力产生负面影响,导致利润减少、财务成本增加等问题。这可能是由于企业在资本结构调整过程中经营不善或融资不当所致。这项研究为我们了解企业财务管理的关键问题提供了重要的参考,并提示企业在制定资本结构政策时需要慎重考虑各种因素的影响。

(2)资本结构与企业绩效正相关。企业的负债率通常被认为是影响企业经营状况及经济状况的一个重要因素。王娟等(1998)的研究旨在探究负债率与盈利能力之间是否存在关联,研究发现,企业的负债率与盈利能力之间存在着显著的正相关关系。这意味着,随着负债率的增加,企业的盈利能力也会相应提高,但是要注意的是,过高的负债率会给企业带来财务风险,如股权争夺、债务违约等问题,从而影响企业的盈利能力。这一结论对于企业财务管理具有重要的借鉴意义,也为投资者在选择投资对象时提供了有益的参考。

王凤(2007)对旅游类上市公司的资本结构与企业绩效进行了深入的探究,经过对大量数据的归纳、整理和分析,研究结论显示,资本结构与企业绩效之间存在着显著的正相关关系。此发现提示旅游企业可以通过合理的资本结构设计来提高企业绩效,提高企业竞争力。这一结果表明,合理安排资本结构是提高企业绩效的重要因素之一,可以帮助企业更好地把握市场机遇,增强企业的竞争力。然而,需要注意的是,资本结构的调整需要考虑企业的具体情况和发展目标,不能简单追求融资规模的扩大而忽略对企业财务风险的管理。

二、相关概念与理论基础

(一)相关概念

1. 财务绩效概念

财务绩效是指一个企业或组织在财务方面取得的成就和表现。财务绩效是评估企业健康程度的一个关键指标,它可以反映企业的财务状况和运营状况。对于企业管理者来说,了解公司的财务绩效对于制定合适的经营策略和决策非常重要。通过对企业的财务数据进行分析,可以确定公司的盈利能力、财务稳定性和偿债能力等重要指标,为企业制定长远发展规划提供参考和决策依据,从而使企业做出更明智的投资决策。

2. 公司治理概念

当代市场经济条件下,由于信息不对称、代理问题等各种原因,导致企业内部利益冲突和风险产生。为了保障各方共同利益,确保企业稳健发展,企业需要建立一套科学健全的内部规则和机制,这就是公司治理的核心概念。这些规则和机制包括权力与责任、风险与监督、信息与披露、激励与制约等方面的制度和流程,目的在于提高企业内部透明度、责任感、安全性和经营效率。

具体而言,公司治理的要素包括股东权益、董事会、高级管理层、监事会、内部控制与审计、股东大会等,这些要素之间相互制约、相互协作,确保企业内部权力结构稳定、信息公开透明、监督机制完善,并对企业所有方面的利益、权益统筹协调。诚实守信、合法合规、依法治理等成了公司治理的应有之义。

(二)基本理论

1. 利益相关者理论

利益相关者理论也是企业治理领域的重要理论之一,强调企业在决策和经营活动中需要考虑所有利益相关者的利益,而非只关注股东的利益。此理论的核心思想是企业不仅仅是为了给股东赚取利润,要考虑与其有关系的各个利益相关者,如员工、客户、供应商、社会公众等,对他们的利益也应有所关注。

2. 委托代理理论

委托代理理论主要讨论的是代理人与所有者之间的关系及其博弈行为,以及如何通过监督和制度设计来减少代理成本和代理风险,保障企业股东的利益。在实践中,相关理论的运用不仅应引入有效监督和约束机制,更应注重制度设计的完善和创新,以提高代理人的责任心和积极性,促进企业长期稳健发展。

三、广西上市公司财务绩效评价

(一)样本选择与数据来源

1. 样本选择

截至2021年12月,沪、深两市共有35家广西上市公司,考虑到数据要具有一定的可比性和可获取性,因此本节排除了一些具有特殊财务特征的ST企业;最后,选择2017—2021年的

34个上市公司作为研究样本。

2. 数据来源

所用到的数据集来自锐思数据库、巨潮资讯网站。

(二)评价指标的选择

本节构建了一个综合评价企业绩效的指标体系。该体系涵盖了企业盈利能力、营运能力、偿债能力、发展能力等4个维度,综合考虑多个因素来全面评价企业的整体表现。为了确保评价结果的准确性和可靠性,本节研究遵循重要性、有效性、可取性以及可比性等原则来设计和选择指标。该评价体系包含了8个评价指标,分别是净利润率、资产报酬率、净资产增长率、流动资产周转率、总资产周转率、流动比率、速动比率、营业收入增长率。这一评价体系可以帮助企业全面了解自身的经营状况和发展潜力,为企业科学制定经营决策提供有力的支持。评价指标如表7-10所示。

表7-10 评价指标

类型	指标名称	计算公式
盈利能力	净利润率	净利润/主营业务收入
	资产报酬率	税前利润/资产平均总额
	净资产增长率	(期末净资产-期初净资产)/期初净资产
营运能力	流动资产周转率	主营业务收入净额/平均流动资产总额
	总资产周转率	销售收入/总资产
偿债能力	流动比率	流动资产/流动负债
	速动比率	速动资产/流动负债
发展能力	营业收入增长率	营业收入增长额/上年营业收入总额

(三)因子分析

本节研究以广西34个上市公司2017—2021年度的会计报表为例,对其盈利能力、营运能力、偿债能力和发展能力进行了实证研究。

1. 指标的预处理

本节选取8个指标进行企业健康度评价,需注意的是,除了流动比率和速动比率以外,其余均为正向指标,因此需要对流动比率和速动比率进行标准化处理,使得数据具有可比性。本节采用了Z-score正交标准化法,该方法可以对多个指标进行标准化处理,消除指标之间的相关性,得到相对独立的评分指标。标准化处理的公式如下:

$$Y_{ab} = (X_{ab} - \mu_b)/\sigma_{ab}$$

其中,X_{ab}指原始数据;Y_{ab}指经过标准化后的数据;μ_b指各项指标平均值;σ_{ab}指各项指标方差。

2. 因子分析适度性检验

为了验证选取的样本资料能否用于因子分析,本节采用Bartlett球形及KMO两种方法对样本资料进行了统计分析,表7-11中列出了测试的结果。

第七章 内蒙古自治区、广西壮族自治区上市公司财务绩效影响因素研究

表 7-11 KMO 和 Bartlett 球形检验

KMO 取样适切性量数		0.508
Bartlett 球形检验	近似卡方	1078.515
	自由度	28
	显著性	0.000

通过以上的分析可以发现,用来进行因素分析的 KMO 值是 0.508,这说明选择的样本资料是可以进行因素分析的。另外,Bartlett 球形检验的近似卡方值是 1078.515,自由度是 28,检验的 P 值是 0.000,小于 0.05,说明样本资料是有一定相关性的,可以用来进行因素分析。

3. 提取公因子

本节运用主成分分析法,求出各公共因素的特征值对各公共因素的贡献率及累计贡献率。在提取公共因子时,采用 2017—2021 年上市公司财务数据说明因子分析法在全体上市公司财务绩效评价综合得分中的应用。本节共提取 4 个公共因子,累计方差贡献率达到 86.671%,具体如表 7-12 所示,即这 4 个因子一共反映了原来 8 个财务指标的 86.671% 的信息,因此用这 4 个因子来评价上市公司 2017—2021 年财务绩效水平是完全可行的。根据各因子得分,进一步计算 2017—2021 年各上市公司综合得分。

表 7-12 因子分析总方差解释

成分	初始特征值			提取载荷平方和		
	总计	方差百分比/%	累计/%	总计	方差百分比/%	累计/%
1	2.273	28.416	28.416	2.273	28.416	28.416
2	2.154	26.928	55.345	2.154	26.928	55.345
3	1.523	19.040	74.385	1.523	19.040	74.385
4	0.983	12.286	86.671	0.983	12.286	86.671
5	0.796	9.951	96.622			
6	0.188	2.346	98.968			
7	0.060	0.751	99.719			
8	0.022	0.281	100.000			

表 7-13 是因子载荷矩阵,反映了各指标在 4 个主因子上的载荷情况。

表 7-13 因子载荷矩阵

评价指标	成分			
	1	2	3	4
资产报酬率	0.836	0.030	−0.498	−0.074
净利润率	0.815	0.054	−0.524	−0.127
营业收入增长率	0.483	−0.169	0.243	−0.253
流动比率	0.270	0.903	0.310	0.041

续表

评价指标	成分			
	1	2	3	4
速动比率	0.240	0.901	0.325	0.054
流动资产周转率	0.445	−0.646	0.466	0.110
总资产周转率	0.567	−0.277	0.692	0.104
净资产增长率	0.167	−0.020	−0.210	0.932

4. 公因子命名

在因素抽取过程中，由于所抽取的初始因素不能很好地说明因素，所以需要将载荷矩阵进行轮换。为了更好地解释这些因素，在此使用了最大方差正交轮换，并在轮换中保持各个因素垂直交叉，使得各个因素的荷载值尽量接近+1、−1或0。旋转后的因子载荷矩阵如表7-14所示。

表7-14 旋转后的因子载荷矩阵

评价指标	成分			
	1	2	3	4
流动比率	0.991	0.062	−0.024	−0.007
速动比率	0.988	0.026	−0.029	0.001
净利润率	0.044	0.975	0.063	0.031
资产报酬率	0.039	0.966	0.107	0.082
总资产周转率	0.145	0.004	0.929	0.052
流动资产周转率	−0.297	0.025	0.865	0.091
营业收入增长率	0.037	0.270	0.503	−0.239
净资产增长率	0.000	0.099	0.002	0.965

从表7-14可得，在因子1中，流动比率和速动比率的分值最大，反映了企业的偿债能力，因此可将其定义为偿债因素。在因素2中，净利润率和资产报酬率的分值均较高，故可将因素2界定为盈利因素。在因子3中，总资产周转率和流动资产周转率的分值比较高，所以可以确定为企业的营运因素。在因子4中，净资产增长率分值最大，故可将其视为发展因素。

5. 因子得分模型

公司的经营状况是企业管理者及投资者关注的重要指标。本节将企业健康度评价主要因素分为企业偿债、盈利、营运和发展四个方面，分别设定为F_1、F_2、F_3和F_4。为了全面客观地评价企业的健康程度，在此选取8个指标，分别为资产报酬率X_1，净利润率X_2，流动比率X_3，速动比率X_4，营业收入增长率X_5，净资产增长率X_6，流动资产周转率X_7，总资产周转率X_8。具体见表7-15。

表 7-15　因子得分系数矩阵

指标	成分			
	1	2	3	4
资产报酬率	−0.024	0.496	−0.031	0.011
净利润率	−0.025	0.509	−0.056	−0.041
流动比率	0.482	−0.016	0.028	0.009
速动比率	0.482	−0.034	0.028	0.019
营业收入增长率	0.023	0.112	0.253	−0.257
净资产增长率	0.015	−0.020	−0.005	0.961
流动资产周转率	−0.104	−0.060	0.461	0.087
总资产周转率	0.116	−0.098	0.519	0.059

综上,可以得出上市公司的综合绩效评价公式:

综合绩效 $F = (28.416F_1 + 26.928F_2 + 19.040F_3 + 12.286F_4)/86.671$

6. 2017—2021 年上市公司财务绩效评价综合得分

为更加全面地评价广西上市公司的财务绩效水平,需要对 33 家上市公司 2017—2021 年每年样本公司的综合得分进行加权计算,形成总得分。在计算总得分的过程中,按照年份越近权重越高,年份越远权重越低的原则,采取权重逐年递增的方式进行加权。在此,对于 2017 年得分赋予 8% 的权重值,对于 2018 年得分赋予 12% 的权重值,对于 2019 年得分赋予 15% 的权重值,对于 2020 年得分赋予 20% 的权重值,对于 2021 年得分赋予 45% 的权重值,所有权重值之和为 100%。最终得到的总得分能够更加准确地反映出广西上市公司财务绩效的整体水平,计算总得分的公式如下:

$F_{总} = 8\% \times F_{2017} + 12\% \times F_{2018} + 15\% \times F_{2019} + 20\% \times F_{2020} + 45\% \times F_{2021}$

各因子得分和综合评价得分见表 7-16。

表 7-16　各公司综合绩效得分排名

公司名称	F_{2021}	F_{2020}	F_{2019}	F_{2018}	F_{2017}	$F_{总}$	排名
北海国发川山生物股份有限公司	1.29	−0.14	−0.19	0.33	1.23	0.66	1
南宁百货大楼股份有限公司	1.53	−1.20	0.66	0.58	−0.07	0.61	2
天下秀数字科技(集团)股份有限公司	0.29	0.67	0.55	1.00	1.20	0.56	3
南宁化工股份有限公司	−0.06	0.78	0.96	0.82	−0.43	0.34	4
柳州钢铁股份有限公司	−0.13	0.81	0.83	0.67	0.36	0.34	5
广西五洲交通股份有限公司	0.75	−0.02	−0.04	−0.16	−0.17	0.29	6
阳光新业地产股份有限公司	0.69	0.46	−0.53	−0.31	0.00	0.29	7
广西丰林木业集团股份有限公司	0.20	−0.02	−0.06	0.23	1.28	0.21	8
南方黑芝麻集团股份有限公司	0.43	−0.08	0.07	−0.05	−0.05	0.18	9
桂林莱茵生物科技股份有限公司	0.51	−0.06	−0.11	−0.26	−0.37	0.14	10

续表

公司名称	F_{2021}	F_{2020}	F_{2019}	F_{2018}	F_{2017}	$F_{总}$	排名
广西柳药集团股份有限公司	−0.10	0.45	0.41	0.16	0.18	0.14	11
广西桂东电力股份有限公司	−0.15	0.27	0.97	−0.07	−0.23	0.11	12
安徽江南化工股份有限公司	0.17	0.00	0.03	0.05	0.24	0.11	13
广西柳工机械股份有限公司	0.01	0.28	−0.03	0.00	−0.04	0.05	14
广西绿城水务股份有限公司	0.25	−0.10	−0.12	−0.15	−0.29	0.03	15
广西梧州中恒集团股份有限公司	−0.19	−0.01	−0.05	0.40	0.52	0.00	16
广西桂冠电力股份有限公司	0.04	0.10	−0.02	−0.15	−0.34	−0.01	17
皇氏集团股份有限公司	0.06	−0.25	−0.06	−0.08	−0.21	−0.06	18
百洋产业投资集团股份有限公司	−0.07	0.07	−0.28	0.00	−0.04	−0.06	19
北部湾港股份有限公司	−0.45	0.10	0.77	−0.02	−0.29	−0.09	20
桂林三金药业股份有限公司	−0.50	0.09	−0.18	0.53	0.92	−0.10	21
柳州化工股份有限公司	0.32	−0.30	−1.82	0.58	−0.05	−0.12	22
广西粤桂广业控股股份有限公司	−0.56	0.13	0.19	0.22	0.53	−0.13	23
莱茵达体育发展股份有限公司	0.22	−0.54	−0.67	−0.31	−0.23	−0.16	24
桂林福达股份有限公司	−0.38	0.18	−0.10	−0.14	−0.14	−0.18	25
南宁糖业股份有限公司	−0.48	0.81	0.11	−0.90	−0.61	−0.20	26
广西河池化工股份有限公司	−0.46	0.77	−0.38	−0.44	−0.51	−0.21	27
恒逸石化股份有限公司	−0.79	0.35	0.21	0.27	0.09	−0.21	28
广西博世科环保科技股份有限公司	−0.78	0.04	0.03	0.03	−0.21	−0.35	29
新智认知数字科技股份有限公司	−0.55	−0.47	−0.15	−0.06	−0.03	−0.37	30
柳州两面针股份有限公司	−0.31	−0.19	−0.72	−0.25	−0.89	−0.39	31
广西东方智造科技股份有限公司	−0.01	−1.20	0.22	−1.94	−0.53	−0.49	32
桂林旅游股份有限公司	−0.32	−1.39	−0.21	−0.29	−0.43	−0.52	33
广西广播电视信息网络股份有限公司	−0.78	−0.36	−0.26	−0.28	−0.41	−0.53	34

四、广西上市公司财务绩效影响因素实证分析

广西上市公司财务绩效受多种因素的影响,包括内在和外在两个方面,如公司治理、资本结构、企业规模等。

(一)变量选取与数据说明

1. 被解释变量选取

在对业绩进行测量时,很多学者都会使用净资产增长率,或是经济增加值(EVA)。选择公司的综合业绩评分来测量公司的业绩,所以公司的综合业绩评分就是因变量。

2. 解释变量选取

公司治理是现代企业制度的重要组成部分,它涉及企业内部各种机制的建立和运用,目的

是最大化公司的利益。在公司治理的内部机制中,股权结构是指公司内部股东的分布情况和股权比例等因素;董事会帮助企业制定战略和方向;高管薪酬则是激励企业管理层创造更高的经济利润和行为合规的一种手段。因此,合理的公司治理内部机制建设不仅有助于企业的发展,也能够增加企业的市场竞争力和投资吸引力。所选指标见表7-17。

表7-17 公司治理解释变量

类别	名称	变量
股权结构	前一大股东持股比例	X_1
	前十大股东持股比例	X_2
高管薪酬	前三名高管薪酬	X_3
董事会特征	独立董事比例	X_4

资本结构方面,所选指标如表7-18所示。

表7-18 资本结构解释变量

类别	名称	变量
资本结构	资产负债率	X_5

3. 数据说明

以广西34个上市公司为对象,采用Excel对其2017—2021年的会计数据进行处理,并利用SPSS对所得会计数据进行多变量回归分析。广西上市公司的会计资料以锐思资料库、中信证券在线交易软件及巨潮资讯网公布的年度报告为主。

(二) 研究假设

根据国内外已有的研究成果,结合广西上市公司财务绩效实际情况,提出以下假设。

1. 股权集中度正向显著影响企业财务绩效

本研究以股东持股比率作为衡量指标。在股权分散化条件下,个体股东因其较高的监督成本,导致了对经营者的有效监督不足。而管理者则可能利用自己拥有的控制权,以牺牲股东利益和公司长期发展利益为代价,来获取自己的利益。因此,假设股权集中度正向显著影响企业财务绩效。

2. 独立董事比例正向显著影响企业财务绩效

研究表明,独立董事比例的提高能够有效减少公司经营风险,提高公司股东回报率。因此,保持合适的独立董事比例可以有效提高公司的运营效率和市场形象,从而获得更多的投资者和业务机会。

3. 高管薪酬正向显著影响企业财务绩效

薪金奖励是一个很好的鼓励方法。增加经理人员的报酬,既能激励经理人员的工作热情,又能降低经理人员的非理性行为,对公司的经营业绩起到了促进作用。研究结果表明,公司管理层的报酬与公司的股份比率与公司的经营业绩呈正向关系。

4. 资产负债率负向显著影响企业财务绩效

负债状况是公司资金结构中一个非常关键的组成部分,它直接关系到公司的经营业绩。

当一个公司出现财务危机的迹象时,银行和其他金融机构就会利用自己的债权人权利,降低对公司的资本投入,并对公司进行约束,这会使公司的发展受到阻碍,业绩下降。因此认为,资产负债率负向显著影响企业财务绩效。

(三)计量模型的设定

选择多元回归分析法,以此来对各个影响因素与公司财务绩效之间的关联进行经验验证,本节构建了以下的多重线性回归模型:

$$Y = \beta_0 + \beta_1 X_1 + \beta_2 X_2 + \beta_3 X_3 + \beta_4 X_4 + \beta_5 X_5 + \varepsilon$$

其中,Y 是指整体表现分数;$X_i(i=1,2,\cdots,5)$ 表示的是对财务绩效有显著影响的因素;$\beta_i(i=1,2,\cdots,5)$ 表示的是回归系数;ε 表示的是随机变量。

(四)回归分析

1. 拟合优度检验

通常,由判断因子 R 和 R^2 值来描述该方法的适用性。由表 7-19 可知,本次回归模型的判断因子 R 为 0.5849,R^2 为 0.342,调整后的 R^2 为 0.277。考虑到影响公司财务绩效的各种因素都比较复杂,因此得出结论,该方法的适用性较好。德宾-沃森值为 1.918,接近 2,表明两个样本之间没有明显的相关性,回归方程的拟合效果很好。

表 7-19 绩效影响因素回归模型拟合度

模型	R	R^2	调整后的 R^2	德宾-沃森值
	0.5849	0.342	0.277	1.918

2. 方程总体线性显著性检验

方程的拟合程度愈高,说明自变量对因变量的解释就愈高。从表 7-20 中可以看出,因变量和自变量之间有很强的线性关系。

表 7-20 绩效影响因素的显著性检验

模型	平方和	自由度	均方	F	显著性
回归	918.467	8	117.907	5.234	0.000
残差	1689.249	82	21.945		
合计	2698.458	88			

由表 7-20 可以看出,F 值对应的显著性小于 0.01,这意味着各变量间存在着明显的线性相关,并且所形成的线性回归公式的可用性和显著性都比较高,因此,所选的每个变量都是可靠的,可以很好地解释影响因素。

3. 回归结果分析

使用 SPSS 软件对相关数据进行分析,研究解释变量对被解释变量的影响程度,分析结果如表 7-21 所示。

第七章 内蒙古自治区、广西壮族自治区上市公司财务绩效影响因素研究

表 7-21 绩效影响因素回归分析结果

解释变量	非标准化系数 β	非标准化系数 标准误差	标准系数 β	t	显著性
(常量)	48.805	13.036		−3.755	0.000***
第一大股东持股比例	0.074	0.012	−0.153	1.751	0.083*
前十大股东持股比例	0.092	0.045	0.278	2.081	0.045**
独立董事比例	−0.179	0.012	0.439	2.536	−0.017*
高管薪酬	1.603	0.854	0.254	1.922	0.052*
资产负债率	−0.031	0.029	0.123	−1.126	−0.294

注：* 代表10%水平显著，** 代表5%水平显著，*** 代表1%水平显著。

从表 7-21 的回归结果可以看出，第一大股东持股比例对财务绩效的影响因子在10%的水平上显著，前十大股东持股比例对财务绩效的影响因子在5%的水平上显著。另外，评价董事会特征的独立董事比例和高管薪酬对公司财务绩效的影响因子均在1%的水平上显著，但资产负债率没有通过显著性检验。

（五）回归结果

（1）在所有权的构成上，股东持股比例较多的公司，其对公司治理的重视程度较高，可以看出，股权集中化对公司财务绩效的改善是有益的。

（2）就董事会特征而言，上市公司的独立董事在公司治理中扮演着至关重要的角色，他们可以提供专业的意见和建议，帮助公司制定更准确、更符合实际情况的战略和决策。然而，研究表明，我国上市公司中的独立董事所占比例与公司财务绩效之间存在着显著的负相关关系。这意味着，随着独立董事所占比例的提高，公司的经营业绩反而有可能出现下降。这种现象的出现可能是因为独立董事在实际履职中存在着不同程度的问题，如存在利益关系、过度服从等问题，导致了对公司决策的干扰。因此，上市公司需要引入更加有效的公司治理机制，加强对独立董事的监督和管理，确保其能够发挥应有的作用，提高公司治理水平和经营绩效。

（3）从管理者的报酬来看，管理者的报酬与企业财务绩效之间存在着显著的正相关，结果符合本节的研究假设。此外，在本次研究中，高管薪酬回归系数值是最高的，说明它对公司业绩有很大的影响。

（4）在资本结构方面，资产负债率与企业财务绩效的相关性不明显，这说明资产负债率较高对公司业绩是不利的。

五、研究结论及建议

本节选取广西34家上市公司2017—2021年年报数据作为样本，采用因子分析法，对其盈利、运营、发展、偿债能力四个方面进行实证研究，对各企业财务绩效进行综合评价与排序。同时，选择股权结构、董事会性质、资本结构等作为解释变量，运用多元回归方法，对影响上市公司财务绩效的因素进行分析。

(一)研究结论

1. 股权结构正向显著影响公司财务绩效

选取第一大和前十大股东持股比例作为对公司财务绩效的度量指标,结果显示,股权结构正向显著影响公司财务绩效。

2. 独立董事比例负向显著影响公司财务绩效

独立董事在公司治理中扮演着重要角色,其独立性、专业性和公正性对于保障公司利益、防范内部交易、维护股东权益等具有至关重要的作用,被视为公司治理的重要组成部分。然而,研究发现,独立董事与公司财务绩效之间存在明显的负相关关系。其主要原因在于,过多的独立董事可能会对公司决策产生干扰,影响经营管理的效率,从而导致企业业绩下滑。

3. 高管薪酬正向显著影响公司财务绩效

高管属于企业的重要管理者。通过回归分析,发现高管报酬和高管股权与企业财务绩效之间呈现正相关关系,即高管获得更高的报酬和更多的股权会促使其更加积极地工作和经营,从而促进企业财务绩效的增长。

4. 资产负债率对公司财务绩效影响不显著

资产负债率是衡量企业财务风险的一项重要指标。研究表明,在我国上市公司中,资产负债率与公司财务绩效之间呈显著的负相关关系。高资产负债率可能会带来较高的利息负担和财务成本,影响企业的投资和发展;同时,也增加了企业的财务风险和经营风险,导致企业面临着更加严峻的竞争和市场压力。因此,上市公司应该注重优化负债结构,加强资产管理和财务控制,保持财务健康,同时注重长远规划和战略调整,从而提高企业的运营效率和盈利能力。

(二)建议

(1)注重公司股权结构,适度集中股份。当公司股份适度集中时,对公司业绩的提高是有利的。所以,对于那些业绩表现不好的公司,可以对其股份进行优化,并将股份适度集中。

(2)健全独立董事制度,加强对独立董事的监管。在选择独立董事时,企业应该充分考虑个人素质、经验和能力等因素,避免选择数量过多或者能力不足的独立董事,保持合理的独立董事比例,以提高公司决策的科学性、准确性和有效性。此外,企业应该注重独立董事与其他董事的沟通与协调,推进公司内部治理,加强对独立董事的选拔和管控,强化其独立性和专业性,使其能够更好地履行职责,从而建立稳定的决策机制和合理的权力分配制度,为公司的长期发展和持续稳定的经营提供坚实保障。

(3)提高高管薪酬,重视企业员工薪酬激励。合理的员工薪酬和股权激励机制,对于激发员工的积极性和推动企业发展具有重要意义。但是,企业也需要注意防范利益冲突、规范激励措施等问题,避免滥用激励机制带来的负面影响。

高额报酬可以激发企业高管的工作动力,使企业持续改进,从而提高公司的业绩。对此,公司应充分考虑到对公司高层管理人员和董事的激励功能,制定出一套合理的薪酬结构,并制定出一套科学、有效的薪酬考核制度,加强对公司管理人员和董事的股权激励,防止公司管理人员和董事出现短期利己行为。

参考文献

安蕾,2021.股权结构对高新技术企业财务绩效的影响[D].南京:南京信息工程大学.

陈德萍,陈永圣,2011.股权集中度、股权制衡度与公司绩效关系研究:2007~2009 年中小企业板块的实证检验[J].会计研究(1):38-43.

陈婷婷,2020.基于分位数回归和 Lasso 回归模型的董事会特征对创业板上市公司财务绩效的影响及预测研究[D].上海:上海师范大学.

陈小悦,徐晓东,2001.股权结构、企业绩效与投资者利益保护[J].经济研究(11):3-11.

程立,2008.公司治理、多元化与企业绩效[M].上海:复旦大学出版社.

范文君,2022.混合所有制企业董事会特征对财务绩效的影响研究[D].济南:济南大学.

黄万丽,2021.房地产上市公司高管薪酬、风险承担与公司绩效关系研究[D].西安:西安科技大学.

科斯,2012.中国改革:商品市场与思想市场的发展[J].学术界(2):242-244.

李井娟,2013.我国家电业上市公司财务绩效的影响因素分析[D].合肥:安徽大学.

林浚清,黄祖辉,2003.公司治理中的控制权转移与演进[J].财经论丛(浙江财经学院学报)(1):80-85.

刘运国,高亚男,2007.我国上市公司股权制衡与公司业绩关系研究[J].中山大学学报(社会科学版)(4):102-108.

陆鑫.高新技术企业股权集中度、内部控制与财务绩效的实证研究[D].大庆:东北石油大学,2022.

陆正飞,辛宇,1998.上市公司资本结构主要影响因素之实证研究[J].会计研究(8):36-39.

罗红霞,2014.公司治理、投资效率与财务绩效度量及其关系[D].长春:吉林大学.

宁向东,2005.公司治理理论[M].北京:中国发展出版社.

史宝华,2006.现代资本结构理论及借鉴[J].辽宁经济(6):63.

唐智,张玮,2019.经济结构变迁下企业财务绩效的实证研究[J].经济学家(2):140-144.

拓慧雯,2021.食品行业上市公司资本结构对财务绩效影响实证研究[D].西安:西安科技大学.

王聃,2017.我国零售业上市公司财务绩效评价及影响因素研究[D].西安:西安理工大学.

王凤,2007.资本结构与公司绩效的相关性研究:来自中国旅游上市公司的经验数据[J].经济管理(8):16-21.

王娟,杨凤林,1998.上市公司筹资结构的实证研究[J].经济理论与经济管理(6):25-30.

王萍,慕永和,1998.我国工业企业规模与规模经济[J].财经问题研究,9:37-39.

谢运生,2022.煤炭企业环境绩效对财务绩效影响研究[D].太原:山西财经大学.

熊四华,2017.上市公司财务绩效评价指标体系构建[J].全国流通经济(26):23-24.

许小年,王燕,1997.中国上市公司所有制结构与公司治理[M].北京:中国人民大学出版社.

殷文璐,刘俊,2022.道路运输上市公司资本结构对财务绩效的影响研究[J].中国水运(下半月),22(12):15-17.

尹飘扬,2011.公司治理结构与公司绩效的关系:基于中小企业板的实证研究[J].会计之友

(34):69-71.

于东智,王化成,2003.独立董事与公司治理[J].会计研究(8):8-12.

张璐,2022.高管激励、资产质量对装备制造业上市公司财务绩效的影响研究[D].大庆:东北石油大学.

张智霞,2014.利益相关者理论对我国会计发展的启示[J].会计之友,36:41-44.

ADRIANSYAH K M, PURNOMO Y B, LESTARI S H, et al, 2023. The effect of corporate social responsibility, company size and company age on the financial performance of manufacturing companies listed on the Indonesia Stock Exchange (IDX)[J]. Journal of Economics, Management and Trade(7):48-57.

ALARYAN L A, 2017. Exploring the role of board characteristics on enhancing financial performance of Jordanian listed companies[J]. International Journal of Economics and Finance, 9(7):99-105.

ASSENGA M P, ALY D, HUSSAINEY K, 2018. The impact of board characteristics on the financial performance of Tanzanian firms[J]. Corporate Governance: The International Journal of Business in Society, 18(6):1089-1106.

CHAKRABORTY A, SHEIKH S, SUBRAMANIAN N, 2009. The relationship between incentive compensation and performance related CEO turnover[M]. Journal of Economics and Business, 89(8):295-311.

CHIEN N V, THUA H T N. Characteristics of the board of directors and corporate financial performance—Empirical evidence[J]. Economies, 2023, 11(2):741-746.

DEMSETZ H, LEHN K, 1985. The structure of corporate ownership: Causesand consequences[J]. Journal of Political Economy, 93(6):1155-1177.

EZEKIEL H, 2022. The relationship between ownership structure and financial performance of Palestine Exchange (PEX) listed companies[J]. Journal of Global Economy, Business and Finance, 4(8):174-181.

GIANNETTI M, 2017. Shareholder power, mediation, and governance: A study of voting rights in shareholder compensation[J]. Review of Financial Research, 30(11):3992-4038.

HUSSEIN A, 2020. The influence of capital structure on company performance: Evidence from Egypt[J]. Corporate Ownership and Control, 18(1):8-21.

KHALIFA S, ALLAYANNIS G, 2015. Debt level, liquidity, and equity returns[J]. Journal of Corporate Finance, 30:1-22.

LONWABO M, RANGANAI F M, MABUTHO S, 2023. Linking financial performance with CEO statements: Testing impression management theory[J]. Risks, 11(3):171-178.

MARIMUTHU F, KWENDA F, 2019. The relationship between executive remuneration and financial performance in South African State-owned entities[J]. Academy of Accounting and Financial Studies Journal, 23(4):234-241.

RENATO O A, ADEWALE T M, EDET V I, et al, 2023. Impact of capital structure on financial performance of oil and gas firms in Nigeria[J]. Future Business Journal, 9(1):1-9.

SANGHOON L,2008. Ownership structure and financial performance: Evidence from panel data of South Korea[J]. Corporate Ownership & Control,6(2):254-267.

SAYED E I E,2023. Nexus between sustainability reporting and corporate financial performance: Evidence from an emerging market[J]. International Journal of Law and Management,65(2):78-87.

SIN H N,BOON H T,TZE S O,2016. The relationship between board characteristics and firm financial performance in Malaysia[J]. Corporate Ownership & Control,14(1):259-268.

SUBEKTI I,SUMARGO D K,2015. Family management, executive compensation and financial performance of Indonesian listed companies[J]. Procedia-Social and Behavioral Sciences,211:578-584.

附录7-1 样本企业汇总表

证券简称	机构名称	上市日期	上市状态	省份	证监会一级行业名称
兴业矿业	内蒙古兴业矿业股份有限公司	1996-08-28	正常上市	内蒙古	采矿业
远兴能源	内蒙古远兴能源股份有限公司	1997-01-31	正常上市	内蒙古	制造业
银泰黄金	银泰黄金股份有限公司	2000-06-08	正常上市	内蒙古	采矿业
电投能源	内蒙古电投能源股份有限公司	2007-04-18	正常上市	内蒙古	采矿业
金河生物	金河生物科技股份有限公司	2012-07-13	正常上市	内蒙古	制造业
福瑞股份	内蒙古福瑞医疗科技股份有限公司	2010-01-20	正常上市	内蒙古	制造业
东宝生物	包头东宝生物技术股份有限公司	2011-07-06	正常上市	内蒙古	制造业
蒙草生态	蒙草生态环境(集团)股份有限公司	2012-09-27	正常上市	内蒙古	水利、环境和公共设施管理业
包钢股份	内蒙古包钢钢联股份有限公司	2001-03-09	正常上市	内蒙古	制造业
北方稀土	中国北方稀土(集团)高科技股份有限公司	1997-09-24	正常上市	内蒙古	制造业
生物股份	金宇生物技术股份有限公司	1999-01-15	正常上市	内蒙古	制造业
北方股份	内蒙古北方重型汽车股份有限公司	2000-06-30	正常上市	内蒙古	制造业
亿利洁能	亿利洁能股份有限公司	2000-07-25	正常上市	内蒙古	制造业
鄂尔多斯	内蒙古鄂尔多斯资源股份有限公司	2001-04-26	正常上市	内蒙古	制造业
中盐化工	中盐内蒙古化工股份有限公司	2000-12-22	正常上市	内蒙古	制造业
内蒙华电	内蒙古蒙电华能热电股份有限公司	1994-05-20	正常上市	内蒙古	电力、热力、燃气及水生产和供应业
伊利股份	内蒙古伊利实业集团股份有限公司	1996-03-12	正常上市	内蒙古	制造业
内蒙一机	内蒙古第一机械集团股份有限公司	2004-05-18	正常上市	内蒙古	制造业
赤峰黄金	赤峰吉隆黄金矿业股份有限公司	2004-04-14	正常上市	内蒙古	采矿业
君正集团	内蒙古君正能源化工集团股份有限公司	2011-02-22	正常上市	内蒙古	制造业
鄂资B股	内蒙古鄂尔多斯资源股份有限公司	1995-10-20	正常上市	内蒙古	制造业
伊泰B股	内蒙古伊泰煤炭股份有限公司	1997-08-08	正常上市	内蒙古	采矿业